U0955846

二十一世纪"双一流"建设系列精品规划教材

中级财务会计

（第五版）

主　编　罗绍德

西南财经大学出版社

中国·成都

图书在版编目(CIP)数据

中级财务会计/罗绍德主编 . —5 版 . —成都:西南财经大学出版社,2019. 9
ISBN 978-7-5504-4088-3

Ⅰ. ①中… Ⅱ. ①罗… Ⅲ. ①财务会计 Ⅳ. ①F234. 4

中国版本图书馆 CIP 数据核字(2019)第 170792 号

中级财务会计(第五版)

主　编:罗绍德

责任编辑:李晓嵩

责任校对:杜显钰

封面设计:墨创文化　张姗姗

责任印制:朱曼丽

出版发行	西南财经大学出版社(四川省成都市光华村街 55 号)
网　　址	http://www. bookcj. com
电子邮件	bookcj@ foxmail. com
邮政编码	610074
电　　话	028-87353785
照　　排	四川胜翔数码印务设计有限公司
印　　刷	四川五洲彩印有限责任公司
成品尺寸	185mm×260mm
印　　张	25
字　　数	657 千字
版　　次	2019 年 9 月第 5 版
印　　次	2019 年 9 月第 1 次印刷
印　　数	1— 2000 册
书　　号	ISBN 978-7-5504-4088-3
定　　价	49. 80 元

总 序

从经济学的角度看,会计是服务于经济管理的信息系统。经济越发达,经济结构、经济运行机制也越复杂,作为为经济管理服务的会计也就越重要;反过来,会计的发展也会制约或促进经济的发展。

自1978年实行改革开放政策以来,我国的经济发展已深刻地影响和改变了我国的会计环境。会计环境的变化,使得会计所起的作用发生根本性的变化。为适应经济改革的需要,我国于1992年首次出台了《企业会计准则》,并于1993年7月1日起正式施行。2006年,我国财政部制定了38项具体会计准则。2014—2018年,财政部又修订了多项准则,并新发布了4项具体会计准则,合计42项具体会计准则。与此同时,我国于2017年11月4日第三次修订了《中华人民共和国会计法》(以下简称《会计法》),于2018年10月26日第四次修订《中华人民共和国公司法》。自2016年5月1日起,我国全面推开营业税改征增值税试点工作。会计改革进程的加快,必将促进会计学科教育的改革。因此,会计教学必须及时调整会计学科体系,更新会计教材的内容,以保证会计理论与会计实务能够有机结合,适应改革形势的需要。

教材规定了教学的基本内容,是教师授课取材之源,也是学生求取真知之本。教材的优劣直接关系教学质量的好坏。不关注教学内容的及时补充和修改,不提供高质量的教学课本,是不可能提高教学质量的。因此,为学生提供一套高水平的会计学教材,对于提高会计教学质量有着十分重要的意义。

本系列教材立足于会计学学科,内容涵盖整个会计学学科体系的主干课程和相关的选修课程。本套会计系列教材主要有《初级财务会计学》《中级财务会计》《高级财务会计》《成本会计学》《新编管理会计学》《新编金融企业会计》《新编预算会计》以及相关学科的教材。为保证本套系列教材的时效性和实用性,编者将根据我国会计改革的进程,定期进行修订。

本系列教材由暨南大学管理学院会计系罗绍德教授组织编写。参加编写的作者均多年从事会计教学和科研工作,具有丰富的会计教学经验和扎实的会计理论基础。编写者认真分析研究了全国各院校的会计系列教材,充分了解了各教材在使用中存在的优点和不足,并结合个人的教学经验和科研成果,在此基础上通力合作编写出这一套高质量的通用会计系列教材,奉献给广大读者。

目前，随着我国经济的进一步发展，上市公司大量出现，资本市场逐步兴旺，从某种意义上说，我们正处在一个人人都需要学习和运用一些会计知识的新时代。愿各类读者朋友能从我们这套系列教材中各取所需，获得收益；愿本系列教材的出版能为我们这个时代的进步做出一定的贡献。

罗绍德

2019 年 8 月于暨南大学

第五版前言

2016 年 3 月,财政部、国家税务总局下发《关于全面推开营业税改征增值税试点的通知》,正式宣布自 2016 年 5 月 1 日起在全国范围内全面推开营业税改征增值税(简称营改增)试点工作。2014 年,财政部修订了《企业会计准则第 2 号——长期股权投资》《企业会计准则第 9 号——职工薪酬》《企业会计准则第 30 号——财务报表列报》《企业会计准则第 33 号——合并财务报表》4 项准则,新发布了《企业会计准则第 39 号——公允价值计量》《企业会计准则第 40 号——合营安排》《企业会计准则第 41 号——在其他主体中权益的披露》3 项准则。2017—2018 年,财政部又分阶段修订和实施了《企业会计准则第 14 号——收入》《企业会计准则第 16 号——政府补助》《企业会计准则第 21 号——租赁》《企业会计准则第 37 号——金融工具列报》《企业会计准则第 22 号——金融工具确认和计量》《企业会计准则第 23 号——金融资产转移》《企业会计准则第 24 号——套期保值》等准则,并将《企业会计准则第 15 号——建造合同》并入《企业会计准则第 14 号——收入》。2017 年 5 月 28 日,财政部新增《企业会计准则第 42 号——持有待售的非流动资产、处置组和终止经营》。本次修订根据以上政策变化对相关内容进行了重新阐释和修改,使本书更加准确和完善。

中级财务会计是在初级财务会计基础上的深化。它是会计专业的核心课程,是对初级财务会计中所涉及的会计要素的确认、计量、记录、报告等方面相关理论、方法、程序的细化和深入,是对初级财务会计所建立的会计框架的充实。它所涉及的知识是财务会计中最主要的部分。

本书的作者大多身处改革开放的前沿阵地,从事会计教学、科研工作多年,与学术界和理论界联系密切,掌握了比较翔实、充分的资料,对我国会计理论、学术动态、会计规范体系、会计实务现状有较准确的把握。在本书的编写过程中,我们坚持理论与实务并举,既着眼于提高理论,又致力于规范实务,不仅把最新会计法律规范渗透到整个教材体系中,突出一个“新”字,而且凭着自己多年的教学经验和较强的实务能力,敏锐地捕捉学术领域的新动向,深化了对会计新情况、新问题的研究和探讨。由于理论与实务的不断发展,这套会计教材拟两年修订一次,以保持其与会计发展的同步性。

在结构安排上,本书从财务报表的会计要素主要项目依次展开,层层递进,最后论述财务报告。全书脉络清晰，给人以水到渠成之感；把整本书的各项内容融入主要财务报表中，有助于读者清楚地了解财务会计各个要素间的内在联系，从而提高学习效率；注意篇幅控制，力求精练、简洁，使读者能更快地抓住本书要领。

本书由暨南大学管理学院会计系罗绍德教授任主编，电子科技大学中山学院蒋训练副教授任副主编。第一、十二、十三、十四、十五、十六、十七、十八、二十章由罗绍德编写，第二、三、四、十、十九章由蒋训练编写，第五、六、七、八章由杨德怀编写，第九、十一章由甘彧编写，最后由罗绍德教授审核、总纂并定稿。

这套教材主要是面向财经院校的本科学生，也可以作为从事财经工作和相关管理工作的在职人员的学习参考教材。由于社会的进步，财会理论与实务也在不断发展，而作者学识有限，并且时间仓促，书中难免存在不足，恳请读者批评指正，以便重印或再版时修订。

编者

2019 年 7 月

目　录

第一章　导　论 ………………………………………………………………… (1)

第一节　会计与会计环境 ……………………………………………… (1)
第二节　会计职业与会计规范 ………………………………………… (3)
第三节　财务会计基本理论框架 ……………………………………… (14)
第四节　财务会计信息质量特征 ……………………………………… (20)
第五节　公允价值 ……………………………………………………… (24)

第二章　货币资金 ………………………………………………………………… (30)

第一节　货币资金概述 ………………………………………………… (30)
第二节　库存现金 ……………………………………………………… (31)
第三节　银行存款 ……………………………………………………… (34)
第四节　其他货币资金 ………………………………………………… (39)

第三章　应收账项 ………………………………………………………………… (42)

第一节　应收票据 ……………………………………………………… (42)
第二节　应收账款 ……………………………………………………… (46)
第三节　其他应收及预付款 …………………………………………… (52)

第四章　存　货 ………………………………………………………………… (56)

第一节　存货概述 ……………………………………………………… (56)
第二节　存货的计价 …………………………………………………… (58)
第三节　按实际成本计价的存货核算 ………………………………… (64)
第四节　按计划成本计价的存货核算 ………………………………… (70)
第五节　存货期末估价 ………………………………………………… (73)
第六节　周转材料的核算 ……………………………………………… (76)
第七节　存货清查的核算 ……………………………………………… (80)

第五章　金融资产投资 …………………………………………………………… (83)

第一节　投资的性质与分类 …………………………………………… (83)
第二节　金融资产的概念及分类 ……………………………………… (85)
第三节　交易性金融资产的核算 ……………………………………… (87)
第四节　债权投资的核算 ……………………………………………… (89)
第五节　其他投资的核算 ……………………………………………… (92)
第六节　金融资产重分类的会计处理 ………………………………… (95)

第六章 长期股权投资 …………………………………… (102)

第一节 长期股权投资的概念和分类 ………………………… (102)
第二节 长期股权投资的初始计量 …………………………… (106)
第三节 长期股权投资的后续计量 …………………………… (111)
第四节 长期股权投资核算方法的转换 ……………………… (118)
第五节 长期股权投资处置及减值 …………………………… (123)
第六节 合营安排 ……………………………………………… (125)

第七章 固定资产 ……………………………………………… (130)

第一节 固定资产的确认与计量 ……………………………… (130)
第二节 固定资产增加的核算 ………………………………… (135)
第三节 固定资产折旧 ………………………………………… (142)
第四节 固定资产的后续支出 ………………………………… (147)
第五节 固定资产减值 ………………………………………… (149)
第六节 固定资产的处置 ……………………………………… (150)
第七节 持有待售的非流动资产和处置组 …………………… (154)

第八章 投资性房地产 ………………………………………… (158)

第一节 投资性房地产的范围与特征 ………………………… (158)
第二节 投资性房地产的确认和初始计量 …………………… (159)
第三节 投资性房地产的后续计量 …………………………… (160)
第四节 投资性房地产的转换与处置 ………………………… (162)

第九章 无形资产与其他资产 ………………………………… (167)

第一节 无形资产 ……………………………………………… (167)
第二节 其他资产 ……………………………………………… (175)

第十章 非货币性资产交换 …………………………………… (180)

第一节 非货币性资产交换的基本概念 ……………………… (180)
第二节 非货币性资产交换的会计处理 ……………………… (183)

第十一章 流动负债 …………………………………………… (193)

第一节 流动负债的性质与分类 ……………………………… (193)
第二节 应付账款与应付票据 ………………………………… (194)
第三节 应付职工薪酬 ………………………………………… (197)
第四节 应交税费 ……………………………………………… (205)
第五节 其他流动负债 ………………………………………… (215)
第六节 或有负债与预计负债 ………………………………… (216)

第十二章　长期负债 …………………………………………………… (221)

第一节　长期负债概述 …………………………………………… (221)
第二节　长期借款的核算 ………………………………………… (223)
第三节　应付债券的核算 ………………………………………… (225)
第四节　其他长期负债 …………………………………………… (233)
第五节　借款费用 ………………………………………………… (234)
第六节　债务重组 ………………………………………………… (239)

第十三章　所有者权益 ……………………………………………… (246)

第一节　所有者权益概述 ………………………………………… (246)
第二节　股份有限公司 …………………………………………… (248)
第三节　实收资本 ………………………………………………… (251)
第四节　资本公积 ………………………………………………… (256)
第五节　留存收益 ………………………………………………… (260)
第六节　其他综合收益 …………………………………………… (262)

第十四章　收　入 …………………………………………………… (267)

第一节　收入的概念、特征和内容 ……………………………… (267)
第二节　收入的确认 ……………………………………………… (269)
第三节　收入的计量 ……………………………………………… (276)
第四节　收入的会计处理 ………………………………………… (279)
第五节　政府补助 ………………………………………………… (292)

第十五章　费　用 …………………………………………………… (296)

第一节　费用的概念和特征 ……………………………………… (296)
第二节　费用的内容 ……………………………………………… (297)
第三节　费用的确认与计量 ……………………………………… (300)
第四节　费用的会计处理 ………………………………………… (302)

第十六章　利润及利润分配 ………………………………………… (305)

第一节　利润的概念及内容 ……………………………………… (305)
第二节　利润的确定及会计处理 ………………………………… (306)
第三节　所得税费用 ……………………………………………… (310)
第四节　利润分配的会计处理 …………………………………… (319)

第十七章　资产负债表 ……………………………………………… (324)

第一节　资产负债表的概念和作用 ……………………………… (324)
第二节　资产负债表的格式及编制 ……………………………… (326)
第三节　所有者权益变动表 ……………………………………… (336)

第十八章 利润表 ……………………………………………………………… (341)

第一节 利润表的概念和作用 …………………………………………… (341)
第二节 利润表的格式及编制 …………………………………………… (342)
第三节 分部报表 ………………………………………………………… (348)

第十九章 现金流量表 …………………………………………………………… (354)

第一节 现金流量表的产生和作用 ……………………………………… (354)
第二节 现金流量表的基本概念 ………………………………………… (356)
第三节 现金流量表的格式及编制 ……………………………………… (358)

第二十章 会计报表附注 ………………………………………………………… (372)

第一节 会计报表附注概述 ……………………………………………… (372)
第二节 会计政策、会计估计变更和差错更正 ………………………… (373)
第三节 资产负债表日后事项 …………………………………………… (379)
第四节 关联方披露 ……………………………………………………… (382)

附录 营改增应税项目明细及税率对照表 …………………………………… (386)

第一章
导　论

初级财务会计主要介绍财务会计的基本记账原理、记账技术和记账方法。中级财务会计主要阐述各会计要素的确认、计量、记录、报告的理论和方法。本章主要介绍财务会计与管理会计、财务会计的概念和环境、财务会计的信息使用者、财务会计法规和会计信息的质量要求。

第一节　会计与会计环境

一、会计及会计环境

会计是通过一定的程序,采用特定的方法,将会计主体发生的日常经济业务数据进行一系列的确认(Recognition)、计量(Measurement)、记录(Record)、报告(Reporting)过程后转化为有用的会计信息(Useful Accounting Information)。

会计总是处于一定的社会经济环境(Economic Environment)之中,不可避免地受所处的社会的政治、经济、法律、文化等环境的影响和制约。这些影响和制约会计学科的形成、发展和完善的各种因素就称为会计环境(Accounting Environment)。会计从无到有,从简单到复杂,从低级到高级的发展,都与一定时期的社会环境有着密切的联系。

(一)会计本身是随着社会环境的不断变化而产生、发展并不断完善的

随着社会环境的发展变化,经济管理领域对会计提出了更新更高的要求,使得会计方法逐步更新,会计理论(Accounting Theory)不断丰富,会计服务领域不断拓宽。会计最初表现为人类对经济活动的计量与记录行为。如结绳记事、简单刻记的出现就是会计产生的萌芽阶段。随着社会过渡到商品经济时代,为适应商品经济发展的需要,会计核算内容、方法等也发生了很大的变化,会计技术获得了较大的发展。在进入资本主义社会以后,商品经济规模的进一步扩大,会计也逐步从简单的记录、计量,比较所得与所费的行为,发展成为一门包括有完整的方法体系的会计学科。会计目的也从仅仅是对财产记录,为财产的分配服务,发展到对经济活动的所得与所费进行比较,计算和反映经营活动的盈亏损益情况。进入20世纪以来,特别是第二次世界大战之后,随着市场竞争的加剧,会计又从对经济活动的结果进行记录、计量和报告,发展到对企业经济活动的全过程进行控制和监督,参与企业的经营决策和长期决策,为企业内部强化经营管理服务。

随着科学技术的进步,特别是电子技术的发展,会计核算手段也从手工操作,发展到机械化和电子化操作。会计电算化和会计网络的出现大大提高了会计核算的效率,加快了提供会计信息的速度。

（二）社会环境影响和制约着会计，但会计也并不是被动的，会计对社会环境也起着反作用

会计通过自身的反映和监督活动，对其所处的社会环境产生一定的影响，在一定的程度上促进和推动社会环境的变化。会计为国民经济管理部门提供会计信息，可以促进社会经济资源的合理配置，提高社会经济资源的利用效率，保证国民经济稳定发展。会计为企业内部管理者提供会计信息，可促使管理当局改进工作，提高管理水平，增强企业竞争能力。会计为企业投资者、债权人及其他相关人员提供会计信息，便于他们作出正确的决策。会计通过提供会计信息，便于国家税务机关征收各种税款确保财政收入的增加。

二、财务会计与管理会计

传统的会计主要是以货币形式，运用复式记账原理，按规定程序，对某一会计主体（企业）的经济活动进行记录、计量、分类整理，定期编制反映其一定期间的经营成果、财务状况及其财务状况变动情况的会计报告。随着所有权与经营权的分离，企业日常经营活动的成败得失主要取决于管理当局的经营决策。管理当局为了加强对经营活动的控制、预测，需要会计提供越来越多的与企业经营决策密切相关的会计信息。这些信息侧重于管理当局的计划、决策、预测和分析的信息需要。所以在 20 世纪初，传统的会计逐步发展成为财务会计与管理会计的两大分支。

（一）财务会计

财务会计（Financial Accounting）又称为对外会计（External Accounting）。财务会计的首要目的是为企业外部相关利益者（投资者、债权人等）提供决策有用的信息。企业外部决策人通过财务会计提供的会计信息了解企业的盈利能力、财务状况，判断企业发展前景，从而做出自己的决策。财务会计要求企业定期对外公布企业的财务报告，通过财务报告向外部会计信息使用者报告企业的财务状况和经营成果。因此，财务会计信息披露的内容、形式，都必须符合一定的标准——公认会计准则（Generally Accepted Accounting Principles，GAAP），以便保证会计信息的客观公允，保证会计信息在不同行业、不同企业之间具有可比性。财务会计不得违背规定的会计程序和一般公认会计原则的要求，否则将达不到财务会计的目标。所以财务会计是以会计准则为依据，确认、计量、记录、报告企业资产、负债、所有者权益的增减变动，反映企业收入的取得、费用的发生、利润的形成及分配，并定期报告企业的财务状况、经营成果。财务报告既可以满足企业外部投资者、债权人等的需要，也可以满足企业内部管理者的需要。

（二）管理会计

管理会计（Management Accounting）又称对内会计（Internal Accounting）。管理会计的主要目的是为内部管理当局的经营决策（Operating Decision）提供信息支持。由于管理会计主要是帮助企业管理者制定长短期投资和经营规划，指导和控制当前的生产经营活动，因而它所提供的会计信息视企业管理者的需要而定，其内容灵活多变，报告形式也不拘一格，不受会计准则的限制或约束。所以，管理会计从传统的会计系统中分离出来，与财务会计并列，针对企业管理上编制计划、做出决策、控制经济活动的需要而记录和分析经济业务，呈报管理信息，并直接参与决策过程。管理会计包括成本会计（Costing Accounting）、决策会计（Accounting for Decision-Making）、控制会计（Accounting for Management Control）和责任会计（Responsibility Accounting），其提供的会计信息一般属于企业内部秘密，不对外公开，这也是它被称为对内会计的缘故。

第二节　会计职业与会计规范

一、会计职业

会计职业(Accounting Professions)可分为私人会计师和公共会计师两大类。

(一)私人会计师

私人会计师(Private Accountant)服务于某一具体会计主体。这一会计主体可能是营利组织,也可能是非营利组织;可能是各种企业,也可能是学校或政府部门。根据《中华人民共和国会计法》规定,从事会计工作的人员,必须取得会计从业资格证书。担任单位会计机构负责人(会计主管人员)的,除取得会计从业资格证书外,还应当具备会计师以上专业职务资格或者从事会计工作三年以上经历。会计人员从业资格管理办法由国务院财政部门规定。在我国,私人会计分为会计员、助理会计师、会计师、高级会计师等级次。会计人员要取得各级会计资格需通过全国会计专业技术资格统一考试。在企业参与企业高层经营决策与控制,协调企业会计工作为主要职责的会计师称为总会计师,其全国性的团体为中国总会计师工作研究会。在美国,企业会计主管可参加全国性的财务经理协会(Financial Executives Institutes,FEI),也可参加以成本管理会计师为主体的全国会计工作者协会(National Association of Accountants,NAA)。

私人会计人员的工作内容主要有:对本单位的各项经济活动引起其资产、负债、权益、收入、费用、利润增减变动时,按照规定的程序和方法进行确认、计量、记录;定期清查财产,计算成本和费用,确定利润;根据要求,定期编制会计报告;做好各项会计预测、决策、规划、控制、核算和分析工作,加强资金和费用的预算管理。

(二)公共会计师

公共会计师(Public Accountant),也称为注册会计师(Certified Public Accountant,CPA),在英联邦国家惯称为特许会计师(Chartered Accountants,CA)。他们是具有一定的会计专业水平,经国家或特定组织考试合格,由政府指定的机构发给证书,可以接受当事人委托,从事会计、审计等各方面业务的会计执业人员。注册会计师是一项超然独立的专门性职业。注册会计师和律师、医师一样,以向当事人提供专业性服务,收取报酬为业。要成为一名注册会计师,各国的要求不同。在我国,要获得注册会计师资格,必须通过全国注册会计师统一考试。几名注册会计师可以合伙成立会计师事务所。会计师事务所职员从最低的助理会计师做起,到注册会计师、主任会计师直到合伙人。有些大的会计师事务所在全球范围内拥有合伙人,执业范围和业务很大。美国最大的4家会计师事务所是:毕马威(CPMG International)国际会计师事务所,德勤(Deloitte Touche Tohmatsu)国际会计公司,普华永道(Price Water House Coopers)会计财务咨询公司,安永(Ernst & Young International)会计师事务所。

公共会计师的工作内容主要有:

1. 审计(Auditing)

审计是注册会计师专业服务最重要的内容。注册会计师审计被认为是最具独立性的、最为客观公正的审计。企业会计师(私人会计)对外报告和披露的会计信息,经独立的注册会计师审计,以保证其会计信息客观公正、真实可信。为此,注册会计师审核企业会计报告后，需发表专业性审计意见，并在审计意见书上签名，表明企业会计业务的处理和会计报告的编制符合有关法规，会计处理前后一致，会计报告真实地反映了企业的财务状况、经营成果和资金变动情况，即会计信息的处理和披露符合公认会计准则的要求。

2. 税务咨询(Tax Consulting)

税务咨询是为客户提供专业性服务，保证客户在遵守国家税法的前提下尽可能减少税费支出，或称企业税务筹划(Tax Planning)。

3. 管理咨询(Management Consulting)

由于注册会计师经常从事企业审计业务，对企业的经营管理情况比较了解，为此，可就客户内部经营管理中存在的问题，特别是企业内部控制、成本费用、资金使用、投资效益等方面存在的问题，提出建设性意见，以帮助客户完善内部控制制度，提高经营管理水平。

各国注册会计师往往组成地区或全国性的职业团体，负责制定审计工作规范、职业道德规范、组织专业技术培训和专业资格考试等。我国全国性的注册会计师团体为成立于1988年的中国注册会计师协会(Chinese Institute of Certified Public Accountants, CICPA)。在美国，全国性的注册会计师团体为成立于1887年的美国注册会计师协会(American Institute of Certified Public Accountants, AICPA)。在英国，特许会计师团体有多个，主要是英格兰和威尔士特许会计师公会(Institute of Chartered Accountants in England and Wales, ICAEW)、英国特许公认会计师公会(Association of Chartered Certified Accountants, ACCA)、苏格兰特许会计师公会(Institute of Chartered Accountants in Scotland, ICAS)。全球性的注册会计师团体为国际会计师联合会(International Federation of Accountants Committee, IFAC)。

二、会计规范

俗话说："无规矩不成方圆。"会计工作也是一样，会计工作也应遵循一定的规范。会计规范是规范会计人员行为的指南。各国的会计法规的核心一般是企业会计准则。它们有的是由政府制定，有的是由民间会计团体制定。

(一)我国的会计法规

我国的会计法规体系已基本上形成了以《中华人民共和国会计法》为中心、《企业财务会计报告条例》和《企业会计准则》构成的相对比较完整的法规体系。我国的企业会计法规体系包括三个层次。第一个层次是会计法律——会计法(Accounting Law)；第二个层次是会计行政法规——《企业财务会计报告条例》；第三个层次是会计部门规章——《企业会计准则》(Accounting Standard)和《企业会计制度》(Accounting System)。

1. 第一个层次：会计法律

会计法律是指由国家最高权力机构——全国人民代表大会及其常务委员会制定的会计法律规范。在会计领域中，只有《中华人民共和国会计法》属于国家法律层次，它是会计法律体系中权威性最高、最具法律效力的法律规范，是制定其他各层次会计法规的依据，是会计工作的基本法。

现行的《中华人民共和国会计法》是于1985年1月21日第六届全国人民代表大会常务委员会第九次会议通过，自同年5月1日起施行。1993年12月29日第八届全国人民代表大会常务委员会第五次会议做出《关于修改〈中华人民共和国会计法〉的决定》，对会计法做了第一次修正。1999年10月31日第九届全国人民代表大会常务委员会第十二次会议再次修订通过《中华人民共和国会计法》(以下简称《会计法》)，修订后的《会计法》

于2000年7月1日起施行。根据2017年11月4日第十二届全国人民代表大会常务委员会第三十次会议《关于修改〈中华人民共和国会计法〉等十一部法律的决定》第二次修正《会计法》。该法共分为七章五十二条，主要对会计核算、会计监督、会计机构和会计人员、法律责任等进行了规定。

修改后的《会计法》，在内容上的重大变化有：

(1)突出了规范会计行为，保证会计资料质量的立法宗旨。

(2)强调了单位负责人(董事长及类似权力机构的人员)对本单位会计工作和会计资料真实性、完整性的责任。

(3)进一步完善了会计核算规则。

(4)对公司、企业会计核算做出了特别的规定。

(5)进一步加强了会计监督制度。

(6)规定国有大中型企业必须设置总会计师。

(7)对会计从业资格管理做出了规定。

(8)对法律责任做了较大修改。

2. 第二个层次：会计行政法规

会计行政法规是指由国家最高行政机关——国务院制定的会计法律法规。会计行政法规根据会计法律制定，是对会计法律的具体化或某个方面的补充。

在我国行政法规中，属于会计行政法规的有《企业财务会计报告条例》《总会计师条例》等。

《企业财务会计报告条例》是国务院于2000年6月21日发布的，自2001年1月1日起施行。该条例共分为六章四十六条，主要对企业财务报告的构成、编制、对外提供和法律责任等做出了规定。

《总会计师条例》是国务院于1990年12月31日发布的。该条例共分为五章二十三条，主要对总会计师的职责、总会计师的权限、任免与奖惩做出了规定。

3. 第三个层次：会计部门规章

会计部门规章是指国家主管会计工作的行政部门——财政部以及其他相关部委制定的会计方面的法律规范。制定会计部门规章必须依据会计法律和会计行政法规的规定。我国财政部制定的会计部门规章主要有《企业会计准则》《企业会计制度》和其他会计人员管理制度。

我国《企业会计准则》是由基本准则、具体准则和会计准则应用指南三部分构成的企业会计准则体系。《企业会计准则——基本准则》发布于1992年11月30日，于1993年7月1日起在全国所有企业施行。2006年2月15日《企业会计准则——基本准则》进行了修订，于2007年1月1日起施行。《企业会计准则——基本准则》分为十一章五十条。《企业会计准则——基本准则》规定了会计核算的假设前提和一般原则、会计信息质量要求、会计要素、会计计量属性、财务会计报告的基本要求。

具体准则是根据基本准则制定的，有关企业会计核算的具体要求。我国财政部于2006年2月15日发布了38项具体会计准则，主要规范企业发生的具体交易或事项的会计处理。按规范对象的不同，大体上可以分为三类：一是有关共同业务的具体准则，如收入、存货、投资等；二是有关特别行业基本业务的具体准则，如金融保险业基本准则等；三是有关披露的具体准则，如关联方关系及其交易、资产负债表日后事项等。

具体准则与基本准则一样，都是针对所有企业的。但是，鉴于不同类型的企业在外部信息需求、企业管理水平、会计队伍建设等方面的差异，除一部分具体准则在所有企业施行外，大多数具体准则都暂时在上市公司施行。2006 年 2 月 15 日《财政部关于印发〈企业会计准则第 1 号——存货〉等 38 项具体准则的通知》(财会〔2006〕3 号)发布了一项基本准则和 38 项具体准则。2014 年，财政部对《企业会计准则第 2 号——长期股权投资》《企业会计准则第 9 号——职工薪酬》《企业会计准则第 30 号——财务报表列报》《企业会计准则第 33 号——合并财务报表》进行了修订，新发布了《企业会计准则第 39 号——公允价值计量》《企业会计准则第 40 号——合营安排》《企业会计准则第 41 号——在其他主体中权益的披露》3 个准则。2017—2018 年，财政部又分阶段修订了《企业会计准则第 14 号——收入》《企业会计准则第 16 号——政府补助》《企业会计准则第 21 号——租赁》《企业会计准则第 37 号——金融工具列报》《企业会计准则第 22 号——金融工具确认和计量》《企业会计准则第 23 号——金融资产转移》《企业会计准则第 24 号——套期保值》等准则，并将《企业会计准则第 15 号——建造合同》并入《企业会计准则第 14 号——收入》。2017 年 5 月 28 日，财政部新发布了《企业会计准则第 42 号——持有待售的非流动资产、处置组和终止经营》。具体如表 1-1 所示。

表 1-1　　企业会计准则

企业会计准则第 1 号——存货
企业会计准则第 2 号——长期股权投资
企业会计准则第 3 号——投资性房地产
企业会计准则第 4 号——固定资产
企业会计准则第 5 号——生物资产
企业会计准则第 6 号——无形资产
企业会计准则第 7 号——非货币性资产交换
企业会计准则第 8 号——资产减值
企业会计准则第 9 号——职工薪酬
企业会计准则第 10 号——企业年金基金
企业会计准则第 11 号——股份支付
企业会计准则第 12 号——债务重组
企业会计准则第 13 号——或有事项
企业会计准则第 14 号——收入
企业会计准则第 15 号——建造合同(已并入企业会计准则第 14 号——收入)
企业会计准则第 16 号——政府补助
企业会计准则第 17 号——借款费用
企业会计准则第 18 号——所得税
企业会计准则第 19 号——外币折算
企业会计准则第 20 号——企业合并
企业会计准则第 21 号——租赁
企业会计准则第 22 号——金融工具确认和计量
企业会计准则第 23 号——金融资产转移
企业会计准则第 24 号——套期保值
企业会计准则第 25 号——原保险合同
企业会计准则第 26 号——再保险合同

表1-1(续)

企业会计准则第 27 号——石油天然气开采
企业会计准则第 28 号——会计政策、会计估计变更和差错更正
企业会计准则第 29 号——资产负债表日后事项
企业会计准则第 30 号——财务报表列报
企业会计准则第 31 号——现金流量表
企业会计准则第 32 号——中期财务报告
企业会计准则第 33 号——合并财务报表
企业会计准则第 34 号——每股收益
企业会计准则第 35 号——分部报告
企业会计准则第 36 号——关联方披露
企业会计准则第 37 号——金融工具列报
企业会计准则第 38 号——首次执行企业会计准则
企业会计准则第 39 号——公允价值计量
企业会计准则第 40 号——合营安排
企业会计准则第 41 号——在其他主体中权益的披露
企业会计准则第 42 号——持有待售的非流动资产、处置组和终止经营

自 2007 年 1 月 1 日起在上市公司范围内执行以上的会计准则,鼓励其他企业执行。执行 42 项具体会计准则的企业不再执行《企业会计制度》和《金融企业会计制度》。

会计准则应用指南主要包括具体准则解释和会计科目、主要账务处理等,为企业执行会计准则提供操作性规范。基本准则、具体准则和会计准则应用指南三项内容既相对独立,又互为关联,构成统一整体。

我国会计准则体系将理论基础、指导思想、体系设计、内容安排、技术标准等融为一体,整个体系逻辑严密、首尾一致,实现了我国会计准则的如下创新:

一是着眼于提高社会经济资源配置效率,在财务报告目标方面,强化了会计信息决策有用的要求。

二是着眼于促进企业长期可持续发展,在财务报表结构方面,确立了资产负债表观的核心地位,避免发生企业短期行为。

三是着眼于向投资者提供更加真实可靠的信息,在会计信息质量的要求方面,强调了会计信息应当真实与公允兼备。

四是着眼于推动企业自主创新和技术升级,在会计政策选择方面,引入了研发费用资本化制度。

五是着眼于保障经济社会和谐发展,在成本核算方面,进一步完善了成本补偿制度。

六是着眼于提高会计信息透明度、保护投资者和社会公众利益,在信息披露方面的要求突出了充分披露原则。

(二)大陆法系国家的会计法规

法国、德国等国家的法律属大陆法系,或成文法系。在大陆法系国家,财务会计实务明显受各种政府法规的制约,民间会计团体可能也发布一些财务会计规范,但其影响力远不如实行英美法系的国家。

在法国,会计主要受政府的控制。对公司会计有影响的主要立法是 1966 年颁发的"商务公司法",其中对公开集资的股份有限公司规定了会计揭示的要求。在法国,税法及有关的政令也对公司会计有重要的影响。

法国会计的一个重要特征是实行统一的会计制度。系统表述统一会计制度的文件称为"会计总方案"。尽管在西方国家中,统一制度并不是由法国首创的,但法国在这方面所做的努力和取得的经验在国际上受到广泛的重视。

法国在第二次世界大战以前并不实行统一的会计制度。在第二次世界大战中,法国经济受到严重破坏,战后面临经济恢复和重建的严峻形势和要求。法国在经济复兴中强调计划指导,再加上对面向宏观的社会会计比较重视,因此,强烈要求对会计进行改进,以适应这些方面的需要。1945 年,法国财政经济事务部建立了一个"会计合理化委员会",负责对全国统一会计制度提出方案,并对其实施和运用提出建议。1947 年,法国制订出了第一个会计总方案。这时,会计合理化委员会已被新建立的"高等会计委员会"所取代。该机构于 1957 年改名为"国家会计审议会"。会计总方案最初只是在公营企业中实施。经 1957 年修订后,适用于法国全部公营及私营企业。

会计总方案于 1979 年再次进行了修订。这次修订一方面是为了适应 1957 年以来法国经济环境发生的变化;另一个重要目的是为了贯彻欧洲共同体第 4 号指令对协调成员国会计所做的规定。这次修订的会计总方案在 1982 年公布,要求在 1983 年 12 月 31 日以后开始的会计年度中贯彻执行。新的会计总方案除引言外,共分三篇。第一篇为一般规定、用语及账户计划;第二篇为一般会计;第三篇为经营分析会计。

在法国,会计管理机构和会计职业团体有:

(1)国家会计审议会。该机构除了人事会计总方案的制订与修订工作外,还对执行会计总方案所需要的一些具体指导原则提出建议。这种建议以文告的形式加以发布,涉及的内容相当广泛,这些文告只具有建设性质,并不强制要求执行。具有强制性的会计准则已经在会计总方案中做出了规定。

(2)证券交易所交易委员会。该委员会建立于 1968 年。就会计方面来说,证券交易所交易委员会与国家会计审议会密切协作,在推动公司编制和公布合并财务报表方面曾经起到了很大的作用。

(3)会计职业团体。法国有两个会计职业团体。一个是"职业会计师协会",另一个是"国家注册审计师协会"。

与法国相似,德国也没有建立专门机构来制定会计准则,而是通过法律来规定会计准则。对财务报表和管理报告的形式和内容以及对估价规则等都有详细的法律规定,税法对企业会计也有着很强的影响力。此外,所有企业组织都必须符合商法典中对会计的要求。非公开上市公司要遵循有限责任公司法中的会计要求,公开上市公司要遵循股份公司法中对财务报告和信息披露的要求,大型公司则必须遵守公司法的规定。

德国会计职业界在会计准则制定方面没有较大的直接影响。职业团体有一个专门委员会发布有关计量和披露方面的公报。这些公报没有正式的约束力,但在一般情况下,被认为具有代表性,因而被法院解释为统一会计准则的构成部分。

(三)英美法系国家的会计规范

在实行英美法系,即习惯法系的国家,会计规范一般由民间会计团体来制定。比较典型的是美国的机制。

就联邦范围来说,美国不像许多其他西方国家那样以公司法作为公司组建和经营活动的法律规范。也就是说,美国不是以公司法的有关条款作为管理公司会计的法律依据。

20 世纪 20 年代,美国在会计方面没有建立制度,也没有法律规范。会计只是为了加强内部经营管理和取得银行贷款。

对公司会计约束和监督的法律与机构主要有1933年出台的《证券法》和1934年出台《证券交易法》以及1934年建立的证券交易委员会(Securities and Exchange Commission)。

证券交易委员会是美国政府的一个独立机构,负责实施与证券发行和交易有关的法令。证券交易委员会所设的总会计师办公室负责向证券交易委员会提出有关会计与审计方面的建议,并与会计职业团体——美国注册会计师协会(American Institute of Certified Public Accountants, AICPA)和民间专门机构——财务会计准则委员会(Financial Accounting Standards Board,FASB)以及其他民间组织的代表保持联系。证券交易委员会在执行有关法令的过程中,对公司会计有权威性的影响。其一是对公司财务报告提出要求;其二是影响会计准则的制定。证券交易委员会是依靠民间机构制定会计准则的,其权威性是由证券交易委员会赋予和确认的。与此同时,证券交易委员会还通过发布各种书面文告,对民间机构制定会计准则的活动进行引导。证券交易委员会可以对民间机构发布的会计原则、准则、惯例等进行说明、修订,甚至宣布撤销。

如前所述,美国会计准则的制定是在证券交易委员会的授权和监督下,由会计职业团体或其他民间机构主持的。从20世纪30年代开始至今,前后的三个机构承担过这项工作。它们分别是:会计程序委员会(Committee on Accounting Procedure,CAP,1938—1958年),会计原则委员会(Accounting Principles Board,APB,1959—1973年)以及财务会计准则委员会(Financial Accounting Standards Board,FASB,1973年至今)。提到美国会计的特征,给人印象较深的第一个特征是民间机构在制定会计准则方面所做的大量工作和所起的重要作用;另一个特征是美国会计存在着数量庞大的准则、公告和有关的解释性文件。目前仅由财务会计准则委员会发布的正式财务会计准则为数已达100多个。除此之外,由会计程序委员会和会计原则委员会发布的有关会计准则性质的文告中,还有相当部分继续有效。如果把这些算起来,则数量更为庞大。

英国以公司法作为国家对公司实施立法管理的依据。英国公司法包括了对公司会计的规范和要求。1948年,英国制定的公司法适用于公开招股公司(Public Companies)和不公开招股公司(Private Companies)。该法自颁布以来,经历了几次修订和补充。除1948年制定的文本外,1967年、1976年、1980年和1981年历次修订的文本都作为单独的立法存在,在执行和引用时,必须互相参照以决定增删取舍,很不方便。这种情况直到1985年修订公司法后才有了改变。英国在1973年加入欧洲共同体以后,其公司法就需要按照欧洲经济共同体部长会议颁布"公司法指令"(Company Law Directives)进行修订,以实现共同体成员国之间的协调,而公司会计是进行调整的一个重要方面。这样,英国的公司会计就必然受到欧洲大陆的影响而向欧洲大陆靠拢。

英国公司会计的准则来自两个方面。一方面是来自立法中的有关规定;另一方面是通过会计职业团体的活动,为公司会计制定规范,提出成文的会计准则。最早的职业会计师于1854年出现在英国。对会计准则研究较早的也是英国。英国于20世纪30年代中期由一个叫"会计研究会"的组织开始研究会计准则,但该研究会存在的时间太短,未能留下引起人们重视的成果。在此之后,关于会计准则的开拓性活动便由英格兰和威尔士特许会计师协会这一会计职业团体承接了下来。该协会从1942年开始发表了一系列"会计准则建议书",但未产生多大影响。1969年对英国会计准则的建立和发展来说是重要的一年。英格兰和威尔士会计师协会发表了对20世纪70年代会计准则设想的声明,并于1970年建立了"会计准则筹划委员会"这一专门机构。苏格兰特许会计师协会与爱尔兰特许会计师协会于同年参加。后来,英国另外三个会计专业团体,即“注册会计师协会”“成本与管理会计师协会”以及“特许财政与会计协会”也陆续参加了该委员会的工作。1976年2月1日,“会计职业团体协商咨询委员会”成立,该委员会是六个会计职业团体的联合委员会。会计准则筹划委员会随之改名为“会计准则委员会”。该委员会制定和发布的会计准则为“标准会计惯例”。英国的标准会计惯例是通过各个会计职业团体向其会员发布的,每个会计职业团体对其成员执行这些标准会计惯例具有约束力。

(四)国际会计规范

由于各国政治、法律、经济、文化等背景的不同,其会计理论、会计实务和会计规范也有所不同,这成为日益发展的国际资本流动、跨国公司经营的重要障碍之一。为了促进国际经济交往,过去的许多年中,各国会计团体在协调各国会计准则方面做了不懈的努力,并取得了一系列的成果。推动会计准则协调化的主要政府间国际组织有:联合国、欧洲共同体及经济合作与发展组织。民间会计职业组织对国际会计准则的制定做了大量的工作。

1. 国际会计准则委员会

1973年6月,来自澳大利亚、加拿大、法国、联邦德国、日本、墨西哥、荷兰、英国、美国等的16个职业会计师团体,在英国伦敦成立了国际会计准则委员会(IASC)。目前,国际会计准则委员会的成员已发展到包括104个国家的143个会计职业组织。迄今为止,国际会计准则委员会已发布了41号国际会计准则和13个国际财务报告准则,并公布了一系列“征求意见稿”。经过国际会计准则委员会的努力,国际会计准则日益完善并得到各国会计界的支持与认可。根据国际会计准则委员会的章程,其基本战略目标是:第一,按照公众利益,制定和公布在编制财务报表时应遵循的同一会计准则,并促使其在世界范围内被接受和执行。第二,为改进和协调与财务报表的表述有关的会计准则和会计程序而努力。其具体目标是制定强有力的准则以满足国际资本市场与国际工商业界的需求;制定并帮助实施会计准则,以满足发展中国家和新兴的工业化国家对财务报告的需求;进一步提高国家会计要求与国际会计准则之间的兼容性。

国际会计准则委员会的发展过程大致可以分为以下三个阶段:

(1)20世纪70年代,国际贸易和跨国公司的发展是经济全球化的集中体现,但资本市场的国际化尚不明显。许多人对国际会计准则是否能在世界范围内被广泛接受和遵守持怀疑态度。当时国际会计准则委员会的战略是与银行、国际会计师联合会、国际经贸组织等联系和合作,协调各国现有的会计准则,但在国际会计准则的体系、国际会计准则与各国会计准则的关系、国际会计准则委员会的发展方向等战略性问题上的思路仍不清晰。

(2)20世纪80~90年代中期,各国的资本市场逐步开放,各国会计准则之间的差异对不同国家财务报告编制者和使用者的影响也越来越大。各国会计准则制定机构开始关注国际会计准则的发展,产生了同国际会计准则委员会合作的意向,证券监管机构也开始重视国际会计准则的制定。此时,国际会计准则委员会将战略调整为引起更多的利益集团的注意,提高国际会计准则的地位,逐步形成规范现有会计实务的国际会计准则体系。

(3)20世纪90年代中期至今,资本市场国际化浪潮空前高涨,同时以亚洲金融危机为代表的区域性或全球性的金融危机敲响了警钟——风险的波及范围和影响也达到了全球化,只有增强资本市场的透明度,风险才可能得到控制。资本市场的透明度在很大程度上取决于会计信息的质量。国际会计准则委员会立足于全球化的资本市场,旨在协调各国会计准则,增加会计信息可比性,这就适应了国际资本市场上财务报告的使用者对会计信息质量的要求。在这一发展的黄金时期,国际会计准则委员会提出了更为明确的战略:第一,与各国会计准则制定机构进行直接、密切的联系和合作;第二,建立从基础准则到核心准则的国际会计准则体系;第三,处理好国际会计准则和美国公认会计原则的关系;第四,在将来取得证券委员会国际组织(IOSCO)对核心准则的承认,促进准则与实务的衔接,研究信息技术对会计的影响,解决新问题,完善现有准则。

国际会计准则委员会的组织机构设置如下:

(1)理事会。理事会成立于1973年,成员既包括职业会计师团体,又包括其他利益集团。理事会作为最高执行机构,负责批准国际会计准则和征求意见稿的发布。

(2)咨询团。咨询团成立于1981年,包括代表报告编制者和使用者的国际性组织、证券交易所、证券监管机构的代表以及来自发展研究机构、准则制定机构、政府间组织的代表或观察员。咨询团主要是与理事会讨论国际会计准则的技术性问题、工作计划和国际会计准则委员会的战略,直接影响国际会计准则的制定。

(3)顾问委员会。顾问委员会成立于1995年,集中了来自会计职业界、企业界、其他财务报告使用者团体的高素质精英。其主要职责如下:第一,复核评价理事会的战略和规划是否满足国际会计准则委员会成员的要求;第二,每年向理事会报告实现目标的运作过程的有效性;第三,促进会计职业团体、企业界、其他各集团参与国际会计准则委员会,并接受国际会计准则;第四,审阅国际会计准则委员会的预算和财务报告。

(4)战略工作组。战略工作组成立于1997年,负责研究国际会计准则委员会在完成核心准则以后的战略和组织结构、国际会计准则委员会的运作程序、与各国会计准则制定者的关系以及国际会计准则委员会的教育培训和资金筹集。

(5)常设解释委员会。常设解释委员会成立于1998年,其成员包括不同国家财务报告使用者、编制者、审计者的代表,来自理事会的联络员,来自证券委员会国际组织和原欧洲共同体的观察员。常设解释委员会相当于各国会计准则制定机构下设立的“紧急问题工作小组”,处理运用国际会计准则时出现的问题,同时该委员会将公布一系列解释公告,来指导国际会计准则与实务的结合。

国际会计准则委员会是国际会计准则理事会(IASB)的前身。2001年8月1日,国际会计准则理事会宣布从其前身国际会计准则委员会接手会计准则制定的权利。这是国际会计准则机构改革的实质性改变。

国际会计准则理事会的母体国际会计准则委员会基金会主要有两个部分:受托人(Trustees)和国际会计准则理事会。此外,其还有准则顾问理事会(Standards Advisory Council)和国际财务报告解释委员会(International Financial Reporting Interpretations Committee)。受托人指定国际会计准则理事会成员,监管运作和提供资金。国际会计准则理事会在会计准则制定方面是独立的。重组前,国际会计准则制定工作由国际会计准则委员会理事会(IASC Board)承担。理事会由13个国家的会计职业团体的代表以及不超过4个在财务报告方面利益相关的其他组织的代表组成。除理事会外,国际会计准则委员会还成立了咨询团(Consultative Group)、顾问委员会(Advisory Council)和常设解释委员会(Standing Interpretation Committee)三个机构。咨询团定期开会,与理事会讨论国际会计准则项目中的技术问题、国际会计准则委员会的工作计划及战略,在国际会计准则委员会制定国际会计准则的应循程序(Due Process)以及推动承认国际会计准则方面发挥重要作用。顾问委员会的作用是提高国际会计准则的可信度,推动国际会计准则得到广泛承认。常设解释委员会定期考虑因缺少权威指南而出现分歧或不可接受的处理方法的议题,起草解释公告(建议稿),公开征求意见后报经理事会批准。国际会计准则委员会重组是1997年提出来的,国际会计准则委员会为此专门成立了战略工作组(Strategy Working Party)。1998年年底,战略工作组提出了重组方案,具体体现在《重塑国际会计准则委员会未来》这一研究报告中。该方案建议,新国际会计准则委员会设基金会、理事会和制定委员会三个层次,基金会任免理事会成员和制定委员会成员,理事会负责审议和投票表决,制定委员会负责研究起草准则。这个方案的结构与原结构的差别在于,会计准则制定工作由专职成员负责,而不是像以前那样由指导委员会这样的兼职人员负责;技术性讨论落在制定委员会这个层次上,理事会更像一个表决机构。因为研究制定和表决通过由两个机构分别负责,所以有人称之为"两院制"。上述方案受到美国等几个英语国家的反对。1999年11月,战略工作组向国际会计准则委员会的理事会递交了题为《关于重塑国际会计准则委员会未来的建议》的最终报告。根据这一方案,除了设立类似于基金会的管理委员会(Trustees)外,不再分设理事会和制定委员会,而是合二为一,称为国际会计准则理事会,即IASB。这个理事会由专职人士组成,对会计准则有最后的决定权。因为研究制定和表决通过由一个机构负责,所以有人称之为"一院制"。国际会计准则理事会由14人组成(12人为全职成员,2人为兼职成员,对制定会计准则负完全责任)。理事会成员的首要条件是技术专长,并由受托人做出最佳判断以确保理事会不被任何特定的团体或地区利益左右。公布准则、征求意见稿或国际财务报告解释委员会解释公告要求理事会14位成员中的8位通过。

国际会计准则委员会及国际会计准则理事会在制定、发布国际会计准则时,采用了一套较完整的程序,称为"充分程序"。其大致内容如下:建议新项目→列入计划内→研究资料、撰写大纲→公布规划草案→提交最终草案→发布征求意见稿→通过国际会计准则草案→公布国际会计准则。

国际财务报告准则和国际会计准则分别如表1-2和表1-3所示。

表1-2 国际财务报告准则

国际财务报告准则第1号——首次采用国际财务报告准则
国际财务报告准则第2号——以股份为基础的支付
国际财务报告准则第3号——业务合并
国际财务报告准则第4号——保险合同
国际财务报告准则第5号——持有待售非流动资产和终止经营
国际财务报告准则第6号——矿产资源的勘探和评价
国际财务报告准则第7号——金融工具:披露
国际财务报告准则第8号——经营分部
国际财务报告准则第9号——金融工具
国际财务报告准则第10号——合并财务报表
国际财务报告准则第11号——合营安排
国际财务报告准则第12号——其他主体中权益的披露
国际财务报告准则第13号——公允价值计量

表 1-3 国际会计准则

国际会计准则第 1 号——财务报表的列报
国际会计准则第 2 号——存货
国际会计准则第 7 号——现金流量表
国际会计准则第 8 号——会计政策、会计估计变更和差错更正
国际会计准则第 10 号——报告期后事项
国际会计准则第 11 号——建造合同
国际会计准则第 12 号——所得税
国际会计准则第 16 号——不动产、厂房和设备
国际会计准则第 17 号——租赁
国际会计准则第 18 号——收入
国际会计准则第 19 号——雇员福利
国际会计准则第 20 号——政府补助会计和政府援助的披露
国际会计准则第 21 号——汇率变动的影响
国际会计准则第 23 号——借款费用
国际会计准则第 24 号——关联方披露
国际会计准则第 26 号——退休福利计划的会计处理和报告
国际会计准则第 27 号——单独财务报表
国际会计准则第 28 号——联营和合营中的投资
国际会计准则第 29 号——恶性通货膨胀经济中的财务报告
国际会计准则第 32 号——金融工具:列报
国际会计准则第 33 号——每股收益
国际会计准则第 34 号——中期财务报告
国际会计准则第 36 号——资产减值
国际会计准则第 37 号——准备、或有负债和或有资产
国际会计准则第 38 号——无形资产
国际会计准则第 39 号——金融工具:确认和计量
国际会计准则第 40 号——投资性房地产
国际会计准则第 41 号——农业

2. 国际会计师联合会

国际会计师联合会(International Federation of Accountants,IFA)是 1977 年成立的。1982 年,国际会计师联合会在墨西哥城召开了第一次代表大会。会上对过去五年的活动经验进行了探讨,并对章程条款进行了修改。会议期间还讨论了国际会计师联合会与国际会计准则委员会之间的关系。国际会计师联合会认为,国际会计准则委员会是一个负责发布国际会计准则的团体。国际会计准则委员会则承认,国际会计师联合会是世界范围会计职业的发言人。这两个组织成立了一个专门的业务联系小组。该小组于 1981 年向国际会计准则委员会理事会和国际会计师联合会理事会提出了一份报告。报告中有这样的建议,即两个组织结成一个相互承担义务的系列,为此提出三点建议:

(1)在两个组织间建立永久的关系。

(2)由国际会计师联合会推选的人应全部作为国际会计准则制定者,并加入国际会计准则委员会。

(3)两个组织之间应扩大相互吸收,并促进大家承认和采用他们的准则。

第三节 财务会计基本理论框架

财务会计理论是随着会计实践而产生和发展的,并逐步形成了一套比较完整的体系。财务会计理论(Financial Accounting Theory)是对会计实践的合乎逻辑的概括,它由一系列概念、原则所构成,用以解释、评估现存的会计实务,预测和指导未来的会计发展。财务会计理论的主要作用有:

第一,作为制定会计准则的依据。

第二,作为企业确定会计政策的依据。

第三,作为审计师评判会计信息质量好坏的依据。

财务会计理论及其结构如图 1-1 所示。

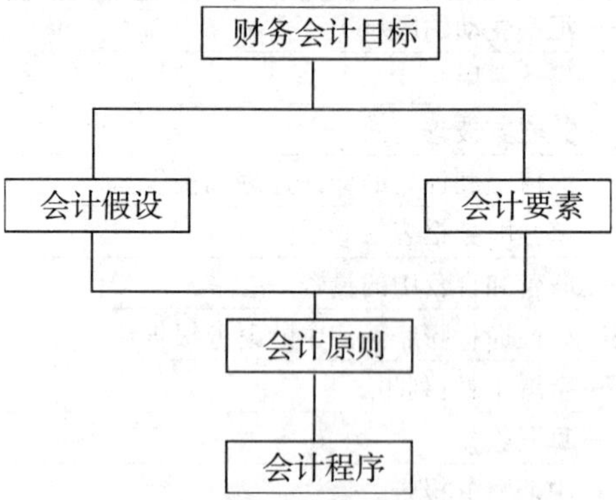

图 1-1 财务会计理论及其结构图

一、会计目标

会计理论体系以会计目标(Accounting Objective)为起点。任何学科的研究工作,都必须首先明确学科的研究范围和目标。财务会计目标是会计理论体系的基础,整个会计理论体系和会计实务都是建立在会计目标的基础之上。会计目标主要明确为什么要提供会计信息,向谁提供会计信息,提供哪些会计信息等问题。只有明确了会计目标,才能进一步明确会计应当收集哪些会计数据以及如何加工、采用何种方法进行加工和处理这些会计数据,从而为会计信息的使用者提供有用的会计信息。

各国会计理论研究机构和学者对财务会计目标的表述不一,但可归纳为以下几个方面:

第一,提供对现在和潜在的投资者、债权人及其他会计信息使用者决策有用的信息。

第二,提供评估企业现金流量、变现能力和偿债能力的信息。

第三,提供关于企业管理当局在使用业主委托给它的企业资源后,其受托责任完成情况。

第四,提供关于企业的经济资源,对这资源的要求权以及使资源和对这些资源的要求权发生变动的信息。

我国《企业会计准则——基本准则》第四条规定,企业应当编制财务会计报告(又称财务报告)。财务报告的目标是向财务报告使用者提供与企业财务状况、经营成果和现金流量等有关的会计信息,反映企业管理层受托责任履行情况,有助于财务会计报告使用者做出经济决策。其主要包括以下两个内容:

（一）向财务报告使用者提供决策有用的信息

向财务报告使用者提供决策有用的信息是财务报告的基本目标。如果企业在财务报告中提供的会计信息与使用者的决策无关，没有使用价值，那么财务报告就失去了编制的意义。财务会计人员提供的会计信息应当如实反映企业所拥有或控制的资源，如实反映企业对资源的利用情况，从而有助于现在的或者潜在的投资者、债权人以及其他使用者正确、合理评价企业的经营能力和管理水平，从而做出理性的投资和信贷决策。

（二）反映企业管理层受托责任履行情况

在现代公司制下，企业所有权与经营权相分离，企业管理层是受委托人之委托经营管理企业的各项资产，负有委托责任。委托人需要及时或者经常性地了解企业管理层保管、使用资产的情况，以便评价管理者受托责任履行结果，并决定是否需要更换管理层。因此，财务报告应当反映企业管理层受托责任的履行情况，以有助于评价企业的经营管理责任和资源的有效性。

二、会计假设

会计假设（Accounting Assumption）是会计核算的前提条件，如同数学上的公理一样。会计是在一定的经济环境下进行的，这一经济环境中必然存在着某些不确定因素，会计假设就是对这些不确定因素做出较为合理的假设。只有在会计假设的基础上，才能构筑会计的理论大厦，并在会计假设的基础上，进行会计核算过程。会计假设包括会计主体假设、持续经营假设、会计分期假设和货币计量假设。依据这些会计假设或前提，会计人员才能确定会计核算的范围，确定收集和加工会计信息的方法和程序。

（一）会计主体假设

会计主体或会计实体（Accounting Entity）是指会计工作为其服务的特定单位和组织。会计主体假设的作用在于界定了不同会计主体会计核算的空间范围。会计主体假设要求会计核算区分企业自身的经济活动与其他单位的经济活动；区分企业的经济业务与业主个人的经济业务。会计主体与法律主体并不是同一个概念。一般来说，法律主体必然是会计主体，但会计主体并不一定是法律主体。会计主体可能大于法律主体（如合并会计主体），也可能小于法律主体（企业内部独立核算单位）。

（二）持续经营假设

持续经营（Going Concern）假设是指假设某一会计主体的生产经营活动将无限期地延续下去，在可以预见的未来，不会清算、解散倒闭。持续经营假设要求会计人员以会计主体持续、正常的经营活动为前提，选择会计程序和会计方法，进行会计处理。没有这一假设，一些公认的会计原则和会计处理方法将缺乏存在的基础，企业会计核算无法正常进行，也就无法提供会计信息。

（三）会计分期假设

会计分期（Accounting Period）假设是指将会计主体持续不断的经营活动分割成一定的期间，对其进行的期间划分。会计分期的目的在于通过会计期间的划分，据以结算账目，编制会计报表，从而及时地向有关方面提供反映企业经营成果和财务状况及其变动情况的会计信息。由于有了会计分期，才产生了本期与非本期之分，才产生了权责发生制和收付实现制，才有了配比原则的出现。

（四）货币计量假设

货币计量（Monetary Measurement）假设是指会计主体在会计核算过程中采用货币为

主要的计量单位，记录、反映会计主体的经营情况。有了这一假设，使会计核算的对象——企业的生产经营活动统一表现为货币形态的运动，从而能够全面、综合地反映企业的经营成果和财务状况及其变动情况。货币计量是以货币的价值不变，币值稳定为前提的。因为只有在币值稳定或相对稳定的情况下，不同时点的资产价值才具有可比性，不同时点的收入和费用才能进行比较，才能计算确定其经营成果，会计信息才能得以生成。

三、会计要素

会计要素（Accounting Elements）是会计的基本概念。会计要素是为实现会计目标，以会计假设为基础，对会计对象进行的基本分类，是会计核算对象的具体化，是会计用于反映会计主体财务状况，确定其经营成果的基本单位。

我国《企业会计准则——基本准则》中列示了资产、负债、所有者权益、收入、费用和利润六大会计要素。这六大会计要素又可以划分为两大类：一类是反映财务状况的会计要素（或静态会计要素），即资产、负债、所有者权益；另一类是反映经营成果的会计要素（或动态会计要素），即收入、费用、利润。另外加入了利得和损失两个概念。

（一）资产

资产（Assets）是指过去的交易或事项形成、由企业拥有或控制的、预期会给企业带来经济利益的资源。资产的这个定义主要包括以下几个含义：

（1）资产从本质上讲是一种经济资源，即可以作为生产要素投入到生产经营中去。这就把资产同一些已经不能再投入作为生产经营要素的耗费项目区分开来。

（2）资产是由过去的交易、事项形成的。过去的交易或者事项包括购买、生产、建造行为或其他交易或事项。预期在未来发生的交易或事项不形成资产。

（3）资产是由企业拥有和控制的。强调企业享有某项资源的所有权，或者虽然不享有某项资源的所有权，但该资源能被企业所控制。把企业虽不拥有，但行使控制权的资产纳入会计核算的范畴反映了客观的经济实质，是实质重于形式原则的具体体现。

（4）资产应该预期能给企业带来经济利益。它是指直接或间接导致现金或现金等价物流入企业的潜力。这就将企业的一些已经不能为企业带来未来经济利益流入的项目排除在企业会计报表之外，有利于客观、真实地反映企业现有的经济资源。

资产的确认条件有两个：一个条件是与该资源有关的经济利益很可能流入企业；另一个条件是该资源的成本或者价值能够可靠地计量。符合资产定义和资产确认条件的项目，应当列入资产负债表；符合资产定义，但不符合资产确认条件的项目，不应当列入资产负债表。

（二）负债

负债（Liabilities）是指过去的交易或事项形成的、预期会导致经济利益流出企业的现时义务。负债的这个定义包含以下几个含义：

（1）负债是一项经济责任或者说是一项义务，它需要企业进行偿还。

（2）清偿负债会导致企业未来经济利益的流出。

（3）负债是企业过去的交易、事项的一种后果，未来发生的交易或者事项形成的义务，不应当确认为负债。

负债的确认条件有两个：一个条件是与该义务有关的经济利益很可能流出企业；另一个条件是未来流出的经济利益的金额能够可靠地计量。符合负债定义和负债确认条件的项目，应当列入资产负债表；符合负债定义，但不符合负债确认条件的项目不应当列入资产负债表。

(三)所有者权益

所有者权益(Owner's Equity)是指企业资产扣除负债后由所有者享有的剩余权益。所有者权益包括所有者投入的资本(股本和资本溢价)、直接计入所有者权益的利得和损失、留存收益(盈余公积和未分配利润)等。企业的实收资本或股本是指投资者按照企业章程,或合同、协议的约定,实际投入企业的资本。我国实行的是注册资本制,因而,在投资者足额缴纳资本之后,企业的实收资本应该等于企业的注册资本。

(四)收入

收入(Revenue)是指企业在日常活动中形成的、会导致所有者权益增加的、与所有者投入资本无关的经济利益的总流入。收入包括销售商品、提供劳务、让渡资产使用权获得的收入和建造合同收入。收入不包括为第三方或者客户代收的款项。收入有以下几个特征:

(1)收入是从企业的日常活动中产生的,而不是从偶发的交易或事项中产生的,如固定资产出售这种非日常活动产生的现金流入,不属于收入。

(2)收入可能表现为企业资产的增加,也可能表现为企业负债的减少,或两者兼而有之。

(3)收入能导致企业所有者权益的增加。

(4)收入只包括本企业经济利益的流入,不包括为第三方或客户代收的款项,如增值税。

符合收入定义和确认条件的项目,应当列入利润表。

(五)费用

费用(Expenses)是指企业在日常活动中发生的、会导致所有者权益减少的、与向所有者分配利润无关的经济利益的总流出。这里的费用是广义的费用概念,它包括应结转的已售产品或劳务的成本。费用只有在经济利益很可能流出从而导致企业资产减少或者负债增加,并且经济利益的流出额能够可靠计量时才能予以确认。企业为生产产品、提供劳务等发生的可归属于产品成本、劳务成本等的费用,应当在确认产品销售收入、劳务收入等时,将已售产品、已提供劳务的成本计入当期损益。

企业发生的支出不产生经济利益的,或者即使能够产生经济利益但不符合资产确认条件的,应当在发生时确认为费用,计入当期损益。

企业发生的交易或者事项导致其承担了一项负债而又不确认为一项资产的,应当在发生时确认为费用,计入当期损益。符合费用定义和费用确认条件的项目应当列入利润表。

(六)利润

利润(Profit or Income)是指企业在一定会计期间的经营成果。利润包括收入减去费用后的净额、直接计入当期利润的利得和损失等。直接计入当期利润的利得和损失是指应当计入当期损益、会导致所有者权益发生增减变动的、与所有者投入资本或者向所有者分配利润无关的利得或者损失。

以上六个会计要素之间的关系是:

资产=负债+所有者权益

这一会计等式(Accounting Equation)表明某一会计主体在某一特定时点上拥有的各种资产,债权人和投资者对企业资产的要求权的基本状况,它表明企业资产和负债与所有者权益之间的基本关系。

收入-费用=利润

这一会计等式表明企业一定期间所实现的财务成果与相应期间的收入和费用的关系。

资产=负债+所有者权益+(收入-费用)

这一会计等式表明企业的财务状况与经营成果之间的相互联系。财务状况反映企业某一时期资产的存量情况,经营成果反映企业某一期间净资产的增加或减少情况。企业的经营成果最终要影响到企业的财务状况，企业实现利润，将使企业资产增加或负债减少；企业亏损，将使企业资产减少，或负债增加。

以上诸要素中，最基本的要素是资产，其他要素均可用资产来定义。负债可用债权人对企业资产的请求权表示；所有者权益可用净资产表示或所有者对企业净资产的要求权；营业收入可用企业在一定期间因主要或中心业务所产生的资产流入来表示；费用可用企业在一定期间因主要或中心业务所产生的资产流出企业来表示。因此，资产的定义至关重要。

四、会计原则

会计原则（Accounting Principles）是会计工作的基本规范。会计原则是会计处理中为达到一定的会计目标所应采取的有效行动的指南，但不涉及行动的具体方法和步骤，具有一定的概括性和普遍适用性。根据《企业会计准则——基本准则》，我国会计核算的原则在基本会计准则中作为会计信息质量要求，具体包括：客观性原则、相关性原则、明晰性原则、可比性原则、实质重于形式原则、重要性原则、谨慎性原则、及时性原则八项。我国将权责发生制作为会计的核算基础。

五、会计程序

会计程序（Accounting Procedure）是会计核算的实务过程，指在会计核算中，将会计确认和计量、采用会计记账方法、记录于会计账簿并编制报告等有机地结合起来的技术组织过程。

（一）会计确认

会计确认（Accounting Recognition）是交易或事项的发生，确定是否、何时和如何作为一项会计要素加以记录并列入会计报表的过程。会计确认包括用文字和数字描述某个项目，确认了的项目应包括在报表之中。会计确认包括初始确认和再确认两个环节。初始确认决定了哪些交易、事项应在会计系统中予以记录和反映；再确认决定了它们如何列入财务会计报表之中。对于一笔资产或负债，确认不仅要记录该项目的取得或发生，还要记录其后发生的变动等。对于一项收入，确认则指记录该项目的取得或发生以及应将其反映在利润表中。

要将某项目在财务报表中予以确认，除符合会计要素的定义以外，还必须符合确认的条件。由于资产、负债、收入、费用等要素的性质各不相同，因而其具体的确认条件不完全相同。但是，无论是何种要素，其确认都须遵循确认的基本条件。

国际会计准则概念框架指出，财务报表要素确认的基本条件是：第一，与该项目有关的未来经济利益很可能流入或将会流出企业；第二，对该项目的成本或价值能够可靠地加以计量。

其他国家的会计准则、概念框架也规定了财务报表要素确认的基本条件。虽然各概念框架所规定的确认基本条件，从形式或内容表达上，可能与国际会计准则概念框架的相关规定不完全相同，但其实质却是一致的。

美国财务会计概念框架第 5 号指出：确认一个项目和有关的信息，要符合四个基本确认条件，同时还要遵循效益大于成本以及重要性这两个前提。其中，四个基本确认条件是：第一，可定义性（Definability），即要符合财务报表某一要素的定义；第二，可计量性（Measurability），即具有一个相关的可计量属性，足以可靠地予以计量；第三，相关性（Relevance），即有关信息在用户的决策中有重要作用；第四，可靠性（Reliability），即信息是真实的、可核实的、无偏向的。

由于“有关未来经济利益将会流入或流出企业”内含在美国财务会计概念框架中的要素定义中，而相关性和可靠性在国际会计准则概念框架中是作为会计信息质量的两项重要特征来规定的，对财务报表要素的确认也具有约束力，因而“有关未来经济利益将会流入和流出企业”没有作为美国财务会计概念框架中的基本确认条件之一，而相关性和可靠性也没有作为国际会计准则概念框架中确认的基本条件。这说明，国际会计准则概念框架与美国财务会计概念框架对确认的基本条件的规定基本上一致。

（二）会计计量

会计计量（Accounting Measurement）以货币或其他度量单位衡量各经济业务发生对企业资产、负债、所有者权益、收入、费用和利润影响的过程。美国会计学会（AAA）在1966年发布的《基本会计理论说明书》中指出：会计就是要计量和传递一个经济主体活动中的数量方面，虽然定性的信息是重要的，但会计职能强调通过数量表示有意义的定量信息来增进有用性。美国著名会计学家井尻雄士（Yuri Iriji）教授在1979年发表的专著《会计计量理论》中对会计计量问题做了较系统的研究。他认为：会计计量是会计系统的核心职能，会计计量就是以数量关系确定物品或事项之间的内在数量关系，而把数额分配于具体事项的过程。会计工作过程很大程度上就是一个计量的过程。会计计量的两个中心内容是资产计价（Asset Valuation）和收益确定（Income Determination）。反映财务状况的资产、负债、所有者权益三个要素中，资产始终处于中心地位，负债和所有者权益的变化都可以用资产来表述。负债和所有者权益货币量的确定，在多数情况下取决于资产的计价。从这点来说，资产计价是会计计量的一个中心内容。企业在川流不息、周而复始的生产经营活动过程中，会不断地取得收入，不断地发生成本费用。为了确定企业一定时期的经营业绩（盈利或亏损情况），正确计量收入和费用并确定收益或利润是会计计量的另一个中心内容。

会计计量应坚持三个基本的质量标准：第一，同质性（Identification），会计计量必须通过再现体（财务报表）来反映客体（财务状况和经营成果），并在再现体和客体之间保持同质性；第二，可证实性（Verifiability），如果给定的条件相同，不同的会计人员对同一客体进行的计量应得出基本相同的结果，或者计量的结果可以互为证实；第三，一致性（Consistency），在会计上，对某一事项的计量可能同时并存几种计量方法，在计量方法的运用上要强调前后的一致性，以免使用者对会计信息产生误解。

会计计量的一个重要概念是计量属性（Measurement Attributes），指被计量客体的特性或外表现形式。目前国际通用的有五种计量属性可选用：第一，历史成本（Historical Cost）；第二，现行成本（Current Cost）；第三，现行市价（Current Market Value）；第四，可实现净值（Net Realizable Value）；第五，未来现金流量的现值（Present Value of Future Cash Flow）；第六，公允价值（Fair Value）。

我国《企业会计准则——基本准则》第九章专门规定会计计量：企业在将符合确认条件的会计要素登记入账并列报于报表及附注时，应当按照规定的会计计量属性进行计量，确定其金额。会计计量属性主要包括：历史成本、重置成本、可变现净额、现值和公允价值五个计量属性。公允价值是指熟悉情况的交易双方自愿进行资产交换或者债务清偿和金额。同时规定，企业在对会计要素进行计量时，一般应当采用历史成本，采用重置成本、可变现净值、现值、公允价值计量，应当保证所确定的会计要素余额能够取得并可靠计量。

（三）会计记录

会计记录（Accounting Record）是根据会计确认和会计计量的要求，采用复式记账原理，将经济业务事项记录于相关的账簿之中的过程。会计记录是对会计业务进行加工、分类整理的过程。会计记录的正确与否直接影响会计信息质量——可靠性。因此，会计人员应该做好这一环节的工作，以便提供正确、真实、完整、可靠的会计信息给信息使用者，实现财务会计的目标。

（四）会计报告

会计报告（Reporting）是以恰当的形式汇总日常确认、计量和记录的结果，向使用者传送企业财务状况、经营成果、现金流量信息的过程。财务会计报告包括会计报表、会计报表附注、财务情况说明等内容。会计报表是财务会计报告的主要内容，由三个主表和若干个附表构成。资产负债表反映企业一定日期的资产、负债、所有者权益的占用或分布的财务状况。利润表反映企业一定期间收入、费用的构成及利润形成等的经营成果情况。现金流量表反映企业一定期间内现金流入、流出及其变动结果，它是资产负债表和利润表的纽带，把财务状况和经营成果连接起来。

一个企业、一个单位在会计核算过程中，究竟应该使用哪些凭证，凭证如何填制和传递；应该设置哪些账簿，账页格式如何设计，账簿与账簿之间如何配合；如何根据凭证登记各种账簿；从凭证到账簿，再到编制会计报告，应该依照何种程序、步骤进行。会计程序如果组织得合理，将会提高会计工作效率，提高会计信息质量。

第四节　财务会计信息质量特征

1980 年 5 月，美国财务会计准则委员会发布了第 2 号公告《会计概念公告——会计信息的质量特征》。该公告认为，会计信息的质量特征是使会计信息成为有用的各种特征。考察会计信息的质量特征的目的在于，保证会计信息的高质量，从而有利于及时正确地提供会计报告，为企业决策者提供有用的会计信息，以实现财务会计的目标。

会计信息的质量特征（Qualitative Characteristics）是一个有层次性的等级结构。在这一等级结构中，居于核心地位的是决策有用性（Decision Usefulness）。如果会计信息不存在有用性，就不能从信息中得到利益补偿其所耗的费用。我们用图 1-2 来表明会计信息成为有用的各种质量特征。

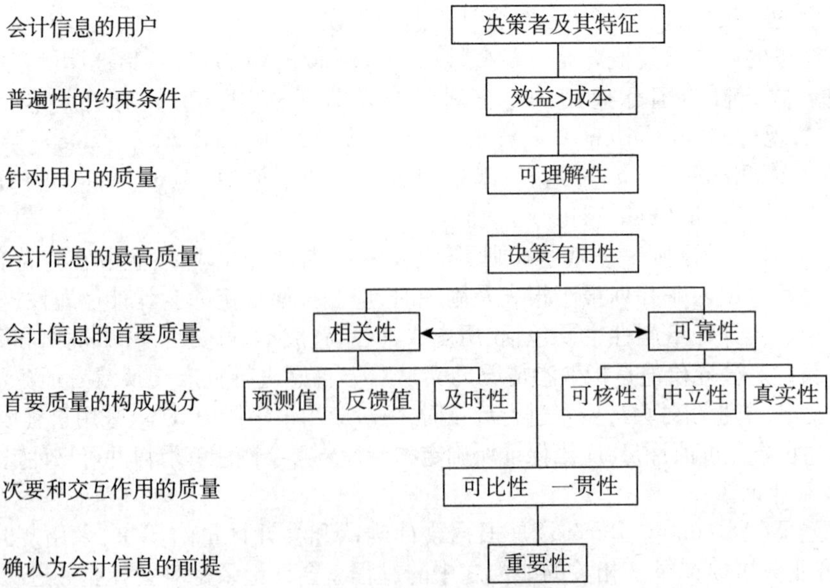

图 1-2　会计信息质量的层次结构图

要使会计信息成为对决策有用的信息，首要的质量特征是具有相关性和可靠性。如果缺少这两者中的任何一个，会计信息就不会有用。相关性和可靠性还可以进一步分解为若干因素，凡属相关的信息它必须是及时的，并且必须具有预测值和反馈值，或者两者兼而有之。凡属可靠的信息，它必须是反映真实的，并且必须具有可核性和中立性。可比性和一贯性是一种次要的质量。它与相关性和可靠性相互地起作用，有助于产生会计信息的有用性。效益大于成本和重要性是两个约束条件。信息可能是有用的，但提供它们所花的费用太大，大于利用该信息可能带来的效益，而不值得提供。既要保证信息有用，以值得提供，信息的效益应大于它的成本，这是决定会计信息是否应该提供的限制或约束条件。所有的信息质量都应当以重要性为基础，这同样是一个约束条件。

一、决策者及其特征

什么会计信息是有用的，要由每一位会计信息使用者来判断。决策者（Decision Maker）的判断又可能受各种因素的影响，诸如所要做出的决策，决策所用的方法，决策者已经从其他来源取得信息以及决策者单独或在其他专业人员的协助之下加工信息的能力等。对于某一位用户来说是最优的信息未必对另一位用户也是最优的信息。

二、成本与效益的关系

会计信息也是一种商品，提供和使用会计信息需要花费成本。只有当会计信息所能产生的效益高于其成本时，才值得提供。提供会计信息的成本大部分由初始的编制者承担，而效益则编制者和用户都能得到。

提供会计信息的成本有好多种类，包括信息的收集、整理、编制报表、分析及解释时所花的代价等；如果会计信息要经过审计的话，还包括审计费用；将会计信息分发给必须送达对象的成本；与涉讼危险有关的成本；因为揭露企业经营状况而在同业竞争上所造成的不利可能带来的损失。这些成本大部分由企业负担，但亦可能转嫁给财务报表使用者。

至于会计信息的效益，对企业而言，可能增加经营效率，获得资金的融通或吸引投资，对投资者及债权人而言，可充分了解投资报酬及风险，使资金得以最佳运用，而社会经济资源方能做到最有效的分配。这些效益一般来说都难以用货币量加以衡量。虽然如此，在提供会计信息时，仍应考虑其所引起的成本效益（Cost-Benefit）关系。只有当效益高于成本时，才能提供企业会计信息。

三、可理解性

如果信息不能为其使用者所理解，则信息的有用性将会大大下降，甚至变为无用的信息。能够使信息更加易于理解，从而扩大其用户的范围，可以提高信息的效益。信息的可理解性（Understandability）受到两个方面的制约：一方面是用户的特征；另一方面是信息本身固有的特性。这是为什么可理解性成为决策者和决策有用性之间的联结点的原因。会计人员应尽可能将编制的会计信息易于被人理解，而使用者也应设法提高自己理解会计信息的能力。

四、会计信息的首要质量特征

会计信息的首要质量特征包括相关性和可靠性。

（一）相关性

相关性（Relevance）是指保证会计信息“有用”的一个重要质量特征，它是指同决策相联系，有助于提高决策能力的特征。对于会计信息使用者来说，会计信息要成为相关的，必须能够帮助用户预测过去、现在、将来事项的结果，或者证实和纠正预期的情况，从而具有影响决策的能力。会计信息的相关性具体包括信息的预测价值、反馈价值和及时性。

1. 预测价值

预测价值（Forecast Value）是指会计信息能够帮助信息使用者预测未来事项的可能结果，便于决策者根据预测结果做出有关决策。因此，会计人员编制的财务信息应该有助于决策者预测企业未来的现金流转、财务前景、经营能力。

2. 反馈价值

反馈价值（Feedback Value）是指会计信息能够帮助信息使用者去证实或改变以前的预测结果。把过去决策所产生的实际结果反馈给决策者，使之与当初做决策时的预期的结果相比较，发现是否有偏差，便于提高决策者未来决策的正确性。信息的预测价值和反馈价值往往是同时发生的，因为取得的相关信息既可以用作证实或改变以前预期的结果，又可以作为将来决策的选择方案。这两种作用的实质在于导致决策时“差别”的产生。某企业提供的年度报告既可作为上年度的反馈资料，又可作为下年度的预测资料。

3. 及时性

及时性（Timeliness）是指为了保证会计信息的相关性，会计信息必须在使用者尚未做出决策之前及时获得。如果在需要信息时得不到所需的信息，而得到信息时已在决策之后，其相关的信息也就变成了不相关了，因而信息的有用性大大减弱，甚至变得根本无用了。

（二）可靠性

会计信息对决策既要有用和相关，又要可靠。可靠性（Reliability）要求会计如实地反映意欲反映的情况，并且这种反映是以事实为依据，是公正的、不偏不倚的，同时还要能够通过核实向信息使用者保证它具有这种如实反映情况的质量，任何歪曲事实的信息不仅不利于决策，反而会导致决策失误。一项可靠的信息应该满足真实性、可核对性和中立性。

1. 真实性

真实性（Faithfulness）是指一项计量的数值或叙述的文字，符合它意在反映的现象，在会计中，要反映的现象就是经济资财和债务以及使这些资财和债务发生变动的业务和事项。会计信息如果不能客观真实地反映企业的经济事项，其会计信息自然不会是可靠的。

2. 可核对性

可核对性（Verifiability）是指由不同的会计人员，分别采用同一计量方法，对同一会计事项加以计量，能得出基本相同的结果。可核对性这一质量特征可以增加会计信息的有用性，因为核实的目的在于高度保证会计数值反映它意在反映的东西。重复计量看看所得结果是否相同，可以用来发现并消除计量员的偏差。

3. 中立性

中立性（Neutrality）是指在制定或选用会计原则或政策时，主要应当关心所产生信息的相关性和可靠性，而不是新规则会对特定利益者产生的影响。违背会计中立性的，首先就是预先定下需要结果，并为诱发这个结果而对会计信息做推论性的选择。要做到中立，会计信息必须尽可能真实地报告经济活动，对它所传输的形象不能妄加色彩，以求朝某些特定的方向来影响行为。

五、会计信息的次要质量特征

会计信息的次要质量特征是可比性和一贯性。可比性与一贯性是紧密相连的，并且一贯性包含在可比性之内。

（一）可比性

可比性（Comparability）是指类型相同的不同企业或同一企业的不同时期的会计信息具有一定共同特征的质量或状况。比较通常是共同特征的定量评估。只要在所用的量度——数量或比率可靠地反映了要比较的主题特征时，才能进行有效的比较。有关一家企业的信息，倘若能与另一家企业的类似信息相比较，倘若能与本企业其他期间或时点的类似信息相比较，其信息的有用性将会大大提高。信息的比较使用常常有直觉之效果。为了达到可比性，相同的经济事项应采用相同的会计方法或会计原则处理。

（二）一贯性

一贯性（Consistency）包含在可比性之内。为了使同一企业不同时期的会计信息具有可比性，会计人员在确认和计量会计事项时，所采用的会计原则、会计方法和会计程序应当前后会计年度一贯使用，不能随意变更。在一定跨年度的时间里，应用会计方法的一贯性是使会计信息更为有用的重要保证。如果不坚持一贯性，随意改变会计方法和程序，可能有操纵利润现象，致使会计信息的可靠性受到很大影响，当然其有用性也会大打折扣。一贯性并不表示企业绝对不能改变会计方法，否则会计就不会发展了。一贯性要求企业应慎重选用会计原则和方法，一旦选定，除非有正当理由，不得随意变动。如果有证明采用新的会计原则和方法更能公正客观地计量和反映企业经济状况，则可以变更会计原则和方法，并应在报告中将变更的内容和理由以及对企业财务状况和经营成果的影响加以揭示。

六、重要性

会计信息的重要性（Materiality）是指当一项会计信息被遗漏或错误表达时，可能使依赖该信息的人所做的判断受到影响或改变。相关性和重要性有许多共同之处。两者都要用对投资者或其他决策者产生什么影响，或起什么作用来定义。但是这两个概念还是有区别的。相关性是一种质量上的要求，而重要性则为数量上的要求。在会计中，某些信息之所以不予揭示，是因为投资者对这种信息不感兴趣（与决策不相关），或者是因为它涉及的金额太小，不足以影响决策（不重要）。

重要性是决定会计信息是否提供的关键。前述所有的会计信息质量都要以重要性为其前提，然后才考虑相关性和可靠性，才能单独表达此项会计信息。

七、我国企业会计准则关于会计信息质量的要求

结合我国《企业会计准则——基本准则》第二章规定的会计信息客观性、相关性、明晰性、可比性、实质重于形式、重要性、谨慎性和及时性的质量要求，全面理解会计信息质量要求的重要意义和具体内容。

（一）客观性

客观性也叫真实性。企业应当以实际发生的交易或者事项为依据进行会计确认、计量和报告，如实反映符合确认和计量要求的各项会计要素及其他相关信息，保证会计信息真实可靠、内容完整。

（二）相关性

企业提供的会计信息应当与财务会计报告使用者的经济决策需要相关，有助于财务会计报告使用者对企业过去、现在或者未来的情况做出评价或者预测。

（三）可理解性

企业提供的会计信息应当清晰明了，便于财务会计报告使用者理解和使用。

（四）可比性

企业提供的会计信息应当具有可比性。

同一企业不同时期发生的相同或者相似的交易或者事项，应当采用一致的会计政策，不得随意变更。确需变更的，应当在附注中说明。

不同企业发生的相同或者相似的交易或者事项，应当采用规定的会计政策，确保会计信息口径一致、相互可比。

（五）实质重于形式

企业应当按照交易或者事项的经济实质进行会计确认、计量和报告，不应仅以交易或者事项的法律形式为依据。

（六）重要性

企业提供的会计信息应当反映与企业财务状况、经营成果和现金流量等有关的所有重要交易或者事项。

（七）稳健性或谨慎性

企业对交易或者事项进行会计确认、计量和报告应当保持应有的谨慎，不应高估资产或者收益、低估负债或者费用。

（八）及时性

企业对于已发生的交易或者事项，应当及时进行会计确认、计量和报告，不得提前或者延后。

第五节 公允价值

一、公允价值的定义

公允价值是指市场参与者在计量日发生的有序交易中，出售一项资产所能收到的价格或转移一项负债所需支付的价格。

《企业会计准则第 1 号——存货》中规范的可变现净值、《企业会计准则第 8 号——资产减值》中规范的预计未来现金流量现值等计量属性，与公允价值类似但并不遵循公允价值计量的有关规定，股份支付和租赁业务相关的计量也不遵循公允价值计量的有关规定。

二、公允价值计量的基本要求

为了更好地理解公允价值的定义，应当从四个方面掌握公允价值计量的基本要求：一是以公允价值计量的相关资产或负债；二是应用于相关资产或负债公允价值计量的有序交易；三是有序交易发生的主要市场或最有利市场；四是主要市场或最有利市场中的市场参与者。

(一)相关资产或负债

1. 相关资产或负债的特征

企业以公允价值计量相关资产或负债,应当考虑该资产或负债具有的特征,如资产的状况及所在位置、出售或使用资产的限制等。如果市场参与者在计量相关资产或负债公允价值时,会考虑这些资产或负债的特征,企业在计量该资产或负债公允价值时,也应当考虑这些特征因素。

企业为合理确定相关资产的公允价值,应当区分该限制是针对资产持有者,还是针对该资产本身。如果该限制是针对相关资产本身的,那么此类限制是该资产具有的一项特征,任何持有该资产的企业都会受到影响,市场参与者在计量日对该资产进行定价时会考虑这一特征。因此,企业以公允价值计量该资产时,也应当考虑该限制特征。

如果该限制是针对资产持有者的,那么此类限制并不是该资产的特征,只会影响当前持有该资产的企业,而其他企业可能不会受到该限制的影响,市场参与者在计量日对该资产进行定价时不会考虑该限制因素。因此,企业以公允价值计量该资产时,也不应考虑针对该资产持有者的限制因素。

例如,甲公司与某商业银行签订一份借款合同。根据借款合同规定,甲公司将其持有的一块土地的使用权作抵押,在偿还该债务前,甲公司不能转让该土地使用权。

甲公司承诺在偿还该商业银行借款前不转让其持有的已抵押的土地使用权,该承诺是针对甲公司的限制,而非针对甲公司持有的土地使用权的限制。因此,甲公司在确定其持有的该土地使用权的公允价值时,不应考虑该限制因素。

2. 计量单元

计量单元是指相关资产或负债以单独或组合方式进行计量的最小单位。该资产或负债可以是单项资产或负债,也可以是资产组合、负债组合或资产和负债的组合。

(二)有序交易

企业以公允价值计量相关资产或负债,应当假定市场参与者在计量日出售资产或转移负债的交易,是当前市场情况下的有序交易。企业应用于相关资产或负债公允价值计量的有序交易,是在计量日前一段时期内该资产或负债具有惯常市场活动的交易,不包括被迫清算和抛售。

1. 有序交易的确定

企业在确定一项交易是否为有序交易时,应当全面理解交易环境和有关事实。企业应当基于可获取的信息,如市场环境变化、交易规则和习惯、价格波动幅度、交易量波动幅度、交易发生的频率、交易对手信息、交易原因、交易场所和其他能够获得的信息,运用专业判断对交易行为和交易价格进行分析,以判断该交易是否为有序交易。

2. 有序交易价格的应用

企业判定相关资产或负债的交易是有序交易的,以交易价格为基础确定该资产或负债的公允价值,在公允价值计量的过程中赋予有序交易价格的权重时,应当考虑交易量、交易的可比性、交易日与计量日的临近程度等因素。

企业判定相关资产或负债的交易不是有序交易的,不应考虑该交易的价格,或者赋予该交易价格较低权重。

(三)主要市场或最有利市场

企业以公允价值计量相关资产或负债,应当假定出售资产或转移负债的有序交易在该资产或负债的主要市场进行。不存在主要市场的,企业应当假定该交易在相关资产或负债的最有利市场进行。主要市场是指相关资产或负债交易量最大和交易活跃程度最高的市场。最有利市场是指在考虑交易费用和运输费用后，能够以最高金额出售相关资产或以最低金额转移相关负债的市场。

1. 主要市场或最有利市场的识别

企业根据可合理取得的信息，能够在交易日确定相关资产或负债交易量最大和交易活跃程度最高的市场的，应当将该市场作为相关资产或负债的主要市场。

企业根据可合理取得的信息，无法在交易日确定相关资产或负债交易量最大和交易活跃程度最高的市场的，应当在考虑交易费用和运输费用后将能够以最高金额出售该资产或以最低金额转移该负债的市场作为最有利市场。

2. 主要市场或最有利市场的应用

企业应当以主要市场上相关资产或负债的价格为基础，计量该资产或负债的公允价值。主要市场是资产或负债流动性最强的市场，能够为企业提供最具代表性的参考信息。

不存在主要市场或无法确定主要市场的，企业应当以相关资产或负债最有利市场的价格为基础，计量其公允价值。企业在确定最有利市场时，应当考虑交易费用、运输费用等。

（四）市场参与者

企业以公允价值计量相关资产或负债，应当充分考虑市场参与者之间的交易，采用市场参与者在对该资产或负债定价时为实现其经济利益最大化所使用的假设。

1. 市场参与者的特征

市场参与者应当具备下列特征：

（1）市场参与者应当相互独立，不存在关联方关系。

（2）市场参与者应当熟悉情况，根据可获得的信息，包括通过正常的尽职调查获取的信息、对相关资产或负债以及交易具备合理认知。

（3）市场参与者应当有能力并自愿进行相关资产或负债的交易，而非被迫或以其他强制方式进行的交易。

2. 市场参与者的确定

企业在确定市场参与者时至少应当考虑下列因素：

（1）计量的相关资产或负债。

（2）该资产或负债的主要市场（或者在不存在主要市场情况下的最有利市场）。

（3）企业将在主要市场或最有利市场进行交易的市场参与者。

企业以公允价值计量相关资产或负债，应当基于市场参与者之间的交易确定该资产或负债的公允价值。

三、公允价值初始计量

相关资产或负债的公允价值是“脱手价格”，即出售该资产所能收到的价格或转移该负债所需支付的价格。

在大多数情况下，相关资产或负债的进入价格等于其脱手价格。但企业未必以取得资产时支付的价格出售该资产，同样也未必以承担负债时收取的价格转移该负债。也就是说，企业取得资产或承担负债的进入价格不一定等于该资产或负债的脱手价格。在下列情况下，企业以公允价值对相关资产或负债进行初始计量的，不应将取得资产或承担负债的交易价格作为该资产或负债的公允价值：一是关联方之间的交易（但有证据表明关联方之间的交易是按照市场金额进行的除外)。二是被迫进行的交易,或者资产出售方(或负债转移方)在交易中被迫接受价格的交易。三是交易价格代表的计量单元不同于以公允价值计量的相关资产或负债的计量单元。例如,以公允价值计量的相关资产或负债仅是交易(如企业合并)中的一部分,而交易除该资产或负债外,还包括按照其他会计准则规定应单独计量但未确认的无形资产。四是进行交易的市场不是该资产或负债的主要市场(或者在不存在主要市场情况下的最有利市场)。

四、估值技术

企业以公允价值计量相关资产或负债,应当使用在当前情况下适用并且有足够可利用数据和其他信息支持的估值技术。估值技术通常包括市场法、收益法和成本法。

(一)市场法

市场法是利用相同或类似的资产、负债、资产和负债组合的价格以及其他相关市场交易信息进行估值的技术。企业应用市场法估计相关资产或负债公允价值的,可以利用相同或类似的资产、负债、资产和负债的组合(如一项业务)的价格和其他相关市场交易信息进行估值。

(二)收益法

收益法是企业将未来金额转换成单一现值的估值技术。企业使用收益法时,应当反映市场参与者在计量日对未来现金流量或收入费用等金额的预期。企业使用的收益法包括现金流量折现法、期权定价模型等估值方法。

1. 现金流量折现法

现金流量折现法是企业在收益法中最常用的估值方法,包括传统法(折现率调整法)和期望现金流量法。为避免重复计算或忽略风险因素的影响,折现率与现金流量应当保持一致。

根据风险的调整方式和采用现金流量类型不同,可以将现金流量折现法分为两种方法,即传统法和期望现金流量法。

(1)传统法。传统法是使用在估计金额范围内最有可能的现金流量和经风险调整(市场观察)的折现率的一种折现方法。

(2)期望现金流量法。期望现金流量法是使用风险调整的期望现金流量和无风险利率,或者使用未经风险调整的期望现金流量和包含市场参与者要求的风险溢价的折现率的一种折现方法。

企业应当使用以概率为权重计算的期望现金流量反映未来所有可能的现金流量。企业在期望现金流量法中使用的现金流量是对所有可能的现金流量进行了概率加权,最终得到的期望现金流量不再以特定事项为前提条件,这不同于企业在传统法中使用的现金流量。

企业在应用期望现金流量法时,有两种方法调整相关资产或负债期望现金流量的风险溢价:第一种方法是企业从以概率为权重计算的期望现金流量中扣除风险溢价,得到确定等值现金流量,并按照无风险利率对确定等值现金流量折现,从而估计出相关资产或负债的公允价值。当市场参与者认为确定的现金流量和期望现金流量无差异时,确定的现金流量即为确定等值现金流量。第二种方法是企业在无风险利率之上增加风险溢价,得到期望回报率,并使用该期望回报率对以概率为权重计算的现金流量进行折现,从而估计出相关资产或负债的公允价值。企业可以使用对风险资产进行计价的模型估计期望回报率,如资本资产定价模型。

2. 期权定价模型

企业可以使用布莱克-斯科尔斯模型、二叉树期权定价模型、蒙特卡洛模拟法等期权定价模估计期权的公允价值。其中,布莱克-斯科尔斯期权定价模型可以用于认股权证和具有转换特征的金融工具的简单估值。布莱克-斯科尔斯期权定价模型中的输入值包括:即期价格、行权价格、合同期限、预计或内含波动率、无风险利率、期望股息率等。

(三)成本法

成本法是反映当前要求重置相关资产服务能力所需金额的估值技术,通常是指现行重置成本。在成本法下,企业应当根据折旧贬值情况,对市场参与者获得或构建具有相同服务能力的替代资产的成本进行调整。折旧贬值包括实体性损耗、功能性贬值以及经济性贬值。企业主要使用现行重置成本法估计与其他资产或其他资产和负债一起使用的有形资产的公允价值。

(四)估值技术的选择

企业应当运用更多职业判断,确定恰当的估值技术。企业至少应当考虑下列因素:

(1)根据企业可获得的市场数据和其他信息,其中一种估值技术是否比其他估值技术更恰当。

(2)对其中一种估值技术使用的输入值是否更容易在市场上观察到或者只需做更少的调整。

(3)对其中一种估值技术得到的估值结果区间是否在其他估值技术的估值结果区间内。

(4)按市场法和按收益法结果存在较大差异的,进一步分析存在较大差异的原因,如其中一种估值技术可能使用不当,或者其中一种估值技术使用的输入值可能不恰当等。

五、输入值

企业以公允价值计量相关资产或负债,应当考虑市场参与者在对相关资产或负债进行定价时使用的假设,包括有关风险的假设,如所用特定估值技术的内在风险等。市场参与者使用的假设即为输入值,可分为可观察输入值和不可观察输入值。

企业使用估值技术时,应当优先使用可观察输入值,仅当相关可观察输入值无法取得或取得不切实可行时才使用不可观察输入值。

(一)公允价值计量中相关的溢价和折价

企业应当选择市场参与者在相关资产或负债交易中会考虑的、反映该资产或负债特征的输入值。大宗持有因素是与交易相关的特定因素,因企业交易相关资产的方式不同而有所不同。该因素与企业持有规模有关,不是相关资产的特征,企业在选择输入值时不予考虑。

(二)以出价和要价为基础的输入值

企业可使用出价计量资产头寸、使用要价计量负债头寸,也可以使用市场参与者在实务中使用的在出价和要价之间的中间价或其他定价惯例计量相关资产或负债。但是企业不应使用与公允价值计量假定不一致的方法,如对资产使用要价、对负债使用出价。

六、公允价值层次

为提高公允价值计量和相关披露的一致性和可比性,企业应当将估值技术使用的输入值划分为三个层次,并优先使用活跃市场上相同资产或负债未经调整的报价(第一层次输入值),最后使用不可观察输入值(第三层次输入值)。

(一)第一层次输入值

第一层次输入值是企业在计量日能够取得的相同资产或负债在活跃市场上未经调整的报价。

(二)第二层次输入值

第二层次输入值是除第一层次输入值外相关资产或负债直接或间接可观察的输入值。对于具有特定期限(如合同期限)的相关资产或负债,第二层次输入值必须在其几乎整个期限内是可观察的。第二层次输入值包括:

(1)活跃市场中类似资产或负债的报价。

(2)非活跃市场中相同或类似资产或负债的报价。

(3)除报价以外的其他可观察输入值,包括在正常报价间隔期间可观察的利率和收益率曲线等。

(4)市场验证的输入值等。

(三)第三层次输入值

第三层次输入值是相关资产或负债的不可观察输入值。第三层次输入值包括不能直接观察和无法由可观察市场数据验证的利率、股票波动率、企业合并中承担的弃置义务的未来现金流量、企业使用自身数据做出的财务预测等。

(四)公允价值计量结果所属的层次

公允价值计量结果所属的层次,由对公允价值计量整体而言重要的输入值所属的最低层次决定。公允价值计量结果所属的层次,取决于估值技术的输入值,而不是估值技术本身。

企业在确定公允价值计量结果所属的层次时,不应考虑为取得基于公允价值的其他计量所做的调整。例如,从公允价值扣除处置费用,此时如果企业要确定公允价值计量结果所属的层次,不应考虑该处置费用调整对公允价值的影响。

(五)第三方报价机构的估值

企业使用第三方报价机构(如经纪人、做市商等)提供的出价或要价计量相关资产或负债公允价值的,应当确保该第三方报价机构提供的出价或要价遵循公允价值计量的要求。

思考题

1. 会计环境是如何影响会计理论与实务发展的?
2. 什么是公允价值?如何正确运用公允价值?
3. 什么是私人会计?什么是公共会计?两者有何不同?
4. 什么是会计规范?各国会计规范是否存在差别?
5. 我国会计规范体系是怎样的?我国已经发布了哪些具体会计准则?
6. 会计基本理论框架是怎样的?
7. 什么是会计信息质量特征?其层次结构如何?
8. 什么是会计信息的最高质量特征、首要质量特征和次要质量特征?
9. 怎样理解会计信息质量的约束条件?
10. 怎样理解财务会计目标?

第二章
货币资金

货币资金是企业资产的重要组成部分，是企业进行生产经营活动的基本条件。在企业的生产经营过程中，经常涉及大量的货币资金收付业务。加强货币资金的管理，组织好货币资金的收支核算，是会计核算中一项十分重要的工作。本章主要介绍现金、银行存款和其他货币资金的核算。

第一节　货币资金概述

一、货币资金的性质与内容

(一)货币资金的性质

货币资金(Money Fund)是指可以立即投入流通，用来购买商品或劳务，或用来偿还债务的交换媒介。货币资金是企业经营过程中以货币形态存在的一种资产。货币资金是企业流动性(Liquidity)最强的流动资产，并且是唯一能够直接转化为其他任何资产形态的流动性资产，也是唯一能够代表企业实现购买力水平的资产。货币资金作为支付手段，可用于支付各项费用、清偿各种债务及购买其他资产，因而具有普遍的可接受性。为了确保生产经营活动的正常进行，企业必须拥有一定数量的货币资金，以便购买材料、缴纳税金、发放工资、支付利息及股利或进行投资等。企业所拥有的货币资金量是分析判断企业偿债能力与支付能力的重要指标。

由于货币资金的流动性强，是直接的流通货币，在企业经济活动中，收支频繁、容易发生差错和意外损失，也是被不法人员挪用、贪污和盗窃的重要目标，因此加强货币资金的管理和内部控制制度是会计核算的重点。

(二)货币资金的内容

货币资金是广义的现金，一般包括硬币、纸币、存放于银行或其他金融机构的活期存款以及本票和汇票存款等可以立即支付使用的交换媒介物。凡是不能立即支付使用的(如银行冻结存款等)，均不能视为货币资金。货币资金按其存放地点和用途分类，分为库存现金(狭义的现金)、银行存款和其他货币资金。

二、货币资金内部控制制度

内部控制制度(Internal Control System)是企业重要的内部管理制度，指处理各种业务活动时，依照分工负责的原则在相关人员之间建立的相互联系、相互制约的管理体系。货币资金的内部控制制度是企业最重要的内部控制制度，它要求货币资金收支与记录的岗位分离、收支凭证经过有效复核或核准、收支及时入账且收支分开处理、建立严密的清查和核对制度、做到账实相符、制定严格的现金管理及检查制度等。

企业建立的货币资金内部控制制度的具体内容因企业的规模大小和货币资金收支量多少而有所不同,但一般应包括以下几项主要内容:

第一,货币资金收支业务的全过程应分工完成、各负其责;货币资金收支业务的会计处理程序应制度化。

第二,货币资金收支业务与会计记账应分开处理。

第三,货币资金收入与货币资金支出应分开处理。

第四,内部稽核人员对货币资金的检查应制度化。

第二节　库存现金

一、库存现金的定义、库存现金的管理以及现金的收支范围

(一)库存现金的定义

现金(Cash)是指流通中的货币,包括铸币和纸币。我国企业会计核算上的现金,是狭义上的概念,不同于国外的现金概念,它仅指库存现金(Cash on Hand),即企业财务部门为了支付企业日常零星开支而保管的库存现钞,包括各种本币和外币。

库存现金是流动性最强的一种货币资金,是企业可以立即投入流通的交换媒介。企业可以随时动用库存现金购置所需财产物资、支付有关费用、清偿各项债务,也可以随时存入银行。对现金详细核算和管理,具有十分重要的意义。

(二)库存现金的管理

库存现金管理制度的主要规定如下:

(1)库存现金的收支,必须由专门负责办理现金收支和银行结算业务的出纳人员(Casher)收管和支付,非出纳人员不得经管现金。出纳人员在收付现金时,必须以符合规定、手续齐全的合法凭证为依据。

(2)收入的现金应当在收款当日送存开户银行,最迟也应在收款次日上午送存开户银行。农村地区企业远离银行或其他原因,经开户银行同意,可以放宽送存时间。

(3)对于企业收入的现金未经银行同意,不得坐支挪用。企业从自己收入的现金中直接用于支付的行为称为坐支。根据国家规定,企业收入现金必须送存银行,支出现金必须向银行提取,以便银行能及时了解企业的现金来源和去向,加强管理。

(4)企业应由开户银行核定库存现金限额,以备日常支付。超过限额以上的现金应及时存入银行,需要补充时,可以向银行支取。

(5)企业间经济往来业务,凡超过1 000元的款项,一律通过银行办理转账结算。当企业因采购地点不固定或交通条件限制以及其他特殊情况下必须使用现金时,应向开户行提出申请,经企业开户银行审核同意后,可以支付现金。

(三)现金的收支范围

现金结算是指企业直接用现金支付或收入的货币结算。凡是通过银行划拨转账的称非现金结算或转账结算。在现金收支范围内的款项,企业可以用现金进行收付,否则均应办理转账结算。

1. 现金支出范围

现金支出范围包括如下内容:

(1)职工工资和各种工资性津贴。

(2)个人劳动报酬,包括稿费和讲课费及其他专门工作报酬。

(3)支付给个人的奖金,包括根据国家规定颁发给个人的科学技术、文化艺术、体育等各种奖金。

(4)各种劳保、福利费用以及国家规定的对个人的其他现金支出。

(5)收购单位向个人收购农副产品和其他物资支付的价款。

(6)出差人员必须随身携带的差旅费。

(7)结算起点(现行规定为 1 000 元)以下的零星支出。

(8)中国人民银行确定需要用现金支付的其他支出。

企业在日常资金结算工作中,应按上述范围严把现金使用关,不属于上述现金结算范围的款项支付,一律通过银行进行转账结算,不得支付现金。

2. 现金收入范围

现金收入范围包括如下内容:

(1)剩余差旅费和归还备用金等个人的交款。

(2)对个人或不能转账的集体单位的销售收入。

(3)不足转账结算起点的小额收款,如小额销售收入等。

上述范围以外的收入款项,一律通过银行办理转账结算,不得收入现金。对于每一笔现金的收付业务,都必须根据有关原始凭证,由会计主管人员或指定的人员审核,并根据审核无误的原始凭证,编制现金收款凭证或付款凭证,送交出纳员收付现金。对于从银行提取现金或现金送存银行的业务,只编制付款凭证,不再编制收款凭证,以免重复过账。

二、现金收支的核算

企业为了反映现金收付情况,在总分类核算中,应设置"库存现金"账户。"库存现金"账户用以核算企业库存现金的收付变动及结存情况,属于资产类账户。收入现金时,记入借方;支付现金时,记入贷方;余额在借方,表示库存现金实存数额。有外币业务的企业,还应按币种分别设置明细账户进行明细核算。

企业应当设置现金日记账,现金日记账由出纳人员按业务发生的先后顺序,根据审核无误的收、付款凭证,逐日逐项登记,计算当日现金收入、支出及余额,并将账面余额同现金实存额进行核对,做到账实相符。月末应将现金日记账余额同总分类账余额核对相符,做到日清月结。有外币现金的企业,还应分别设置人民币现金、外币现金的现金日记账以进行明细核算。现金日记账一般采用三栏式,也可以根据需要设置多栏式。

【例 2-1】3 月 5 日,湘友股份有限公司(以下简称湘友公司)签发现金支票一张,从银行提取现金 15 000 元备用。

借:库存现金	15 000	
贷:银行存款		15 000

【例 2-2】3 月 12 日,职工杨帆因出差向企业暂借 2 000 元。

借:其他应收款——杨帆	2 000	
贷:库存现金		2 000

【例 2-3】3 月 22 日,杨帆回单位后报销差旅费用 1 400 元,并将余款 600 元缴还。

借:库存现金	600	
管理费用	1 400	
贷:其他应收款——杨帆		2 000

【例2-4】3月25日，将现金3 000元存入银行。

借：银行存款　　3 000

　贷：库存现金　　3 000

三、库存现金清查

为了确保现金安全、完整，除实行钱账分管，正确组织现金凭证传递和审核外，还应定期对库存现金进行清查，现金清查的方法采用账实核对法。现金清查包括出纳人员每日进行的日清日结和组织清查小组定期对现金的清查，即将现金的实存数与账面数进行核对，保证账实一致。对现金实存额进行盘点，必须以现金管理的有关规定为依据，不得以白条抵库，不得超限额保管现金。清查小组清查后，根据清查结果编制现金盘点报告单，填写现金实存数、账存数和盈亏情况。如果发现账实不一致，除应及时查明原因外，还需进行相应的会计处理。不得以今日长款弥补他日短款。

每日终了结算现金收支、财产清查等发现的有待查明原因的现金短缺或溢余，应通过“待处理财产损溢”账户核算。属于现金短缺，应按实际短缺的金额，借记“待处理财产损溢——待处理流动资产损溢”科目，贷记“库存现金”科目；属于现金溢余，按实际溢余的金额，借记“库存现金”科目，贷记“待处理财产损溢——待处理流动资产损溢”科目。待查明原因后进行如下处理：

（1）如为现金短缺，属于应由责任人赔偿的部分，借记“其他应收款——应收现金短缺（××个人）”或“库存现金”等科目，贷记“待处理财产损溢——待处理流动资产损溢”科目；属于应由保险公司赔偿的部分，借记“其他应收款——应收保险赔偿”科目，贷记“待处理财产损溢——待处理流动资产损溢”科目；属于无法查明原因的，根据管理权限，经批准后处理，借记“管理费用——现金短缺”科目，贷记“待处理财产损溢——待处理流动资产损溢”科目。

（2）如为现金溢余，属于应支付给有关人员或单位的，应借记“待处理财产损溢——待处理流动资产损溢”科目，贷记“其他应付款——应付现金溢余（××个人或单位）”科目；属于无法查明原因的现金溢余，经批准后，借记“待处理财产损溢——待处理流动资产损溢”科目，贷记“营业外收入——现金溢余”科目。

【例2-5】3月17日，湘友公司清查小组清查现金时，发现短款1 600元。3月19日，经细查后发现该企业出纳员朱文在付给外单位款项时多付了900元，其余700元无法查明原因，作为管理费用处理。

（1）3月17日，发现现金短款时。

借：待处理财产损溢——待处理流动资产损溢　　1 600

　贷：库存现金　　1 600

（2）3月19日，查清原因处理时。

借：其他应收款——应收现金短缺款（朱文）　　900

　　管理费用——现金短缺　　700

　贷：待处理财产损溢——待处理流动资产损溢　　1 600

【例2-6】3月22日，湘友公司清查小组清查现金时，发现溢余900元。3月23日，经细查发现该企业出纳在支付工资时少付给李雪600元，其余300元无法查明原因。

（1）3月22日，发现现金溢余时。

借:库存现金　900

　贷:待处理财产损溢——待处理流动资产损溢　900

(2) 3 月 23 日,查清原因处理时。

借:待处理财产损溢——待处理流动资产损溢　900

　贷:其他应付款——应付现金溢余(李雪)　600

　　营业外收入——现金溢余　300

第三节　银行存款

一、银行存款概述

银行存款(Deposit at Bank)是企业存放在银行或其他金融机构的货币资金。按照国家有关规定,凡是独立核算的企业,都应在当地银行开立账户,并遵循银行结算的有关规定,如数按规定的限额保留库存现金,超过限额部分必须存入银行;除了在规定的范围内可以使用现金收付外,其经营过程中发生的一切货币收支业务,都应通过银行进行转账结算,严格执行《中国人民银行结算办法》规定的结算制度,加强对银行存款的管理。企业通过银行办理支付结算时,应认真执行国家各项管理办法和结算制度,并遵守以下规定:

(1)合法使用银行账户,不得转借其他单位或个人使用。

(2)不得用银行账户进行非法活动。

(3)不得签发没有资金保证的票据和空头(Bad Check)支票,套取银行信用。

(4)不得签发、取得和转让没有真实交易和债权债务的票据,套取银行和他人资金。

(5)不准无理拒绝付款,任意占用他人资金。

(6)不准违反规定开立和使用账户。

二、银行转账结算

结算是指结清收付双方之间的债权债务的行为。结算分为现金结算和转账结算两种。现金结算是以货币款项结清单位或个人之间的债权债务。转账结算是收付双方通过银行从账户上划转款项的办法进行的结算。

一项转账经济业务不仅涉及收付款双方的利益,而且需要通过收方、付方及银行三方共同完成。收付款双方在结算中必须遵守国家的法律、法规和双方经济合同及协议,银行在办理结算业务时,必须维护收付款双方的正当权益。凡收入的款项,必须及时记入结算凭证指定收款人的银行存款账户。对收款人银行账户的存款,银行要保证收款人的支配权。银行在办理转账结算的过程中,只负责将结算款项从付款人的银行存款账户划转到收款人的银行存款账户中;付款人账户存款额不足时,银行不负垫款的责任。

根据中国人民银行有关结算办法规定,目前企业发生的收付业务可以采用的结算方式有银行汇票结算方式、银行本票结算方式、商业汇票结算方式、委托收款结算方式、支票结算方式、汇兑结算方式、托收承付结算方式、信用证结算方式等。

(一)银行汇票

银行汇票(Bank Draft or Bank Bill)是指汇款人将款项交存当地银行,由当地银行签发给汇款人持往异地办理转账或支取现金的票据。银行汇票具有使用灵活、票随人到、兑现性强等特点，适用于先收款后发货或钱货两清的商品交易。银行汇票可用于转账，填写“现金”字样的银行汇票也可以用于支取现金。银行汇票的付款期限为自出票日起1个月内。

付款单位应在收到银行签发的银行汇票后，根据“银行汇票申请书（存根联）”编制付款凭证，借记“其他货币资金——银行汇票”科目，贷记“银行存款”科目。申请人取得银行汇票后，即可持银行汇票向填明的收款单位办理结算。借记有关科日，贷记“其他货币资金——银行汇票”科目。收款企业在收到付款单位送来的银行汇票时，应在出票金额以内，根据实际需要的款项办理结算，并将实际结算金额和多余金额准确、清晰地填入银行汇票和解讫通知的有关栏内，银行汇票的实际结算金额低于出票金额的，其多余金额由出票银行退交申请人。收款企业还应填写进账单并在汇票背面“持票人向银行提示付款签章”处签章，签章应与预留银行的印鉴相同，然后，将银行汇票和解讫通知、进账单一并交开户银行办理结算，银行审核无误后，办理转账。银行汇票的收款人可以将银行汇票背书转让给他人。背书转让以不超过出票金额的实际结算金额为限，未填写实际结算金额或实际结算金额超过出票金额的银行汇票不得背书转让。

（二）银行本票

银行本票（Casher's Check）是银行签发的，承诺银行在见票时无条件支付确定的金额给收款人或者持票人的票据。银行本票由银行签发并保证兑付，而且见票即付，具有信誉高、支付功能强等特点。在同一票据交换区域支付各种款项，都可以使用银行本票。

银行本票分定额本票和不定额本票：定额本票面值分别为1 000元、5 000元、10 000元和50 000元。在票面划去转账字样的，为现金本票。

银行本票的付款期限为自出票日起最长不超过2个月。付款单位应在收到银行签发的银行本票后，根据“银行本票申请书（存根联）”编制付款凭证，借记“其他货币资金——银行本票”科目，贷记“银行存款”科目。申请人取得银行汇票后，即可持银行汇票向填明的收款单位办理结算，借记有关科目，贷记“其他货币资金——银行本票”科目。

收款单位在收到银行本票时，应该在提示付款时，在本票背面“持票面人向银行提示付款签章”处加盖章预留银行印章，同时填写进账单，连同银行本票一并交开户银行转账。收款单位可以根据需要在票据交换区域内背书转让银行本票。

（三）商业汇票

商业汇票（Commercial Draft or Commercial Bill）指由收款人或付款人（或承兑申请人）签发，经承兑人承兑，于到期日无条件向收款人或被背书人支付款项的票据。在银行开立存款账户的法人以及其他组织之间必须具有真实的交易关系或债权债务关系，才能使用商业汇票。商业汇票可以背书转让。商业汇票的持有人可持未到期的商业汇票到银行申请贴现。

商业汇票按承兑人的不同，分为商业承兑汇票和银行承兑汇票两种。

1. 商业承兑汇票

商业承兑汇票是由银行以外的付款人承兑。采用商业承兑汇票方式的，购销双方同意签发商业承兑汇票后，各自按规定发货或收货，发货单位根据该汇票和其他有关凭证，借记“应收票据”科目，贷记相关会计科目；收货单位根据该汇票及有关凭证，借记相关会计科目，贷记“应付票据”科目。

收款单位将要到期的商业承兑汇票连同填制的邮划或电划委托收款凭证，一并送交银行办理转账，根据银行的收账通知，据以编制收款凭证，借记“银行存款”科目，贷记“应收票据”科目；付款单位在收到银行的付款通知时，据以编制付款凭证，借记“应付票据”

科目，贷记“银行存款”科目。商业汇票到期时，如果购货企业的存款不足支付票款，开户银行应将汇票退还给销货企业，银行不负责付款，由购销双方自行处理。

2. 银行承兑汇票

银行承兑汇票由银行承兑。承兑银行按票面金额向出票人收取万分之五的手续费。采用银行承兑汇票方式的，收款单位将要到期的银行承兑汇票连同填制的邮划或电划委托收款凭证，一并送交银行办理转账，根据银行的收账通知，据以编制收款凭证。承兑银行凭汇票应将承兑款项无条件转交给收款人。如果购货企业于汇票到期日未能足额交存票款时，承兑银行除凭票向持票人无条件付款外，对出票人尚未支付的汇票金额按照每天万分之五计收罚息。

付款单位在收到银行的付款通知时，据以编制付款凭证。收款单位将未到期的商业汇票向银行申请贴现时，应按规定填制贴现凭证，连同汇票一并送交银行，根据银行的收账通知编制收款凭证。

(四)支票

支票(Check)是出票人签发的，委托办理支票存款业务的银行或者其他金融机构在见票时无条件支付确定的金额给收款人或者持票人的票据。

支票结算方式是同城结算中应用比较广泛的一种结算方式。单位和个人在同一票据交换区域的各种款项结算，均可以使用支票。支票由银行统一印制，支票上印有“现金”字样的为现金支票。支票上印有“转账”字样的转账支票。转账支票只能用于转账，不能支取现金。现在所用的支票，支票上既没有“现金”字样，也没有“转账”字样，这称为普通支票。在普通支票左上角划两条平行线的，为划线支票或转账支票。划线或转账支票只能用于转账，不得支取现金。普通支票左上角没有划线的支票为现金支票，该种支票既可支取现金，也可以用于转账。

支票的提示付款期限为自出票日起10天内，中国人民银行另有规定除外。转账支票可以根据需要在票据交换区域内背书转让。企业不得签发超过银行存款余额的空头支票。签发支票时，应使用蓝黑墨水或碳素墨水，将支票上的各要素填写齐全，并在支票上加盖其预留银行印章。

(五)汇兑

汇兑(Postal Money Order)是汇款人委托银行将款项汇给外地收款人的结算方式。

汇兑分为信汇和电汇两种。信汇是指汇款人委托银行通过邮寄方式将款项划转给收款人。电汇是指汇款人委托银行通过电报将款项划给收款人。汇兑结算方式适用于异地之间的各种款项结算。这种结算方式划拨款项简便、灵活。

收款单位对于汇入的款项，应在收到银行的收账通知时，据以编制收款凭证；付款单位对于汇出的款项，应在向银行办理汇款后，根据汇款回单编制付款凭证，借记“其他货币资金——外埠存款”科目，贷记“银行存款”科目。

(六)委托收款

委托收款(Mandatory Collection)是收款人向银行提供收款依据，委托银行向付款人收取款项的结算方式。无论是单位还是个人都可以凭已承兑商业汇票、债券等付款人债务证明办理款项收取同城或异地款项。委托收款还适用于收取电费、电话费等付款人众多、分散的公用事业费等的有关款项。委托收款结算款项划回的方式分为邮寄和电报两种。

企业的开户银行受理委托收款后，将委托收款凭证寄交付款单位开户银行，由付款单位开户银行审核，并通知付款单位。付款单位收到银行交给的委托收款凭证及债务证明，应签收并在3天内审查债务证明是否真实，是否是本单位的债务，确认之后通知银行付款。

收款单位发货后委托银行收款，在银行受理之后，根据有关凭证编制，借记“应收账款”科目，贷记有关科目。托收款项收到后，根据银行的收账通知编制收款凭证。

付款单位在收到银行转来的委托收款凭证后，根据委托收款凭证的付款通知和有关的原始凭证编制付款凭证。如在付款期满前提前付款，应于通知银行付款之日，编制付款凭证。

（七）托收承付

托收承付结算方式是指根据购销合同，由收款人发货后委托银行向付款人收取款项，由付款人向银行承认付款的结算方式。办理托收承付结算的款项，必须是商品交易以及因商品交易而产生的劳务供应的款项。收款单位办理托收承付，必须有商品发出的证件或其他证明。

采用托收承付结算方式时，购销双方必须签有符合《中华人民共和国经济合同法》的购销合同，并在合同上注明使用托收承付结算方式。销货企业按照购销合同发货后，填写托收承付凭证，盖章后连同发运证件（包括铁路、航运、公路等运输部门签发运单、运单副本和邮局包裹回执）或其他符合托收承付结算的有关证明和交易单证送交开户银行办理托收手续。

销货企业开户银行接受委托后，将托收结算凭证回联退给企业，作为企业进行账务处理的依据，并将其他结算凭证寄往购货单位开户银行，由购货单位开户银行通知购货单位承认付款。

购货企业收到托收承付结算凭证和所附单据后，应立即审核是否符合订货合同的规定。按照中国人民银行发布的《支付结算办法》的规定，承付货款分为验单付款与验货付款两种。结算办法规定验单承付的承付期为3天，验货承付的承付期为10天。承付期内付款单位未表示拒绝付款的，银行视为同意付款，于承付期的次日，将款项划给收款单位。付款单位如果在承付期内拒绝付款，应填写“拒绝付款理由书”。

销货企业发货并办理托收手续后，根据银行退回的有关凭证，借记“应收账款”科目，贷记有关科目。收到银行的收款通知时，借记“银行存款”科目，贷记“应收账款”科目。

（八）信用证

信用证结算方式是国际结算的一种主要方式。经中国人民银行批准经营结算业务的商业银行总行以及经商业银行总行批准开办信用证结算业务的分支机构，也可以办理国内企业之间商品交易的信用证结算业务。

采用信用证结算方式的。收款单位收到信用证后，即备货装运，签发有关发票账单，连同运输单据和信用证，送交银行。根据退还的信用证等有关凭证编制收款凭证。企业申请开出信用证时，应根据有关凭证，借记“其他货币资金——信用证保证金”科目，贷记“银行存款”科目。付款单位在接到开证行的通知时，根据付款的有关单据，借记有关科目，贷记“其他货币资金——信用证保证金”科目。

上述各种结算方式的运用，必须以加强结算纪律为保证。《支付结算办法》中规定了银行结算纪律，即不准签发没有资金保证的票据或远期支票，套取银行信用；不准签发、取得和转让没有真实交易和债权债务的票据，套取银行和他人资金；不准无理拒绝付款，任意占用他人资金；不准违反规定开立和使用账户等。企业必须严格遵守银行支付结算办法规定的结算纪律，保证结算业务的正常进行。

三、银行存款的核算

（一）账户的设置

为了记录银行存款的情况，需要设置“银行存款”账户，该账户用于核算银行存款收、付变动和结存情况，属于资产类账户。借方登记银行存款的收入数额；贷方登记银行存款的付出数额；借方余额表示银行存款的实存数额。有外币业务的企业，还应按币种分别设置明细账户进行明细核算。该账户核算的内容是企业存入银行的各种存款。企业如有存入其他金融机构的存款，也在本账户核算。企业的外埠存款、银行本票存款、银行汇票存款、信用卡存款、信用证保证金存款等在“其他货币资金”账户核算，不在本账户核算。

（二）人民币存款业务的账务处理

为了加强对银行存款的管理，及时掌握银行存款收、付的动态和结存情况，企业应设置“银行存款日记账”，按照银行存款收、付业务的先后顺序逐笔序时登记，每日营业终了应结出余额。有外币业务的企业，应在“银行存款”科目下分别以人民币和各种外币设置“银行存款日记账”进行核算。

【例 2-7】5 月 15 日，W 公司以银行存款支付以前欠 A 公司的购货款150 000 元。

借：应付账款——A 公司	150 000	
贷：银行存款		150 000

【例 2-8】5 月 18 日，W 公司购入不需安装的固定资产，以银行存款支付货款 200 000 元及增值税 26 000 元。

借：固定资产	200 000	
应交税费——应交增值税（进项税额）	26 000	
贷：银行存款		226 000

【例 2-9】5 月 25 日，W 公司开出现金支票 500 000 元，提取现金备发工资。

借：库存现金	500 000	
贷：银行存款		500 000

（三）外币存款的账务处理

企业发生外币（Foreign Currency）业务时，应将有关外币金额折合为人民币记账。除另有规定外，所有与外币业务有关的账户，应采用业务发生时的汇率，也可以采用业务发生当月期初的汇率折合。期末各种外币账户（包括外币现金以及以外币结算的债权和债务）的期末余额，应按期末汇率折合为人民币金额。按照期末汇率折合的人民币金额与原账面人民币金额之间的差额，作为汇兑损益分别处理。其中外币银行存款的汇率差作为汇兑损益记入“财务费用”科目。因银行结售、购入外汇或不同外币兑换而产生的银行买入价、卖出价与折合汇率之间的差额，也计入当期财务费用。

【例 2-10】W 公司 5 月 8 日将 100 000 美元到银行兑换为人民币，该公司实际收到人民币 680 000 元，当日的银行美元买入价为 1 美元=6.80 元人民币，该日的市场汇率为 1 美元=6.85 元人民币。

借：银行存款（人民币户）（100 000×6.80）	680 000	
财务费用	5 000	
贷：银行存款（美元户）（100 000×6.85）		685 000

【例 2-11】因业务需要，湘友公司于 3 月 18 日从银行购入50 000美元，当日银行美元卖出价为 1 美元=6.82 元人民币，该日的市场汇率为 1 美元=6.80 元人民币。

借:银行存款(美元户)(50 000×6.80) 340 000
　　财务费用 1 000
　贷:银行存款(人民币户)(50 000×6.82) 341 000

四、银行存款的清查

为了确保银行存款核算资料的正确、无误,及时校正差错,企业银行存款日记账应与银行转来的对账单相互核对,每月至少核对一次。企业银行存款日记账上的月末余额若与银行对账单上的月末余额不一致,除双方账务处理可能出现差错外,可能存在未达账项。企业与银行之间的未达账项是指对于同一经济业务,由于企业与开户银行的记账时间不同,一方已登记入账,而另一方尚未登记入账的会计事项。具体来说有四种情况:第一,企业已收款入账,银行尚未入账;第二,企业已付款入账,银行尚未入账;第三,银行已收款入账,企业尚未入账;第四,银行已付款入账,企业尚未入账。通常需要编制“银行存款余额调节表”,以列示并调节企业与银行存款余额记录上由于未达账款引起的差异。银行存款调节表的编制在《初级财务会计学》中已进行了介绍。

第四节 其他货币资金

一、其他货币资金概述

其他货币资金是指除现金、银行存款以外的各种货币资金,主要包括外埠存款、银行汇票存款、银行本票存款、信用卡存款、信用证保证金存款、存出投资款等。为了记录其他货币资金的情况,需要设置“其他货币资金”账户。“其他货币资金”账户用以核算其他货币资金的开立、支付、结存等的情况,属于资产类账户。该账户结构与“银行存款”账户的结构基本相同。企业在“其他货币资金”账户下设置“外埠存款”“银行汇票”“银行本票”“信用卡”“信用证保证金”“存出投资款”等明细账户,并按外埠存款的开户银行,银行汇票或本票、信用证的收款单位等设置明细账。有信用卡业务的企业应当在“信用卡”明细账户中按开出信用卡种类设置明细账。

二、外埠存款

外埠存款是企业到外地进行临时或零星采购时,汇往采购地银行开立采购专户的款项。企业将款项委托当地银行汇往采购地开立专户时,借记“其他货币资金”科目,贷记“银行存款”科目。收到供应单位的发票账单时,借记“材料采购”或“原材料”“库存商品”“应交税费——应交增值税(进项税额)”等科目,贷记“其他货币资金”科目。将多余的外埠存款转回当地银行时,根据银行的收账通知,借记“银行存款”科目,贷记“其他货币资金”科目。

【例 2-12】W 企业从银行汇一笔款 150 000 元到上海用于购买材料。

借:其他货币资金——外埠存款 150 000
　贷:银行存款 150 000

W 企业用此款购入材料 120 000 元,增值税款 15 600 元,余额汇回银行。

借:原材料　　120 000
　应交税费——应交增值税(进项税额)　　15 600
　银行存款　　14 400
　贷:其他货币资金——外埠存款　　150 000

三、银行汇票存款

银行汇票存款是企业为取得银行汇票按规定存入银行的款项。企业在填送“银行汇票申请书”并将款项交存银行,取得银行汇票后,根据银行盖章退回的申请书存根联,借记“其他货币资金”科目,贷记“银行存款”科目。企业使用银行汇票后,根据发票账单等有关凭证,借记“材料采购”或“原材料”“库存商品”“应交税费——应交增值税(进项税额)”等科目,贷记“其他货币资金”科目;如有多余款或因汇票第四联(多余款收账通知),借记“银行存款”科目,贷记“其他货币资金”科目。

【例2-13】W企业向银行申请开一张150 000元的银行汇票,由采购员持往北京购买材料。

借:其他货币资金——银行汇票　　150 000
　贷:银行存款　　150 000

采购员用此汇票购入材料120 000元,增值税款15 600元,余额汇回银行。

借:原材料　　120 000
　应交税费——应交增值税(进项税额)　　15 600
　银行存款　　14 400
　贷:其他货币资金——银行汇票　　150 000

四、银行本票存款

银行本票存款是企业为取得银行本票按规定存入银行的款项。企业向银行提交“银行本票申请书”并将款项交存银行,取得银行本票后,根据银行盖章退回的申请书存根联,借记“其他货币资金”科目,贷记“银行存款”科目。企业使用银行本票后,根据发票账单等有关凭证,借记“材料采购”或“原材料”“库存商品”“应交税费——应交增值税(进项税额)”等科目,贷记“其他货币资金”科目。因本票超过付款期等原因而要求退款时,应当填制进账单一式两联,连同本票一并送交银行,根据银行盖章退回的进账单第一联,借记“银行存款”科目,贷记“其他货币资金”科目。

【例2-14】W企业向银行申请开一张150 000元的银行本票,由采购员持往规定的附近城市购买材料。

借:其他货币资金——银行本票　　150 000
　贷:银行存款　　150 000

采购员用此本票购入材料120 000元,增值税款15 600元,余额汇回银行。

借:原材料　　120 000
　应交税费——应交增值税(进项税额)　　15 600
　银行存款　　14 400
　贷:其他货币资金——银行本票　　150 000

五、信用卡存款

信用卡存款是企业为取得信用卡按照规定存入银行的款项。企业应按规定填制申请表,连同支票和有关资料一并送交发卡银行,根据银行盖章退回的进账单第一联,借记“其他货币资金”科目,贷记“银行存款”科目。企业用信用卡购物或支付有关费用,借记有关科目,贷记“其他货币资金”科目。信用卡在使用过程中,需要向其账户续存资金的,借记“其他货币资金”科目,贷记“银行存款”科目。

六、信用证保证金存款

信用证保证金存款是企业为取得信用证按规定存入银行的保证金。企业向银行申请开立信用证,应按规定向银行提交开证申请书、信用证申请人承诺书和购销合同。企业向银行缴纳保证金,根据银行退回的进账单第一联,借记“其他货币资金”科目,贷记“银行存款”科目。根据开证行交来的信用证来单通知书及有关单据列明的金额,借记“材料采购”或“原材料”“库存商品”“应交税费——应交增值税(进项税额)”等科目,贷记“其他货币资金”科目和“银行存款”科目。

思考题

1. 什么是货币资金?其内容包括哪些?
2. 现金的管理规定有哪些?其内部控制制度是怎样的?
3. 什么是现金结算?什么是转账结算?
4. 银行转账结算有哪些方式?哪些属于同城结算?哪些属于异地结算?
5. 其他货币资金包括哪些内容?
6. 什么是坐支?为什么企业不能坐支?
7. 什么是票据的背书转让?哪些票据可以背书转让?
8. 商业汇票与银行汇票有何不同?
9. 商业汇票是如何分类的?
10. 什么是信用证?信用证结算方式的适用范围是什么?

练习题

根据以下业务编制会计分录:

(1)企业到银行申请开出银行汇票一张 50 000 元到外地购买材料。

(2)企业用银行汇票购回材料 40 000 元,增值税 5 200 元,余款转回存入银行。

(3)企业以转账支票购买办公用品 1 500 元及增值税进项税额 195 元。

(4)企业开出一张转账支票 25 000 元,偿还以前欠款。

(5)企业销售商品一批给 N 公司,并收到 N 公司一张银行汇票 35 000 元未送存银行,通过背书偿还所欠 A 企业的货款。

(6)企业申请开出信用证 200 000 元,用于进口货物。

(7)企业进行库存现金清查发现短款 3 000 元,原因待查。

(8)企业以汇兑方式汇出 23 000 元到上海购买材料。

第三章

应收账项

应收账项(Receivables)是指企业在正常生产经营过程中,因销售商品、产品、提供劳务,进行股权投资、债权投资等,应向有关单位收取的款项,包括应收票据、应收账款、应收股利、应收利息、其他应收款等。预付款项是指企业为取得生产经营所需要的原材料、物品等而按照购货合同规定预付给供应单位的款项。应收及预付款项是企业的重要流动资产,加强对应收及预付款项的管理具有十分重要的意义。本章重点介绍应收票据、应收账款、其他应收及预付款和坏账准备。

第一节 应收票据

一、应收票据的概念及种类

应收票据(Bills Receivable)是指企业因销售商品、产品、提供劳务等而收到的商业汇票,包括银行承兑汇票和商业承兑汇票。在我国,除商业汇票外,大部分商业票据(银行本票、银行汇票)都是即期票据,可以钱随票到,不必做应收票据处理。应收票据是企业未来收取货款的权利,这种权利和将来应收取的货款金额以书面文件形式约定下来,因此它受到法律的保护,具有法律上的约束力。应收票据是由于采用商业汇票结算方式而形成的。

商业汇票按承兑人分类,可分为银行承兑汇票和商业承兑汇票。

银行承兑汇票(Banker's Acceptance Bill)是由收款人或承兑人签发,并向其开户银行申请,经银行审查同意承兑的票据。购货企业应于汇票到期前将票款足额交存开户银行,以备由承兑银行在汇票到期日或到期日后见票当日付款。销货企业应在汇票到期时将汇票连同进账单送交开户银行以便转账收款。

商业承兑汇票(Trade Acceptance Bill)是由收款人开出,经付款人承兑,或者由付款人开出并承兑的汇票。汇票到期时,购货企业的开户银行凭票将票款划给销货企业或贴现银行。销货企业应在提示付款期限内通过开户银行委托收款或直接向付款人提示付款。如果到期时购货企业的存款不足支付票款,其开户银行将汇票退还销货企业,银行不负责付款,由购销双方自行处理。

商业汇票按是否计息分类,分为不带息商业汇票(Noninterest-Bearing Note)和带息商业汇票(Interest-Bearing Note)。不带息商业汇票是指承兑人在商业汇票到期时只按票面金额向收款人或被背书人支付款项的汇票。带息票据是指承兑人在商业汇票到期时按票面金额加上应计利息向收款人或被背书人支付票款的票据,带息票据应注明利率,除另有说明外,票据利率均为年利率。商业汇票的承兑期限一般不超过6个月,到期一律通过银行转账结算;商业汇票可以向银行申请贴现,也可以背书转让;商业汇票不仅可用于同城结算,也可以用于异地结算。

二、应收票据的确认

（一）应收票据的确认的概念

一般情况下，企业应在收到开出承兑的商业汇票时，按应收票据的票面价值入账。对于带息的应收票据，应在期末计提利息，计提的利息增加应收票据的账面余额，也就是说其利息应逐期计入应收票据的账面余额。不带息票据期末不需做会计处理。

（二）应收票据的到期日与到期值的确定

应收票据的期限有按日表示和按月表示两种。按日计算的票据，应从出票日起按实际经历天数计算。通常出票日和到期日只能算一天。例如，4 月 13 日出票 60 天到期的票据，4 月份算 17 天，5 月份算 31 天，尚有 12 天，所以到期日为 6 月 12 日。与此同时，要将计算利息使用的年利率换算成日利率（年利率÷360）。按月计算的票据，以到期月份中与出票日相同的那一天为到期日。例如，6 月 18 日出票的 6 个月票据，到期日为 12 月 18 日。月末出票的票据，不论月份大小，以到期月份的月末一天为到期日。例如，3 月 31 日出票的 1 个月票据，到期日为 4 月 30 日。与此同时，计算利息使用的年利率要换算成月利率（年利率÷12）。

不带息票据的到期值，也就是票据的面值；带息票据的到期值应该是面值加上利息，其计算公式如下：

带息票据到期价值＝面值+利息＝面值+面值×利率×票据期限

三、应收票据的账户设置

为了进行应收票据的核算，企业应设置“应收票据”账户，该账户用于核算因销售商品、产品、提供劳务等收到的商业汇票金额，该账户属于资产类账户。借方登记因销售商品、产品、提供劳务等收到的商业汇票的票面金额及其应计利息；贷方登记到期收回、背书转让、到期承兑人拒付以及未到期向银行贴现的票额和应计利息；期末借方余额反映企业持有的商业汇票的票面价值和应计利息。

在“应收票据”账户下，应按不同的单位分别设置明细账户，进行明细核算。同时，企业应设置“应收票据备查簿”，逐笔登记每一笔应收票据的种类、号数和出票日期、票面金额、票面利率、交易合同号和付款人、承兑人；背书人的姓名或单位名称、到期日、背书转让日、贴现日期、贴现率和贴现净额以及收款日期和收回金额、退票情况等资料；应收票据到期结清票款或退票等，都应在备查簿内逐笔注销。

四、应收票据的会计处理

（一）取得应收票据

取得的应收票据，不论是带息票据还是不带息票据，其会计处理基本相同。

【例 3-1】4 月 1 日，湘友公司采用商业汇票结算方式向市五金交电公司销售甲产品，售价 414 160 元，销项增值税 53 840 元，五金交电公司签发为期 6 个月、年利率为 5.1%的商业承兑汇票 468 000 元。

借：应收票据——市五金交电公司	468 000	
贷：主营业务收入		414 160
应交税费——应交增值税（销项税额）		53 840

(二)会计期末的处理

对于带息应收票据,应于期末时按应收票据的票面价值和确定的利率计提利息。计提的利息增加应收票据的账面余额。

【例 3-2】承例 3-1,湘友公司持有市五金交电公司的商业汇票期间,于 6 月 30 日计提票据利息。

6 月 30 日,湘友公司应计提利息。

应计提的利息=468 000×5.1%×3÷12=5 967(元)

借:应收票据——市五金交电公司　　5 967
　贷:财务费用　　5 967

(三)应收票据到期

1. 票据到期收回

收回到期不带息应收票据,则按收到的应收票据票面金额入账;收回到期带息应收票据,则按收回的本息入账。

【例 3-3】承例 3-1 和例 3-2,10 月 1 日,商业汇票到期,湘友公司收到该批商品价款。

可收回的商品价款=468 000(1+5.1%×6÷12)= 479 934(元)

借:银行存款　　479 934
　贷:应收票据——市五金交电公司　　473 967
　　财务费用　　5 967

2. 票据到期遭拒付

由于银行承兑汇票是由银行到期无条件支付,所以不存在遭拒付的问题,但是商业承兑汇票有遭拒付的可能。如果到期的应收票据因付款人无力支付票款而无法按期收回,则当收到银行退回的商业承兑汇票、委托收款凭证、未付票据通知书或拒绝付款证明等时,按应收票据的账面余额进行账务处理。

【例 3-4】承例 3-1,10 月 1 日,假设上述应收票据为商业承兑汇票,到期没能收回款项。

借:应收账款——市五金交电公司　　479 934
　贷:应收票据——市五金交电公司　　479 934

(四)应收票据的贴现

1. 票据贴现值的计算

票据贴现值是指企业持票据到银行申请贴现而实际收到的贴现所得。其计算公式如下:

票据贴现值=票据到期价值-贴现息

贴现息=票据到期价值×贴现率×贴现期

票据到期价值=票据面值×(1+票面利率×票据期限)

按照中国人民银行《支付结算办法》的规定,实付贴现金额按票面金额扣除贴现日至票据到期前一日的利息计算。承兑人在异地的,贴现利息的计算应另加 3 天的划款日期。

【例 3-5】承例 3-1,湘友公司 5 月 10 日持票到银行申请贴现,为同城贴现,银行年贴现率为 7.8%。

贴现天数=22+30+31+31+30=144(天)

贴现息=468 000(1+5.1%×6÷12)×7.8%×144÷360=14 973.94(元)

贴现净额=479 934-14 973.94=464 960.06(元)

2. 票据贴现的会计处理

应收票据贴现一般可以采用“无追索权”和“有追索权”两种方式。银行承兑汇票贴现为无追索权的。商业承兑汇票贴现为有追索权的，即当付款人到期无力支付票据款项，背书人或贴现人在法律上要承担连带清偿责任，即贴现企业必须向贴现银行偿还这一债务，会计上称其为或有负债。

（1）收到贴现款时。企业持未到期票据向银行贴现时，应根据银行盖章退回的贴现凭证入账。

【例 3-6】根据例 3-5 的贴现计算编制会计分录如下：

借：银行存款	464 960.06	
财务费用	3 039.94	
贷：应收票据——五金交电公司		468 000

5 月 10 日票据尚未计提利息，“应收票据”账面余额为 468 000 元全数转销。有息票据贴现，计算出的贴现息小于票据尚未计提的利息，则贴现金额大于票面额，贴现息小于票据尚未计提的利息的差额记入“财务费用”科目的贷方；贴现息大于票据尚未计提的利息的差额记入“财务费用”科目的借方。该例贴现息为 14 973.94 元，票据尚未计提利息为 $468\ 000\times5.1\%\times6\div12=11\ 934$（元），其差额为 $14\ 973.94-11\ 934=3\ 039.94$（元）应记入“财务费用”科目的借方。

【例 3-7】如果 6 月 30 日未确认应收利息，该企业于 9 月 1 日到银行申请贴现，计算贴现息，并编制会计分录。

贴现息 $=468\ 000\times(1+5.1\%\times6\div12)\times7.8\%\times30\div360=3\ 120$（元），小于票据尚未计提利息 11 934 元，其差额为 $11\ 934-3\ 120=8\ 814$（元）应记入“财务费用”科目的贷方。

借：银行存款	476 814	
贷：应收票据——五金交电公司		468 000
财务费用		8 814

（2）贴现票据到期。假设票据到期时，因承兑人的银行账户不足支付，申请贴现的企业收到银行退回的应收票据、付款通知和拒付理由书或付款人未付票款通知书时，按所付本息入账。假设申请贴现企业银行存款账户余额不足，银行作逾期贷款处理时，应按转作贷款的本息（票据到期值）入账。银行承兑汇票不存在此类问题。

【例 3-8】承例 3-7，假设票据到期时，付款人五金交电公司无力偿还票款。票据款应由湘友公司向银行偿付到期值 479 934 元，而不是贴现金额476 814 元。

借：应收账款——五金交电公司	479 934	
贷：银行存款		479 934

假设票据到期时，湘友公司银行存款亦不足，作短期借款处理。

借：应收账款——五金交电公司	479 934	
贷：短期借款		479 934

（五）应收票据背书转让

企业将持有的应收票据背书转让，以取得所需物资时，按应计入取得物资成本的价值与增值税借记有关科目，贷记“应收票据”科目，如有差额借记或贷记“银行存款”等科目。如为带息应收票据尚未计提的利息，贷记“财务费用”科目。

【例 3-9】承例 3-1，假设湘友公司于 5 月 1 日背书转让取得了一批原材料，其发票上注明货款 434 867.26 元，增值税税额 56 532.74 元，合计 491 400 元，差额款通过银行转账补付。

计算应收票据的账面余额=票面价值+已计利息(4月份)

=468 000(1+5.1%×1÷12)=469 989(元)

应计利息=468 000×5.1%×1÷12=1 989(元)

企业应补付金额=491 400-(468 000+1 989)=21 411(元)

借:原材料	434 867.26	
应交税费——应交增值税(进项税额)	56 532.74	
贷:应收票据		468 000
财务费用		1 989
银行存款		21 411

企业可以设置"应收票据贴现"科目核算已贴现的应收票据。该科目为"应收票据"备抵科目,贷方记录企业已申请贴现的应收票据;借方记录票据到期转销的应收票据贴现;余额在贷方表示已贴现尚未到期的应收票据。该信息需要在财务报表附注中加以披露。企业到银行申请贴现时,借记"银行存款""财务费用"等科目,贷记"应收票据贴现"科目;票据到期时借记"应收票据贴现"科目,贷记"应收票据"科目。

第二节 应收账款

一、应收账款的概念

应收账款(Account Receivable)是指企业在日常经营过程中,因销售商品、产品、提供劳务、办理工程结算等,应向购货单位或接受劳务单位收取的款项。应收账款是公司在一定时期内可以收回的一种经营债权,故又称应收销货款,主要包括企业出售商品、产品、材料、提供劳务、办理工程结算等应向债务人收取的价款及代购货方垫付的运杂费等。应收账款表示企业未来能获得的现金流入。

企业应加强对应收账款的管理,根据企业生产的经营状况,控制应收账款的限额和回收时间,采取有效的措施,积极组织催收,避免企业资金被其他单位长期占用,以及时弥补企业生产经营过程中的资金耗费,确保企业的持续经营和扩大再生产。对于长期难以收回的应收账款,企业应认真分析,查明原因,积极催收,以便加速流动资金的周转。对于确实无法收回的,按规定程序报批后,作坏账损失处理。

二、应收账款的确认

应收账款是在商业信用条件下由于赊销业务而产生的,因而在销售成立时既确认了主营业务收入,又确认了应收账款。也就是说,一般情况下,主营业务收入的确认时间,也是应收账款的入账时间。而主营业务收入的确认则依据五条原则:一是企业已将所有权上的主要风险和报酬转移给购货方;二是企业既没有保留通常与所有权相联系的继续管理权,也没有对已售出的商品实施控制;三是收入的金额能够可靠地计量;四是与交易相关的经济利益很可能流入企业;五是相关的已发生或将发生的成本能够可靠地计量。总之,应收账款的确认和收入的确认密切相关,在赊销业务中,企业在确认收入的同时,也确认了应收账款。应收账款的入账时间应依据收入确认原则,利用会计人员的职业判断来做出判定。

三、应收账款的计量

企业会计制度规定，当企业发生应收账款时，按实际发生额入账。在一般情况下，应根据买卖双方在成交时的实际金额记账，它包括发票金额和代购货单位垫付的运杂费两个部分。在有折扣（包括商业折扣和现金折扣）的情况下，还要考虑折扣因素。

所谓商业折扣（Trade Discount），就是在实际销售商品或提供劳务时，为鼓励购货方批量购买，从价目单的报价中给予对方的优惠。商业折扣与企业收入和应收账款无关。

所谓现金折扣（Cash Discount），就是企业为了鼓励顾客在一定期限内及早偿还货款而从发票价格中让渡给顾客的一定数额的优惠。现金折扣的条件通常用一定形式的"术语"来表示，如"2/10，n/30"（如果在10天内付款可享受2%的现金折扣，30天内付款，无折扣按全额付款）。在这种情况下，当应收账款入账时，客户是否能享受到现金折扣还是个未知数，故应收账款的入账金额就是发票的实际金额，即现金折扣条件下的应收账款入账金额应按尚未享受现金折扣前的金额入账，即总额法确认收入和应收账款。还有一种方法称为净额法，以扣除现金折扣后的净额作为收入和应收账款的入账价值。我国《企业会计制度》规定采用总额法确认应收账款入账价值。

四、应收账款的会计处理

（一）应收账款核算应设置的账户

为了核算企业应收账款的增减情况，需要设置"应收账款"账户，该账户用于核算因销售商品、产品、提供劳务、办理工程结算等，应向购货单位或接受劳务单位收取的款项，属于资产类账户。借方登记企业应收的款项，包括应收取的货款、增值税税额、代购货单位垫付的包装费和运杂费、未能按期收回的商业承兑汇票结算款等；贷方登记已收回的款项、改用商业汇票结算的应收账款、已转为坏账损失的应收款项、以债务重组方式收回的债权等；期末借方余额反映尚未收回的各种应收账款。本账户应按不同的购货单位或接受劳务的单位设置明细账户，进行明细核算。

不单独设置"预收账款"账户的企业，预收的账款也在本账户反映。此时，"应收账款"账户期末明细账如为贷方余额，则反映企业预收的账款。

（二）应收账款的会计处理

应收账款的会计处理主要包括一般经营中应收账款的形成和收回、应收账款与应收票据间的转换以及债务重组方式下债权的收回等。

【例3-10】4月1日，湘友公司采用委托收款结算方式向豫兴股份有限公司销售产品一批，货款30 000元，增值税税额3 900元，以银行存款代垫运杂费654元，货已发出，已办理委托银行收款手续。4月26日，湘友接到银行收款通知，该笔款项已收回入账。

（1）4月1日，委托银行收款。

借：应收账款——豫兴公司	34 554	
贷：主营业务收入		30 000
应交税费——应交增值税（销项税额）		3 900
银行存款		654

（2）4月26日，收款入账。

借：银行存款	34 554	
贷：应收账款——豫兴公司		34 554

在有现金折扣的情况下,企业发生的应收账款应按发票中的货款、税额以及代垫的运杂费等借记“应收账款”科目。实际发生现金折扣时,将其记入“财务费用”。

【例 3-11】4 月 6 日,湘友公司向彩虹股份有限公司销售产品,销售额为80 000 元,增值税销项税额为 10 400 元,规定的现金折扣条件为“2/10,n/30”,产品已发出,各有关托收手续已办妥。

4 月 6 日,发出产品,办妥托收手续,编制会计分录如下:

借:应收账款——彩虹公司	90 400	
贷:主营业务收入		80 000
应交税费——应交增值税(销项税额)		10 400

若彩虹公司在 10 天内交付货款。

借:银行存款	88 592	
财务费用	1 088	
贷:应收账款——彩虹公司		90 400

若彩虹公司第 20 天交付货款。

借:银行存款	90 400	
贷:应收账款——彩虹公司		90 400

企业因销售商品、产品或提供劳务而发生的应收账款,后来由于某些原因又改用商业汇票结算方式时,应在收到承兑的商业汇票时,借记“应收票据”科目,贷记“应收账款”科目。

【例 3-12】承例 3-10,若上述销售后来又改为商业承兑汇票结算,则应按商业承兑汇票票面金额 33 900 元。编制如下会计分录:

借:应收票据	33 900	
贷:应收账款——彩虹公司		33 900

五、坏账及坏账损失

坏账(Bad Debt)是指无法收回的或收回的可能性极小的应收款项。由于发生坏账而使企业遭受的损失,称为坏账损失。

(一)坏账损失的确认

企业会计制度规定对不能收回的应收款项(包括应收账款和其他应收款),根据企业的管理权限,经股东大会或董事会,或厂长(经理)办公会或类似机构批准作为坏账损失时予以确认。在以下情况下,企业应当确认坏账损失:

(1)有确凿证据表明该应收款项不能收回,如债务单位已撤销、破产。

(2)有证据表明该项应收款项收回的可能性不大,如债务单位资不抵债、现金流量严重不足、发生严重的自然灾害等导致停产而在短时间内无法偿付债务的。

(3)应收款项逾期 3 年以上债务人仍没履行偿债义务的。

(二)坏账损失的会计处理

坏账的核算有两种方法:直接转销法和备抵法。

1. 直接转销法

直接转销法(Direct Write-off Method)是指在实际发生坏账时,确认坏账损失,计入期间费用,同时注销该笔应收账款。

【例 3-13】甲公司欠乙公司应收账款 40 000 元已超过 3 年，多次催收无效，估计无法收回，则应对该客户的应收账款做坏账损失处理。

借：资产减值损失　　40 000
　贷：应收账款——甲公司　　40 000

如果已冲销的应收账款确定又能收回。

借：应收账款——甲公司　　40 000
　贷：资产减值损失　　40 000

收回款项时。

借：银行存款　　40 000
　贷：应收账款——甲公司　　40 000

直接转销法的优点是账务处理简单，但是这种方法忽视了坏账损失与赊销业务的联系，在转销坏账损失的前期，对于坏账的情况不做任何处理，显然不符合权责发生制及收入与费用相配比的会计原则，而且核销手续较复杂。如果不及时核销，会导致企业发生大量陈账、呆账、长年挂账得不到处理，虚增前期利润，也夸大了前期资产负债表上应收账款的可实现价值。

2. 备抵法

备抵法（Allowance Method）是按期估计坏账损失，形成坏账准备，当某一应收账款全部或者部分被确认为坏账时，应根据其金额冲减坏账准备，同时转销相应的应收账款金额。

采用备抵法，一方面企业应按期估计坏账损失记入资产减值损失；另一方面应设置应收账款的备抵账户"坏账准备"，待实际发生坏账时冲销坏账准备和应收账款金额，使资产负债表上的应收账款反映其可实现价值。

备抵法的优点一是预计不能收回的应收账款作为坏账损失及时计入费用，避免企业虚增利润；二是在财务报表上列示应收账款净额使报表阅读者更能了解企业真实的财务情况；三是使应收账款占用资金接近实际，消除了虚列的应收账款，有利于加快企业资金周转，提高企业经济效益。

备抵法首先要按期估计坏账损失。估计坏账损失的方法主要有两种，即应收账款余额百分比法和赊销收入百分比法。应收账款余额百分比法下又分为综合百分比法和账龄百分比法。

（1）应收账款余额综合百分比法。采用应收账款余额百分比法（Percentage of Ending Account Receivable），是根据会计期末应收账款的余额乘以一个估计的综合坏账率即为当期期末累计应估计的坏账损失准备，然后计算出本期应计提的坏账准备。估计综合坏账率可以按照以往的数据资料加以确定，也可根据规定的百分率计算。理论上讲，这一比例应按坏账占应收账款的概率计算，企业发生的坏账多，比例相应就高些；反之则低些。会计期末，企业计算的应提取坏账准备大于此时"坏账准备"账面余额时，其差额为本期应计提（补提）的坏账准备；企业计算的应提取坏账准备小于此时"坏账准备"账面余额时，其差额为多计提的坏账准备，应冲回多计提的坏账准备。

【例 3-14】湘友公司 2017 年年末应收款项余额为 400 万元，"坏账准备"账户贷方余额为 20 万元，2018 年发生坏账损失 10 万元，年末应收款项余额为 440 万元。2019 年已收回上年已注销的坏账 10 万元，年末应收账款余额为 480 万元。该企业按应收款项余额的 5%计提坏账准备。

① 2018 年发生坏账。

借:坏账准备　　100 000

　贷:应收账款——××　　100 000

此时“坏账准备”为贷方余额为 100 000 元。

② 2018 年应提坏账准备 = 440×5% - 10 = 12(万元),应补提坏账准备。

借:资产减值损失　　120 000

　贷:坏账准备　　120 000

③ 2019 年收回上期已注销的坏账。

先确认应收债权:

借:应收账款——××　　100 000

　贷:坏账准备　　100 000

收回款项:

借:银行存款　　100 000

　贷:应收账款　　100 000

④ 2019 年年末计提坏账准备。

此时“坏账准备”贷方余额为 32 万元。

应计提坏账准备 = 480×5% - 32 = -8(万元),为应冲销多计提的坏账准备。

借:坏账准备　　80 000

　贷:资产减值损失　　80 000

采用应收账款余额百分比法估计损失,能使年末调整后“坏账准备”科目余额直接体现为应收账款年末余额按预定比例提取的坏账损失数额,从而可以恰当地反映应收账款预期可变现净值。这种方法的缺点是未能很好地解决收入与费用的配比问题,坏账损失的发生与企业赊销金额的多少有关,按应收账款余额的一定比例计提坏账准备,与当期赊销额的大小并无直接关系,特别是在实际坏账损失发生很不均衡的年份,企业计入当期的坏账损失与当期的赊销收入更无关系。

(2)账龄分析法。账龄分析法(Aging of Account Receivable)也是应收账款余额百分比法,只是根据每笔应收账款账龄的长短来估计坏账损失比率,计提坏账准备的方法。账龄是指客户所欠账款超过结算期的时间,一般来说,账龄越长,账款不能收回的可能性也就越大,因此,计提坏账准备额的比例值也就越高。

账龄分析法实际上是应收账款余额百分比法的一种更为精确的估计坏账的方法。采用这一方法,首先要对应收款项按账龄的长短进行分析,然后对各类应收款项确定不同的估计坏账的百分比,据以确定各类应收款项中无法收回的坏账金额,最后将各类应收款项中估计坏账金额加总,求得全部应收款项中的坏账金额。账龄分析法是以账款被拖欠的期限越长,发生坏账的可能性越大为前提的。尽管应收账款能否收回不完全取决于欠账时间的长短,但就一般而言,这一前提是可以成立的。

【例 3-15】兴豫公司 2018 年年末应收账款余额为 5 000 000 元,该企业将应收账款的账龄划分为未过信用期限和过期 1 个月、过期 2 个月、过期 3 个月、过期 3 个月以上五类。2018 年年末的应收账款账龄与计提坏账准备的比例及数额如表 3-1 所示。

表 3-1　兴豫公司 2018 年年末的应收账款账龄与计提坏账准备的比例及数额表

应收账款账龄	应收账款金额(元)	估计损失率(%)	估计损失金额(元)
未到信用期	1 800 000	1	18 000
过期 1 个月	1 700 000	2	34 000
过期 2 个月	600 000	3	18 000
过期 3 个月	500 000	4	20 000
过期 3 个月以上	400 000	6	24 000
合计	5 000 000		114 000

根据表 3-1 计算结果及“坏账准备”科目年末调整前余额，做如下调整分录：

①假定调整前“坏账准备”科目的贷方余额 50 000 元。

应计提的坏账准备 = 114 000-50 000 = 64 000(元)

借：资产减值损失　　64 000

　贷：坏账准备　　64 000

②假定年末调整前“坏账准备”科目为贷方余额 120 000 元。

应计提的坏账准备 = 114 000-120 000 = -6 000(元)

借：坏账准备　　6 000

　贷：减产减值损失　　6 000

前面两种方法都属于应收账款余额百分比法，由于应收账款是一个静态会计要素，此时的应收账款余额可能与前期有关，属于各年的连续计算的结果。按应收账款余额和规定的坏账计提比率计算出来的是累计应计提的坏账准备，考虑此前“坏账准备”的余额，即已计提的坏账准备，用两者的差额得出本期应计提(补提)的或应冲销已计提的坏账准备。

(3)赊销百分比法(Percentage Credit Sales)。赊销百分比法是按当期赊销金额的一定百分比估计坏账损失的一种方法。运用这种方法的理由是：坏账损失的产生与赊销业务直接相关，当期赊销业务越多，产生坏账损失的可能性就越大。因此，可以根据过去的经验和当期的有关资料，估计坏账损失与赊销金额之间的比率，再用这一比率乘以当期的赊销净额，计算坏账损失的估计数。赊销净额一般应扣除销货退回和折让。

【例 3-16】八一公司根据以往的经验估计坏账损失占赊销额的 2%，本期期初“坏账准备”贷方余额为 15 000 元，本期赊销额为1 500 000 元。

本期计提坏账准备 = 1 500 000×2% = 30 000(元)

借：资产减值损失　　30 000

　贷：坏账准备　　30 000

赊销百分比法是以销售收入为计算基础，由于销售收入是一个动态会计要素，其销售金额为本期实现数，与前期无关，所以计算出来的应计提坏账准备就是本期应计提的坏账准备，与前期坏账准备科目余额无关。

当经济状况发生变化，从而使企业放宽或紧缩原来的信用政策时，就有必要修正以前年的坏账提取率。采用赊销百分比法时，“坏账准备”科目可能会出现借方余额。如果出现借方余额，应调整下期的坏账准备提取比例。由于赊销百分比法可根据本年度实际的销货情况、信用政策随时修正坏账提取率，因此本年确定的坏账与本年的销售收入相配合，从而使以前年度“坏账准备”余额不受本年坏账计提数的影响。

(三)坏账的收回

作为坏账被注销的应收款项，有可能重新收回。如果已列为坏账的款项又重新收回，应先做一笔与原来注销应收款项分录相反的分录，然后，再按正常的方式记录账款的收回。

【例 3-17】湘友公司 2018 年注销（确认为坏账）的摩尔公司应收账款 18 000元，于 2019 年又全部收回。

（1）确定债权。

借：应收账款——摩尔公司　　18 000

　贷：坏账准备　　18 000

（2）收回债款。

借：银行存款　　18 000

　贷：应收账款——摩尔公司　　18 000

一定要按上述处理做两笔会计分录，不能合并做一笔会计分录借记“银行存款”，贷记“坏账准备”。

按规定企业应在会计报表附注中披露有关坏账准备的内容，主要包括：本年计提坏账准备的比率，本年计提坏账准备的数额，计提坏账准备比率变动的理由，本年度实际冲销的应收账项及理由，本年收回以前年度已注销的坏账数额等。

第三节　其他应收及预付款

一、预付账款

预付账款（Pay in Advance）是指企业按照购货合同规定，预付给供应单位的货款。预付账款是商业信用的一种形式，它所代表的是企业在将来从供应单位取得材料、物品等的债权。

（一）预付账款账户的设置

为了反映和监督预付账款的支出和结算情况，需要设置“预付账款”账户，该账户总括地反映企业按照购货合同规定预付给供应单位的款项，属于资产类账户，借方登记企业向供应单位预付、补付的款项，贷方登记企业收到所购物资的应付金额及退回多付款项，期末借方余额反映企业实际预付的款项，期末如为贷方余额，反映企业尚未补付的款项。企业应按供应单位设置明细账，进行明细核算。

预付款项不多的企业，也可将预付的款项并入“应付账款”科目核算，不设“预付账款”科目。

（二）预付账款的账务处理

预付账款的账务处理包括预付款项、收回货物以及无法收到货物等方面的账务处理。

【例 3-18】湘友公司订购甲材料，根据购货合同规定预付给宏达公司货款34 000 元。待湘友公司收到货物时，所列物品的发票价款为 30 000 元，税款3 900 元，宏达公司按发票金额又退回了 100 元。

（1）预付宏达公司货款时。

借：预付账款——宏达公司　　34 000

　贷：银行存款　　34 000

（2）收到宏达公司发来的物品及退回的款项时。

借：材料采购——甲材料　　30 000

　　应交税费——应交增值税（进项税额）　　3 900

银行存款　　100

贷:预付账款——宏达公司　　34 000

二、应收股利

为了记录企业应收股利的收取情况,需要设置“应收股利”账户。该账户用于核算企业因股权投资(或向其他单位投资)而应收取的现金股利(或利润),属于资产类账户,借方登记应领取的现金股利(或分得的利润),贷方登记收到的现金股利(或利润),期末借方余额反映尚未收回的现金股利(或利润)。本账户应按被投资单位设置明细账,进行明细核算。

应收股利(Dividend Receivable)一般涉及两种情况:一种情况是,当企业购入股票时,实际支付的价款中就已经包括已宣告而尚未领取的现金股利,此时应对该部分尚未领取的现金股利从实际支付的价款中剥离出来,单独计入“应收股利”科目;另一种情况是,在股票持有期按所持股份(或投资)的比例在规定的时间应分得的股利(或利润),收到现金股利(或利润)时,应根据有关凭证按照收到的现金股利(或利润),借记“银行存款”等科目,贷记“应收股利”科目。

三、应收利息

应收利息(Interest Receivable)是企业因债券投资业务而获得的利息收入。为反映企业因债权投资而应收取的利息,需要设置“应收利息”账户,该账户核算企业进行短期债权投资及长期债权投资且分期付息而应收取的利息,属于资产类账户。“应收利息”科目的借方登记两方面内容:一方面是购入债券实际支付的价款中包含已到期而尚未领取的债券利息;另一方面是购入分期付息、到期还本的债券以及取得的分期付息的其他长期债券投资,已到付息期而应收未收的利息。“应收利息”科目的贷方登记企业实际收到的利息。期末借方余额,反映企业尚未收回的债券投资利息。“应收利息”科目应按债券种类设置明细账,进行明细核算。

对于到期还本付息的长期债券应收的利息,属于长期资产,在“长期债权投资”科目核算,不在“应收利息”科目内核算。

四、其他应收款

(一)账户设置

其他应收款是指企业除应收票据、应收账款、预付账款等以外的其他各种应收、暂付款项,包括不设置“备用金”科目的企业拨出的备用金、应收的各种赔款、罚款,应向职工收取的各种垫付款项以及已不符合预付账款性质而按规定转入的预付账款等。

其他应收、暂付款主要包括:应收的各种赔款、罚款;应收的出租包装物收入;应向职工收取的各种垫付款项;备用金(向企业各科室、车间等拨出的备用金);存出保证金,如租入包装物支付的押金;预付账款转入;其他各种应收、暂付款项。

为了核算上述内容,需要设置“其他应收款”账户,该账户属于资产类账户,借方登记发生的其他各种应收款项,贷方登记收回的各种款项,期末借方余额反映企业尚未收回的其他应收款。该账户应按其他应收款的项目分类,并按不同的债务人设置明细账,进行明细核算。

(二)其他应收款的账务处理

1. 备用金的账务处理

备用金是指为了满足企业内部各部门和职工生产经营活动的需要,而暂付给有关部门和个人使用的现金。根据备用金的管理制度，备用金的核算分为定额管理和非定额管理两种情况。

(1)定额管理。实行定额备用金制度的企业，对于领用的备用金应定期向财务部门报销。财务部门根据报销数直接用现金补足备用金定额，报销数和拨补数都不再通过“其他应收款”科目核算。

【例 3-19】湘友公司为供应科核定的备用金定额为 10 000 元，以现金拨付。

借：其他应收款——供应科	10 000	
贷：库存现金		10 000

供应科报销日常管理支出 2 000 元及增值税进项税额 260 元。

借：管理费用	2 000	
应交税费——应交增值税（进项税额）	260	
贷：库存现金		2 260

(2)非定额管理是指为了满足临时性需要而暂付给有关部门和个人的现金，使用后实报实销。

【例 3-20】湘友公司推销员李强出差，预借款 5 000 元，以现金付讫。

借：其他应收款——李强	5 000	
贷：库存现金		5 000

李强出差归来，报销 3 390 元，退回现金 1 610 元。

借：销售费用	3 000	
应交税费——应交增值税（进项税额）	390	
库存现金	1 610	
贷：其他应收款——李强		5 000

为了反映和监督备用金的领用和使用情况，可通过“其他应收款”账户核算，也可设置“备用金”一级账户核算。

2. 备用金以外的其他应收款的会计处理

【例 3-21】湘友公司在财产清查时发现，由于职工杨过失职造成一批价值为 1 000 元的产品变质报废，按企业有关制度规定，杨过应按损失金额的 60%赔偿。

借：其他应收款——杨过	600	
管理费用	400	
贷：待处理财产损溢——待处理流动资产损溢		1 000

【例 3-22】湘友公司以通过银行转账代职工欧阳峰垫付应由其负担的住院费 1 800 元，拟从工资中扣回。

(1)付款。

借：其他应收款——欧阳峰	1 800	
贷：银行存款		1 800

(2)扣款。

借：应付职工薪酬	1 800	
贷：其他应收款——欧阳峰		1 800

【例 3-23】湘友公司租入包装物一批，通过银行转账向出租方支付押金10 000 元。

借：其他应收款——存出包装物押金	10 000	
贷：银行存款		10 000

思考题

1. 什么是应收账项？它包括哪些内容？

2. 什么是商业折扣？它对确认应收账款的价值有何影响？

3. 什么是现金折扣？它对确认应收账款的价值有何影响？

4. 什么是现金折扣期？什么是信用期？

5. 什么是应收票据？它是如何分类的？

6. 区分应收票据的票据期限、持有期限和贴现期限？

7. 简述应收票据贴现的概念及特点，为什么说贴现的带有追索权的应收票据是一种或有负债？

8. 什么是坏账？如何认定坏账？

9. 处理坏账损失的直接注销法与备抵法有何不同？

10. 采用应收账款余额百分比法与销售百分比法计提坏账准备有何优缺点？你认为哪种方法更合理？

练习题

1. 某企业销售产品一批给 B 企业，货款 250 000 元，增值税税率 13%，付款条件为“2/10，n/30”，假设 B 企业在第 5 天付款或第 15 天付款。采用总额法编制相关的会计分录。

2. 某企业 2017 年年末应收账款余额为 960 000 元，该公司规定，对于坏账损失的核算采用备抵法，对于坏账准备的计提采用应收账款余额综合百分比法，估计坏账提取率为 6%，2017 年该公司“坏账准备”账户有年初贷方余额27 000 元。

2018 年，确认有 30 000 元的坏账损失，年末“应收账款”余额为1 000 000 元。

2019 年，上年确认的 30 000 元坏账损失中有 20 000 元又重新收回，本年度“应收账款”期末余额为 800 000 元。

根据上述资料，编制 2017 年、2018 年、2019 年度计提坏账准备，确认坏账损失、收回前期已注销的坏账的会计分录。

3. W 公司 2019 年 3 月 1 日销售产品一批给 N 公司，货已发出，贷款及税款共计 56 500 元，不分期计息。

（1）假设 N 公司签发一张面值 56 500 元，期限 6 个月的无息商业承兑票据给 W 企业结算，试编制销货方票据签发日、票据到期日收到款项、票据到期日 N 公司无款支付的会计分录。

（2）假设 N 公司签发票面利率为 9. 6%的有息商业票据进行结算，票面金额为 56 500 元，期限为 6 个月。试编制销货方票据签发日、票据到期日收到款项、票据到期日 N 公司无款支付的会计分录。

（3）假设 W 企业将上述不带息票据持票 2 个月后，向银行申请贴现，贴现率为 12%。计算贴现息和贴现金额。编制贴现时的会计分录，票据到期兑付、票据到期不能兑付的会计分录。

（4）假设 W 企业将上述带息票据持票 2 个月后，向银行申请贴现，贴现率为 12%。编制贴现时的会计分录，票据到期兑付、票据到期不能兑付的会计分录。

第四章
存　货

存货是企业的一项重要流动资产，往往占用企业较多的资金，常常成为企业陷入困境的元凶。企业管理水平的好坏，关系到企业成败，加强对存货的管理具有十分重要的意义。本章主要介绍存货核算的基本理论、存货的计价、按实际成本与计划成本计价存货的核算和存货清查的核算。

第一节　存货概述

一、存货的定义与意义

《企业会计准则第 1 号——存货》对存货的定义是，存货(Inventory)是指企业在日常活动中持有以备出售的产成品或商品、处在生产过程中的在产品、在生产或提供劳务过程中将消耗的材料或物料等。存货具体包括各类原材料(Raw Materials)、商品(Merchandise)、在产品(Work in Process)、半成品(Unfinished Goods)、产成品(Finished Goods)等。存货是企业一项重要的流动资产，其金额通常在流动资产中占很大的比重，占用企业较多的资金。存货问题常常是使企业陷入经营困境的"罪魁祸首"。在会计中，存货的确认和计量直接关系到资产负债表中资产价值的多少和利润表中收益的确定，因此，加强存货管理，对于正确反映企业资产、确定企业经营业绩、控制企业存货占用资金、保证企业健康发展有着至关重要的作用。

二、存货的确认

存货范围的确定，应以企业对存货是否具有法定所有权为标准，凡是在盘存之日法定所有权属于企业的存货，无论其存放地点在何处或处于何种状态，都应纳入本企业存货的范围。例如，货物已经运离企业，而其所有权尚未转移给对方的物品，应该包括在"存货"之内；已经购入，但货物尚在运输途中或尚未验收入库的物品，应属于本企业"存货"；委托其他单位代销的物品，在未售出前，仍属本企业"存货"。反之，凡法定所有权不属于本企业的存货，即使存放在本企业，也不应纳入本企业存货范围。例如，依照销售合同已经售出，其所有权已经转移的物品，即使物品尚未运离企业，也不应包括在"存货"之中；已经运达或已验收入库，但所有权尚不属本企业所有的物品，不属于本企业"存货"；接受其他单位委托代为销售的物品，在未售出前，属寄销人所有，不属于本企业"存货"。

法定所有权是判断企业存货的唯一标准。存货实体所在空间位置不能说明存货所有权的转移和归属。按照这个标准，企业的存货主要包括以下各项：

(1)库存待售的存货，即产成品、库存商品等。

(2)库存待消耗的存货，即原材料、燃料等。

(3)生产经营过程中使用以及处在加工过程中的存货,主要指在产品及低值易耗品、包装物等。

(4)购入的正在运输途中的存货和已运到但尚未办理入库手续的存货,主要指在途的材料、商品。

(5)委托其他单位加工、寄销的存货,即委托加工材料、委托代销商品等。

(6)已经发出,暂未实现销售的存货,如发出商品、分期收款发出商品等。

需要注意的是,企业为在建工程购入的各种材料物质,不属于企业存货范围,而属于工程物质。

三、存货的分类

(一)按存放地点分类

存货按存放地点划分,可以划分为库存存货、在途存货和委托加工存货。

库存存货(Goods in Stock)是指法定所有权属于企业且存放在本企业仓库的全部存货。

在途存货(Goods in Transit)是指已支付货款取得其所有权,但物品尚未运达,处于运输途中的外购存货以及在销售产品过程中,企业按合同规定已经发运,但其所有权尚未转移,销售收入尚未实现的发出存货。

委托加工存货是指委托外单位加工尚未完工收回的各种存货。

(二)按经济用途分类

存货按经济用途可以分为原材料、在产品和自制半成品、产成品、包装物、低值易耗品和库存商品。

原材料是指直接用于制造产品并构成产品实体而取得的存货,或从自然资源采掘而得的存货。原材料包括原料及主要材料、辅助材料、外购半成品(外购件)、修理用备件(备品备件)、包装材料、燃料等。

在产品和自制半成品是指已经过一定的生产过程,尚未全部完工,需要进一步加工的中间产品和正在加工的产品。

产成品是指企业已经完成全部生产过程,并已验收入库,合乎标准规格和技术条件,可以按照合同规定的条件送交订货单位,或者可以作为商品对外销售的产品。接受外单位委托和原材料代为加工制造的代制品、代修品,在制造和修理完成并验收入库后,视同企业的产成品。已发出未实现销售的委托代销、分期收款发出商品等也属于企业的产成品。

包装物是指为了包装企业产品而储备的各种包装容器,如桶、箱、瓶、坛、袋等。

低值易耗品是指单项价值在规定的限额之内或使用期限不满一年,能多次使用而基本上保持其原有实物形态的劳动资料,如工具、管理用具、玻璃器皿等。

库存商品是指商业企业购入的不需要经过任何加工即可对外销售的商品。

四、存货盘存制度

存货核算的关键是如何正确确定存货的数量和合理选择存货的计价方法。确定存货的数量主要有以下两种方法。

(一)实地盘存制

实地盘存制(The Periodic Inventory System)又称定期盘存制,平时只记录存货的增加,不记录存货的发出,在每一个会计期间结束时,对存货进行实地盘点以取得存货数量,再乘以其单位价格,计算出期末存货价值的方法。在实地盘存制下,平时只记录存货购进的数量和金额,不记录减少的数量和金额,期末通过实地盘点,确定存货的实际结存数量并据以计算期末存货成本。再以"期初结存+本期购入-期末结存=本期发出"的公式倒挤出本期该项存货耗用或销售数量及成本。这种盘存制度的优点是核算工作比较简单,但由于企业销售或耗用成本是倒算出来的,容易把在计量、收发、保管中产生的差错,甚至任意挥霍浪费,非法盗用等全部计入销售成本或耗用成本,同时,不便于随时掌握库存存货的数量和占用的资金,不便于对存货进行随时控制。定期盘存制更多地适用于那些单位价值低、收发频繁的存货,如建筑施工单位的砖、瓦、灰、沙、石等。

(二)永续盘存制

永续盘存制(The Perpetual Inventory System)又称账面盘存制,是对存货的收入、发出按种类、品名等在平时逐笔或逐日在明细账中进行连续登记,并随时结出结存数量的方法。在永续盘存制下要以账面记录为依据,计算本期发出成本和期末结存成本。这种盘存制度能够通过账面记录及时反映存货的增减变动及结存情况,并有利于对存货的控制,其缺点是核算工作量较大。在永续盘存制下,也需要对存货进行定期或不定期的实地盘存,以保证账实相符。我国企业对存货数量核算,一般应采用永续盘存制。与实地盘存制比较,永续盘存制为存货设置了一整套完整的明细分类科目,因而,可以随时反映存货的收入、发出、结存情况,有利于反映计量、收发、保管中产生的差错,有利于揭示任意挥霍浪费、非法盗用等情况,能如实反映存货的数量和金额,为正确计算生产成本和销售成本提供了保证。

第二节　存货的计价

存货的计价包括存货取得的计价、存货发出的计价与期末存货的计价。

一、存货取得的计价

《企业会计准则第1号——存货》规定,存货应当按照成本进行初始计量。存货成本包括采购成本、加工成本和其他成本。

(一)购入的存货

购入的存货,按买价加运输费、装卸费、保险费、包装费、仓储费等费用、运输途中的合理损耗、入库前的挑选整理费用和按规定应计入成本的税金以及其他费用,作为实际成本。

商品流通企业购入的商品,按照进价和按规定应计入商品成本的税金,作为实际成本,采购过程中发生的运输费、装卸费、保险费、包装费、仓储费等费用、运输途中的合理损耗、入库前的挑选整理费用等,直接计入销售费用。

(二)自制存货

自制存货或加工存货,按制造过程中的各项实际支出,作为实际成本,包括自制存货过程中耗用的材料和加工成本。加工成本包括直接人工以及按一定方法分配的制造费用。

注意,应当计入当期损益,不能计入存货成本的有:

(1)非正常消耗的直接材料、直接人工和制造费用(属于非正常损失)。

(2)仓储费用(不包括在生产过程中为达到下一个生产阶段所必需的费用)。

(3)不能归属于使存货达到目前场所和状态的其他支出。

(三)委托外单位加工的存货

委托外单位加工完成的存货,以实际耗用的原材料或者半成品以及加工费、运输费、装卸费和保险费等费用以及按规定应计入成本的税金,作为实际成本。

商品流通企业加工的商品,以商品的进货原价、加工费用和按规定应计入成本的税金,作为实际成本。

(四)接受投资者投入的存货

接受投资者投入的存货应该按投资合同或双方确定的协议价格作为存货的成本入账,但合同或协议约定的价值不公允的除外。

(五)债务重组取得存货

企业接受的债务人以非现金资产抵偿债务方式取得的存货,按公允价值,作为实际成本。

(六)非货币性资产交换取得存货

非货币性资产交换同时满足下列条件的,应当以公允价值和应支付的相关税费作为换入资产的成本:

(1)该项交换具有商业实质。

(2)换入资产或换出资产的公允价值能够可靠地计量。

换入资产和换出资产公允价值均能可靠计量的,应当以换出资产的公允价值作为确定换入资产成本的基础,但有确凿证据表明换入资产的公允价值更加可靠的除外。

非货币性资产交换不能同时满足上述条件,应当以换出资产的账面价值和应支付的相关税费用作为换入资产的成本,不确认损益。

(七)盘盈的存货

盘盈的存货按照同类或类似存货的市场经济作为实际成本。

二、存货发出的计价

存货是一种不断流动的资产,期初存货加当期流入和流出相抵后的结存便是期末存货。存货的流转包括实物流转和成本流转。在理论上,存货的实物流转和成本流转是一致的。但在实际工作中,由于存货的品种繁多、单位成本多变、进出量变化大等原因,各种存货的成本流转与实物流转通常是相分离的。采用某种成本流转假设,将期初结存及一定时期所取得的存货成本在期末存货和发出存货之间进行分配,就产生了不同的存货计价方法。存货计价方法具体包括个别计价法、先进先出法、全月一次加权平均法、移动加权平均法、后进先出法、计划成本法、零售价法、毛利率法等。

我国《企业会计准则第 1 号——存货》规定,企业应当采用先进先出法、加权平均法或者个别计价法确定出存货的成本。规定不得采用后进先出法。在物价上涨的情况下,后进先出法虽然符合稳健性原则,但期末存货的价值与存货的现行价格相差太大。我国新的企业会计准则是以资产负债表为基础,强调资产负债表的相关性。

对于性质和用途相似的存货,应当采用相同的成本计算方法确定发出存货的成本。对于不能替代使用的存货、为特定项目专门购入或制造的存货以及提供的劳务,通常采用个别计价法确定发出存货的成本。

(一)个别计价法

个别计价法(Specific Identification)又称具体辨认法、分批实际法,这种方法是假设存货的实物流转与成本流转相一致,以每一批次存货的实际成本(采购成本或生产成本)作为该批次存货发出成本计价依据的方法。

【例 4-1】湘友公司 2019 年 5 月初结存 A 材料 1 200 千克,单位成本为 45 元,本月收发资料如表 4-1 所示。

表 4-1　　A 材料明细账　　金额单位:元

年		摘要	收入			发出			结存		
月	日		数量(千克)	单价	金额	数量(千克)	单价	金额	数量(千克)	单价	金额
5	1	期初							1 200	45	54 000
	2	购入	800	48	38 400				2 000		
	3	发出				1 500			500		
	18	购入	1 000	50	50 000				1 500		
	23	发出				1 200			300		
	28	购入	1 400	51	71 400				1 700		
	31	期末	3 200		159 800	2 700			1 700		

假设经具体确认,确定发出材料的批次如下:

(1)5 月 3 日发出的 1 500 千克材料中,有 1 000 千克为期初存货,有 500 千克为 5 月 2 日购入的存货。

发出存货成本 = 1 000×45+500×48 = 69 000(元)

(2)5 月 23 日发出的 1 200 千克材料中,有 200 千克为期初存货,有 100 千克为 5 月 2 日购入的存货,有 900 千克为 5 月 18 日购入的存货。

发出存货成本 = 200×45+100×48+900×50 = 58 800(元)

(3)期末结存的存货 1 700 千克为 5 月 2 日购入的 200 千克,5 月 18 日购入的 100 千克,5 月 28 日购入的 1 400 千克。

期末存货成本 = 200×48+100×50+1 400×51 = 86 000(元)

个别计价法确定的发出存货成本与期末存货成本如表 4-2 所示。

表 4-2　　A 材料明细账　　金额单位:元

年		摘要	收入			发出			结存		
月	日		数量(千克)	单价	金额	数量(千克)	单价	金额	数量(千克)	单价	金额
5	1	期初							1 200	45	54 000
	2	购入	800	48	38 400				2 000		92 400
	3	发出				1 500		69 000	500		23 400
	18	购入	1 000	50	50 000				1 500		73 400
	23	发出				1 200		58 800	300		14 600
	28	购入	1 400	51	71 400				1 700		86 000
	31	合计	3 200		159 800	2 700		127 800	1 700		86 000

个别计价法反映发出存货的实际成本最为准确,且可以随时结转发出材料的成本,在理论上是最为可取的。但其缺陷也显而易见,其应用的条件是必须正确认定存货的批次、单价。因而,核算的工作量比较大,应用成本高,在一些材料种类多,存货量大,收发较频繁的企业,很难适用。这种方法适用于品种数量不多、单位价值较高、容易识别的存货或一般不能互换使用以及为特定的项目专门购入或制造,并单独存放的存货。

(二)先进先出法

先进先出法(First in First out,FIFO)指依照“先入库的存货先发出”的假定确定成本流转顺序,并据以对发出存货和期末存货计价的方法。这种方法要求,在收入存货时,必须按照收入存货的先后顺序,逐笔登记存货的数量、单价、金额;发出存货时,则必须按先后顺序,依次确定发出存货的实际成本。

【例 4-2】承例 4-1,采用先进先出法计算该企业当月发出材料和期末结存材料实际成本,如表 4-3 所示。

5 月 3 日发出存货成本=1 200×45+300×48=68 400(元)

5 月 23 日发出存货成本=500×48+700×50=59 000(元)

期末存货成本=300×50+1 400×51=86 400(元)

表 4-3 A 材料明细账 金额单位:元

年		摘要	收入			发出			结存		
月	日		数量(千克)	单价	金额	数量(千克)	单价	金额	数量(千克)	单价	金额
5	1	期初							1 200	45	54 000
	2	购入	800	48	38 400				1 200	45	
									800	48	92 400
	3	发出				1 200	45	54 000			
						300	48	14 400	500	48	24 000
	18	购入	1 000	50	50 000				500	48	
									1 000	50	74 000
	23	发出				500	48	24 000			
						700	50	35 000	300	50	15 000
	28	购入	1 400	51	71 400				300	50	
									1 400	51	86 400
	31	合计	3 200		159 800	2 700		127 400	1 700		86 400

以上是在永续盘存制下运用先进先出法确定存货发出成本和期末存货成本的。如果存货未出现盘盈盘亏的情况,在实地盘存制下运用先进先出法确定发出存货成本和期末存货成本与永续盘存制确定的结果一样。根据实地盘点制,先确定期末存货成本为 1 400×51+300×50=86 400(元),发出存货成本为54 000+159 800−86 400=127 400(元)。

先进先出法顺应存货流动规律,符合历史成本原则,期末库存金额也比较接近市价,能较准确地反映存货资金的占用情况,随时结转发出存货的实际成本。但这种方法核算工作量较繁重,在通货膨胀率不断提高时,会高估期末存货价值、低估发出存货成本,从而高估企业当期利润,不符合稳健性原则。一般适应于收发次数不多,且存货价格稳定的存货。

(三)后进先出法

后进先出法(Last in First out,LIFO)是指依照“后入库的存货先发出”的假定确定成本流转顺序,并据以对发出存货和期末存货计价的方法。按照这种方法,每次发出存货,其实际成本的确定都要按最后收入的那批存货的实际成本计价,最后一批的存货发完后再发前一批,以此类推。在永续盘存制和实地盘存制下,采用后进先出法计算的发出存货成本是不一样的。在永续盘存制下,是分批(次)采用后进先出法与月末一次采用后进先出法计算的发出存货成本是不一致的。商业企业可以采用分次计算,也可以采用月末一次计算;而制造业只能采用月末一次计算。

【例 4-3】承例 4-1,采用后进先出法计算该企业当月发出材料和期末结存材料实际成本,如表 4-4 所示。

表 4-4　　A 材料明细账　　金额单位:元

年		摘要	收入			发出			结存		
月	日		数量(千克)	单价	金额	数量(千克)	单价	金额	数量(千克)	单价	金额
5	1	期初							1 200	45	54 000
	2	购入	800	48	38 400				1 200 800	45 48	92 400
	3	发出				800 700	48 45	38 400 31 500	500	45	22 500
	18	购入	1 000	50	50 000				500 1 000	45 50	72 500
	23	发出				1 000 200	50 45	50 000 9 000	300	45	13 500
	28	购入	1 400	51	71 400				300 1 400	45 51	84 900
	31	合计	3 200		159 800	2 700		128 900	1 700		84 900

5 月 3 日发出存货成本 $=800\times48+700\times45=69\ 900$(元)

5 月 23 日发出存货成本 $=1\ 000\times50+200\times45=59\ 000$(元)

期末存货成本 $=300\times45+1\ 400\times51=84\ 900$(元)

运用分次后进先出法确定存货成本不够稳健,因为最后一次购入的存货(高成本)并未计入本期发出存货成本中。要真正达到稳健的目的,应采用月末一次后进先出法,即本期发出存货 2 700 千克为 5 月 28 日购入的 1 400 千克,5 月 18 日购入的 1 000 千克及 5 月 2 日购入的 300 千克,期末结存的 1 700 千克为期初结存的 1 200 千克和 5 月 2 日购入的 500 千克。

本月发出存货成本 $=1\ 400\times51+1\ 000\times50+300\times48=135\ 800$(元)

期末存货成本 $=1\ 200\times45+500\times48=78\ 000$(元)

根据实地盘存制,先确定期末存货成本为 $1\ 200\times45+500\times48=78\ 000$(元),发出存货成本为 54 000+159 800−78 000=135 800(元)。计算结果表明在实地盘存制下运用后进先出法确定发出存货成本和期末存货成本与永续盘存制一次后进先出法确定的结果一样,与在永续盘存制下,运用分次后进先出法确定存货成本不一样。

运用后进先出法,在物价持续上涨时期,本期发出存货按照最近收货的单位成本计算,从而使当期成本升高,利润降低,可以减少通货膨胀对企业带来的不利影响,符合稳健性原则,在一定程度上避免虚盈实亏的危险,对流动资本起到保全作用,并能随时结转发出存货的实际成本。但该方法使得资产负债表中的存货价值脱离现实,并同先进先出法一样,核算工作量繁重,一般适用于收发次数不多的存货。

(四)移动加权平均法

移动加权平均法(Moving Average)指每当收入存货,即根据当前的存货数量及总成本计算出新的平均单位成本,再将随后发出存货数量按这种移动式的平均单位成本计算发出和结存存货成本的计价方法。按照这种方法,每次收入存货后,即以本次收入存货的实际成本加上以前结存存货的实际成本,除以本次收入存货数量和以前结存存货数量之和,计算出新的加权平均单位成本,作为下次发出材料的单位成本。

移动加权平均法计算公式如下:

移动加权平均单价=(本次存货入库前结存存货的实际成本+本次入库存货实际成本)÷(本次存货入库前结存存货数量+本次入库存货数量)

【例 4-4】承例 4-1,采用移动加权平均法计算该企业当月发出材料和期末结存材料实际成本,如表 4-5 所示。

$$第一次加权平均单位成本=\frac{54\ 000+38\ 400}{1\ 200+800}=46.2(元)$$

$$第二次加权平均单位成本=\frac{23\ 100+50\ 000}{500+1\ 000}=48.7(元)$$

表 4-5 A 材料明细账 金额单位:元

年		摘要	收入			发出			结存		
月	日		数量(千克)	单价	金额	数量(千克)	单价	金额	数量(千克)	单价	金额
5	1	期初							1 200	45	54 000
	2	购入	800	48	38 400				2 000	46.2	92 400
	3	发出				1 500	46.2	69 300	500	46.2	23 100
	18	购入	1 000	50	50 000				1 500	48.7	73 100
	23	发出				1 200	48.7	58 480	300	48.7	14 620
	28	购入	1 400	51	71 400				1 700	50.6	86 020
	31	合计	3 200		159 800	2 700		127 780	1 700	50.6	86 020

移动加权平均法可以将不同批次不同单价的存货成本差异均衡化,由于平均的范围较小,有利于存货成本的客观计算,能随时结出发出存货的成本,便于对存货的日常管理。但每次存货入库后几乎都要重新计算平均单价,会计核算工作量较大,一般适用于前后单价相差幅度较大的存货。

(五)全月一次加权平均法

全月一次加权平均法(Weighted Average)指计算存货单位成本时,以期初存货数量和本期各批收入存货的数量作为权数的计价方法。全月一次加权平均法的计算公式如下：

全月一次加权平均单价=(期初结存存货实际成本+本期收入存货实际成本)÷(期初结存存货数量+本期收入存货数量)

本期发出存货成本=本期发出存货数量×全月一次加权平均单价

期末结存存货成本=期末结存存货数量×全月一次加权平均单价

【例4-5】承例4-1，采用全月一次加权平均法计算该企业当月发出材料和期末结存材料实际成本，如表4-6所示。

表4-6　　A材料明细账　　金额单位：元

年		摘要	收入			发出			结存		
月	日		数量(千克)	单价	金额	数量(千克)	单价	金额	数量(千克)	单价	金额
5	1	期初							1 200	45	54 000
	2	购入	800	48	38 400				2 000		
	3	发出				1 500			500		
	18	购入	1 000	50	50 000				1 500		
	23	发出				1 200			300		
	28	购入	1 400	51	71 400				1 700		
	31	合计	3 200		159 800	2 700	48.59	131 200	1 700	48.59	82 600

$$全月一次加权平均单价=\frac{54\ 000+159\ 800}{1\ 200+3\ 200}=48.59(元)$$

本期发出材料成本=2 700×48.59=131 200(元)

期末结存材料成本=1 700×48.59=82 600(元)

采用全月一次加权平均法，存货发出的日常核算只登记发出数量，月末根据求得的平均单价计算出月份内发出存货的实际总成本。从而使得发出存货的成本较为均衡，会计核算工作量也相对较轻，且在物价波动时，对存货成本的分摊较为折中。但这种方法由于计算加权平均单价并确定存货的发出成本和结存成本的工作集中在期末，所以平时无法从有关存货账簿中提供发出和结存存货的单价和金额，不利于对存货的日常管理。该方法一般适用于储存于同一地点，性能、形态相同、前后单价相差幅度较大的存货。

第三节　按实际成本计价的存货核算

存货的核算包括原材料、委托加工材料、产成品、包装物、低值易耗品、自制半成品、委托代销商品、分期收款发出商品的核算等。本节主要以原材料为例进行阐述，其他内容本节仅进行简单介绍，或可参考原材料的核算，或在其他章节进行详细介绍。

一、账户设置

按实际成本进行原材料核算时，材料收发凭证的计价、材料明细核算和材料总分类核算均按材料的实际成本计价。原材料核算中所需设置的主要账户有“材料采购”“在途物资”“原材料”“应付账款”“应付票据”和“应交税费——应交增值税”等。

“材料采购”账户用于核算企业购入材料、商品等的采购成本。其借方登记已经支付或已开出承兑汇票的材料款；贷方登记已验收入库的原材料实际成本；期末余额在借方，表示已经收到发票账单并付款或已开出、承兑商业汇票，但尚未到达或尚未验收入库的在途物资。该账户应按供货单位和物资品种设置明细账。

“原材料”账户用于反映和监督各种原材料的收入、发出和结存情况的实际成本。其借方登记验收入库外购、自制、委托加工完成、盘盈、接受投资和捐赠等原材料的实际成本；贷方登记发出、领用、对外销售、盘亏、毁损及对外投资和捐赠原材料的实际成本；期末余额在借方，反映库存原材料的实际成本。该账户应按照原材料的保管地点（仓库）、材料的类别、品种和规格设置材料明细账（或材料卡片）。

二、实际成本法下原材料的核算

（一）原材料增加的核算

企业的原材料按取得来源的不同，有外购材料、自制材料、委托加工完成入库材料、投资者投入材料和接受捐赠取得的材料等，应按存货取得的计价原则分别进行处理。

1. 款付料到

在货款已付，材料也已验收入库的情况下，企业一方面要反映付款和计算材料采购成本的会计处理，同时还要记录材料验收入库的会计分录。

【例 4-6】湘友公司购入 A 材料一批，货款 200 000 元，增值税税率为 13%，货款及税款已开出转账支票通过银行支付，材料已验收入库。运输费用 1 000 元，增值税 90 元以银行存款支付。

（1）付款时，应编制如下会计分录：

借：材料采购——A 材料	201 000	
应交税费——应交增值税（进项税额）	26 090	
贷：银行存款		227 090

（2）验收入库时，应编制如下会计分录：

借：原材料——A 材料	201 000	
贷：材料采购——A 材料		201 000

2. 款付料未到

款付料未到有如下两种情况：

一种情况是在途材料，当企业已获得了增值税发票，并已支付了购货款后，可能对方已经发货，但货物尚未运到企业，或已达企业，但还未验收入库等，都属于在途物资，企业应根据增值税发票，编制付款的会计处理。

另一种情况是预付账款，企业已付款，但并未获得增值税发票，并且对方还没有发货，不属在途材料，而是一项债权。

【例 4-7】湘友公司购入 B 材料一批 2 000 千克，单价 40 元，共计 80 000 元，增值税税率为 13%，货款及税款已由本企业开出的银行汇票结算，材料尚未到达。

借：材料采购——B 材料	80 000	
应交税费——应交增值税（进项税额）	10 400	
贷：其他货币资金——银行汇票		90 400

等材料到达企业并验收入库后再编制入库材料的会计分录。

3. 料到款未付

料到款未付也有如下两种情况：

一种是由于采用商业汇票结算方式或因企业暂时资金困难经对方同意采用赊购，材料已经到达企业并已经验收入库，已获得了增值税发票。这与款付料到的会计处理一样，只是未付款，而形成负债。

另一种是由于发票未到，企业没有依据付款，货物先于发票到达，企业先收到货且已经验收入库。在这种情况下，企业只需在备查账中记录，等收到发票后付款，再按款付料到进行会计处理。如果到月末发票仍未收到，企业应按合同价暂估入账。

【例 4-8】湘友公司购入 B 材料一批计 200 000 元，增值税税率为 13%，货款及税款已由本企业开出商业汇票结算。材料到达且已验收入库。

借：材料采购——B 材料	200 000	
应交税费——应交增值税（进项税额）	26 000	
贷：应付票据		226 000
借：原材料——B 材料	200 000	
贷：材料采购——B 材料		200 000

【例 4-9】湘友公司从黄河钢厂购入 C 材料一批，计 300 000 元，增值税税款39 000 元，发票账单已收到，材料已验收入库。由于企业款项不足，与对方协商同意暂缓支付。

借：材料采购——C 材料	300 000	
应交税费——应交增值税（进项税额）	39 000	
贷：应付账款——黄河钢厂		339 000
借：原材料——C 材料	300 000	
贷：材料采购——C 材料		300 000

【例 4-10】湘友公司购入 D 材料一批，材料到达并已验收入库，月末尚未收到发票账单，货款尚未支付。该批材料按合同价暂估为 180 000 元。

借：原材料——D 材料	180 000	
贷：应付账款——暂估应付账款		180 000

下月月初及时用红字作同样的记录，予以冲回：

借：原材料——D 材料	180 000（红字）	
贷：应付账款——暂估应付账款		180 000（红字）

4. 购料出现短缺

企业在材料采购过程中，经常出现短缺的现象。出现短缺的原因有多方面的，企业在收到货物时应按实际收到的货物数量入账，其短缺部分通过“待处理财产损溢”科目核算，查明原因后，记入相关的科目中。

【例 4-11】收到例 4-7 中的在途材料发现短缺 50 千克，原因待查。

借：原材料——B 材料	78 000	
待处理财产损溢——流动资产损溢	2 260	
贷：材料采购——B 材料		80 000
应交税费——应交增值税（进项税额转出）		260

注意：在没有发现短缺的原因之前，“待处理财产损溢”应该是含税金额，除非明知原因是管理问题，将短缺损失计入材料成本或“管理费用”，“待处理财产损溢”可不含税。如果查明原因由供应方少发，应从“应付账款”科目抵扣 2 260 元，或要退款，记入“其他应

收款”科目 2 260 元;要求对方补发货物,则应将 2 260 元分别转入“原材料”和“应交增值税(进项税额)”。如果属于非常事故应将其转入“营业外支出”。如果由运输部门赔偿,则记入“其他应收款”。

5. 其他方式增加材料

【例 4-12】湘友公司收到本单位辅助生产车间加工 E 材料 800 件,每件实际成本为 30 元。

借:原材料——E 材料　　24 000
　贷:生产成本——辅助生产成本　　24 000

【例 4-13】湘友公司收到母公司投入的一批 F 材料,合同或协议价格为500 000 元,增值税 65 000 元,材料验收入库。

借:原材料——F 材料　　500 000
　　应交税费——应交增值税(进项税额)　　65 000
　贷:实收资本　　565 000

【例 4-14】湘友公司同意五一企业进行债务重组,以一批材料抵其债务。湘友公司“应收账款”账面余额为 200 000 元,已计提“坏账准备”10 000 元。五一企业的“应付账款”为 200 000 元,原材料成本为 140 000 元,该批材料的公允价值为 160 000 元,增值税税率为 13%。

(1)湘友公司收到原材料的入账价值为公允价值 160 000 元。

借:原材料　　160 000
　　应交税费——应交增值税(进项税额)　　20 800
　　坏账准备　　10 000
　　营业外支出——债务重组损失　　9 200
　贷:应收账款　　200 000

(2)五一企业的会计处理如下:

借:应付账款　　200 000
　贷:其他业务收入　　160 000
　　　应交税费——应交增值税(销项税额)　　20 800
　　　营业外收入　　19 200

同时,结转材料成本,会计处理如下:

借:其他业务成本　　140 000
　贷:原材料　　140 000

【例 4-15】湘友公司用一台未使用的设备原值 200 000 元,累计已提折旧 60 000 元从 B 企业换入一批原材料,湘友公司设备的公允价值为 130 000 元。B 企业原材料的账面成本 120 000 元,公允价值 130 000 元,增值税税率 13%。该非货币性资产交换符合商业实质,没有发生补价。

(1)湘友公司的会计处理如下:

借:固定资产清理　　140 000
　　累计折旧　　60 000
　贷:固定资产　　200 000

换入原材料的入账价值=换出固定资产的公允价值+增值税销项税-增值税进项税
　　　　　　　　　　=130 000×(1+13%)-16 900=130 000(元)

借:原材料 130 000

应交税费——应交增值税(进项税额) 16 900

资产处置损益 10 000

贷:固定资产清理 140 000

应交税费——应交增值税(销项税额) 16 900

(2)B 企业的会计处理如下:

换入固定资产的入账价值=换出材料的公允价值+增值税销项税额-增值税进项税

=130 000×(1+13%)-130 000×13%=130 000(元)

借:固定资产 130 000

应交税费——应交增值税(进项税额) 16 900

贷:其他业务收入 130 000

应交税费——应交增值税(销项税额) 16 900

同时,结转材料成本,会计处理如下:

借:其他业务成本 120 000

贷:原材料 120 000

(二)原材料减少的核算

原材料的减少主要有以下四种情况:

(1)生产经营耗用,如生产产品领用,生产车间管理部门、企业行政管理部门领用,对外出售。

(2)非生产经营耗用,如福利部门领用,在建工程领用,对外投资转出。

(3)非货币性资产交换转出,用材料抵债等。

(4)材料盘亏。

按实际成本计价时,原材料减少有前述提到的个别计价法、先进先出法、后进先出法、全月一次加权平均法、移动加权平均法等多种计价方法。生产经营领用材料时,按其用途借记相关科目,贷记"原材料"科目;非生产经营耗用和非货币性资产交换转出(不符合商业实质)、用材料抵债、盘亏时借记相关科目,贷记"原材料",同时贷记"应交税费——应交增值税(销项税额)"或"应交税费——应交增值税(进项税额转出)"科目。

【例 4-16】4 月份,湘友公司的"发料凭证汇总表"中列明基本生产车间生产产品领用材料 30 000 千克,辅助生产车间领用材料 5 000 千克,车间管理部门一般耗用材料 800 千克,行政管理部门领用材料 1 000 千克,加权平均单位成本为 60 元。

借:生产成本——基本生产成本 1 800 000

——辅助生产成本 300 000

制造费用 48 000

管理费用 60 000

贷:原材料 2 208 000

【例 4-17】湘友公司出售一批材料,其账面成本为 42 000 元。

借:其他业务成本 42 000

贷:原材料 42 000

出售原材料取得的收入记入"其他业务收入"科目。

【例 4-18】湘友公司将购入的原材料用于某基建工程,该批材料的购入成本为 20 000 元。

借:在建工程　　20 000

　贷:原材料　　20 000

债务重组和非货币性资产交换转出存货的核算见债务重组和非货币性资产交换章节。

三、其他存货的核算

(一)产成品的核算

产成品是指企业已经完成全部生产过程并已验收入库符合标准规格和技术条件,可以按照合同规定的条件送交订货单位,或者可以作为商品对外销售的产品。产成品核算设置“产成品”科目,该科目借方记录完工验收入库产品的成本;贷方记录发出产品的成本;期末余额在借方,表示库存产成品的成本。该科目应按产品品种设置明细账核算。

工业企业的产成品一般应按实际成本进行核算。在这种情况下,产成品的收入、发出,平时只记数量不记金额,月度终了,计算入库产成品的实际成本后,再对发出和销售的产成品,采用先进先出法、全月一次加权平均法、移动加权平均法、后进先出法或者个别计价法等方法确定其实际成本。核算方法一经确定,不得随意变更。如需变更,应在会计报表附注中予以说明。

(二)委托加工物资的核算

委托加工物资的成本为委托加工而耗用的原材料成本、运输费用、加工费用等,同时还要支付增值税和消费税。

(1)发给外单位加工的物资,按实际成本,借记“委托加工物资”科目,贷记“原材料”“库存商品”等科目,按计划成本(或售价)核算的企业,还应当同时结转成本差异。

企业支付加工费用、应负担的运杂费等,借记“委托加工物资”科目、“应交税费——应交增值税(进项税额)”等科目,贷记“银行存款”等科目;需要缴纳消费税的委托加工物资,其由受托方代收代交的消费税,分别按以下情况处理:

①收回后直接用于销售的,应将受托方代收代交的消费税计入委托加工物资成本,借记“委托加工物资”科目,贷记“应付账款”“银行存款”等科目。

②收回后用于连续生产的,按规定准予抵扣的,按受托方代收代交的消费税,借记“应交税费——应交消费税”科目,贷记“应付账款”“银行存款”等科目。

加工完成验收入库的物资和剩余的物资,按加工收回物资的实际成本和剩余物资的实际成本,借记“原材料”“库存商品”等科目(采用计划成本或售价核算的企业,按计划成本或售价记入“原材料”或“库存商品”科目,实际成本与计划成本或售价之间的差异记入“材料成本差异”或“商品进销差价”科目),贷记“委托加工物资”科目。

(2)“委托加工物资”科目应按加工合同和受托加工单位设置明细科目,反映加工单位名称、加工合同号数,发出加工物资的名称、数量、发出的加工费用和运杂费,退回剩余物资的数量、实际成本以及加工完成物资的实际成本等资料。

(3)“委托加工物资”科目期末借方余额,反映企业委托外单位加工但尚未加工完成物资的实际成本和发出加工物资的运杂费等。

(4)工业企业可将“委托加工物资”科目名称改为“委托加工材料”;商品流通企业可将“委托加工物资”科目名称改为“委托加工商品”。

【例 4-19】湘友公司委托巨人公司加工包装用木箱,湘友公司发出木材 40 000元,同时支付加工费 3 000 元和增值税税款 390 元。加工完成后,木箱验收入库。

(1)湘友公司发出木材时。

借:委托加工物资——巨人公司　　40 000
　贷:原材料　　40 000

(2)湘友公司支付加工费。

借:委托加工物资——巨人公司　　3 000
　　应交税费——应交增值税(进项税额)　　390
　贷:银行存款　　3 390

(3)木箱验收入库。

借:原材料　　43 000
　贷:委托加工物资——巨人公司　　43 000

委托加工涉及消费税的见应交税费的核算。

第四节　按计划成本计价的存货核算

按计划成本(Planed Cost)计价是指在材料的日常核算中,收发结存等都必须按预先确定的计划成本计价,计划成本与实际成本的差异另行核算,于期末将发出材料的计划成本调整为实际成本的一种核算方法。

按计划成本计价进行原材料收发核算,即从原材料收发凭证的计价到原材料的明细账、二级账、总账的核算全部按计划成本进行。

一、科目设置

"材料采购"账户核算企业收入材料的实际成本以及实际成本与计划成本的差额,属于资产类账户。该账户的借方登记采购材料的实际成本以及月末结转的实际成本小于计划成本的差额;贷方登记验收入库材料的计划成本以及月末结转的计划成本小于实际成本的差额;月末结转后借方余额表示已经付款但尚未到达验收入库的在途材料的实际成本。本账户应按照材料品种类别设置明细账户。

"原材料"科目的结构、用途与材料按实际成本计价情况下设置的"原材料"科目相同,不同的是该科目的借方、贷方和余额均按计划成本记账。原材料按计划成本进行核算时,材料的收入、发出和结存均按材料的计划成本计价。

"材料成本差异"科目核算企业各种材料的实际成本与计划成本的差异。该科目借方记录从"材料采购"贷方转入的购入材料的成本超支差异;贷方记录从"材料采购"借方转入的购入材料的成本节约差异以及发出材料应负担的成本差异结转额(超支用蓝字,节约用红字)。月末余额反映库存材料的成本差异额,如为借方余额,表示超支额;如为贷方余额,表示节约额。该科目应分别为"原材料""周转材料——包装物""周转材料——低值易耗品"等,按照类别或品种进行明细核算。企业根据具体情况,可以单独设置"材料成本差异"科目,也可以不设置"材料成本差异"科目,在"原材料""周转材料——包装物""周转材料——低值易耗品"等科目内分别设置"成本差异"明细科目核算。

二、计划成本法下原材料的核算

(一)原材料增加的核算

企业的原材料按取得来源的不同,有外购材料、自制材料、委托加工完成入库材料、投资者投入材料和接受捐赠取得的材料等，应分别进行处理。

【例 4-20】湘友公司购入 A 材料一批，货款 41 000 元，增值税税率为 13%，采用商业汇票结算，该批材料的计划成本为 40 000 元，材料已验收入库。

借：材料采购——原材料 41 000
　　应交税费——应交增值税（进项税额） 5 330
　贷：应付票据 46 330

【例 4-21】湘友公司月末支付货款 30 000 元和税款 3 900 元，用于购买 B 材料，月末该批材料尚未运到，该批材料的计划成本为 32 000 元。

湘友公司付款时，会计分录如下：

借：材料采购——原材料 30 000
　　应交税费——应交增值税（进项税额） 3 900
　贷：银行存款 33 900

【例 4-22】湘友公司收到已经预付 50 000 元货款的一批 C 材料，货款总额117 000 元，税款 15 210 元，余款开出支票支付，该批材料已运到，该批材料的计划成本为 120 000 元。

借：材料采购——原材料 117 000
　　应交税费——应交增值税（进项税额） 15 210
　贷：预付账款 50 000
　　　银行存款 82 210

【例 4-23】湘友公司购入 A 材料一批，材料到达并已验收入库，月末尚未收到发票账单，货款亦未支付。该批材料计划成本为50 000 元。月末按合同价暂估入账。

借：原材料 50 000
　贷：应付账款——暂估应付账款 50 000

下月月初用红字编制同样的分录，予以冲回：

借：原材料 50 000（红字）
　贷：应付账款——暂估应付账款 50 000（红字）

【例 4-24】假设湘友公司上述例 4-20 至例 4-22 购入的材料均已验收入库，于月末时计算并结转本月入库材料计划成本与成本差异。

本期购入已入库材料的计划成本＝40 000 ＋ 120 000＝160 000（元）

本期购入已入库材料的实际成本＝41 000+117 000＝158 000（元）

期末在途材料 B 材料的实际成本＝30 000（元）

本期应结转的材料成本差异＝158 000－160 000＝－2 000（元）（为节约额）

月末一次性结转成本差异时应编制的会计分录如下：

借：原材料 160 000
　贷：材料采购——原材料 160 000

借：材料采购——原材料 2 000
　贷：材料成本差异——原材料 2 000

【例 4-25】湘友公司辅助生产车间自制 B 材料一批，实际成本为 15 500 元，计划成本为 16 000 元，B 材料验收入库。

借：原材料 16 000
　贷：生产成本——辅助生产成本 15 500
　　　材料成本差异——原材料 500

【例 4-26】湘友公司收到母公司投入的一批 C 材料，合同或协议价格为 50 000 元，增值税税款 6 500 元，材料验收入库，计划成本为 49 000 元。

借:原材料——C 材料　　49 000

　应交税费——应交增值税(进项税额)　　6 500

　材料成本差异——原材料　　1 000

　贷:实收资本　　56 500

（二）原材料减少的核算

采用计划成本进行材料日常核算的企业，日常领用、发出原材料均按计划成本记账，月份终了，按照发出各种材料的计划成本，计算应负担的成本差异，将发出材料的计划成本调整为实际成本。

计划成本法下应于月末计算出材料成本差异分配率，用来分配发出材料应负担的材料成本差异。差异率的计算公式如下：

本月材料成本差异率=(月初结存材料的成本的差异+本月收入材料的成本的差异)÷(月初结存材料的计划成本+本月收入材料的计划成本)×100%

在计算公式中，月初结存材料和本月收入材料的成本差异，都应按照差异的性质标明正负号。超支差异应是加数，为正号；节约差异应是减数，为负号。分母中的月初结存材料计划成本与本月收入材料计划成本之和，应按科目记录的数据填列。

计算出材料成本差异分配率后，再据此计算本月发出材料应负担的成本差异，从而计算出本月发出材料的实际成本，具体计算公式如下：

本月发出材料成本差异=本月发出材料计划成本×材料成本差异分配率

本月发出材料实际成本=本月发出材料计划成本±本月发出材料成本差异

发出材料应负担的成本差异，必须按月分摊，不得在季末或年末一次计算。

【例 4-27】假设 A 材料计划单位成本为 50 元/千克，月初结存材料 1 200 千克，计划成本为 60 000 元，实际成本为 62 400 元，成本差异为超支 2 400 元。本期购入材料 3 200 千克，实际成本159 800元，计划成本 160 000 元，节约差异为 200 元。本期发出材料 3 000 千克。

材料成本差异率=(2 400-200)÷(60 000+160 000)×100%=1%

本期发出存货=3 000×50=150 000(元)

本月发出材料成本差异=150 000×(1%)=1 500(元)

本月发出材料实际成本=150 000+1 500=151 500(元)

【例 4-28】湘友公司某月月初库存原材料计划成本为 680 000 元，材料成本差异为 -13 600 元。本月购入原材料的计划成本为 1 320 000元，材料成本差异为 53 600元。本月发出的原材料计划成本为 800 000 元，其中生产车间领用 600 000 元，车间管理及消耗材料为 150 000 元，厂部管理部门领用 50 000 元。

(1)计算材料成本差异率。

材料成本差异率=(-13 600+53 600)÷(680 000+1 320 000)×100%=2%

(2)计算各用料单位及期末库存材料应负担的材料成本差异。

生产成本=600 000×2%=12 000(元)

制造费用=150 000×2%=3 000(元)

管理费用=50 000×2%=1 000(元)

期末库存材料应负担的差异=(680 000+1 320 000-800 000)×2%=24 000(元)

(3)月末,应按发出材料的计划成本编制如下会计分录:

借:生产成本　　600 000
　制造费用　　150 000
　管理费用　　50 000
　贷:原材料　　800 000

(4)月末结转材料成本差异时,应编制如下会计分录:

借:生产成本　　12 000
　制造费用　　3 000
　管理费用　　1 000
　贷:材料成本差异——原材料　　16 000

第五节 存货期末估价

企业期末存货的价值通常是以历史成本确定的,但是除了用历史成本计价存货以外,还可以用成本与市价孰低法计量存货,以便符合稳健性原则的要求。

一、成本与市价孰低法的含义

成本与市价孰低法(Lower of Cost or Market,LCM),也称为成本与可变现净值孰低法,是指期末存货按照成本与可变现净值两者之中较低者计价的方法。当存货的成本低于可变现净值时,期末存货按成本计价;当存货的成本高于可变现净值时,期末存货按可变现净值计价。这里所说的成本是指存货的历史成本,即账面成本;可变现净值是指企业在正常经营过程中,以估计售价减去估计完工成本及销售所必需的估计费用和税金后的价值。在估计可变现净值时,还应当考虑持有存货的其他因素。例如,有合同约定的存货,通常按合同约定价格作为计算基础,如果企业持有存货的数量多于销售合同订购数量,存货超出部分的可变现净值应以一般销售价格为计算基础。

二、成本与市价孰低法的运用

(一)成本与市价的比较方法

企业按成本与可变现净值孰低法对存货计价时,有以下三种不同的计算方法可供选择:

(1)单项比较法。单项比较法亦称逐项比较法或个别比较法,指对库存中每一种存货的成本和可变现净值逐项进行比较,每项存货均取较低数确定存货的期末成本。

(2)分类比较法。分类比较法亦称类比法,指按存货类别的成本与可变现净值进行比较,每类存货取其较低数确定存货的期末成本。

(3)总额比较法。总额比较法亦称综合比较法,指按全部存货的总成本与可变现净值总额相比较,以较低数作为期末全部存货的成本。

【例4-29】某企业有甲、乙两大类A、B、C、D四种存货,各种存货分别按三种计算方法确定的期末存货成本如表4-7所示。

表 4-7　　成本与可变现净值孰低规则的具体运用表　　金额单位:元

项目	数量（件）	成本		可变现净值		单项比较法	分类比较法	综合比较法
		单价	金额	单价	金额			
甲类存货								
A	50	60	3 000	55	2 750	2 750		
B	30	120	3 600	122	3 660	3 600		
合计			6 600		6 410		6 410	
乙类存货								
C	40	150	6 000	155	6 200	6 000		
D	60	90	5 400	88	5 280	5 280		
合计			11 400		11 480		11 400	
总计			18 000		17 890	17 630	17 810	17 890

由表 4-7 计算可见,单项比较法计算的期末成本总计最低为17 630元,分类比较法次之为 17 810 元,总额比较法最高为 17 890 元。原因是单项比较法所确定的均为各项存货的最低价,据此计算的结果比较准确,但这种方法的工作量大,存货品种繁多的企业更是如此;总额比较法虽然比其他两种方法均简单,但过于粗糙,不够准确;分类比较法介于两者之间,具有较强的操作性。根据国际会计准则规定,应当采用单项比较法或分类比较法,在成本与可变现净值之间比较确定期末存货的价值。我国《企业会计准则第1 号——存货》中规定,企业通常应当按照单个存货项目计提存货跌价准备。无论采用何种方法,都要遵循一致性的原则。

(二)市价或可变现净额的确定方法

(1)有合同的存货,以合同价作为存货的可变现净额,企业期末持有超过合同数量的存货,按市价减去相关税费作为可变现净额。

【例 4-30】2019 年 8 月 10 日,甲公司与乙公司签订了一份不可撤销的销售合同,双方约定,2020 年 2 月 15 日,甲公司应按每台 12 万元的价格向乙公司提供商品一批 50 台。至 2019 年 12 月 31 日,甲公司期末有该种存货 60 台,每台账面成本 11 万元,市场的价格每台为 10 万元。

由于该商品的市价为每台 10 万元,已低于该商品的账面成本,应该发生了减值。但有 50 台是已经签订了销售合同的,也就是说甲公司期末存货 60 台中有 50 台的可变现净额为每台 12 万元,与其账面成本 10 万元比较,未发生减值;超过销售合同的 10 台商品的可变现净值为每台 10 万元,比其账面成本 11 万元低,这 10 台发生了减值。

计算发生的减值 = 10×(11-10) = 10(万元)

(2)材料市价低于其成本,但用该种材料生产出来的商品的市价高于该种商品的成本(商品未发生减值),则该种材料未发生减值,不计提减值准备。

【例 4-31】2019 年 12 月 31 日,甲公司期末存货中有 A 材料 1 000 千克,账面单位成本为每千克 5 万元,该种材料的市价已降至每千克 4. 8 万元,但用 A 材料生产出来的甲产品的成本为每台 10 万元,市场售价为每台 12 万元。

虽然材料发生了减值,但用 A 材料生产出来的甲产品并未发生减值,对 A 材料不确认减值,不计提减值准备。

(3)材料市价低于其成本,用该种材料生产出来的商品的市价也低于该种商品的成本(商品已发生减值),则该种材料已发生减值,应该按材料的市价作为可变现净额计提减值准备。

三、成本与市价孰低法的会计处理

企业在确定了期末存货的价值之后,应视情况进行有关的账务处理。如果期末存货的成本低于可变现净值时,则不需作账务处理,资产负债表中的存货仍按期末账面价值列示。如果期末存货的可变现净值低于成本时,则必须在当期确定存货跌价损失,并进行有关的账务处理。具体账务处理方法有直接转销法和备抵法两种。

(一)直接转销法

直接转销法,即在确认存货跌价损失时,将可变现净值低于成本的损失直接冲销有关存货科目,同时将存货成本调整为可变现净值。在这种方法下,企业应设置"资产减值损失"科目。确认损失时,借记"资产减值损失"科目,贷记有关存货科目。

采用这种方法,要直接冲销有关存货的账簿记录,即要冲减有关的明细账记录,工作量较大,而且若已做调整的存货以后可变现净值又得以恢复,再恢复有关存货的成本记录也十分麻烦,与坏账损失的直接转销法一样不符合权责发生制的要求,因此,这一方法不常用。

(二)备抵法

备抵法,即对于存货可变现净值低于成本的损失不直接冲减有关存货科目,而是另设"存货跌价准备"科目反映。我国《企业会计准则第 1 号——存货》规定:"企业的存货应当在期末时按成本与可变现净值孰低计量,对可变现净值低于存货成本的差额,计提存货跌价准备。"存货跌价损失准备的具体做法是:每一会计期末,比较成本与可变现净值计算出应计提的准备,然后与"存货跌价准备"科日的余额进行比较,若应提数大于已提数,应予补提;反之,应冲销部分已提数。提取和补提存货跌价损失准备时,借记"资产减值损失"科目,贷记"存货跌价准备"科目;冲回或转销存货跌价损失,做相反会计分录。这一做法的优点是不需对有关存货的明细账进行调整,保持账面记录的原貌,工作量也较小。这一方法运用得比较普遍。

【例 4-32】某企业采用"成本与可变现净值孰低法"进行存货的计价核算,并运用"备抵法"进行相应的账务处理。假设,2019 年年末存货的账面成本为 1 200 000 元,预计可变现净值为1 080 000元,应计提的存货跌价准备为 120 000 元。该企业应做如下会计处理:

借:资产减值损失	120 000	
贷:存货跌价准备		120 000

假设 2020 年年末存货的预计可变现净值比成本低 200 000 元,则应补提存货跌价准备为 200 000-120 000=80 000(元)。

借:资产减值损失	80 000	
贷:存货跌价准备		80 000

假设 2021 年年末存货的可变现净值有所恢复,存货预计可变现净值比成本只低 70 000 元,则应冲减计提的存货跌价准备70 000-200 000=130 000(元)。

借:存货跌价准备	130 000	
贷:资产减值损失		130 000

当企业存货价值完全恢复,甚至高于成本时,最多只能将"存货跌价准备"科目冲至为 0。升值部分不确认收益。存货跌价准备的会计处理与坏账准备的会计处理基本一样。

期末存货估价方法除了成本与市价孰低法以外还有许多其他方法,如零售价法、毛利率法等。零售价法(Retail Price)是指存货的购入、发出和结存采用商品销售价格进行日常核算,其零售价和进价的差额反映在“商品进销差价”科目,月末分摊已销存货的进销差价,将发出存货的零售价调整为进价成本的方法。这种方法主要应用于商业零售企业,具体计算公式如下:

本期发出存货成本=期初存货成本+本期购货成本-期末存货成本

期末存货成本=期末存货售价金额×成本率

$$成本率=\frac{期初存货成本+本期购货成本}{期初存货售价+本期购货售价}\times 100\%$$

毛利率法(Gross Margin)是用过去的销货毛利率或估计毛利率估计期末存货和本期销货成本的一种方法。商品流通企业的库存商品可采用该法核算。

毛利率=销售毛利÷销售净额

本期销售毛利=本期销售净额×毛利率

本期销售成本=销售净额-销售毛利

期末存货成本=期初存货成本+本期购货成本-本期销售成本

第六节 周转材料的核算

周转材料是指企业在生产经营过程中能够周转多次使用的材料,它不同于固定资产,其使用周期比较短,包括低值易耗品和包装物。

一、低值易耗品的核算

低值易耗品是指不能作为固定资产的各种用具物品,如工具、管理用具、玻璃器皿以及在经营过程中周转使用的包装容器等。

为了进行低值易耗品的收入、发出、摊销和结存的总分类核算,应设立“周转材料”总账科目和“周转材料——低值易耗品”明细科目进行核算。

低值易耗品的日常核算也与原材料核算一样,既可以按照实际成本进行,又可以按照计划成本进行。在按计划成本核算的情况下,为了核算低值易耗品的成本差异,还应在“材料成本差异”总账科目下增设“低值易耗品成本差异”二级科目。

低值易耗品采购、入库阶段的核算与原材料核算相同;低值易耗品的在领用、发出的核算与原材料不同。下面主要介绍低值易耗品在领用、摊销时的核算。

低值易耗品在领用以后,其价值应该摊销计入有关的成本、费用中。低值易耗品摊销在产品成本中所占比重较小,没有专设成本项目。因此,用于生产、应计入产品成本的低值易耗品摊销应先计入制造费用;用于组织和管理生产经营活动的低值易耗品摊销,应计入管理费用;用于其他经营业务的低值易耗品摊销,则应计入其他业务成本;等等。

低值易耗品的摊销,应该根据具体情况采用一次摊销法、分次摊销法和五五摊销法。我国《企业会计准则第1号——存货》规定企业应当采用一次摊销法或者五五摊销法对低值易耗品和包装物进行摊销。

(一)低值易耗品的一次摊销法

一次摊销法也称一次计入法。采用这种方法,在领用低值易耗品时,就将其全部价值一次计入当月成本、费用,借记“制造费用”“管理费用”等科目,贷记“周转材料——低值易耗品”科目。在低值易耗品报废时,应将报废的残料价值作为当月低值易耗品摊销的减少,冲减有关的成本、费用,借记“原材料”等科目,贷记“制造费用”“管理费用”等科目。

在按计划成本进行低值易耗品日常核算的情况下,领用低值易耗品的会计分录应按计划成本编制,同时分配材料成本差异。

【例4-33】某生产车间领用低值易耗品一批,其计划成本500元,差异分配率为+2%,采用一次摊销法。

借:制造费用　500
　贷:周转材料——低值易耗品　500
借:制造费用　10
　贷:材料成本差异——低值易耗品差异　10

一次摊销法适用于单位价值较低或使用期限较短,而且一次领用数量不多以及玻璃器皿等容易破损的低值易耗品。

(二)低值易耗品的五五摊销法

低值易耗品五五摊销法是指低值易耗品在领用时摊销其价值的一半;报废时再摊销其价值的另一半。为了核算在库、在用低值易耗品的价值和低值易耗品的摊余价值,应在“周转材料——低值易耗品”科目下分设“在库低值易耗品”“在用低值易耗品”和“低值易耗品摊销”三个科目。在按计划成本进行低值易耗品日常核算的情况下,前两个二级科目应按计划成本登记。

【例4-34】某管理部门某月领用低值易耗品,其计划成本为2 000元,同时报废某生产车间以前月份领用的低值易耗品一批,其计划成本为2 500元,收回残料价值100元入库。材料成本差异分配率为2%。

(1)领用。

借:周转材料——低值易耗品(在用低值易耗品)　2 000
　贷:周转材料——低值易耗品(在库低值易耗品)　2 000

(2)领用时摊销其价值的一半。

借:管理费用　1 000
　贷:周转材料——低值易耗品(低值易耗品摊销)　1 000

(3)生产部门报废低值易耗品时摊销其价值的另一半。

借:制造费用　1 250
　贷:周转材料——低值易耗品(低值易耗品摊销)　1 250

(4)收到残料入库。

借:原材料　100
　贷:制造费用　100

(5)报废低值易耗品分配材料成本差异(2 500×2%)。

借:制造费用　50
　贷:材料成本差异——低值易耗品差异　50

(6)报废低值易耗品计划成本的注销。

借:周转材料——低值易耗品(低值易耗品摊销)　2 500
　贷:周转材料——低值易耗品(在用低值易耗品)　2 500

(1)、(2)笔分录是管理部门领用低值易耗品的会计分录;(3)、(4)、(5)、(6)笔分录是生产部门报废低值易耗品的会计分录,两者没有联系。

采用五五摊销法摊销低值易耗品的价值,能够对在用低值易耗品实行价值监督;在各月成本、费用负担的合理程度和核算工作量方面,都介于一次摊销法与分次摊销法之间。这种方法一般适用于每月领用和报废的数量比较均衡,各月摊销额相差不多的低值易耗品。由于这种方法要核算在用低值易耗品的价值,因此需要按照车间、部门进行在用低值易耗品数量和金额明细核算的企业,应该采用这种方法。

二、包装物的核算

(一)包装物的概念和内容

包装物是指为销售企业产品而耗用和储备的各种包装容器,如桶、瓶、坛、袋等。各种包装材料,如纸、绳、铁皮、铁丝等,不属于包装物,属于原材料。

包装物按其用途,可以分为如下四类:

(1)生产过程中用于包装产品作为产品组成部分的包装物。

(2)随同产品出售而不单独计价的包装物。

(3)随同产品出售而单独计价的包装物。

(4)出租或出借给购买单位使用的包装物。

包装物从总的方面来说,属于材料的一个组成部分,但其性质和用途与材料中的原材料并不相同。为了单独进行包装物的收发和结存的核算,一般应该设立“周转材料——包装物”科目,进行包装物的总分类核算,并应按照包装物的种类进行包装物的明细核算。

各种包装材料,如纸、绳、铁皮、铁丝等属于原材料,应在“原材料”科目中核算;用于储存和保管产品、材料而不对外出售、出租或出借的包装物,按其价值大小和使用年限长短,分别属于固定资产或低值易耗品,应分别在“固定资产”科目或“周转材料——低值易耗品”科目中核算;计划中单独列作商品产品的自制包装物,属于产成品,应在“产成品”科目中核算。

包装物的采购、自制和验收入库的核算,与原材料的采购、自制和验收入库的核算相同。包装物日常核算的计价也与原材料日常核算的计价一样,既可以按计划成本进行,也可以按实际成本进行。下面主要介绍包装物发出和摊销的核算。

(二)发出包装物的会计处理

生产过程中用于包装产品作为产品组成部分的包装物成本,记入“生产成本”科目;随同产品出售而不单独计价的包装物成本记入“销售费用”科目;随同产品出售而单独计价的包装物成本记入“其他业务成本”科目。

【例4-35】某企业生产过程用于包装产品领用包装物计划成本6 000元;领用随同产品出售而不单独计价的包装物计划成本8 000元;领用随同产品出售而单独计价的包装物计划成本3 000元。该月包装物的成本差异率为-2%。

(1)结转计划成本。

借:生产成本——基本生产成本	6 000	
销售费用	8 000	
其他业务成本	3 000	
贷:周转材料——包装物		17 000

(2)结转材料成本差异。

借:生产成本——基本生产成本	120(红字)
销售费用	160(红字)

其他业务成本　　　　60(红字)

贷:材料成本差异——包装物成本差异　　　　340(红字)

(三)出租、出借包装物的会计处理

出租、出借包装物由于发出以后报废以前实物并未从企业消失,因而,不仅应该进行其发出的核算,而且还要进行其价值摊销的核算。

出借包装物出借给购买单位使用,是为产品销售提供的必要条件。因此,出借包装物的价值摊销和修理费等,应作为产品销售费用处理。出租包装物出租给购买单位有租金收入,属于工业企业经营业务中的一种营业活动,其租金收入属于企业其他业务收入。因此,与之相配比的出租包装物的价值摊销和修理费等属于其他业务成本,应从其他业务收入中扣除,据以计算其利润。

对于逾期未退还包装物没收的押金,应转作"营业外收入"处理,企业应按规定没收的押金,借记"其他应付款"科目,按应交的增值税、消费税等税费,贷记"应交税费——应交增值税(销项税额)"等科目,按其差额,贷记"营业外收入——逾期包装物押金没收收入"科目。

出借、出租包装物价值的摊销,应视出借、出租包装物的业务是否频繁,出借、出租包装物的数量多少和金额大小,采用不同的核算方法,主要有一次转销法、五五摊销法。

1. 出借、出租包装物的一次转销法

采用这种方法,在第一次发出新的包装物出借、出租时,就将其价值全部转销,计入当月有关的费用。发出出借包装物时,应借记"销售费用"科目,贷记"周转材料——包装物"科目;发出出租包装物时,应借记"其他业务成本"科目,贷记"周转材料——包装物"科目。

2. 出租、出借包装物的五五摊销法

出租、出借包装物频繁、数量多、金额大的企业,出租、出借包装物的成本,也可以采用五五摊销法计算出租、出借包装物的摊销价值,在这种情况下,"周转材料——包装物"科目应设置"库存未用包装物""库存已用包装物""出租包装物""出借包装物""包装物摊销"五个三级科目,"周转材料——包装物"科目期末借方余额,为期末库存包装物的摊余价值。反映企业库存未用包装物的实际成本或计划成本。

【例 4-36】某企业出借包装物 20 个给 A 公司,其计划单位成本 100 元,收到押金 2 500 元;同时收回出租给 W 公司的包装物 38 个,其中 30 个入库可继续使用,8 个转入报废,还有 2 个无法收回,其计划单位成本 150 元,押金 8 000 元,扣除应收租金 600 元,没收 2 个无法收回包装物押金 400 元,其余的退回。报废包装物收回残值 200 元材料已入库。

(1)出借给 A 公司。

借:周转材料——包装物(出借包装物)　　　　2 000

贷:周转材料——包装物(库存未用包装物)　　　　2 000

(2)摊销其价值的一半 1 000 元。

借:销售费用　　　　1 000

贷:周转材料——包装物(包装物摊销)　　　　1 000

(3)收取押金。

借:库存现金　　　　2 500

贷:其他应付款——A 公司　　　　2 500

(4)摊销报废和无法收回出租包装物价值的另一半。

借:其他业务成本 750
　贷:周转材料——包装物(包装物摊销) 750
(5)收回残值。
借:原材料 200
　贷:其他业务成本 200
(6)抵扣租金收入和没收部分押金,其余押金退回。
借:其他应付款 8 000
　贷:营业外收入——没收押金收入[400÷(1+13%)] 353.98
　　其他业务收入——租金[600÷(1+13%)] 530.97
　　应交税费——应交增值税(销项税额)[1 000÷(1+13%)×13%] 115.05
　　银行存款 7 000
(7)注销报废与无法收回的包装物。
借:周转材料——包装物(包装物摊销) 1 500
　贷:周转材料——包装物(出租包装物) 1 500
(8)收回可用包装物入库。
借:周转材料——包装物(库存已用包装物) 4 500
　贷:周转材料——包装物(出租包装物) 4 500

第七节　存货清查的核算

一、存货清查概述

企业存货由于品种多、数量大、收发频繁,在计量、计算和登记账簿过程中可能会发生差错;或由于自然和管理等方面的原因,出现自然损耗、自然升溢、丢失、损毁甚至贪污盗窃等现象,使得企业存货账实不相符合。所以,企业必须在总分类核算和明细分类核算的基础上,定期或不定期地对存货进行盘点清查,与账面数量核对。如发现盘盈、盘亏和损毁,应及时编制“存货盘点盈亏报告表”,按规定的程序上报审批后进行账务处理。存货清查是存货核算的一个重要内容。各企业每年至少对存货盘点一次,以保证年度决算报告的真实性。

二、存货清查的核算

企业应设置“待处理财产损溢”科目核算在清查财产过程中查明的各种财产盘盈、盘亏和毁损的价值。该账户是一个起过渡作用的账户,其借方登记待处理盘亏、损毁的存货价值和盘盈存货的转销价值;贷方登记盘盈存货的价值和盘亏、损毁存货的转销价值。“待处理财产损溢”科目的借方余额,反映企业尚未处理的各种财产的净损失;“待处理财产损溢”科目的贷方余额,反映企业尚未处理的各种财产的净溢余。经批准转销后,该账户没有余额。该总分类账户下设“待处理固定资产损溢”和“待处理流动资产损溢”两个明细账户。

【例4-37】湘友公司采用实际成本法对存货进行计价,期末对存货进行盘点时,发现价值10 000元的原材料被毁损,其进项税额为1 300元。经调查后,认定该批材料的毁损与该批材料的性能、仓库条件及保管员责任均有关系，最后的处理意见是由保管员李想赔偿。

(1)查出原材料被毁损时，编制如下分录：

借：待处理财产损溢——待处理流动资产损溢 11 300
　贷：原材料 10 000
　　应交税费——应交增值税（进项税额转出） 1 300

(2)经批准处理后，编制如下分录：

借：其他应收款——李想 11 300
　贷：待处理财产损溢——待处理流动资产损溢 11 300

如果批准处理全部记入“管理费用”，则增值税不应转入“管理费用”，应记入应交增值税的借方“进项税额”项目，实行增值税制度，成本费用中是不能含增值税的。

借：管理费用 10 000
　应交税费——应交增值税（进项税额） 1 300
　贷：待处理财产损溢——待处理流动资产损溢 11 300

三、存货在期末会计报表中的披露

按照《企业会计准则第 1 号——存货》规定，企业应当在附注中披露与存货有关的下列信息：

第一，各类存货的期初和期末账面价值。

第二，确定发出存货所采用的方法。

第三，存货可变现净值的依据，存货跌价准备的计提方法，当期计提的存货跌价准备金额，当期转回的存货跌价准备金额以及计提转回的有关情况。

第四，用于担保的存货账面价值。

思考题

1. 存货的内容有哪些？
2. 收入存货的实际成本的内容是怎样构成的？
3. 发出存货成本计价方法有哪些？各有何优缺点？
4. 存货的计划成本计价有何优缺点？
5. 材料成本差异率是怎样计算的？如何计算发出存货成本应分配的差异？
6. 何为成本与市价孰低法？怎样进行会计处理？
7. 什么是低值易耗品？如何摊销其价值？
8. 什么是包装物？包装物的内容有哪些？
9. 存在销售合同的情况下，商品存货的可变现净额如何确定？
10. 如何确定材料存货的可变现净值？

练习题

1. 根据以下经济业务编制会计分录（企业按实际成本法计价）。

(1)某企业从 A 公司购入材料 10 000 千克，单价 20 元，增值税税率为 13%，货款及税款已用银行汇票支付，材料已验收入库。

(2)从外地采购原材料一批，发票已到，专用发票上注明价款 150 000 元，增值税税率 13%，货款已付，但材料尚未到达。

(3)上述材料已到,验收入库。

(4)外地购入原材料一批,材料已验收入库,至月末仍未收到对方的发票,暂时无法支付款项,按规定期末应按估价 80 000 元暂估入账。

(5)委托外单位加工的材料一批,已完成验收入库,实际成本 50 000 元。

(6)"发料凭证汇总表"所列本月发出原材料如下:生产领用 180 000 元,产品销售领用 30 000 元,管理部门领用 20 000 元,委托加工发出 30 000 元,基建工程领用 10 000 元。

2. 根据以下经济业务编制会计分录(该企业按计划成本法进行核算)。

(1)购入甲材料一批,专用发票注明价款 50 000 元,增值税税款 6 500元,货款已通过银行支付,该批材料计划成本 52 000 元。

(2)预付 A 企业 10 000 元,用于购买丙材料。

(3)上述丙材料已运到并验收入库,专用发票上注明价款为 15 000 元,增值税税款 1 950 元,用银行存款补足货款,该批材料计划成本为 16 000 元。

(4)购入乙材料一批,价款 60 000 元,增值税税款 7 800 元,款已支付,但材料未到。

(5)购入丁材料一批,材料已验收入库,但发票到月末尚未收到,货款未付,月末按计划成本 30 000 暂估入账。

(6)本月购入其他材料的实际成本为 65 000 元,计划成本 68 000 元,月终结转材料成本差异。

(7)企业自制材料本月完工交库一批,计划成本 25 000 元,生产成本 27 000 元。

(8)"发料凭证汇总表"所列材料发出的计划成本如下:生产领用 50 000 元,产品销售领用 15 000 元,管理部门领用 10 000 元。

(9)假设"原材料"期初计划成本 30 000 元,"材料成本差异"贷方差异 1 000 元,计算本月材料成本差异分配率,并分摊材料成本差异。

3. 根据下列经济业务编制会计分录。

(1)生产领用包装物一批,计划成本 2 000 元。

(2)企业销售产品时,领用不单独计价的包装物计划成本为 1 000 元。

(3)企业销售产品时,领用单独计价的包装物计划成本 500 元。

(4)发出一批新包装物,出租部分计划成本 5 000 元,收取租金 6 000 元,存入银行;出借部分计划成本 3 000 元,收押金 4 000 元,存入银行(使用一次摊销法)。

(5)上述出借包装物逾期未退,没收押金。

(6)出租包装物收回后不能继续使用,残料作价 600 元入库。

(7)月末按-5%的材料成本差异率结转本月生产领用、出售及出租出借包装物应承担的成本差异。

4. 根据下列经济业务编制会计分录。

(1)生产车间领用低值易耗品一批,计划成本 1 000 元,一次摊入成本。

(2)管理部门本月领用低值易耗品共计计划成本 3 000 元,一次摊入管理费用。

(3)生产车间上月领用的低值易耗品本月报废,收回残料价值 500 元。

(4)月末,结转材料成本差异 200 元,其中生产车间应分摊 50 元,管理部门应分摊 150 元。

5. 某企业生产领用低值易耗品一批,计划成本 2 800 元,同时当月报废管理部门以前领用的低值易耗品计划成本 1 400 元,收回残料价值 120 元,差异分配率为 1.5%。采用五五摊销法编制领用和报废的会计分录。

第五章

金融资产投资

企业除将资金用于本身的经营活动以外，还可因各种目的而将一部分资金用于对外投资业务，如购买其他公司的股票、购买国库券或公司债券、直接将企业的有形资产或无形资产投向其他企业。

第一节　投资的性质与分类

一、投资的性质

投资（Investment）是指企业通过分配来增加财富，或为谋求其他利益，而将资产让渡给其他单位所获得的另一项资产。企业让渡的这些资产，可以是货币资金和非货币资金的实物资产，也可以是无形资产。企业可以将这些资产直接向其他单位投资，也可以将这些资产换取其他单位的债券、股票等有价证券。所以，财务上的投资有广义和狭义之分，广义的投资包括权益性投资、债权性投资、期货投资、房地产投资、固定资产投资、无形资产投资、流动资产投资等。广义的投资可以分为两类：一类是对内投资，如固定资产投资、无形资产投资和流动资产投资等；另一类是对外投资，如权益性投资、债权性投资等。狭义上的投资一般仅指对外投资，而不包括对内投资。

本书中所指的投资，仅指狭义投资中的债权性投资和权益性投资，即除了不包括固定资产投资、存货投资等对内投资外，还不包括以下各项投资：外币投资；证券经营业务，主要指证券企业以及专门从事证券经营业务的其他企业的证券投资；合并会计报表；企业合并；房地产投资；期货投资等。

二、投资的特点

投资的最终目的是为了获取经济利益，其特点如下：

（一）投资是以让渡其他资产而取得另一项资产

投资是企业将其拥有的现金、固定资产等资产让渡给其他单位使用，而换取了股权投资、债权投资等资产。这项资产与企业的其他资产一样，能为投资者带来未来的经济利益，这种经济利益是指能直接或间接地增加流入企业的现金或现金等价物的能力。

（二）投资所流入的经济利益是通过分配所得

企业所拥有或者控制的除投资资产以外的其他资产，要么通过出售商品或存货，要么通过自身参与企业经营带来直接的经济利益。投资所增加的经济利益不是企业自身经营产生的，投资是将企业的资产转让给其他单位使用，通过其他单位使用投资者投入的资产创造的效益后分配取得的，或者通过投资提供稳定的原料供应、良好的销售网点等改善贸易关系从而间接达到获取利益的目的。

(三)投资于短期有价证券所得收益实质上是价差收入

短期有价证券投资通过证券买卖获取低价买入高价卖出的价差收入,这种通过买卖获得的经济利益的流入实际上是对购买证券的投资者投入的所有现金的再次分配的结果,使企业获得了高于原投资的资本增值。

三、投资的分类

对投资进行适当分类,是确定投资会计核算方法和如何在会计报表中列示的前提。按照不同标准可以对投资进行不同的分类。

(一)按投资的性质分类

企业投资按投资性质可以分为债权性投资、权益性投资和混合性投资。

1. 债权性投资

债权性(Debt Security)投资是指投资企业通过投资获得债权,被投资企业承担债务。投资企业与被投资企业之间形成了一种债权债务关系。这种投资的目的不是为了获得另一企业的剩余资产,而是为了获得高于银行存款利率的利息收入,并保证按期收回本息。债权性投资的主要投资对象是债权性证券,如投资于公司债券、国库券、国家重点建设债券等。

2. 权益性投资

权益性(Equity Security)投资是指为获取另一企业的权益或净资产所进行的投资。投资企业通过投资取得对被投资企业相应份额的所有权,从而形成投资企业与被投资企业之间的所有权关系。投资的目的主要是为获得另一家企业的控制权,或实施对另一家企业的重大影响,或为了其他目的。权益性投资主要是通过购买股票或采取合同、协议的方式进行,包括投资于普通股股票、签订合同或协议投资于合资、联营企业等。

3. 混合性投资

混合性(Hybrid Security)投资是指具有债权性和权益性双重性质的投资。混合性投资往往表现为混合型证券投资,如购买另一企业发行的优先股股票、可转换公司债券等。优先股股票既代表发行企业净资产所有权,又有预先约定的股利率。可转换债券是指持有人有权将其转化为债券发行公司的其他证券,如普通股股票等。此类投资在转换前是债权性投资,在转换后是权益性投资。

(二)按投资的目的分类

企业投资按照投资目的可以分为金融资产投资和长期股权投资。

1. 金融资产投资

《企业会计准则第22号——金融工具确认和计量》规范了金融工具投资的会计处理。金融工具是指形成一方的金融资产并形成其他方的金融负债或权益工具的合同。

2. 长期股权投资

长期股权投资是投资方对被投资方实施控制、重大影响的权益性投资以及对其合营企业的权益性投资。

第二节　金融资产的概念及分类

一、金融资产

金融资产是指企业持有的现金、其他方的权益工具以及符合下列条件之一的资产：

（1）从其他方收取现金或其他金融资产的合同权利。

（2）在潜在有利条件下，与其他方交换金融资产或金融负债的合同权利。

（3）将来须用或可用企业自身权益工具进行结算的非衍生工具合同，且企业根据该合同将收到可变数量的自身权益工具。

（4）将来须用或可用企业自身权益工具进行结算的衍生工具合同，但以固定数量的自身权益工具交换固定金额的现金或其他金融资产的衍生工具合同除外。

二、金融资产的分类

（一）关于企业管理金融资产的业务模式

1. 业务模式评估

企业管理金融资产的业务模式是指企业如何管理其金融资产以产生现金流量。业务模式决定企业所管理的金融资产现金流量的来源是收取合同现金流量、出售金融资产还是两者兼有。

企业管理金融资产的业务模式，应当以企业关键管理人员决定的对金融资产进行管理的特定业务目标为基础确定，应当以客观事实为依据，不得以按照合理预期不会发生的情形为基础确定。

2. 以收取合同现金流量为目标的业务模式

在以收取合同现金流量为目标的业务模式下，企业管理金融资产旨在通过在金融资产存续期内收取合同付款来实现现金流量，而不是通过持有并出售金融资产产生整体回报。

3. 以收取合同现金流量和出售金融资产为目标的业务模式

在以收取合同现金流量和出售金融资产为目标的业务模式下，企业的关键管理人员认为收取合同现金流量和出售金融资产对于实现其管理目标而言都是不可或缺的。例如，企业的目标是管理日常流动性需求同时维持特定的收益率，或者将金融资产的存续期与相关负债的存续期进行匹配。

4. 其他业务模式

如果企业管理金融资产的业务模式不是以收取合同现金流量为目标，也不是既以收取合同现金流量又出售金融资产来实现其目标，该金融资产应当分类为以公允价值计量且其变动计入当期损益的金融资产。

（二）关于金融资产的合同现金流量特征

金融资产的合同现金流量特征是指金融工具合同约定的、反映相关金融资产经济特征的现金流量属性，企业分类为以摊余成本计量的金融资产和以公允价值计量且其变动计入其他综合收益的金融资产，其合同现金流量特征应当与基本借贷安排相一致。相关金融资产在特定日期产生的合同现金流量仅为对本金和以未偿付本金金额为基础的利息的支付。

（三）金融资产的具体分类

企业应当根据其管理金融资产的业务模式和金融资产的合同现金流量特征，将金融资产划分为以下三类：

（1）以摊余成本计量的金融资产，即债权投资。

（2）以公允价值计量且其变动计入当期损益的金融资产，即交易性金融资产。

（3）以公允价值计量且其变动计入其他综合收益的金融资产，即其他投资。

企业应当结合自身业务的特点和风险管理要求，对金融负债进行重分类。

（1）金融资产同时符合下列条件的，应当分类为以摊余成本计量的金融资产：

①企业管理该金融资产的业务模式是以收取合同现金流量为目标。

②该金融资产的合同条款规定，在特定日期产生的现金流量，仅为对本金和以未偿付本金金额为基础的利息的支付。

（2）金融资产同时符合下列条件的，应当分类为以公允价值计量且其变动计入其他综合收益的金融资产：

①企业管理该金融资产的业务模式既以收取合同现金流量为目标又以出售该金融资产为目标。

②该金融资产的合同条款规定，在特定日期产生的现金流量，仅为对本金和以未偿付本金金额为基础的利息的支付。

（3）按照上述（1）和（2）分类为以摊余成本计量的金融资产和以公允价值计量且其变动计入其他综合收益的金融资产之外的金融资产，企业应当将其分类为以公允价值计量且其变动计入当期损益的金融资产。

（四）金融资产分类的特殊规定

初始确认时，企业可以基于单项非交易性权益工具投资，将金融资产指定为以公允价值计量且其变动计入其他综合收益的金融资产，其公允价值的后续变动计入其他综合收益，并按规定确认股利收入，不需计提减值准备。

需要注意的是，企业在非同一控制下的企业合并中确认的或有对价构成金融资产的，该金融资产应当分类为以公允价值计量且其变动计入当期损益的金融资产，不得指定为以公允价值计量且其变动计入其他综合收益的金融资产。

（五）金融资产重分类

1. 金融资产重分类的原则

企业改变其管理金融资产的业务模式时，应当按照规定对所有受影响的相关金融资产进行重分类。金融资产可以在债权投资、交易性金融资产和其他投资之间进行重新分类。企业管理金融资产业务模式的变更是一种极其少见的情形。

2. 金融资产重分类的会计处理

企业对金融资产进行重分类，应当在重分类日起采用未来适用法进行相关会计处理，不得对以前已经确认的利得、损失或利息进行追溯调整。重分类日是指导致企业对金融资产进行重分类的业务模式发生变更后的首个报告期间的第一天。

第三节　交易性金融资产的核算

一、交易性金融资产的初始计量

交易性金融资产是指除以摊余成本计量的金融资产和以公允价值计量且其变动计入其他综合收益之外的金融资产，即以公允价值计量且其变动计入当期损益的投资。

企业在取得交易性金融资产时，应当以公允价值计量，在取得交易性金融资产时所发生的交易费用不构成投资的成本，而是直接计入当期损益（投资收益）。

企业核算交易性金融资产时，应当设置“交易性金融资产”科目。该科目核算企业为交易目的持有的债券投资、股票投资、基金投资等交易性金融资产的公允价值。企业持有的直接指定为以公允价值计量且其变动计入当期损益的金融资产，也在“交易性金融资产”科目内核算。“交易性金融资产”科目借方记录企业购入交易性金融资产的成本、资产负债表日调增交易性金融资产的金额；贷方记录资产负债表日调减交易性金融资产的金额及出售交易性金融资产转销的账面金额；余额在借方，表示企业持有的交易性金融资产的公允价值。

“交易性金融资产”科目可以按交易性金融资产的类别和品种，分别“成本”“公允价值变动”等进行明细核算。

二、交易性金融资产的会计处理

（一）取得交易性金融资产的会计处理

企业取得交易性金融资产，按其公允价值借记“交易性金融资产——成本”科目，按发生的交易费用，借记“投资收益”科目，按已到付息期但尚未领取的利息或已宣告但尚未发放的现金股利，借记“应收利息”科目或“应收股利”科目，按实际支付的金额，贷记“银行存款”等科目。

【例5-1】甲公司于2019年1月1日以银行存款购入乙公司的流通股票20 000股，每股市场价格为4.5元，在交易时发生的相关税费500元。

借：交易性金融资产——乙公司股票——成本　　90 000
　投资收益　　500
　贷：银行存款　　90 500

【例5-2】甲公司于2019年1月1日以银行存款平价购入光明公司发行的面值为50万元的三年期公司债券，准备短期持有，年利率为10%，到期还本付息，其他相关税费为100元，一并以银行存款支付。

借：交易性金融资产——光明公司债券——成本　　500 000
　投资收益　　100
　贷：银行存款　　500 100

【例5-3】甲公司于2019年2月10日以银行存款购入乙公司发行的股票10 000股，作为短期投资，每股价格为7元，相关税费为500元。

借：交易性金融资产——乙公司股票——成本　　70 000
　投资收益　　500
　贷：银行存款　　70 500

【例 5-4】甲公司于 2019 年 4 月 20 日以银行存款购入乙公司已宣告但尚未分派现金股利的股票 12 000 股，作为短期投资，每股成交价为 9 元，其中 0.3 元为已宣告但尚未分派的现金股利(暂垫款)，股权截止日为 4 月 28 日，另支付相关税费 800 元。

投资成本 = 12 000×9−12 000×0.3 = 104 400(元)

借：交易性金融资产——乙公司股票——成本　　104 400
　　投资收益　　800
　　应收股利——乙公司　　3 600
　贷：银行存款　　108 800

4 月 28 日收到股利时，会计处理如下：

借：银行存款　　3 600
　贷：应收股利　　3 600

(二)持有期取得利息和股利的会计处理

交易性金融资产持有期间被投资单位宣告发放的现金股利，或在资产负债表日按分期付息、一次还本债券投资的票面利率计算的利息，借记“应收股利”或“应收利息”科目，贷记“投资收益”科目。

【例 5-5】根据例 5-2，甲公司于 2019 年 6 月 30 日收到光明公司债券的半年利息 50×10%×0.5 = 2.5(万元)。

借：银行存款　　25 000
　贷：投资收益　　25 000

【例 5-6】根据例 5-1，乙公司于 2019 年 3 月 25 日宣告于 4 月 14 日发放现金股利，甲公司应享有 20 000 元。

甲公司 3 月 25 日编制如下会计分录：

借：应收股利　　20 000
　贷：投资收益　　20 000

(三)期末调整账面价值的会计处理

资产负债表日，交易性金融资产的公允价值高于其账面价值的差额，借记“交易性金融资产——公允价值变动”科目，贷记“公允价值变动损益”科目；资产负债表日的公允价值低于其账面价值时，做相反的会计分录。

【例 5-7】甲公司于 12 月 31 日对交易性金融资产进行调账，A 股票的账面价值为 200 000 元。期末的公允价值为 210 000 元。

借：交易性金融资产——公允价值变动　　10 000
　贷：公允价值变动损益　　10 000

【例 5-8】甲公司于 12 月 31 日对交易性金融资产进行调账，A 债券的账面价值为 150 000 元。期末的公允价值为 130 000 元。

借：公允价值变动损益　　20 000
　贷：交易性金融资产——公允价值变动　　20 000

(四)出售交易性金融资产的会计处理

出售交易性金融资产，应按实际收到的金额，借记“银行存款”科目，按交易性金融资产的账面价值，贷记“交易性金融资产”科目，按其差额，借记或贷记“投资收益”科目。如果期中对交易性金融资产进行过调整，即“公允价值变动损益”科目有余额，并于当年出售，则同时将原计入该金融资产的公允价值变动转出，借记“公允价值变动损益”科目，贷记“投资收益”科目或做相反的会计分录。如果期中或期末对交易性金融资产进行过调整，期末未出售，则期末应将“公允价值变动损益”科目余额转入“本年利润”科目，次年销售此交易性金融资产时，“公允价值变动损益”科目已无余额了。因此，跨年销售交易性金融资产，无需做此笔会计分录。

【例 5-9】甲公司于 2020 年 2 月 28 日对交易性金融资产进行出售，A 股票的账面价值为 210 000 元，其中成本为 200 000 元，公允价值变动为上升 10 000 元。出售时扣除相关税费后取款项225 000 元存入银行。

借：银行存款　　225 000

　贷：交易性金融资产——成本　　200 000

　　　　　　　　　——公允价值变动　　10 000

　　投资收益　　15 000

企业不需要将已记入“公允价值变动损益”科目的金额转入“投资收益”科目，因为“公允价值变动损益”是一个损益类科目，上年末已将其余额转入“本年利润”科目，本年本科目已没有余额了。

【例 5-10】甲公司于 2019 年 10 月 1 日对交易性金融资产进行出售，A 债券的账面价值为 130 000 元。其中成本为 150 000 元，公允价值变动为下降 20 000 元（于 2019 年 6 月 30 日调整的）。出售时扣除相关税费后取得价款145 000 元。

借：银行存款　　145 000

　　交易性金融资产——公允价值变动　　20 000

　贷：交易性金融资产——成本　　150 000

　　投资收益　　15 000

同时将已记入“公允价值变动损益”科目的金额转入“投资收益”科目。

借：投资收益　　20 000

　贷：公允价值变动损益　　20 000

由于交易性金融资产的公允价值变动一般于资产负债表日进行了调整，所以期末不需对交易性金融资产计提减值准备。

第四节　债权投资的核算

一、以摊余成本计量投资的初始计量

以摊余成本计量投资的初始投资成本，应当按照取得投资时的公允价值及相关税费计价，作为投资成本。其中交易费用主要包括支付给代理机构、咨询公司、券商等的手续费和佣金以及其他必要支出。

企业应当设置“债权投资”科目，核算企业以摊余成本计量投资的摊余价值。“债权投资”科目借方记录企业购入以摊余成本计量投资的面值、应计利息（一次还本付息）和利息调整（溢价）；贷方记录利息调整（折价）、到期收到本金和利息时转销的账面价值；余额在借方反映企业以摊余成本计量投资的摊余成本。“债权投资”科目可按以摊余成本计量投资的类别和品种，分别按“成本”“应计利息”“利息调整”等进行明细核算。

二、以摊余成本计量投资的会计处理

（一）取得的会计处理

企业取得以摊余成本计量投资时，应该按投资的面值，借记“债权投资——成本”科

目,按支付的价款中包含的已到付息期但尚未领取的利息,借记“应收利息”科目,按实际支付的金额,贷记“银行存款”科目,按其差额,借或贷记“债权投资——利息调整”。

【例 5-11】甲公司于 2019 年 1 月 1 日购 W 公司的债券,债券面值 100 万元,债券票面利率为 8%,债券期限为 3 年。分年付息,到期一次还本。

(1)当市场利率为 6%时,计算出投资成本为 1 053 460 元。

借:债权投资——成本　　1 000 000
　　　　　——利息调整　　53 460
　贷:银行存款　　1 053 460

(2)当市场利率为 10%,计算出投资成本为 950 263 元。

借:债权投资——成本　　1 000 000
　贷:银行存款　　950 263
　　债权投资——利息调整　　49 737

(3)当市场利率为 8%,投资成本为 1 000 000 元。

借:债权投资——成本　　1 000 000
　贷:银行存款　　1 000 000

在实际工作中,以某一价格购入以摊余成本计量的投资后,应当按照规定计算出实际利率。

(二)期末的会计处理

在资产负债表日,以摊余成本计量投资为分期付息、一次还本的,应按票面利率计算确定的应收未收利息,借记“应收利息”科目,按以摊余成本计量投资摊余成本和实际利率计算确定的利息收入,贷记“投资收益”科目,按其差额借记或贷记“债权投资——利息调整”科目。

以摊余成本计量投资为一次还本付息的投资,应于资产负债表日按票面利率计算确定的应收未收利息,借记“债权投资——应收利息”科目,按其摊余成本和实际利率计算确定的利息收入,贷记“投资收益”科目,按其差额借记或贷记“债权投资——利息调整”科目。

【例 5-12】甲公司于 2019 年 1 月 1 日购入 W 公司的债券,债券面值 100 万元,债券票面利率为 8%,债券期限为 3 年。分年付息,到期一次还本。

(1)假设是以 1 053 460 元购入的债券投资,计算出实际利率为 6%,期末的会计处理如下:

确认投资收益并按实际利率法摊销溢价(利息调整)如表 5-1 所示。

表 5-1　**债券投资溢价摊销表**　单位:元

期限	应收利息	实际利息	溢价摊销	余额
2019. 1. 1				1 053 460
2019. 12. 31	80 000	63 207	16 793	1 036 667
2020. 12. 31	80 000	62 200	17 800	1 018 867
2021. 12. 31	80 000	61 133	18 867	1 000 000

2019 年年末编制如下会计分录:

借:应收利息　　80 000
　贷:投资收益　　63 207
　　债权投资——利息调整　　16 793

2020 年年末编制如下会计分录：

借：应收利息　　80 000

　贷：投资收益　　62 200

　　　债权投资——利息调整　　17 800

2021 年年末编制如下会计分录：

借：应收利息　　80 000

　贷：投资收益　　61 133

　　　债权投资——利息调整　　18 867

（2）假设以 950 263 元购入的债券投资，计算出实际利率为 10%，期末的会计处理如下：确定投资收益并按实际利率法摊销折价（利息调整）如表 5-2 所示。

表 5-2　　**债券投资折价调整表**　　单位：元

期限	应收利息	实际利息	折价摊销	余额
2019. 1. 1				950 263
2019. 12. 31	80 000	95 026	15 026	965 289
2020. 12. 31	80 000	96 529	16 529	981 818
2021. 12. 31	80 000	98 182	18 182	1 000 000

2019 年年末编制如下会计分录：

借：应收利息　　80 000

　　债权投资——利息调整　　15 026

　贷：投资收益　　95 026

2020 年年末编制如下会计分录：

借：应收利息　　80 000

　　债权投资——利息调整　　16 529

　贷：投资收益　　96 529

2021 年年末编制如下会计分录：

借：应收利息　　80 000

　　债权投资——利息调整　　18 182

　贷：投资收益　　98 182

对于平价购入的投资，只需按期以票面利率和债券面值计算确定投资收益。

（三）期末计提减值准备的会计处理

在资产负债表日，企业应当对以摊余成本计量投资的账面价值进行检查，如有客观证据表明该投资已发生减值，应当计提减值准备。企业应当设置“债权投资减值准备”科目，核算企业资产负债表日对以摊余成本计量投资计提的减值准备。在该项投资发生减值时，企业应当将该项投资的账面价值减记至预计未来现金流量的现值。其中，预计未来现金流量现值应当按照原实际利率折现确定。

【例 5-13】假设例 5-12 的（1）溢价购入的投资，2019 年年末的可收回金额为 1 020 000 元，而账面价值为 1 036 667 元，则应计提的减值准备为 16 667 元。

借：资产减值损失　　16 667

　贷：债权投资减值准备　　16 667

第二年的实际利息 = 1 020 000×6% = 61 200（元）

第二年应摊的溢价=80 000-61 200=18 800(元)

第二年年末的会计处理为:

借:应收利息　　80 000

　贷:投资收益　　61 200

　　债权投资——利息调整　　18 800

第二年年末摊销后的账面价值=1 020 000-18 800=1 001 200(元)

在确认该项投资减值损失后,如果有客观证据表明该项投资的价值已得到恢复,且客观上与确认该损失发生的事项有关,则原确认的减值损失应当予以转回,计入当期损益。不过,该转回的账面价值不应当超过假定不计提减值情况下金融资产的转回日的摊余价值。

(四)出售以摊余成本计量投资的会计处理

企业出售以摊余成本计量的投资,应按实际收到的款项借记"银行存款"科目,按其账面余额,贷记"债权投资——成本、利息调整、应计利息"科目,按其差额贷记或借记"投资收益"科目,已计提了减值准备的,还应同时结转减值准备。

【例 5-14】假设甲公司将其以摊余成本计量的投资出售,其投资的成本为 100 万元,应计利息为 20 万元,利息调整为借方 3 万元。已计提减值准备 2 万元,出售价款 130 万元。

借:银行存款　　1 300 000

　债权投资减值准备　　20 000

　贷:债权投资——成本　　1 000 000

　　　　——利息调整　　30 000

　　　　——应计利息　　200 000

　　投资收益　　90 000

【例 5-15】假设甲公司将其以摊余成本计量的投资出售,其投资的成本为 100 万元,应计利息为 20 万元,利息调整为贷方 5 万元。出售价款 112 万元。

借:银行存款　　1 120 000

　债权投资——利息调整　　50 000

　投资收益　　30 000

　贷:债权投资——成本　　1 000 000

　　　　——应计利息　　200 000

第五节　其他投资的核算

一、其他投资的初始计量

其他投资是指在初始确认时即被指定为以公允价值计量且其变动计入其他综合收益的金融资产投资。

其他投资又分为其他债权投资和其他权益工具投资。企业应设置"其他债权投资"科目和"其他权益工具投资"科目分别核算企业以公允价值计量且其变动计入其他综合收益的债权投资和权益工具投资。"其他债权投资"科目下设"成本""利息调整""应计利息"明细科目。"其他权益工具"科目下设"成本""公允价值变动"明细科目。其他投资是以公允价值计量的,一般不计提减值准备。

二、其他投资的会计处理

(一)取得其他投资的会计处理

企业取得其他权益工具投资时,应按其公允价值与交易费用之和借记“其他权益工具投资——成本”科目,按支付的价款中包含的已宣告但尚未发放的现金股利,借记“应收股利”科目,按实际支付的金额,贷记“银行存款”科目。

企业取得的其他投资为债券的,应按债券面值,借记“其他债权投资——面值”科目,按支付的价款包含的已到付息期但尚未领取的利息,借记“应收利息”科目,按实际支付的金额,贷记“银行存款”科目,按其差额借记或贷记“其他债权投资——利息调整”科目。

分类为以公允价值计量且其变动计入其他综合收益的金融资产产生的所有利得或损失,除减值损失或利得和汇兑损益之外,都应当计入其他综合收益,直至该金融资产终止确认或被重分类。但是采用实际利率法计算的该金融资产的利息应当计入当期损益。该金融资产计入各期损益的金额应当与视同其一直按摊余成本计量而计入各期损益的金额相等。

该金融资产终止确认时,之前计入其他综合收益的累计利得或损失应当从其他综合收益中转出,计入当期损益。

指定为以公允价值计量且其变动计入其他综合收益的非交易性权益工具投资,除了获得的股利(明确代表投资成本部分收回的股利除外)计入当期损益外,其他相关的利得和损失(包括汇兑损益)都应当计入其他综合收益,且后续不得转入当期损益。当其终止确认时,之前计入其他综合收益的累计利得或损失应当从其他综合收益中转出,计入留存收益。

1. 其他债权投资的会计处理

核算科目:“其他债权投资”。

(1)企业取得金融资产。

借:其他债权投资——成本(面值)

　　　　　　　　——利息调整(差额,也可能在贷方)

　应收利息(已到付息期但尚未领取的利息)

　贷:银行存款等

注意:若购买的债券为到期一次还本付息债券,则购买价款中包含的利息记入“其他债权投资——应计利息”科目。

(2)资产负债表日计算利息。

借:应收利息(分期付息债券按票面利率计算的利息)

　其他债权投资——应计利息(到期时一次还本付息债券按票面利率计算的利息)

　贷:投资收益(其他债权投资的期初账面余额或摊余成本乘以实际利率计算确定的利息收入)

　　其他债权投资——利息调整(差额,也可能在借方)

(3)资产负债表日公允价值正常变动。

①公允价值上升。

借:其他债权投资——公允价值变动

　贷:其他综合收益

②公允价值下降。

借:其他综合收益

　贷:其他债权投资——公允价值变动

(4)出售其他债权投资。

借:银行存款等

  贷:其他债权投资(账面价值)

    投资收益(差额,也可能在借方)

同时:

借:其他综合收益

  贷:投资收益

或编制相反的会计分录。

2. 其他权益工具投资的会计处理

核算科目:“其他权益工具投资”。

(1)企业取得金融资产。

借:其他权益工具投资——成本(公允价值与交易费用之和)

  应收股利(已宣告但尚未发放的现金股利)

  贷:银行存款等

(2)资产负债表日公允价值正常变动。

①公允价值上升。

借:其他权益工具投资——公允价值变动

  贷:其他综合收益

②公允价值下降。

借:其他综合收益

  贷:其他权益工具投资——公允价值变动

(3)持有期间被投资单位宣告发放现金股利。

借:应收股利

  贷:投资收益

(4)出售其他权益工具投资。

借:银行存款等

  贷:其他权益工具投资(账面价值)

    投资收益

同时:

借:其他综合收益

  贷:投资收益

或编制相反的会计分录。

【例 5-16】甲公司 2019 年 4 月 20 日以银行存款购入黄河公司已宣告但尚未分派现金股利的股票 12 000 股,作为其他投资,每股成交价为 9 元,其中 0.3 元为已宣告但尚未分派的现金股利,股权截止日为 4 月 28 日,另支付相关税费 800 元。

投资成本 = 12 000×9+800−12 000×0.3 = 105 200(元)

借:其他债权投资——面值	105 200	
应收股利——黄河公司	3 600	
贷:银行存款		108 800

【例 5-17】甲公司于 2019 年 4 月 1 日购 W 公司 1 月 1 日发行的债券,债券面值 100 万元,债券票面利率为 8%,债券期限为 3 年,作为其他债权投资。分年计息到期一次还本付息,投资成本为 1 053 460 元。

3 个月的应计利息 = 100×8%×3÷12 = 2(万元)

借:其他债权投资——面值 1 000 000

——应计利息 20 000

——利息调整 33 460

贷:银行存款 1 053 460

(二)期末的会计处理

其他债权投资与债权投资的会计处理一样,按实际利率法进行调整。

其他债权投资为股票的,期末对其他权益工具投资的公允价值高于其账面余额的差额借记"其他权益工具投资——公允价值变动"科目,贷记"其他综合收益"科目,公允价值低于其账面余额的差额做相反的会计分录。

【例 5-18】甲公司于 12 月 31 日对其他权益工具投资进行调账,A 股票的账面价值为 300 000 元。期末的公允价值为 315 000 元。

借:其他权益工具投资——公允价值变动 15 000

贷:其他综合收益 15 000

【例 5-19】甲公司于 12 月 31 日对其他权益工具投资进行调账,B 股票的账面价值为 180 000 元。期末的公允价值为 170 000 元。

借:其他综合收益 10 000

贷:其他权益工具投资——公允价值变动 10 000

原持有的对被投资单位的股权投资(不具有控制、共同控制或重大影响的),按其他权益工具投资处理的,因追加投资等原因导致持股比例上升,能够对被投资单位施加控制、共同控制或重大影响的,在改按成本法或权益法核算时,投资方应当按照其他权益工具投资确定的原股权投资的公允价值加上为取得新增投资而应支付对价的公允价值,作为改按成本法或权益法核算的长期股权投资初始投资成本。原持有的股权投资分类为其他权益工具投资的,其公允价值与账面价值之间的差额以及原计入其他综合收益的累计公允价值变动应当转入改按成本法或按权益法核算的当期损益(投资收益)。

原持有的对被投资单位具有控制、共同控制或重大影响的长期股权投资,因部分处置等原因导致持股比例下降,不能再对被投资单位实施控制、共同控制或重大影响的,应改按其他权益工具投资对剩余股权投资进行会计处理,其在丧失控制、共同控制或重大影响之日的公允价值与账面价值之间的差额计入当期损益(投资收益)。原采用权益法核算的相关其他综合收益应当在终止采用权益法核算时,采用与被投资单位直接处置相关资产或负债相同的基础进行会计处理,因被投资方除净损益、其他综合收益和利润分配以外的其他所有者权益变动而确认的所有者权益,应当在终止采用权益法核算时全部转入当期损益(投资收益)。原采用成本法核算的不存在这一问题。具体举例见下一章长期股权投资部分的说明。

第六节 金融资产重分类的会计处理

一、债权投资重分类

(1)企业将一项债权投资重分类为交易性金融资产投资,应按该资产重分类日的公允价值进行计量,原账面价值与其公允价值之间的差额计入当期损益(投资收益)中。

【例5-20】甲银行于2019年1月1日以公允价值500 000元购入一项债券投资组合，将其分类为以摊余成本计量的金融资产。2020年1月1日，该银行将其重分类为以公允价值计量且其变动计入当期损益的金融资产。重分类日，该债券组合的公允价值为490 000元，已确认的损失准备为6 000元。假定不考虑利息收入的会计处理。

2020年1月1日，甲银行会计处理如下：

借：交易性金融资产	490 000	
债权投资损失准备	6 000	
投资收益	4 000	
贷：债权投资		500 000

(2)企业将一项以摊余成本计量的金融资产重分类为以公允价值计量且其变动计入其他综合收益的金融资产，应当按照该金融资产在重分类日的公允价值进行计量，原账面价值与公允价值之间的差额计入其他综合收益。该金融资产重分类不影响其实际利率和预期信用损失的计量。

【例5-21】甲银行于2019年1月1日以公允价值500 000元购入一项债券投资组合，将其分类为以摊余成本计量的金融资产。2020年1月1日，该银行将其重分类为以公允价值计量且其变动计入其他综合收益的金融资产。重分类日，该债券组合的公允价值为490 000元，已确认的损失准备为6 000元(反映了自初始确认后信用风险显著增加，因此以整个存续期预期信用损失计量)。假定不考虑利息收入的会计处理。

2020年1月1日，甲银行会计处理如下：

借：其他债权投资	490 000	
其他综合收益——其他债权投资公允价值变动	10 000	
贷：债权投资		500 000
借：债权投资损失准备	6 000	
贷：其他综合收益——损失准备		6 000

二、以公允价值计量且其变动计入其他综合收益的金融资产的重分类

(1)企业将一项以公允价值计量且其变动计入其他综合收益的金融资产重分类为以摊余成本计量的金融资产，应当将之前计入其他综合收益的累计利得或损失转出，调整该金融资产在重分类日的公允价值，并以调整后的金额作为新的账面价值，即视同该金融资产一直以摊余成本计量。该金融资产重分类不影响其实际利率和预期信用损失的计量。

【例5-22】甲银行于2019年1月1日以公允价值500 000元购入一项债券投资组合，将其分类为以公允价值计量且其变动计入其他综合收益的金融资产。2020年1月1日，该银行将其重分类为以摊余成本计量的金融资产。重分类日，该债券组合的公允价值为490 000元。假定不考虑利息收入的会计处理。

2020年1月1日，甲银行会计处理如下：

借：债权投资	490 000	
贷：其他债权投资		490 000
借：债权投资	10 000	
贷：其他综合收益——其他债权投资公允价值变动		10 000

(2)企业将一项以公允价值计量且其变动计入其他综合收益的金融资产重分类为以公允价值计量且其变动计入当期损益的金融资产，应当继续以公允价值计量该金融资产。

同时,企业应当将之前计入其他综合收益的累计利得或损失从其他综合收益转入当期损益。

【例 5-23】甲银行于 2019 年 1 月 1 日以公允价值 500 000 元购入一项债权投资组合,将其分类为公允价值计量且其变动计入其他综合收益的金融资产。2020 年 1 月 1 日,该银行将其重分类为以公允价值计量且其变动计入当期损益的金融资产。重分类日,该债券组合的公允价值为 490 000 元。假定不考虑利息收入的会计处理。

2020 年 1 月 1 日,甲银行会计处理如下:

借:交易性金融资产　490 000

　贷:其他债权投资　490 000

借:投资收益　10 000

　贷:其他综合收益——其他债权投资公允价值变动　10 000

【例 5-24】甲公司 2019 年 1 月 1 日以 50 万元购入甲公司股票作为其他权益工具投资,2019 年 12 月 31 日的市价为 51 万元。2020 年 1 月 20 日甲公司将其重分类为交易性金融资产,其市价 50.5 万元。

①2019 年 1 月 1 日投资时。

借:其他权益工具投资——成本　500 000

　贷:银行存款　500 000

②年末调整投资账户。

借:其他权益工具投资——公允价值变动　10 000

　贷:其他综合收益　10 000

③2020 年 1 月 20 日重分类时。

借:交易性金融资产　515 000

　贷:其他权益工具投资——成本　500 000

　　　　　　　　　　——公允价值变动　10 000

　　投资收益　5 000

同时,甲银行将已记入"其他综合收益"的金额转入"投资收益"科目。

借:其他综合收益　10 000

　贷:投资收益　10 000

三、以公允价值计量且其变动计入当期损益的金额资产的重分类

(1)企业将一项以公允价值计量且其变动计入当期损益的金融资产重分类为以摊余成本计量的金融资产。企业将交易性金融资产重分类为债权投资时,应当以其在重分类日的公允价值作为新的账面余额。

【例 5-25】甲银行于 2019 年 1 月 1 日以公允价值 500 000 元购入一项债券投资组合,将其分类为以公允价值计量且其变动计入当期损益的金融资产。2020 年 1 月 1 日, 该银行将其重分类为以摊余成本计量的金融资产。重分类日,该债券组合的公允价值为 490 000 元。假定不考虑利息收入的会计处理。

2020 年 1 月 1 日,甲银行会计处理如下:

借:债权投资　490 000

　贷:交易性金融资产　490 000

(2)企业将一项以公允价值计量且其变动计入当期损益的金融资产重分类为以公允

价值计量且其变动计入其他综合收益的金融资产。企业将交易性金融资产重分类为其他投资时,应当继续以公允价值计量该金融资产。

【例 5-26】甲银行于 2019 年 1 月 1 日以公允价值 500 000 元购入一项债券投资组合,将其分类为以公允价值计量且其变动计入当期损益的金融资产。2020 年 1 月 1 日,该银行将其重分类为以公允价值计量且其变动计入其他综合收益的金融资产。重分类日,该债券组合的公允价值为 490 000 元。假定不考虑利息收入的会计处理。

2020 年 1 月 1 日,甲银行会计处理如下:

借:其他债权投资　　490 000

　贷:交易性金融资产　　490 000

【例 5-27】甲公司于 2019 年以 50 万元购入乙公司股票作为交易性金融资产投资,2019 年 12 月 31 日该股票市价 51 万元。2020 年 1 月 20 日,甲公司将该投资重分类为其他权益工具投资。当时的市价为 51.5 万元。

①投资时。

借:交易性金融资产——成本　　500 000

　贷:银行存款　　500 000

②年末调账。

借:交易性金融资产　　10 000

　贷:公允价值变动损益　　10 000

年末将公允价值转入本年利润。

借:公允价值变动损益　　10 000

　贷:本年利润　　10 000

③重分类时。

借:其他权益工具投资　　515 000

　贷:交易性金融资产——成本　　500 000

　　　　　　　　　——公允价值变动　　10 000

　　投资收益　　5 000

注意:无需将上年已记入“公允价值变动损益”的 10 000 元转入“投资收益”。

思考题

1. 什么是投资?什么是广义的投资和狭义的投资?
2. 企业投资是怎样分类的?
3. 什么是交易性金融资产?其成本是怎样确定的?
4. 什么是其他权益工具投资、其他债权投资?其成本如何确定?
5. 什么是债权投资?

练习题

1. 甲企业于 2018 年 5 月 1 日以 217 300 元购入 W 公司 2017 年 5 月 1 日发行的 3 年期债券,债券年利率为 10%,该债券的票面价值为 200 000 元,另支付相关税费 800 元。甲企业购入该债券被指定为交易性金融资产。该债券分年计息,一次还本付息。编制甲企业会计分录。

2. 甲企业于 2019 年 2 月 20 日购入 W 公司股票 10 000 股,每股 5 元,其中含已宣布尚未发放的现金股利每股 0.5 元,另支付相关税费 200 元。甲企业不准备长期持有该股票,被指定为交易性金融资产。编制甲企业会计分录。

3. 甲企业持有的交易性金融资产股票的账面成本为 50 000 元,期末的市价为 45 000 元。按规定调整交易性金融资产的账面价值。

4. 甲企业于 2019 年 4 月 1 日购入 B 公司股份 5 000 万股,占 B 公司有表决权资本的 5.5%,作为其他权益工具投资,每股 12.15 元,另支付相关税费 5 000 元。编制相关会计分录。

5. W 企业于 2017 年 1 月 1 日以 2 160 000 元购入 Y 公司的债券面值 2 000 000元,Y 公司债券为 2017 年 1 月 1 日至 2019 年 12 月 31 日到期,票面利率为 8%,分年付息,一次还本。W 企业另支付手续费和相关税费 9 000 元,该债券准备持有至到期。溢价采用直线摊销法和实际利率法摊销。编制 W 公司购买、分期计息、摊销溢价,到期收回投资的会计分录。

6. W 企业于 2017 年 1 月 1 日以 1 890 000 元购入 Y 公司的债券面值2 000 000 元,Y 公司债券为 2017 年 1 月 1 日至 2019 年 12 月 31 日到期,票面利率为 8%,分年付息,一次还本。该债务准备持有至到期。折价采用直线摊销法和实际利率法摊销。编制 W 公司购买、分期计息、摊销折价,到期收回投资的会计分录。

7. (1)2019 年 1 月 1 日,甲公司购入乙公司于当日发行且可上市交易的债券 100 万张,支付价款 9 500 万元,另支付手续费 90.12 万元。该债券期限为 5 年,每张面值为 100 元,票面年利率为 6%,于每年 12 月 31 日支付当年利息。甲公司管理该金融资产的业务模式是以收取合同现金流量为目标。该金融资产的合同条款规定,在特定日期产生的现金流量,仅为对本金和以未偿付本金金额为基础的利息的支付。

2019 年 12 月 31 日,甲公司收到 2019 年度利息 600 万元。该金融工具的信用风险自初始确认后显著增加,甲公司按整个存续期确认预计信用损失准备 50 万元。当日市场年利率为 5%。

2020 年 12 月 31 日,甲公司收到 2020 年度利息 600 万元。因债务人发生重大财务困难,该金融资产已发生信用减值,甲公司按整个存续期确认预计信用损失准备余额 150 万元。当日市场年利率为 6%。

(2)2019 年 4 月 1 日,甲公司购买丙公司的股票 200 万股,共支付价款 800 万元,假定相同资产或负债在活跃市场上的公允价值为 850 万元。甲公司取得丙公司股票时将其指定为以公允价值计量且其变动计入其他综合收益的金融资产。

2019 年 12 月 31 日,丙公司股票公允价值为每股 5 元。

2020 年 5 月 31 日,甲公司将持有的丙公司股票全部出售,售价为每股 6 元。

甲公司按净利润的 10%提取法定盈余公积,不考虑中期财务报告、所得税及其他因素影响。

要求:(1)判断甲公司取得乙公司债券时应划分的金融资产类别,说明理由,并编制甲公司取得乙公司债券时的会计分录。

(2)计算甲公司 2019 年度因持有乙公司债券应确认的利息收入及预期信用损失,并编制相关会计分录。

(3)计算甲公司 2020 年度因持有乙公司债券应确认的利息收入及预期信用损失,并编制相关会计分录。

(4)计算甲公司 2021 年度因持有乙公司债券应确认的利息收入。

(5)编制甲公司取得、持有及出售丙公司股票的会计分录。

8. 2018 年 12 月 31 日,甲公司以 2 000 万元(与公允价值相等)购入乙公司债券,该债券还剩 5 年到期,债券面值为 2 500 万元,票面年利率为 4.72%,购入时实际年利率为 10%,每年 12 月 31 日收到利息。甲公司将该债券分类为以公允价值计量且其变动计入其他综合收益的金融资产。

2018 年 12 月 31 日,甲公司该债券投资自初始确认后信用风险未显著增加,年末按金融工具未来 12 个月内确认预期信用损失准备 20 万元。

2019 年 12 月 31 日,该债券投资信用风险显著增加,但未发生信用减值,年末按整个存续期内确认预期信用损失准备余额 50 万元。

2020 年 12 月 31 日,因债务人发生严重财务困难,该债券投资已发生信用减值,年末按整个存续期内确认预期信用损失准备余额 100 万元。

2019 年 12 月 31 日,该债券投资公允价值为 2 090 万元,2020 年 12 月 31 日该债券投资公允价值为 2 010 万元。

2021 年 1 月 10 日,甲公司将上述投资对外出售,售价为 2 015 万元。

假定不考虑其他因素。

要求:(1)编制 2018 年 12 月 31 日取得债券投资及确认预期信用损失的会计分录。

(2)计算 2019 年 12 月 31 日"其他综合收益——其他债权投资公允价值变动"科目余额、2019 年应确认的利息收入及损失准备,并编制相关会计分录。

(3)计算 2020 年 12 月 31 日"其他综合收益——其他债权投资公允价值变动"科目余额、2020 年应确认的利息收入及损失准备,并编制相关会计分录。

(4)计算 2020 年 12 月 31 日该债券投资摊余成本。

(5)编制 2021 年 1 月 10 日出售该债券投资的会计分录。

9.2018 年 1 月 1 日,甲公司自证券市场购入乙公司同日发行的面值总额为 2 000 万元的债券,购入时实际支付价款 2 078.98 万元,另支付交易费用 10 万元。该债券系分期付息、到期还本债券,期限为 5 年,票面年利率为 5%,实际年利率为 4%,每年 12 月 31 日支付当年利息。甲公司将该债券分类为以公允价值计量且其变动计入其他综合收益的金融资产,至 2018 年 12 月 31 日,甲公司该债券投资的信用风险自初始确认后未显著增加,根据 12 个月预期信用损失确认的预期信用损失准备为 20 万元,其公允价值为 2 080 万元。甲公司于 2019 年 1 月 1 日变更了债券管理的业务模式,将其重分类为以摊余成本计量的金融资产,2019 年 12 月 31 日,甲公司该债券投资的信用风险显著增加,但未发生减值,由此确认的预期信用损失准备余额为 50 万元。

假定不考虑其他因素。

要求:(1)编制甲公司 2018 年 1 月 1 日购入乙公司债券的会计分录。

(2)计算甲公司 2018 年应确认的利息收入,并编制相关会计分录。

(3)编制甲公司 2018 年 12 月 31 日公允价值变动及确认预期信用损失的会计分录。

(4)编制甲公司 2019 年 1 月 1 日重分类时的会计分录。

(5)计算甲公司 2019 年应确认的利息收入,并编制相关会计分录。

(6)编制甲公司 2019 年 12 月 31 日确认预期信用损失的会计分录。

10.甲股份有限公司是一家上市公司,2018 年甲公司发生了下列有关交易或事项:

(1)2018 年 12 月 1 日,甲公司将其持有的 C 公司债券(分类为以公允价值计量且其变动计入当期损益的金融资产)出售给丙公司,收取价款 5 020 万元。处置时该金融资产账面价值为 5 000 万元(其中:初始入账金额 4 960 万元,公允价值变动为 40 万元)。同时,甲公司与丙公司签署协议,约定于 2020 年 3 月 31 日按回购时该金融资产的公允价值将该金融资产回购。甲公司在出售该债券时未终止确认该金融资产,将收到的款项 5 020 万元确认为预收账款。2018 年 12 月 31 日该债券的公允价值为 5 030 万元,甲公司确认"交易性金融资产"和"公允价值变动损益"30 万元。

(2)甲公司于 2018 年 12 月 10 日购入丁公司股票 1 000 万股,将其作为以公允价值计量且其变动计入当期损益的金融资产核算,每股购入价为 5 元,另支付相关费用 5 万元。2018 年 12 月 31 日,该股票收盘价为每股 6 元。甲公司相关会计处理如下:

借:交易性金融资产——成本	5 005	
贷:银行存款		5 005
借:交易性金融资产——公允价值变动	995	
贷:公允价值变动损益		995

(3)2018 年 12 月 20 日,甲公司与 M 公司签订股权转让框架协议,将甲公司持有的账面价值为 5 000 万元的 N 公司 30%的股权转让给 M 公司。协议明确此次股权转让标的为 N 公司 30%的股权,总价款 8 000 万元,M 公司分两次支付,2018 年 12 月 31 日支付了第一笔款项 4 000 万元。为了保证 M 公司的利益,甲公司在 2018 年年末将持有的 N 公司 15%的股权变更登记为 M 公司,但 M 公司暂时并不拥有与该 15%股权对应的表决权,也不拥有分配该 15%股权对应的利润的权利。甲公司相关会计处理如下:

借:银行存款	4 000	
贷:长期股权投资		2 500
投资收益		1 500

要求:根据上述资料,逐项分析、判断并指出甲公司对上述事项的会计处理是否正确,并简要说明理由;如不正确,编制有关差错更正的会计分录(有关会计差错更正按当期差错处理,不要求编制结转损益的会计分录)。

第六章 长期股权投资

企业为了对被投资单位进行控制或施加重大影响，往往会对被投资单位进行长期投资。本章介绍长期股权投资的概念、分类以及投资的权益法和成本法的会计核算。

第一节 长期股权投资的概念和分类

一、长期股权投资的概念和特点

长期股权投资是指投资单位通过让渡资产拥有被投资单位的股权，成为被投资单位的股东，按所持股份比例享有权益并承担相应责任的投资。我国《企业会计准则第2号——长期股权投资》规定：长期股权投资是指投资方对被投资单位实施控制、重大影响的权益性投资以及对其合营企业的权益性投资。从长期股权投资的概念可以看出长期股权投资具有以下特点：

(1)长期持有。长期股权投资通过长期持有，达到控制被投资单位、改善与被投资单位的贸易关系等目的。《企业会计准则第2号——长期股权投资》规定的权益性投资不包括风险投资机构、共同基金以及类似主体（如投资连结保险产品）持有的、在初始确认时按照《企业会计准则第22号——金融工具确认与计量》的规定以公允价值计量且其变动计入当期损益的金融资产。这类金融资产即使符合持有待售条件，也应继续按《企业会计准则第22号——金融工具确认与计量》的要求进行会计处理。投资性主体对不纳入合并财务报表的子公司的权益性投资，应按照公允价值计量且其变动计入当期损益。长期股权投资的披露，适用《企业会计准则第41号——在其他主体中权益的披露》。

(2)投资单位与被投资单位形成了所有权关系。这是股权投资与债权投资的最大区别。

(3)获得经济利益。通过长期股权投资，可以获得两方面的经济利益，一方面是通过分得利润或股利获得被投资单位的经济利益流入；另一方面是通过对被投资单位施加影响，改善本单位的生产经营环境，从而使本企业获得经济利益。

(4)按比例承担风险。当被投资单位出现经营业绩不佳，甚至破产清算时，投资单位要承担相应的投资损失。

二、长期股权投资的分类

投资是企业为了获得收益或实现资本增值向被投资单位投放资金的经济行为。企业对外进行的投资，可以有不同的分类。从性质上划分，可以分为债权性投资与权益性投资等。权益性投资按对被投资单位的影响程度划分，可以分为对子公司投资、对合营企业投资和对联营企业投资等。《企业会计准则第2号——长期股权投资》（以下简称长期股权投资准则）规范了符合条件的权益性投资的确认和计量。其他投资适用《企业会计准则第 22 号——金融工具确认与计量》(以下简称金融工具确认和计量准则)等相关准则。

(1)投资方能够对被投资单位实施控制的权益性投资,即对子公司投资。控制是指投资方拥有对被投资单位的权力,通过参与被投资单位的相关活动而享有可变回报,并且有能力运用对被投资单位的权力影响其回报金额。关于控制和相关活动的理解及具体判断,参见《企业会计准则第 33 号——合并财务报表》(以下简称合并财务报表准则)及其应用指南(2014)的相关内容。

(2)投资方与其他合营方一同对被投资单位实施共同控制且对被投资单位净资产享有权利的权益性投资,即对合营企业投资。共同控制是指按照相关约定对某项安排所共有的控制,并且该安排的相关活动必须经过分享控制权的参与方一致同意后才能决策。关于共同控制和合营企业的理解及具体判断,参见《企业会计准则第 40 号——合营安排》(以下简称合营安排准则)及其应用指南(2014)的相关内容。

(3)投资方对被投资单位具有重大影响的权益性投资,即对联营企业投资。重大影响是指对一个企业的财务和经营政策有参与决策的权力,但并不能够控制或者与其他方一起共同控制这些政策的制定。实务中,较为常见的重大影响体现为在被投资单位的董事会或类似权力机构中派有代表,通过在被投资单位财务和经营决策制定过程中的发言权实施重大影响。投资方直接或通过子公司间接持有被投资单位 20%以上但低于 50%的表决权时,一般认为对被投资单位具有重大影响,除非有明确的证据表明该种情况下不能参与被投资单位的生产经营决策,不形成重大影响。在确定能否对被投资单位施加重大影响时,一方面,应考虑投资方直接或间接持有被投资单位的表决权股份;另一方面,要考虑投资方及其他方持有的当期可执行潜在表决权在假定转换为对被投资单位的股权后产生的影响,如被投资单位发行的当期可转换的认股权证、股份期权可转换公司债券等的影响。

三、长期股权投资核算使用的会计科目

为反映长期股权投资的发生、投资额的增减变动、投资收回以及投资损益,会计核算上应设置以下科目:

(一)"长期股权投资"科目

本科目应当按照被投资单位进行明细核算。长期股权投资核算采用权益法的,应当分别按"投资成本""损益调整""其他综合收益""其他权益变动"进行明细核算。

长期股权投资的主要账务处理如下:

(1)企业合并形成的长期股权投资。同一控制下企业合并形成的长期股权投资,合并方以支付现金、转让非现金资产或承担债务方式作为合并对价的,应在合并日按取得被合并方所有者权益在最终控制方合并财务报表中的账面价值的份额,借记本科目(投资成本),按支付的合并对价的账面价值,贷记或借记有关资产、负债科目,按其差额,贷记"资本公积——资本溢价或股本溢价"科目;如为借方差额,借记"资本公积——资本溢价或股本溢价"科目,资本公积(资本溢价或股本溢价)不足冲减的,应依次借记"盈余公积""利润分配——未分配利润"科目。合并方以发行权益性证券作为合并对价的,应当在合并日按照被合并方所有者权益在最终控制方合并财务报表中的账面价值的份额,借记本科目(投资成本),按照发行股份的面值总额,贷记"股本"科目,按其差额,贷记"资本公积——资本溢价或股本溢价"科目;如为借方差额,借记"资本公积——资本溢价或股本溢价"科目,资本公积(资本溢价或股本溢价)不足冲减的,应依次借记"盈余公积""利润分配——未分配利润"科目。

非同一控制下企业合并形成的长期股权投资，购买方以支付现金、转让非现金资产或承担债务方式等合为合并对价的，应在购买日按照《企业会计准则第 20 号——企业合并》确定的合并成本，借记本科目（投资成本），按付出的合并对价的账面价值，贷记或借记有关资产、负债科目，按发生的直接相关费用（如资产处置费用），贷记“银行存款”等科目，按其差额，贷记“主营业务收入”“营业外收入”“投资收益”等科目或借记“管理费用”“营业外支出”“主营业务成本”等科目。购买方以发行权益性证券作为合并对价的，应在购买日按照发行的权益性证券的公允价值，借记本科目（投资成本），按照发行的权益性证券的面值总额，贷记“股本”科目，按其差额，贷记“资本公积——资本溢价或股本溢价”科目。企业为企业合并发生的审计、法律服务、评估咨询等中介费用以及其他相关管理费用，应当于发生时借记“管理费用”科目，贷记“银行存款”等科目。

（2）以非企业合并方式形成的长期股权投资。以支付现金、非现金资产等其他方式取得的长期股权投资，应按现金、非现金货币性资产的公允价值或按照《企业会计准则第 7 号——非货币性资产交换》《企业会计准则第 12 号——债务重组》的有关规定确定的初始投资成本，借记本科目，贷记“银行存款”等科目，贷记“营业外收入”科目或借记“营业外支出”等处置非现金资产相关的科目。

（3）采用成本法核算的长期股权投资的处理。长期股权投资采用成本法核算的，应按被投资单位宣告发放的现金股利或利润中属于本企业的部分，借记“应收股利”科目，贷记“投资收益”科目。

（4）采用权益法核算的长期股权投资的处理。企业的长期股权投资采用权益法核算的，应当分别按下列情况进行处理：

①长期股权投资的初始投资成本大于投资时应享有被投资单位可辨认净资产公允价值份额的，不调整已确认的初始投资成本；长期股权投资的初始投资成本小于投资时应享有被投资单位可辨认净资产公允价值份额的，应按其差额，借记本科目（投资成本），贷记“营业外收入”科目。

②资产负债表日，企业应按被投资单位实现的净利润（以取得投资时被投资单位可辨认净资产的公允价值为基础计算）中企业享有的份额，借记本科目（损益调整），贷记“投资收益”科目。被投资单位发生净亏损则编制相反的会计分录，但以本科目的账面价值减记至零为限。还需承担的投资损失，应将其他实质上构成对被投资单位净投资的“长期应收款”等科目的账面价值减记至零为限。除按照以上步骤已确认的损失外，按照投资合同或协议约定将承担的损失，确认为预计负债。除上述情况仍未确认的应分担被投资单位的损失，应在账外备查登记。发生亏损的被投资单位以后实现净利润的，应按与上述相反的顺序进行处理。

取得长期股权投资后，被投资单位宣告发放现金股利或利润时，企业计算应分得的部分，借记“应收股利”科目，贷记本科目（损益调整）。

收到被投资单位发放的股票股利，不进行账务处理，但应在备查簿中登记。

③发生亏损的被投资单位以后实现净利润的，企业计算应享有的份额，如有未确认投资损失的，应先弥补未确认的投资损失，弥补损失后仍有余额的，依次借记“长期应收款”科目和本科目（损益调整），贷记“投资收益”科目。

④被投资单位除净损益、利润分配以外的其他综合收益变动和所有者权益的其他变动，企业按持股比例计算应享有的份额，借记本科目（其他综合收益和其他权益变动），贷记“其他综合收益”科目和“资本公积——其他资本公积”科目。

(5)处置长期股权投资的处理。处置长期股权投资时,应按实际收到的金额,借记“银行存款”等科目,原已计提减值准备的,借记“长期股权投资减值准备”科目,按其账面余额,贷记本科目,按尚未领取的现金股利或利润,贷记“应收股利”科目,按其差额,贷记或借记“投资收益”科目。

处置采用权益法核算的长期股权投资时,应当采用与被投资单位直接处置相关资产或负债相同的基础,对相关的其他综合收益进行会计处理。按照上述原则可以转入当期损益的其他综合收益,应按结转的长期股权投资的投资成本比例结转原记入“其他综合收益”科目的金额,借记或贷记“其他综合收益”科目,贷记或借记“投资收益”科目。

处置采用权益法核算的长期股权投资时,还应按结转的长期股权投资的投资成本比例结转原记入“资本公积——其他资本公积”科目的金额,借记或贷记“资本公积——其他资本公积”科目,贷记或借记“投资收益”科目。

本科目期末借方余额,反映企业长期股权投资的价值。

(二)“长期股权投资减值准备”科目

本科目核算企业长期股权投资发生减值时计提的减值并按照被投资单位进行明细核算。

资产负债表日,企业根据《企业会计准则第8号——资产减值》(以下简称资产减值准则)确定长期股权投资发生减值的,按应减记的金额,借记“资产减值损失”科目,贷记本科目。

处置长期股权投资时,应同时结转已计提的长期股权投资减值准备。

本科目期末贷方余额,反映企业已计提但尚未转销的长期股权投资减值准备。

(三)“应收股利”科目

本科目核算企业应收取的现金股利和应收取其他单位分配的利润,并按照被投资单位进行明细核算。

应收股利的主要账务处理如下:

(1)被投资单位宣告发放现金股利或利润,按应归本企业享有的金额,借记本科目,贷记“投资收益”或“长期股权投资——损益调整”科目。

(2)收到现金股利或利润,借记“银行存款”等科目,贷记本科目。

本科目期末借方余额,反映企业尚未收回的现金股利或利润。

(四)“投资收益”科目

本科目核算企业根据长期股权投资准则确认的投资收益或投资损失,并按照投资项目进行明细核算。

投资收益的主要账务处理如下:

(1)长期股权投资采用成本法核算的,企业应按被投资单位宣告发放的现金股利或利润中属于本企业的部分,借记“应收股利”科目,贷记本科目。

(2)长期股权投资采用权益法核算的,资产负债表日,企业应按被投资单位实现的净利润(以取得投资时被投资单位可辨认净资产的公允价值为基础计算)中企业享有的份额,借记“长期股权投资——损益调整”科目,贷记本科目。

被投资单位发生亏损、分担亏损份额未超过长期股权投资账面价值或分担亏损份额超过长期股权投资账面价值而冲减实质上构成对被投资单位长期净投资的,借记本科目,贷记“长期股权投资——损益调整”“长期应收款”科目。除按照上述步骤已确认的损失外,按照投资合同或协议约定企业将承担的损失,借记本科目,贷记“预计负债”科目。发生亏损的被投资单位以后实现净利润的，企业计算的应享有的份额，如有未确认投资损失的，应先弥补未确认的投资损失，弥补损失后仍有余额的，借记“预计负债”“长期应收款”“长期股权投资——损益调整”等科目，贷记本科目。

(3)处置长期股权投资时，应按实际收到的金额，借记“银行存款”等科目，原已计提减值准备的，借记“长期股权投资减值准备”科目，按其账面余额，贷记“长期股权投资”科目，按尚未领取的现金股利或利润，贷记“应收股利”科目，按其差额，贷记或借记本科目。

处置采用权益法核算的长期股权投资时，应当采用与被投资单位直接处置相关资产或负债相同的基础，对相关的其他综合收益进行会计处理。按照上述原则可以转入当期损益的其他综合收益，应按结转长期股权投资的投资成本比例结转原记入“其他综合收益”科目的金额，借记或贷记“其他综合收益”科目，贷记或借记本科目。

处置采用权益法核算的长期股权投资时，还应按结转长期股权投资的投资成本比例结转原记入“资本公积——其他资本公积”科目的金额，借记或贷记“资本公积——其他资本公积”科目，贷记或借记本科目。

期末，应将本科目余额转入“本年利润”科目，本科目结转后应无余额。

第二节　长期股权投资的初始计量

一、企业合并以外的其他方式取得的长期股权投资

长期股权投资可以通过不同的方式取得，除企业合并形成的长期股权投资外，通过其他方式取得的长期股权投资，应当按照以下要求确定初始投资成本。

(一)以支付现金取得长期股权投资

以支付现金取得长期股权投资的，应当按照实际应支付的购买价款作为初始投资成本，包括购买过程中支付的手续费等必要支出，但所支付价款中包含的被投资单位已宣告却尚未发放的现金股利或利润作为应收项目核算，不构成取得长期股权投资的成本。

【例6-1】2019年2月10日，甲公司自公开市场中买入乙公司20%的股份，实际支付价款3.2亿元，支付手续费等相关费用800万元，并于同日完成相关手续。甲公司取得该部分股权后能够对乙公司施加重大影响(不考虑相关税费等其他因素影响)。

甲公司应当按照实际支付的购买价款及相关交易费用作为取得长期股权投资的成本，有关会计处理如下：

借：长期股权投资——投资成本　　328 000 000

　贷：银行存款　　328 000 000

(二)以发行权益性证券取得长期股权投资

以发行权益性证券取得长期股权投资的，应当按照所发行证券的公允价值作为初始投资成本，但不包括被投资单位收取的已宣告却尚未发放的现金股利或利润。

为发行权益性工具支付给有关证券承销机构等的手续费、佣金等工具发行直接相关的费用，应自发行证券的溢价发行收入中扣除，溢价收入不足冲减的，应依次冲减盈余公积和未分配利润。

投资者投入的长期股权投资应根据法律法规的要求进行评估作价，在公平交易当中，投资者投入的长期股权投资的公允价值，与所发行证券(工具)的公允价值不存在重大差

异。如有确凿证据表明,取得长期股权投资的公允价值比所发行证券(工具)的公允价值更加可靠的,以投资者投入的长期股权投资的公允价值为基础确定其初始投资成本。投资方通过发行债务性证券(债务性工具)取得长期股权投资的,比照通过发行权益性证券(权益性工具)处理。

【例6-2】2019年3月,甲公司通过增发6 000万股普通股(面值1元/股),从非关联方处取得乙公司20%的股权,所增发股份的每股市价为5元。为增发该部分股份,甲公司向证券承销机构等支付了400万元的佣金和手续费。相关手续于增发当日完成。假定甲公司取得该部分股权后能够对乙公司施加重大影响。乙公司20%的股权的公允价值与甲公司增发股份的公允价值不存在重大差异(不考虑相关税费等其他因素影响)。

由于乙公司20%股权的公允价值与甲公司增发股份的公允价值不存在重大差异,甲公司应当以所发行股份的公允价值作为取得长期股权投资的初始投资成本,有关会计处理如下:

借:长期股权投资——投资成本	300 000 000	
贷:股本		60 000 000
资本公积——股本溢价		240 000 000

发行权益性证券过程中支付的佣金和手续费,应冲减权益性证券的溢价发行收入,会计处理如下:

借:资本公积——股本溢价	4 000 000	
贷:银行存款		4 000 000

(三)以债务重组、非货币性资产交换等方式取得长期股权投资

以债务重组、非货币性资产交换等方式取得长期股权投资,其初始投资成本应按照《企业会计准则第12号——债务重组》和《企业会计准则第7号——非货币性资产交换》的原则确定。

(四)企业进行公司制改建

企业进行公司制改建,对资产、负债的账面价值按照评估价值调整的,长期股权投资应以评估价值作为改制时的认定成本,评估值与原账面价值的差异应计入资本公积(资本溢价或股本溢价)。

二、企业合并形成的长期股权投资

企业合并形成的长期股权投资,应分别按照同一控制下控股合并与非同一控制下控股合并确定其初始投资成本。

(一)同一控制下企业合并形成的长期股权投资

合并方以支付现金、转让非现金资产或承担债务方式作为合并对价的,应当在合并日按照所取得的被合并方在最终控制方的净资产的账面价值的份额作为长期股权投资的初始投资成本。被合并方在合并日的净资产账面价值为负数的,长期股权投资成本按零确定,同时在备查簿中予以登记。如果被合并方在被合并以前,是最终控制方通过非同一控制下的企业合并所控制的,则合并方长期股权投资的初始投资成本还应包含相关的商誉金额。长期股权投资的初始投资成本与支付的现金、转让的非现金资产及所承担债务账面价值之间的差额,应当调整资本公积(资本溢价或股本溢价);资本公积(资本溢价或股本溢价)的余额不足冲减的,依次冲减盈余公积和未分配利润。合并方以发行权益性工具作为合并对价的,应按发行股份的面值总额作为股本,长期股权投资的初始投资成本与所

发行股份面值总额之间的差额,应当调整资本公积(资本溢价或股本溢价);资本公积(资本溢价或股本溢价)不足冲减的,依次冲减盈余公积和未分配利润。

合并方发生的审计、法律服务、评估咨询等中介费用以及其他相关管理费用,于发生时计入当期损益。与发行权益性工具作为合并对价直接相关的交易费用,应当冲减资本公积(资本溢价或股本溢价),资本公积(资本溢价或股本溢价)不足冲减的,依次冲减盈余公积和未分配利润。与发行债务性工具作为合并对价直接相关的交易费用,应当计入债务性工具的初始确认金额。

在按照合并日应享有被合并方净资产的账面价值的份额确定长期股权投资的初始投资成本时,前提是合并前合并方与被合并方采用的会计政策应当一致。企业合并前合并方与被合并方采用的会计政策不同的,应基于重要性原则,统一合并方与被合并方的会计政策。在按照合并方的会计政策对被合并方净资产的账面价值进行调整的基础上,计算确定长期股权投资的初始投资成本。

【例 6-3】2019 年 6 月 30 日,乙公司向同一集团内丙公司的原股东甲公司定向增发 1 000 万股普通股(每股面值为 1 元,市价为 5 元),取得丙公司 100%的股权,相关手续于当日完成,并能够对丙公司实施控制。合并后丙公司仍维持其独立法人资格继续经营。丙公司之前为甲公司于 2017 年以非同一控制下企业合并的方式并购的全资子公司。合并日,丙公司财务报表中净资产的账面价值为 3 200 万元。假定乙公司和丙公司都受甲公司同一控制(不考虑相关税费等其他因素影响)。

乙公司在合并日应确认对丙公司的长期股权投资,初始投资成本为应享有丙公司的净资产账面价值的份额,会计处理如下:

借:长期股权投资——投资成本	32 000 000	
贷:股本		10 000 000
资本公积——股本溢价		22 000 000

企业通过多次交易分步取得同一控制下被投资单位的股权,最终形成企业合并的,应当判断多次交易是否属于一揽子交易。属于一揽子交易的,合并方应当将各项交易作为一项取得控制权的交易进行会计处理。不属于一揽子交易的,取得控制权日,应按照以下步骤进行会计处理:

(1)确定同一控制下企业合并形成的长期股权投资的初始投资成本。在合并日,根据合并后应享有被合并方净资产的账面价值的份额,确定长期股权投资的初始投资成本。

(2)长期股权投资初始投资成本与合并对价账面价值之间的差额处理。合并日长期股权投资的初始投资成本与达到合并前的长期股权投资账面价值加上合并日进一步取得股份新支付对价的账面价值之和的差额,调整资本公积(资本溢价或股本溢价),资本公积不足冲减的,冲减留存收益。

(3)合并日之前持有的股权投资,因采用权益法核算或根据《企业会计准则第 22 号——金融工具确认和计量》的规定核算而确认的其他综合收益,暂不进行会计处理,直至处置该项投资时采用与被投资单位直接处置相关资产或负债相同的基础进行会计处理;因采用权益法核算而确认的被投资单位净资产中除净损益、其他综合收益和利润分配以外的所有者权益变动,暂不进行会计处理,直至处置该项投资时转入当期损益。其中,处置后的剩余股权根据规定采用成本法或权益法核算的,其他综合收益和其他所有者权益应按比例结转,处置后的剩余股权改按《企业会计准则第 22 号——金融工具确认和计量》的规定进行会计处理,其他综合收益和其他所有者权益应全部结转。

【例 6-4】2018 年 1 月 1 日，乙公司取得同一控制下的甲公司的 25%的股份，实际支付款项 6 000 万元，甲公司可辨认净资产账面价值为 22 000 万元（假定与公允价值相等）。2018—2019 年，甲公司共实现净利润 1 000 万元，无其他所有者权益变动。2020 年 1 月 1 日，乙公司以支付银行存款 3 000 万元的方式购买同一控制下另一企业所持有的甲公司的 40%的股份，相关手续于当日完成。进一步取得投资后，乙公司能够对甲公司实施控制。当日，甲公司在最终控制方合并财务报表中的净资产的账面价值为 23 000 万元。假定乙公司和甲公司采用的会计政策和会计期间相同，均按照 10%的比例提取盈余公积。乙公司和甲公司一直同受同一最终控制方控制。上述交易不属于一揽子交易（不考虑相关税费等其他因素影响）。

乙公司有关会计处理如下：

①确定合并日长期股权投资的初始投资成本。

合并日追加投资后乙公司持有甲公司股权比例为 65%（25%+40%）。

合并日乙公司享有甲公司在最终控制方合并财务报表中净资产的账面价值份额为 14 950 万元（23 000×65%）。

②长期股权投资初始投资成本与合并对价账面价值之间的差额的处理。

原 25%的股权投资采用权益法核算，在合并日的原账面价值为 5 750 万元（20 000×25%+1 000×25%）。

追加投资（40%）所支付对价的账面价值为 3 000 万元。

合并对价账面价值为 8 750 万元（5 750+3 000）。

长期股权投资初始投资成本与合并对价账面价值之间的差额为 6 200 万元（14 950-8 750）。

会计处理如下：

借：长期股权投资——投资成本	149 500 000	
贷：长期股权投资——投资成本		55 000 000
——损益调整		2 500 000
银行存款		30 000 000
资本公积（股本溢价）		62 000 000

（二）非同一控制下企业合并形成的长期股权投资

非同一控制下的控股合并中，购买者应当以《企业会计准则第 20 号——企业合并》确定的企业合并成本作为长期股权投资的初始投资成本。企业合并成本包括购买方付出的资产、发生或承担的负债、发行的权益性工具或债务性工具的公允价值之和。购买方为企业合并发生的审计、法律服务、评估咨询等中介费用以及其他相关管理费用，应于发生时计入当期损益；购买方作为合并对价发行的权益性工具或债务性工具的交易费用，应计入权益性工具或债务性工具的初始确认金额。

采用成本法核算的长期股权投资成本为初始投资成本，与应享有被投资企业可辨认净资产的公允价值的份额无关，也就是说初始投资成本不管是大于应享有被投资企业可辨认净资产的公允价值的份额，还是小于应享有被投资企业可辨认净资产的公允价值的份额，都按初始投资成本入账。

【例 6-5】2019 年 3 月 31 日，甲公司取得乙公司 70%的股权，取得该部分股权后能够对乙公司实施控制，采用成本法核算。为核实乙公司的资产价值，甲公司聘请资产评估机构对乙公司的资产进行评估，支付评估费用 50 万元。合并中，甲公司支付的有关资产在购买日的账面价值与公允价值如表 6-1 所示。假定合并前甲公司和乙公司不存在任何关联方关系(不考虑相关税费等其他因素影响)。

表 6-1　甲公司支付的有关资产在购买日的账面价值与公允价值

2019 年 3 月 31 日　　单位:元

项目	账面价值	公允价值
土地使用权(自用)	40 000 000	64 000 000
专利技术	16 000 000	20 000 000
银行存款	16 000 000	16 000 000
合计	72 000 000	100 000 000

甲公司用作合并对价的土地使用权和专利技术原价为 6 400 万元,至企业合并发生时已累计摊销 800 万元。

甲公司与乙公司在合并前不存在任何关联方关系,应作为非同一控制下的企业合并处理。甲公司对于合并形成的对乙公司的长期股权投资,会计处理如下:

借:长期股权投资——投资成本　100 000 000
　管理费用　500 000
　累计摊销　8 000 000
　贷:无形资产　64 000 000
　　银行存款　16 500 000
　　营业外收入——处置非流动资产损益　28 000 000

采用权益法核算的长期股权投资成本确定与应享有被投资企业可辨认净资产的公允价值的份额有关,也就是说初始投资成本大于应享有被投资企业可辨认净资产的公允价值的份额,与成本法核算一样,不调整投资成本;初始投资成本小于应享有被投资企业可辨认净资产的公允价值的份额,应调整投资成本为应享有被投资企业可辨认净资产的公允价值的份额。两者的差额计入当期损益(营业外收入)。

【例 6-6】假设例 6-5 的资料中甲公司以公允价值 10 000 万元取得乙公司 40%的股权,取得该部分股权后能够对乙公司产生重大影响,采用权益法核算。乙公司可辨认净资产的公允价值为 30 000 万元。

甲公司应享有乙公司可辨认净资产的份额=30 000×40%=12 000(万元)。

由于初始投资成本 10 000 万元小于应享有被投资企业可辨认净资产公允价值份额 12 000 万元,应调整投资成本为应享有被投资企业可辨认净资产公允价值份额 12 000 万元,两者之间的差额计入当期损益(营业外收入)。其会计处理为:

借:长期股权投资——投资成本　120 000 000
　管理费用　500 000
　累计摊销　8 000 000
　贷:无形资产　64 000 000
　　银行存款　16 500 000
　　资产处置损益——处置非流动资产损益　28 000 000
　　营业外收入——投资产生的损益　20 000 000

如果乙公司可辨认净资产的公允价值为 20 000 万元。

甲公司应享有乙公司可辨认净资产的份额 = 20 000×40% = 8 000(万元)。

由于初始投资成本 10 000 万元大于应享有被投资企业可辨认净资产公允价值份额 8 000 万元,不应调整投资成本,其会计处理与成本法一样。两者之间的差额(10 000-8 000 = 2 000 万元)为商誉,隐含在长期股权投资成本中,不单独反映。

企业通过多次交易分步实现非同一控制下企业合并的,应当按照原持有的股权投资的账面价值加上新增投资成本之和,作为改按成本法或权益法核算的初始投资成本。

(三)初始投资成本中包含的已宣告尚未发放现金股利或利润的处理

企业无论是以何种方式取得长期股权投资,取得投资时,对于支付的对价中包含的应享有被投资单位已经宣告但尚未发放的现金股利或利润应确认为应收项目,不构成取得长期股权投资的初始投资成本,作为暂垫的应收股利。

第三节　长期股权投资的后续计量

长期股权投资在持有期间,根据投资方对被投资单位的影响程度分别采用成本法与权益法进行核算。

一、成本法

(一)成本法的适用范围

根据《企业会计准则第 2 号——长期股权投资》的规定,投资方持有的对子公司投资应当采用成本法核算,投资方为投资性主体且子公司不纳入其合并财务报表的除外。投资方在判断对被投资单位是否具有控制时,应综合考虑直接持有的股权和通过子公司间接持有的股权。在个别财务报表中,投资方进行成本法核算时,应考虑直接持有的股权份额。

《企业会计准则第 2 号——长期股权投资》要求投资方对子公司的长期股权投资采用成本法核算,主要是为了避免在子公司实际宣告发放现金股利或利润之前,母公司垫付资金发放现金股利或利润等情况,解决了原来权益法核算下投资收益不能足额收回导致超分配的问题。

(二)成本法下长期股权投资账面价值的调整及投资损益的确认

采用成本法核算的长期股权投资,在追加投资时,按照追加投资支付的成本的公允价值及发生的相关交易费用增加长期股权投资的账面价值。被投资单位宣告分派现金股利或利润的,投资方根据应享有的部分确认当期投资收益。

【例 6-7】2019 年 1 月,甲公司自非关联方处以现金 805 万元取得对乙公司 60%的股权,其中包括已经宣告尚未发放的现金股利 5 万元,相关手续于当日完成,并能够对乙公司实施控制。2019 年 4 月,甲公司收到乙公司发放的前一年的现金股利 5 万元。2020 年 3 月,乙公司宣告分派 2019 年的现金股利,甲公司按其持股比例可取得 10 万元(不考虑相关税费等其他因素影响)。

甲公司有关会计处理如下:

2019 年 1 月投资时:

借:长期股权投资——投资成本	8 000 000	
应收股利	50 000	
贷:银行存款		8 050 000

2019 年 4 月收到投资时垫付的股利:

借:银行存款　　50 000

　贷:应收股利　　50 000

2020 年 3 月,乙公司宣告发放 2019 年的现金股利:

借:应收股利　　100 000

　贷:投资收益　　100 000

企业按照上述规定确认自被投资单位应分得的现金股利或利润后,应当考虑长期股权投资是否发生减值。在判断该类长期股权投资是否存在减值迹象时,应当关注长期股权投资的账面价值是否大于享有被投资单位净资产(包括相关商誉)账面价值的份额等类似情况。出现类似情况时,企业应当按照《企业会计准则第 8 号——资产减值》对长期股权投资进行减值测试,可收回金额低于长期股权投资账面价值的,应当计提减值准备。

值得注意的是,子公司将未分配利润或盈余公积直接转增股本(实收资本),并且未向投资方提供等值现金股利或利润的选择权时,母公司并没有获得收取现金股利或者利润的权力,上述交易通常属于子公司自身权益结构的重新分类,母公司不应确认相关的投资收益。

二、权益法

根据《企业会计准则第 2 号——长期股权投资》的规定,对合营企业和联营企业投资应当采用权益法核算。投资方在判断对被投资单位是否具有共同控制、重大影响时,应综合考虑直接持有的股权和通过子公司间接持有的股权。在综合考虑直接持有的股权和通过子公司间接持有的股权后,如果认定投资方在被投资单位拥有共同控制或重大影响,在个别财务报表中,投资方进行权益法核算时,应仅考虑直接持有的股权份额;在合并财务报表中,投资方进行权益法核算时,应同时考虑直接持有和间接持有的份额。

按照权益法核算的长期股权投资,持有投资期间,随着被投资单位所有者权益的变动相应调整增加或减少长期股权投资的账面价值,并区分以下情况处理:

(1)对于因被投资单位实现净损益和其他综合收益而产生的所有者权益的变动,投资方应当按照应享有的份额,增加或减少长期股权投资的账面价值,同时确认投资损益和其他综合收益。

(2)对于被投资单位宣告分派的利润或现金股利计算应分得的部分,相应地减少长期股权投资的账面价值。

(3)对于被投资单位除净损益、其他综合收益以及利润分配以外的因素导致的其他所有者权益变动,相应调整长期股权投资的账面价值,同时确认资本公积(其他资本公积)。

在持有投资期间,被投资单位编制合并财务报表的,应当以合并财务报表中净利润、其他综合收益和其他所有者权益变动中归属于被投资单位的金额为基础进行会计处理。

(一)投资损益的确认

采用权益法核算的长期股权投资,在确认应享有(或分担)被投资单位的净利润(或净亏损)时,在被投资单位账面净利润的基础上,应考虑以下因素的影响进行适当调整:

(1)被投资单位采用的会计政策和会计期间与投资方不一致的,应按投资方的会计政策和会计期间对被投资单位的财务报表进行调整,在此基础上确定被投资单位的损益。

权益法下,投资方与被投资单位被作为一个整体对待,作为一个整体其产生的损益应当在一致的会计政策基础上确定，被投资单位采用的会计政策与投资方不同的，投资方应当基于重要性原则，按照本企业的会计政策对被投资单位的损益进行调整。

（2）以取得投资时被投资单位固定资产、无形资产等的公允价值为基础计提的折旧额或摊销额以及有关资产减值准备金额等对被投资单位净利润的影响。

被投资单位利润表中的净利润是以其持有的资产、负债账面价值为基础持续计算的，而投资方在取得投资时，是以被投资单位有关资产、负债的公允价值为基础确定投资成本，取得投资后应确认的投资收益代表的是被投资单位资产、负债在公允价值计量的情况下未来期间通过经营产生的损益中归属于投资方的部分。投资方取得投资时，被投资单位有关资产、负债的公允价值与其账面价值是不同的。未来期间，在计算归属于投资方应享有的净利润或应承担的净亏损时，应考虑被投资单位计提的折旧额、摊销额以及资产减值准备金额等进行调整。

值得注意的是，尽管在评估投资方对被投资单位是否具有重大影响时，应当考虑潜在表决权的影响，但在确定应享有的被投资单位实现的净损益、其他综合收益和其他所有者权益变动的份额时，潜在表决权对应的权益份额不应予以考虑。

此外，如果被投资单位发行了可累积优先股等类似的权益工具，无论被投资单位是否宣告分配优先股股利，投资方计算应享有被投资单位的净利润时，均应将归属于其他投资方的累积优先股股利予以扣除。

【例 6-8】2019 年 1 月 10 日，甲公司购入乙公司 30%的股份，购买价款为 2 200 万元，自取得投资之日起能够对乙公司施加重大影响。取得投资当日，乙公司可辨认净资产公允价值为 6 000 万元，除表 6-2 所列项目外，乙公司其他资产、负债的公允价值与账面价值相同。

表 6-2　　乙公司存货、固定资产、无形资产情况　　单位：万元

项目	账面原价	已提折旧或摊销	公允价值	乙公司预计使用年限（年）	甲公司取得投资后剩余使用年限（年）
存货	500		700		
固定资产	1 200	240	1 600	20	16
无形资产	700	140	800	10	8
小计	2 400	380	3 100		

假定乙公司于 2019 年实现净利润 700 万元，其中在甲公司取得投资时的账面存货有 80%对外出售。甲公司与乙公司的会计年度及采用的会计政策相同。固定资产、无形资产等均按直线法提取折旧或摊销，预计净残值均为 0。假定甲、乙公司间未发生其他任何内部交易。

2019 年 12 月 31 日，甲公司在确定其应享有的投资收益时，应在乙公司实现净利润的基础上，根据取得投资时乙公司有关资产的账面价值与其公允价值差额的影响进行调整（假定不考虑所得税及其他税费等因素影响）。

存货账面价值与公允价值的差额应调减的利润为 160 万元[（700−500）×80%]。

固定资产公允价值与账面价值差额应调整增加的折旧额为 40 万元（1 600÷16−1 200÷20）。

无形资产公允价值与账面价值差额应调整增加的摊销额为 30 万元（800÷8−700÷10）。

调整后的净利润为 470 万元(700-160-40-30)。

甲公司应享有的份额为 141 万元(470×30%)。

按被投资企业实现的净利润和持股比例确认投资收益:

借:长期股权投资——损益调整 2 100 000

贷:投资收益 2 100 000

对投资时被投资企业的资产公允价值高于其账面价值的差额部分调整投资收益:

借:投资收益 690 000

贷:长期股权投资——损益调整 690 000

将两个会计分录合并为一个会计分录时,确认投资收益:

借:长期股权投资——损益调整 1 410 000

贷:投资收益 1 410 000

需要请注意的是,首次进行投资时,按权益法确认投资收益=被投资企业实现的净利润×持股比例×投资后的月份数/12。

(3)对于投资方或纳入投资方合并财务报表范围的子公司与其联营企业以及合营企业之间发生的未实现内部损益应予调整,即投资方与联营企业以及合营企业之间发生的未实现内部交易损益,按照应享有的比例计算归属于投资方的部分,应予以调整,在此基础上确认投资损益。投资方与被投资单位发生的内部交易损失,按照《企业会计准则第8号——资产减值》等规定属于资产减值损失的,应当全额确认。

投资方与其联营企业和合营企业之前的未实现内部交易损益调整与投资方和子公司之间的未实现内部交易损益调整有所不同,母子公司之间的未实现内部交易损益在合并财务报表中是全额调整的(无论是全资子公司还是非全资子公司),而投资方与其联营企业和合营企业之间的未实现内部交易损益调整仅仅是投资方(或是纳入投资方合并财务报表范围的子公司)享有联营企业或合营企业的权益份额。

应当注意的是,投资方与联营、合营企业之间发生投出或出售资产的交易,该资产构成业务的,应当按照《企业会计准则第20号——企业合并》《企业会计准则第33号——合并财务报表》的有关规定进行会计处理。有关会计处理如下:

联营、合营企业向投资方出售业务的,投资方应按《企业会计准则第20号——企业合并》的规定进行会计处理。投资方应全额确认与交易相关的利得或损失。

投资方向联营、合营企业投出业务,投资方因此取得长期股权投资但未取得控制权的,应以投出业务的公允价值作为新增长期股权投资的初始投资成本,初始投资成本与投出业务的账面价值之差,全额计入当期损益。投资方向联营、合营企业出售业务,取得的对价与账面价值之间的差额,全额计入当期损益。

投出或出售的资产不构成业务的,应当分别按顺流交易和逆流交易进行会计处理。顺流交易是指投资方向其联营企业或合营企业投出或出售资产。逆流交易是指联营企业或合营企业向投资方出售资产。未实现内部交易损益体现在投资方或其联营企业、合营企业持有的资产账面价值中的,在计算确认投资损益时应予调整。

对于投资方向联营企业或合营企业投出或出售资产的顺流交易,在该交易存在未实现内部交易损益的情况下(有关资产未对外部独立第三方出售或未被消耗),投资方在采用权益法计算确认应享有联营企业或合营企业的投资损益时,应调整该未实现内部交易损益的影响,同时调整对联营企业或合营企业长期股权投资的账面价值;投资方因投出或出售资产给其联营企业或合营企业产生的损益中,应仅限于确认归属于联营企业或合营企业其他投资方的部分。在顺流交易中，投资方投出资产或出售资产给其他联营企业或合营企业产生的损益中，按照应享有比例计算确定归属于本企业的部分不予确认。

【例 6-9】2019 年 1 月，甲公司取得了乙公司 20%有表决权的股份，能够对乙公司施加重大影响。2019 年 8 月，甲公司将其账面价值为 600 万元的商品以 900 万元的价格出售给乙公司，乙公司将取得的商品作为存货。假定甲公司取得该项投资时，乙公司各项可辨认资产、负债的公允价值与其账面价值相同，两者在以前期间未发生过内部交易。乙公司 2017 年实现净利润为 1 000 万元(不考虑所得税及其他相关税费等因素影响)。

甲公司在该项交易中实现利润 300 万元，采用权益法核算，属于未实现利润，投资企业在确认投资收益时应当加以调整。其中的 60 万元(300×20%)是针对本公司持有的对联营企业的权益份额。甲公司应当进行以下会计处理：

借：长期股权投资——损益调整[(10 000 000-3 000 000)×20%]　　1 400 000

　贷：投资收益　　1 400 000

对于联营企业或合营企业向投资方投出或出售资产的逆流交易，比照上述顺流交易处理。

应当说明的是，投资方与其联营企业及合营企业之间发生的无论是顺流交易还是逆流交易产生的未实现内部交易损失，其中属于所转让资产发生减值损失的，有关未实现内部交易损失不应予以调整。

【例 6-10】2019 年 1 月，甲公司取得乙公司 20%有表决权的股份，能够对乙公司施加重大影响。2019 年，甲公司将其账面价值为 400 万元的商品以 320 万元的价格出售给乙公司。2019 年资产负债表日，该批商品尚未对外部第三方出售。假定甲公司取得该项投资时，乙公司各项可辨认净资产、负债的公允价值与其账面价值相同，两者在以前期间未发生内部交易。乙公司 2019 年净利润为 1 000 万元(不考虑相关税费等其他因素影响)。

甲公司在确认应享有乙公司 2019 年净损益时，如果有证据表明该商品交易价格 320 万元与其账面价值 400 万元之间的差额为减值损失的，不应予以调整。甲公司应当进行以下会计处理：

借：长期股权投资——损益调整(10 000 000×20%)　　2 000 000

　贷：投资收益　　2 000 000

(二)被投资单位其他综合收益变动的处理

被投资单位其他综合收益发生变动的，投资方应当按照归属于本企业的部分，相应调整长期股权投资的账面价值，同时增加或减少其他综合收益。

【例 6-11】甲企业持有乙企业 30%的股份，能够对乙企业施加重大影响。当期乙企业因持有可供出售金融资产公允价值的变动计入其他综合收益的金额为 200 万元，除该事项外，乙企业当期实现的净损益为 1 000 万元。假定甲企业与乙企业采用相同的会计政策，会计期间相同，投资时乙企业可辨认资产、负债的公允价值与其账面价值相同。双方在当期及以前期间未发生任何内部交易(不考虑所得税影响因素)。

甲企业在确认应享有被投资单位所有者权益的变动时：

借：长期股权投资——损益调整　　3 000 000

　　　　　　　　——其他综合收益　　600 000

　贷：投资收益　　3 000 000

　　其他综合收益　　600 000

(三)取得现金股利或利润的处理

按照权益法核算的长期股权投资，投资方自被投资单位取得的现金股利或利润，应抵减长期股权投资的账面价值。在被投资单位宣告分派现金股利或利润时，借记“应收股利”科目，贷记“长期股权投资——损益调整”科目。

【例6-12】甲企业持有乙企业30%的股份，能够对乙企业施加重大影响。乙企业于2019年4月宣告发放2018年的现金股利200万元。

甲企业计算应享有被投资单位宣告发放的现金股利为60万元。

借：应收股利　　600 000

　　贷：长期股权投资——损益调整　　600 000

(四)超额亏损的确认

《企业会计准则第2号——长期股权投资》规定，投资方确认应分担被投资单位发生的损失，原则上应以长期股权投资及其他实质上构成对被投资单位净投资的长期权益减记至零为限，投资方负有承担额外损失义务的除外。

这里所讲的“其他实质上构成对被投资单位净投资的长期权益”通常是指长期应收项目。例如，投资方对被投资单位的长期债权，该债权没有明确的清收计划，并且在可预见的未来期间不准备收回的，实质上构成对被投资单位的净投资。应予以说明的是，该类长期权益不包括投资方与被投资单位之间因销售商品、提供劳务等日常活动所产生的长期债权。

按照《企业会计准则第2号——长期股权投资》的规定，投资方在确认应分担被投资单位发生的亏损时，应将长期股权投资及其他实质上构成对被投资单位净投资的长期权益项目的账面价值综合起来考虑，在长期股权投资的账面价值减记至零的情况下，如果仍有未确认的投资损失，应以其他权益的账面价值为基础继续确认。另外，投资方在确认应分担被投资单位的净损失时，除应考虑长期股权投资及其他长期权益的账面价值以外，如果在投资合同或协议中约定将履行其他额外的损失补偿义务，还应按《企业会计准则第13号——或有事项》的规定确认预计将承担的损失金额。

值得注意的是，在合并财务报表中，子公司发生超额亏损的，子公司少数股东应当按照持股比例分担超额亏损。在合并财务报表中，子公司少数股东分担的当期亏损超过了少数股东在该子公司期初所有者权益中所享有的份额的，其余额应当冲减少数股东权益。

在确认了有关的投资损失以后，被投资单位以后期间实现盈利的，应按以上相反顺序分别减计已确认的预计负债、恢复其他长期权益和长期股权投资的账面价值。同时，确认投资收益，即应当按顺序分别借记“预计负债”“长期应收款”“长期股权投资”等科目，贷记“投资收益”科目。

【例6-13】甲企业持有乙企业40%的股权，能够对乙企业施加重大影响。2018年12月31日，该项长期股权投资的账面价值为2 000万元。2019年，乙企业由于一项主要经营业务市场条件发生变化，当年亏损3 000万元。假定甲企业在取得该投资时，乙企业各项可辨认资产、负债的公允价值与其账面价值相等，双方采用的会计政策及会计期间也相同。因此，甲企业当年度应确认的投资损失为1 200万元。甲企业应进行以下会计处理：

借：投资收益　　12 000 000

　　贷：长期股权投资——损益调整　　12 000 000

确认上述投资损失后，长期股权投资的账面价值变为800万元(不考虑相关税费等其他因素影响)。

如果乙企业2019年的亏损额为6 000万元,甲企业按其持股比例确认应分担的损失为2 400万元,但长期股权投资的账面价值仅为2 000万元,如果没有其他实质上构成对被投资单位净投资的长期权益项目,则甲企业应确认的投资损失仅为2 000万元,超额损失在账外进行备查登记;未确认400万元的投资损失,长期股权投资的账面价值减记至零。甲企业应进行以下会计处理:

借:投资收益　　20 000 000

　贷:长期股权投资——损益调整　　20 000 000

如果甲企业账上仍有应收乙企业的长期应收款500万元,该款项从目前情况看,没有明确的清偿计划,并且在可预见的未来不准备收回(并非产生于商品购销等日常活动)。甲企业应进行以下会计处理:

借:投资收益　　4 000 000

　贷:长期应收款　　4 000 000

(五)被投资单位除净损益、其他综合收益以及利润分配以外的所有者权益的其他变动

被投资单位除净损益、其他综合收益以及利润分配以外的所有者权益的其他变动的因素,主要包括被投资单位接受其他股东的资本性投入、被投资单位发行可分离交易的可转债中包含的权益成分、以权益结算的股份支付、其他股东对被投资单位增资导致投资方持股比例变动等。投资方应按所持股权比例计算应享有的份额,调整长期股权投资的账面价值,同时计入资本公积(其他资本公积),并在备查簿中予以登记,投资方在后续处置股权投资但对剩余股权仍采用权益法核算时,应按处置比例将这部分资本公积转入当期投资收益;对剩余股权终止权益法核算时,将这部分资本公积全部转入当期投资收益。

【例6-14】2018年3月20日,甲、乙、丙公司分别以现金200万元、400万元和400万元出资设立丁公司,分别持有丁公司20%、40%、40%的股权。甲公司对丁公司具有重大影响,采用权益法对有关长期股权投资进行核算。丁公司自设立日起至2020年1月1日实现净损益1 000万元,除此以外,无其他影响净资产的事项。2020年1月1日,经甲、乙、丙公司协商,乙公司对丁公司增资800万元,增资后丁公司净资产为2 800万元,甲、乙、丙公司分别持有丁公司15%、50%、35%的股权。相关手续于当日完成。假定甲公司与丁公司适用的会计政策、会计期间相同,双方在当期及以前期间未发生其他内部交易(不考虑相关税费等其他因素影响)。

2020年1月1日,乙公司增资前,丁公司的净资产账面价值为2 000万元,甲公司应享有丁公司权益的份额为400万元(2 000×20%)。乙公司单方面增资后丁公司的净资产增加800万元,甲公司应享有丁公司权益的份额为420万元(28 00×15%)。甲公司享有的权益变动20万元(420-400),属于丁公司除净损益、其他综合收益和利润分配以外所有者权益的其他变动。甲公司对丁公司的长期股权投资的账面价值应调增20万元,并相应调整"资本公积——其他资本公积"账户。其会计处理如下:

借:长期股权投资——其他权益变动　　200 000

　贷:资本公积——其他资本公积　　200 000

第四节 长期股权投资核算方法的转换

一、公允价值计量转为权益法核算

原持有的对被投资单位的股权投资(不具有控制、共同控制或重大影响的),按照《企业会计准则第22号——金融工具确认和计量》进行会计处理的,因追加投资等原因导致持股比例上升,能够对被投资单位施加共同控制或重大影响的,在转换为按权益法核算时,投资方应当按照《企业会计准则第22号——金融工具确认和计量》确定的原股权投资的公允价值加上为取得新增投资而应支付对价的公允价值,作为改按权益法核算的初始投资成本。原持有的股权投资分类为其他权益股权投资的,其公允价值与账面价值之间的差额以及原计入其他综合收益的累计公允价值变动应当转入改按权益法核算的当期损益。

比较上述计算所得的初始投资成本,与按照追加投资后全新的持股比例计算确定的应享有被投资单位在追加投资日可辨认净资产公允价值份额之间的差额,前者大于后者的,不调整长期股权投资的账面价值;前者小于后者的,差额应调整长期股权投资的账面价值,并应计入当期营业外收入

【例6-15】2018年2月,甲公司以600万元现金自非关联方取得乙公司10%的股权。甲公司根据《企业会计准则第22号——金融工具确认和计量》将其作为其他权益工具投资。2018年12月31日,该其他权益工具投资的公允价值为900万元。2019年7月2日,甲公司又以1 200万元的现金从另一非关联方处取得乙公司12%的股权,相关手续于当日完成。当日,乙公司可辨认净资产公允价值总额为8 000万元,甲公司对乙公司其他权益工具投资的公允价值为1 000万元。取得该部分股权后,按乙公司章程规定,甲公司能够对乙公司施加重大影响,对该项股权投资转为权益法核算(不考虑相关税费等其他因素影响)。

2019年1月2日,甲公司原持有10%股权的公允价值为1 000万元,为取得新增投资而支付对价的公允价值为1 200万元,因此甲公司对乙公司22%股权的初始投资成本为2 200万元。

甲公司对乙公司新持股比例为22%,应享有乙公司可辨认净资产公允价值的份额为1 760万元(8 000×22%)。由于初始投资成本(2 200万元)大于应享有乙公司可辨认净资产公允价值的份额(1 760万元),因此甲公司无需调整长期股权投资的成本。

2019年1月2日,甲公司确认对乙公司的长期股权投资,进行会计处理如下:

借:长期股权投资——投资成本	22 000 000	
贷:其他权益工具投资——成本		6 000 000
——公允价值变动		3 000 000
银行存款		12 000 000
投资收益		1 000 000

同时,将已确认的其他综合收益全部转入投资收益:

借:其他综合收益	3 000 000	
贷:投资收益		3 000 000

二、公允价值计量或权益法核算转为成本法核算

原持有的对被投资单位的股权投资(不具有控制、共同控制或重大影响的),按《企业会计准则第22号——金融工具确认和计量》进行会计处理的,因追加投资等原因导致持股比例上升,能够对被投资单位施加控制的,在转换为按成本法核算时,投资方应当按照《企业会计准则第22号——金融工具确认和计量》确定的原股权投资的公允价值加上为取得新增投资而应支付对价的公允价值,作为改按成本法核算的初始投资成本。原持有的股权投资分类为其他权益工具投资的,其公允价值与账面价值之间的差额以及原计入其他综合收益的累计公允价值变动应当转入改按权益法核算的当期损益。

与权益法不同的是,原股权投资的公允价值加上为取得新增投资而应支付对价的公允价值,作为初始投资成本后,不管是大于或小于应享有被投资企业可辨认净资产的公允价值的份额都不需要进行任何调整。

【例6-16】2018年1月1日,甲公司以每股5元的价格购入上市公司乙公司的股票100万股,并由此持有乙公司2%的股权。甲公司与乙公司不存在关联方关系。甲公司将对乙公司的投资作为其他权益工具投资处理。2019年1月1日,甲公司以现金1.75亿元为对价,向乙公司大股东收购乙公司50%的股权,相关手续于当日完成。假设甲公司购买乙公司2%的股权和后续购买50%的股权不构成一揽子交易,甲公司取得乙公司控制权之日为2019年1月1日,乙公司当日股价为每股7元,乙公司可辨认净资产的公允价值为3亿元(不考虑相关税费等其他因素影响)。

购买日前,甲公司持有对乙公司的股权投资作为其他权益工具投资进行会计处理,购买日前甲公司原持有其他权益工具投资的账面价值为700万元(等于公允价值),其中成本为500万元,公允价值变动200万元。

本次追加投资应支付对价的公允价值为17 500万元。

购买日对子公司按成本法核算的初始投资成本为18 200万元(17 500+700)。

购买日其他综合收益转入购买日所属当期投资收益。

借:长期股权投资——投资成本	182 000 000	
贷:其他权益工具投资——成本		5 000 000
——公允价值变动		2 000 000
银行存款		175 000 000

同时,将已计入其他综合收益计入投资收益。

借:其他综合收益	2 000 000	
贷:投资收益		2 000 000

原持有对联营企业、合营企业的长期股权投资,因追加投资等原因,能够对被投资单位实施控制的,由权益法转为成本法核算,应将权益法下长期股权投资的账面价值(包括投资成本、损益调整、其他综合收益和其他权益变动明细科目)全部转入成本法下的长期股权投资。采用权益法核算形成的其他综合收益和其他资本公积暂不转账。

【例6-17】2017年1月1日,甲公司以现金3 000万元从非关联方处取得了乙公司20%的股权,并能够对其施加重大影响。当日,乙公司可辨认净资产公允价值为1.4亿元。2019年7月1日,甲公司另支付现金8 000万元,从另一非关联方处取得乙公司40%的股权,并取得对乙公司的控制权。购买日,甲公司原持有的对乙公司20%的股权公允价值为4 000万元,账面价值为3 500万元,其中投资成本为3 000万元,甲公司确认与乙公

司权益法核算相关的累计损益调整为 300 万元,其他综合收益为 150 万元,其他所有者权益变动为 50 万元,乙公司可辨认净资产公允价值为 1.8 亿元。假设甲公司购买乙公司 20%的股权和后续购买 40%的股权的交易不构成一揽子交易。以上交易的相关手续均于当日完成(不考虑相关税费等其他因素影响)。

购买日前,甲公司持有乙公司的投资作为联营企业进行会计核算,购买日前甲公司原持有股权的账面价值为 3 500 万元(3 000+300+150+50)。

本次投资应支付对价的公允价值为 8 000 万元。

购买日对子公司按成本法核算的初始投资成本为 11 500 万元(8 000+3 500)。

借:长期股权投资	115 000 000	
贷:长期股权投资——投资成本		30 000 000
——损益调整		3 000 000
——其他综合收益		1 500 000
——其他权益变动		500 000
银行存款		80 000 000

购买日前甲公司采用权益法核算形成的其他综合收益 150 万元以及其他资本公积 50 万元在购买日均不进行会计处理。

三、权益法核算转公允价值计量

原持有的对被投资单位具有共同控制或重大影响的长期股权投资,因部分处置等原因导致持股比例下降,不能再对被投资单位实施共同控制或重大影响的,应当按照《企业会计准则第 22 号——金融工具确认和计量》对剩余股权投资进行会计处理,其在丧失共同控制或重大影响之日的公允价值与账面价值之间的差额计入当期损益。原采用权益法核算的相关其他综合收益应当在终止采用权益法核算时,采用与被投资单位直接处置相关资产或负债相同的基础进行会计处理,因被投资方除净损益、其他综合收益和利润分配以外的其他所有者权益变动而确认的所有者权益,应当在终止采用权益法核算时全部转入当期损益。

【例 6-18】甲公司持有乙公司 30%的有表决权股份,能够对乙公司施加重大影响。对该股权投资采用权益法核算。2019 年 10 月,甲公司将该项投资的 50%出售给非关联方,取得价款 1 800 万元,相关手续于当日完成。甲公司无法再对乙公司施加重大影响,将剩余股权投资转为其他权益工具投资。出售时,该项长期股权投资的账面价值为 3 200 万元,其中投资成本 2 600 万元,损益调整为 300 万元,其他综合收益为 200 万元(性质为被投资单位的其他权益工具投资的累计公允价值变动)。除净损益、其他综合收益和利润分配外的其他所有者权益变动为 100 万元。剩余股权的公允价值为 1 800 万元(不考虑相关税费等其他因素影响)。

甲公司有关会计处理如下:

(1)确认有关股权投资的处置损益。

借:银行存款	18 000 000	
贷:长期股权投资——投资成本		13 000 000
——损益调整		1 500 000
——其他综合收益		1 000 000
——其他资本公积		500 000
投资收益		2 000 000

(2)由于终止采用权益法核算,将原确认的相关其他综合收益全部转入当期损益。

借:其他综合收益　　2 000 000

　贷:投资收益　　2 000 000

(3)由于终止采用权益法核算,将原计入资本公积的其他所有者权益变动全部转入当期损益。

借:资本公积——其他资本公积　　1 000 000

　贷:投资收益　　1 000 000

(4)剩余50%股权投资转为其他权益工具投资,当天公允价值为1 800万元,账面价值为1 600万元,两者差异计入当期投资收益。

借:其他权益工具投资　　18 000 000

　贷:长期股权投资——投资成本　　13 000 000

　　　　——损益调整　　1 500 000

　　　　——其他综合收益　　1 000 000

　　　　——其他资本公积　　500 000

　　投资收益　　2 000 000

四、成本法转权益法

因处置投资等原因导致对被投资单位由能够实施控制转为具有重大影响或者与其他投资方一起实施共同控制的,首先应按处置投资的比例结转应终止确认的长期股权投资成本。

比较剩余长期股权投资的成本与按照剩余持股比例计算原投资时应享有被投资单位可辨认净资产公允价值的份额,前者大于后者的,属于投资作价中体现的商誉部分,不调整长期股权投资的账面价值;前者小于后者的,在调整长期股权投资成本的同时,调整留存收益。

对于原取得投资时至处置投资时(转为权益法核算)之间被投资单位实现净损益中投资方应享有的份额,一方面应当调整长期股权投资的账面价值,另一方面对于原取得投资时至处置投资当期期初被投资单位实现的净损益(扣除已宣告发放的现金股利和利润)中应享有的份额,调整留存收益,对于处置投资当期期初至处置投资之日被投资单位实现的净损益中享有的份额,调整当期损益。在被投资单位其他综合收益变动中应享有的份额,在调整长期股权投资账面价值的同时,应当计入其他综合收益。除净损益、其他综合收益和利润分配外的其他原因导致被投资单位其他所有者权益变动中应享有的份额,在调整长期股权投资账面价值的同时,应当计入资本公积(其他资本公积)。长期股权投资自成本法转为权益法后,未来期间应当按照《企业会计准则第2号——长期股权投资》的规定计算确认应享有被投资单位实现的净损益、其他综合收益和所有者权益其他变动的份额。

【例6-19】甲公司原持有乙公司60%的股权,能够对乙公司实施控制。2019年11月6日,甲公司对乙公司的长期股权投资的账面价值为6 000万元,未计提减值准备,A公司将其持有的对乙公司长期股权投资中的1/3出售给非关联方,取得价款3 600万元。当日被投资单位可辨认净资产公允价值总额为16 000万元。相关手续于当日完成,甲公司不再对乙公司实施控制,但具有重大影响。甲方公司原取得乙公司60%的股权时,乙公司可辨认净资产公允价值总额为9 000万元(假定公允价值与账面价值相同)。自甲公司取得对乙公司长期股权投资后至部分处置投资前，乙公司实现净利润 5 000 万元。其中，自甲公司取得投资日至 2019 年年初实现净利润 4 000 万元。假定乙公司一直来未进行利润分配。除实现净损益外，乙公司未发生其他计入资本公积的交易或事项。甲公司按净利润的 10%提取盈余公积（不考虑相关税费等其他因素影响）。

在出售 20%的股权后，甲公司对乙公司的持股比例为 40%，对乙公司施加重大影响。对乙公司长期股权投资应由成本法改为权益法核算，有关会计处理如下：

（1）确认长期股权投资处置损益。

借：银行存款	36 000 000	
贷：长期股权投资（6 000 万元的 1/3）		20 000 000
投资收益		16 000 000

（2）调整长期股权投资账面价值。

剩余长期股权投资的账面价值为 4 000 万元，与原投资时应享有被投资单位可辨认净资产公允价值份额之间的差额为 400 万元（4 000−9 000×40%）为商誉，该部分商誉的价值不需要对长期股权投资的成本进行调整。

处置投资以后按照持股比例计算享有被投资单位自购买日至处置日期初之间实现的净损益为 1 600 万元（4 000×40%），采用权益核算进行追溯调整，应调整增加长期股权投资的账面价值，同时调整留存收益；处置期至处置日之间实现的净损益为 400 万元，应调整增加长期股权投资的账面价值，同时确认为当期投资收益。企业应进行以下会计处理：

借：长期股权投资——损益调整	20 000 000	
贷：盈余公积		1 600 000
利润分配——未分配利润		14 400 000
投资收益		4 000 000

五、成本法核算转公允价值计量

原持有的对被投资单位具有控制的长期股权投资，因部分处置等原因导致持股比例下降，不再对被投资单位实施控制、共同控制或重大影响的，应该按照《企业会计准则第 22 号——金融工具确认和计量》进行会计处理，在丧失控制之日的公允价值与账面价值之间的差额计入当期投资收益。

【例 6-20】甲公司持有乙公司 60%的有表决权股份，能够对乙公司实时控制，对该股权投资采用成本法核算。2019 年 10 月，甲公司将该项投资的 80%出售给非关联方，取得价款 8 000 万元，相关手续于当日完成。甲公司无法再对乙公司实施控制，也不能施加共同控制或重大影响，将剩余股权投资转为其他权益工具投资。出售时，该项长期股权投资的账面价值为 8 000 万元，剩余股权投资的公允价值为 2 000 万元（不考虑相关税费等其他因素影响）。

甲公司有关会计处理如下：

（1）确认有关股权投资的处置损益。

借：银行存款	80 000 000	
贷：长期股权投资（8 000 万元的 80%）		64 000 000
投资收益		16 000 000

（2）剩余股权投资转为其他权益工具投资，当天公允价值为 2 000 万元，账面价值为 1 600 万元，两者差异应计入当期投资收益。

借:其他权益工具投资 20 000 000
　贷:长期股权投资(8 000 万元的 20%) 16 000 000
　　投资收益 4 000 000

第五节 长期股权投资处置及减值

一、长期股权投资处置

企业持有长期股权投资的过程中,由于各方面的考虑,决定将所持有的对被投资单位的股权全部或部分对外出售时,应相应结转与所售股权相对应的长期股权投资的账面价值。一般情况下,出售所得价款与处置长期股权投资账面价值之间的差额,应确认为处置损益。

投资方全部处置权益法核算的长期股权投资时,原权益法核算的相关其他综合收益应当在终止采用权益法核算时采用与被投资单位直接处置相关资产或负债相同的基础进行会计处理,因被投资方除净损益、其他综合收益和利润分配以外的其他所有者权益变动而确认的所有者权益,应当在终止采用权益法核算时全部转入当期投资收益。投资方部分处置权益法核算的长期股权投资,剩余股权仍采用权益法核算的,原权益法核算的相关其他综合收益应当采用与被投资单位直接处置相关资产或负债相同的基础处理并按比例结转,因被投资方除净损益、其他综合收益和利润分配以外的其他所有者权益变动而确认的所有者权益,应当按比例结转入当期投资收益。

【例 6-21】甲公司持有乙公司 40%的股权并采用权益法核算。长期股权投资的账面价值为 8 700 万元,其中投资成本 8 000 万元,损益调整 200 万元,甲公司取得乙公司股权至 2019 年 7 月 1 日期间,确认的相关其他综合收益为 400 万元(其中,350 万元为按比例享有的乙公司可供出售金融资产的公允价值变动,50 万元为按比例享有的乙公司重新计量设定受益计划净负债或净资产所产生的变动),享有乙公司除净损益、其他综合收益和利润分配以外的其他所有者权益变动为 100 万元。2019 年 7 月 1 日,甲公司将乙公司 20%的股权出售给第三方丙公司,对剩余 20%的股权仍采用权益法核算,出售取得价款 5 000 万元(不考虑相关税费等其他因素影响)。

(1)出售投资的会计分录如下:

借:银行存款 50 000 000
　贷:长期股权投资——投资成本 40 000 000
　　　　　　　　——损益调整 1 000 000
　　　　　　　　——其他综合收益 2 000 000
　　　　　　　　——其他资本公积 500 000
　　投资收益 6 500 000

甲公司原持有股权相关的其他综合收益和其他所有者权益变动应按如下方法进行会计处理:

(2)其他综合收益转账。其他综合收益转入当期损益。350 万元的其他综合收益属于被投资单位可供出售金融资产的公允价值变动,由于剩余股权仍继续根据《企业会计准则第 2 号——长期股权投资》采用权益法进行核算,因此应按处置比例(50%)相应结转计入当期投资收益 350/2＝175(万元)。

转入其他的权益科目 50 万元的其他综合收益属于被投资单位重新计量设定受益计划净负债或净资产所产生的变动，由于剩余股权仍继续根据《企业会计准则第 2 号——长期股权投资》采用权益法进行核算，因此应按处置比例(50%)，并按照被投资单位处置相关资产或负债相同的基础进行会计处理。

同时，将已计入其他综合收益的金额按 50%的比例转入投资收益和所有者权益。

借：其他综合收益　　2 000 000

　贷：投资收益　　1 750 000

　　资本公积　　250 000

(3)其他所有者权益变动(已计入资本公积)转账。由于剩余股权仍继续根据《企业会计准则第 2 号——长期股权投资》的要求采用权益法进行核算，因此应按处置比例(50%)相应结转计入当期投资收益 100/2 =50(万元)。

借：资本公积——其他资本公积　　500 000

　贷：投资收益　　500 000

假设，2019 年 12 月，A 公司再向第三方公司处置 B 公司 15%的股权，剩余 5%的股权作为可供出售金融资产，按照《企业会计准则第 22 号——金融工具确认和计量》的要求进行会计处理。A 公司原持有股权相关的其他综合收益和其他所有者权益变动应按以下方法进行会计处理：

其他综合收益中应转入当期损益的部分，处置后的剩余股权应该按照《企业会计准则第 22 号——金融工具确认和计量》的要求进行会计处理，其他综合收益 175 万元属于被投资单位可供出售金融资产的公允价值变动，应在转换日全部结转，同时计入当期投资收益。

其他综合收益应转入其他的权益科目的部分，处置后的剩余股权应该按照《企业会计准则第 22 号——金融工具确认和计量》的要求进行会计处理，其他综合收益 25 万元属于被投资单位重新计量设定受益计划净负债或净资产所产生的变动，按照被投资单位处置相关资产或负债相同的基础进行会计处理。

其他所有者权益变动(已计入资本公积)的部分，由于处置后的剩余股权应该按照《企业会计准则第 22 号——金融工具确认和计量》的要求进行会计处理，因此应在转换日全部结转，计入当期投资收益 50 万元。

二、长期股权投资计提减值准备

长期股权投资发生了减值，企业应对其计提减值准备。长期股权投资计提减值适用于《企业会计准则第 8 号——资产减值》的规定。长期股权投资的可收回金额低于其账面价值时，应当将长期资产的账面价值减记至可收回金额，减记的金额确认为资产减值损失，计入当期损益，同时计提相应的资产减值准备。资产减值损失一经确认，在以后会计期间不得转回。

【例 6-22】甲公司持有乙公司长期股权投资的账面价值为 8 000 万元，由于股市发生持续下跌，其可收回金额为 5 000 万元，预计在近期不会有回升。甲公司在资产负债表日为此长期股权投资计提减值 3 000 万元。其会计处理为：

借：资产减值损失　　30 000 000

　贷：长期股权投资减值准备　　30 000 000

第六节 合营安排

一、合营安排的概念及合营安排的认定

(一)合营安排

合营安排是指一项由两个或两个以上的参与方共同控制的安排。

合营安排具有下列特征:

(1)各参与方均受到该安排的约束。

(2)两个或两个以上的参与方对该安排实施共同控制。

(二)共同控制及其判断原则

共同控制是指按照相关约定对某项安排共有的控制,并且该安排的相关活动必须经过分享控制权的参与方一致同意后才能决策。

(1)共同控制。如果所有参与方或一组参与方必须一致行动才能决定某项安排的相关活动,则称所有参与方或一组参与方集体控制该安排。

(2)相关活动的决策。主体应当在确定是由参与方组合集体控制该安排,而不是某一参与方单独控制该安排后,再判断这些集体控制该安排的参与方是否共同控制该安排。当且仅当相关活动的决策要求集体控制该安排的参与方一致同意时,才存在共同控制。

如果存在两个或两个以上的参与方组合能够集体控制某项安排的,不构成共同控制。

例如,甲企业由A公司、B公司和C公司组成,协议规定,相关活动的决策至少需要75%表决权通过才能实施。假定A公司、B公司和C公司任意两方均可达成一致意见,但三方不可能同时达成一致意见。A公司、B公司、C公司在甲企业中拥有的表决权分别为50%、35%和15%。A公司和B公司是能够集体控制该安排的唯一组合,属于共同控制。

(3)争议解决机制。相关约定条款的存在一般不会妨碍某项安排成为合营安排。但是,如果在各方未就相关活动的重大决策达成一致意见的情况下,其中一方具备"一票通过权"或潜在表决权等特殊权力,则需要仔细分析,很可能具有特殊权力的一方实质上具有控制权,不构成合营安排。

(4)仅享有保护性权利的参与方不享有共同控制。

(5)一项安排的不同活动可能分别由不同的参与方或参与方组合主导。

(6)综合评估多项相关协议。

(三)合营安排中的不同参与方

只要两个或两个以上的参与方对该安排实施共同控制,一项安排就可以被认定为合营安排,并不要求所有参与方都对该安排享有共同控制。对合营安排享有共同控制的参与方(分享控制权的参与方)被称为"合营方",对合营安排不享有共同控制的参与方被称为"非合营方"。

(四)合营安排的分类

合营安排分为共同经营和合营企业。共同经营是指合营方享有该安排相关资产且承担该安排相关负债的合营安排。合营企业是指合营方仅对该安排的净资产享有权利的合营安排。

1. 单独主体

单独主体是指具有单独可辨认的财务架构的主体,包括单独的法人主体和不具备法

人主体资格但法律认可的主体。单独主体并不一定要具备法人资格，但必须具有法律认可的单独可辨认的财务架构。确认某主体是否属于单独主体必须考虑适用的法律法规。

2. 合营安排未通过单独主体达成

当合营安排未通过单独主体达成时，该合营安排为共同经营。

3. 合营安排通过单独主体达成

如果合营安排通过单独主体达成，该合营安排可能是共同经营也可能是合营企业。合营安排分类的判断如图 6-1 所示。

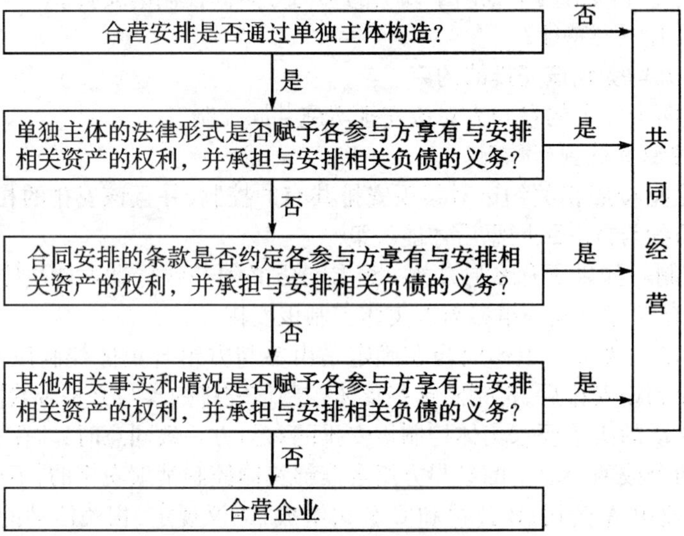

图 6-1 合营安排分类的判断

二、共同经营中合营方的会计处理

（一）一般会计处理原则

合营方应当确认其与共同经营中利益份额相关的下列项目，并按照相关企业会计准则的规定进行会计处理：

（1）确认单独持有的资产和单独承担的责任。

（2）共同经营中的资产、负债、收入和费用按比例确定。

（二）合营方向共同经营投出或出售不构成业务的资产的会计处理

合营方向共同经营投出或出售资产等（该资产构成业务的除外），在共同经营将相关资产出售给第三方或相关资产消耗之前（未实现内部利润仍包括在共同经营持有的资产账面价值中时），应当仅确认归属于共同经营其他参与方的利得或损失。如果投出或出售的资产发生符合《企业会计准则第 8 号——资产减值》等规定的资产减值损失的，合营方应当全额确认该损失。

（三）合营方自共同经营购买不构成业务的资产的会计处理

合营方自共同经营购买资产等（该资产构成业务的除外），在将相关资产等出售给第三方之前（未实现内部利润仍包括在合营方持有的资产账面价值中时），不应当确认因该交易产生的损益中该合营方应享有的部分。此时应当仅确认因该交易产生的损益中归属于共同经营其他参与方的部分。

（四）合营方取得构成业务的共同经营的利益份额的会计处理

企业应当按照企业合并的相关规定判断该共同经营是否构成业务。该处理原则不仅适用于收购现有的构成业务的共同经营中的利益份额，也适用于与其他参与方一起设立共同经营，且由于有其他参与方注入既存业务，使共同经营设立时即构成业务。

合营方增加其持有的一项构成业务的共同经营的利益份额时，如果合营方对该共同经营仍然是共同控制，则合营方之前持有的共同经营的利益份额不应按照新增投资日的公允价值重新计量。

三、对共同经营不享有共同控制的参与方的会计处理原则

对共同经营不享有共同控制的参与方（非合营方），如果享有该共同经营相关资产且承担该共同经营相关负债的，比照合营方进行会计处理。否则，应当按照相关企业会计准则的规定对其利益份额进行会计处理。例如，如果该参与方对于合营安排的净资产享有权利并且具有重大影响，则按照《企业会计准则第 2 号——长期股权投资》等相关规定进行会计处理；如果该参与方对于合营安排的净资产享有权利并且无重大影响，则按照《企业会计准则第 22 号——金融工具确认和计量》等相关规定进行会计处理；向共同经营投出构成业务的资产的，以及取得共同经营的利益份额的，则按照合并财务报表及企业合并等相关准则的规定进行会计处理。

思考题

1. 长期股权投资的目的是什么？
2. 什么是控制、共同控制、重大影响？
3. 长期股权投资成本是怎样确定的？
4. 什么是成本法和权益法？两者对投资的会计处理有何不同？

练习题

1. W 企业于 2017 年 3 月 5 日以固定资产和无形资产对 M 企业投资（非同一控制），固定资产的原始成本是 800 000 元，累计已提折旧 300 000 元，双方协议作价 600 000 元；土地使用权账面价值 250 000 元，双方协议作价 400 000 元。W 企业的投资占 M 企业有表决权资本的 40%，其投资成本与应享有 M 企业可辨认净资产公允价值的份额相等。2017 年 M 企业全年实现净利润 600 000 元；2018 年 3 月 M 企业宣告分配 2017 年的现金股利 400 000 元；2018 年 M 企业全年净亏损 3 000 000 元；2019 年 M 企业全年实现盈利 800 000 元。编制各年的会计分录。

2. W 公司拥有乙公司 40%的股份。乙公司因某一原因增加资本公积 50 万元。W 公司采用权益法。编制相关会计分录。

假设 2 个月之后，W 公司将该长期股权投资出售其中的 50%。长期股权投资此时的成本为 5 000 万元、损益调整借方为 300 万元、其他权益变动借方 50 万元。出售其中 50%取得价款 2 200 万元。编制相关会计分录。

3. W 公司于 2018 年 1 月 1 日以 2 000 万元购入 H 公司 30%的股份。H 公司可辨认净资产公允价值为 6 300 万元，账面价值为 6 000 万元。其中存货的公允价值高于其账面价值 40 万元，固定资产公允价值高于其账面价值 60 万元，无形资产的公允价值高于其账面价值 200 万元，H 公司的存货采用先进先出法，固定资产采用直线法在未来 5 年计提折旧，无形资产在未来 10 年内摊销。H 公司当年实现的净利润 600 万元。编制购入投资、年末确认投资收益、调整投资收益的会计分录，合并商誉未发生减值。

4. 2018 年 1 月 1 日，H 公司取得同一控制下的 A 公司 25%的股份，实际支付款项 6 000 万元，能够对 A 公司可辨认净资产账面价值为 22 000 万元（假定与公允价值相等）。

2018—2019 年,A 公司共实现净利润 1 000 万元,无其他所有者权益变动。2020 年 1 月 1 日,H 公司以定向增发 2 000 万股普通股(每股价值为 1 元,每股公允价值为 4.5 元)的方式购买同一控制下另一企业所持有的 A 公司 40%股权,相关手续于当日完成。进一步取得投资后,H 公司能够对 A 公司实施控制。当日,A 公司在最终控制方合并财务报表中的净资产的账面价值为 23 000 万元。假定 H 公司和 A 公司采用的会计政策和会计期间相同,均按照 10%的比例提取盈余公积。H 公司和 A 公司一直同受同一最终控制方控制。上述交易不属于一揽子交易,不考虑相关税费等其他因素影响,请进行相关会计处理。

5. 2019 年 3 月,A 公司通过增发 6 000 万股普通股(面值 1 元/股,市价 3 元/股),从非关联方处取得 B 公司 20%的股权。为增发该部分股票,A 公司向证券承销机构等支付了 400 万元的佣金和手续费。相关手续于增发当日完成。假定 A 公司取得该部分股权后能够对 B 公司施加重大影响。不考虑相关税费等其他因素影响,请进行相关会计处理。

6. 2019 年 3 月 31 日,A 公司取得 B 公司 70%的股权,取得该部分股权后能够对B 公司实施控制。B 公司可辨认净资产的公允价值与其账面价值相等,为 50 000 万元。

(1)假设 A 公司以银行存款 32 000 万元取得 70%的股权,编制同一控制与非同一控制的会计分录。

(2)假设 A 公司以银行存款 37 000 万元取得 70%的股权,编制同一控制与非同一控制的会计分录。

7. 2019 年 3 月 31 日,A 公司取得 B 公司 30%的股权,取得该部分股权后能够对 B 公司实施重大影响。B 公司可辨认净资产的公允价值与其账面价值相等,为 50 000 万元。

(1)假设 A 公司以银行存款 14 000 万元取得 30%的股权,编制同一控制与非同一控制的会计分录。

(2)假设 A 公司以银行存款 16 000 万元取得 30%的股权,编制同一控制与非同一控制的会计分录。

8. 2017 年 1 月 1 日,A 公司以每股 4 元的价格购入某上市公司 B 公司的股票100 万股,并由此持有 B 公司 5%的股权。A 公司将对 B 公司的投资作为其他权益工具投资进行会计处理。2018 年 12 月 31 日,该股票的市场价格为每股 5 元。2019 年 12 月 31 日,该股票的市场价格为每股 4.8 元。A 公司与 B 公司不存在关联方关系,2020 年 1 月 1 日,A 公司以现金 1.2 亿元为对价,向 B 公司大股东收购 B 公司 50%的股权,A 公司取得 B 公司控制权之日为 2020 年 1 月 1 日,B 公司当日股价为每股 5.5 元,B 公司可辨认净资产的公允价值为 2 亿元。不考虑相关税费等其他因素影响,进行相关会计处理。

9. 2017 年 1 月 1 日,A 公司以现金 3 000 万元从非关联方处取得了 B 公司 25%的股权,并能够对 B 公司施加重大影响。当日,B 公司可辨认净资产公允价值为 1 亿元。2019 年 7 月 1 日,A 公司另支付现金 5 000 万元,从另一非关联方处取得 B 公司 40%股权,并取得对 B 公司的控制权。购买日,A 公司原持有的对 B 公司的 25%的股权的公允价值为 3 700 万元,账面价值为 3 300 万元,A 公司确认与 B 公司权益法核算相关的累计其他综合收益为 200 万元,其他所有者权益变动 100 万元,B 公司可辨认净资产公允价值为 1.2 亿元。以上交易的相关手续均于当日完成,不考虑相关税费等其他因素影响,请进行相关会计处理。

10. 2018 年 5 月,甲公司从非关联方处以现金 500 万元取得对乙公司 60%的股权,相关手续于当日完成,并能够对乙公司实施控制。2019 年 3 月,乙公司宣告分派现金股利,甲公司按其持股比例可取得 10 万元。不考虑相关税费等其他因素影响,请进行相关会计处理。

11. 2019 年 4 月 1 日,甲公司购入(非关联公司)乙公司 30%的股份,购买价款为 2 500 万元,自取得投资之日起能够对乙公司施加重大影响。取得投资当日,乙公司可辨

认净资产公允价值为 8 000 万元,

在甲公司取得投资时,存货的公允价值高于其账面价值 20 万元于当年全部对外销售;固定资产公允价值高于其账面价值 100 万元按直线法提取折旧,预计净残值均为 0,尚可在未来的 8 年内使用。

甲公司当年销售一批商品给乙公司,售价 50 万元,成本 40 万元。乙公司只对外出售了 80%。这一交易以属于内部交易。

乙公司因以公允价值计量且其变动计入其他综合收益增值 30 万元。

乙公司因某一原因增加资本公积 50 万元。

乙公司于 2018 年实现净利润 300 万元。

乙公司于 2019 年 3 月宣布发放现金股利 150 万元,每 10 股发放股票股利 5 股。

根据上述资料编制甲公司相关会计分录。

12. 甲公司持有乙公司 30%的有表决权股份,能够对乙公司施加重大影响。对该股权投资采用权益法核算。2019 年 10 月,甲公司将该项投资的 60%出售给非关联方,取得价款 2 100 万元。相关手续于当日完成。甲公司无法再对乙公司施加重大影响,将剩余股权投资转为其他权益工具投资。出售时,该项长期股权投资的账面价值为 3 000 万元,其中投资成本 2 500 万元,损益调整为 350 万元,其他综合收益为 100 万元(性质为被投资单位的其他权益工具投资的累计公允价值变动),除净损益、其他综合收益和利润分配外的其他所有者权益变动为 50 万元。剩余股权的公允价值为 1 400 万元。不考虑相关税费等其他因素影响,请进行相关会计处理。

13. A 公司原持有 B 公司 60%的股权,能够对 B 公司实施控制。2019 年 4 月 6 日,A 公司对 B 公司的长期股权投资的账面价值为 9 000 万元,未计提减值准备,A 公司将其持有的对 B 公司长期股权投资中的 1/3 出售给非关联方,取得价款 4 000 万元。当日被投资单位可辨认净资产公允价值总额为 20 000 万元。相关手续于当日完成,A 公司不再对 B 公司实施控制,但具有重大影响。A 公司原取得 B 公司 60%的股权时,B 公司可辨认净资产公允价值总额为 15 000 万元(假定公允价值与账面价值相同)。自 A 公司取得对 B 公司长期股权投资后至部分处置投资前,B 公司实现净利润 6 000 万元。其中,自 A 公司取得投资日至 2019 年年初实现净利润 5 000 万元。假定 B 公司一直来未进行利润分配。除实现净损益外,B 公司未发生其他计入资本公积的交易或事项。A 公司按净利润的 10%提取盈余公积。不考虑相关税费等其他因素影响,请进行相关会计处理。

14. 甲公司持有乙公司 60%的有表决权股份,能够对乙公司实施控制,对该股权投资采用成本法核算。2019 年 10 月,甲公司将持有的乙公司 50%的股权出售给非关联方,取得价款 5 000 万元。相关手续于当日完成。甲公司还持有乙公司 10%的有表决权的股份,无法再对乙公司实施控制,也不能施加共同控制或重大影响,将剩余股权投资转为可供出售金融资产。出售时,该项长期股权投资的账面价值为 5 400 万元,剩余股权投资的公允价值为 1 000 万元。不考虑相关税费等其他因素影响,请进行相关会计处理。

15. A 公司持有 B 公司 40%的股权并采用权益法核算。2019 年 7 月 1 日,A 公司将 B 公司 20%的股权出售给第三方 C 公司,对剩余 20%的股权仍采用权益法核算。A 公司取得 B 公司股权至 2019 年 7 月 1 日期间,确认的相关其他综合收益为 400 万元(其中,350 万元为按比例享有的 B 公司可供出售金融资产的公允价值变动,50 万元为按比例享有的 B 公司重新计量设定受益计划净负债或净资产所产生的变动),享有 B 公司除净损益、其他综合收益和利润分配以外的其他所有者权益变动为 100 万元。不考虑相关税费等其他因素影响,请进行相关会计处理。

第七章
固定资产

固定资产是企业生产经营的劳动工具，是企业进行生产经营的必备条件之一。固定资产在企业资产负债表中占有重要的份额，能否正确确认、计量固定资产，既会影响到企业资产负债表反映的会计信息质量，又会影响到利润表反映的企业经营成果。本章主要介绍固定资产的确认、分类、计量、记录和会计报告。

第一节 固定资产的确认与计量

一、固定资产的确认

如果要对某一项资产项目确认为固定资产，先要符合固定资产的定义，然后要符合固定资产确认的条件。

（一）固定资产的定义

固定资产（Fixed Assets）是指企业将劳动者的劳动力传递到劳动对象上的劳动工具。例如，房屋、建筑物、机器、机械、运输工具以及其他与生产经营有关的设备、器具、工具等。

我国《企业会计准则第4号——固定资产》对固定资产的定义是：固定资产是指同时具有以下特征的有形资产：

（1）为生产商品、提供劳务、经营管理而持有的。

（2）使用寿命超过一个会计年度。这里的“使用寿命”是指企业使用固定资产的预计期间，或者该固定资产所能生产产品或提供劳务的数量。

从这一定义可以看出，固定资产的最基本特征是：企业持有固定资产的目的是为了生产商品、提供劳务、经营管理，而不是直接用于出售。这一特征就使固定资产明显区别于库存商品等流动资产。企业持有无形资产的目的也是为了生产商品、提供劳务、出租或经营管理，但是无形资产没有实物形态，而固定资产通常却表现为机器、机械、房屋建筑物、运输工具等实物形态，因此无形资产不属于固定资产。固定资产准则在强调持有固定资产的目的和具有实物形态这两个特征外，还强调固定资产的使用年限超过一个会计年度，但不再强调单位价值较高这个特征。

《企业会计准则第4号——固定资产》中没有给出具体的价值判断标准。其理由主要在于：不同行业的企业以及同行业的不同企业，其经营方式、资产规模及其资产管理方式往往存在较大差别，强制要求所有企业执行同样的固定资产价值判断标准，既不切合实际，也不利于真实地反映企业的固定资产信息；此外，会计准则不具体规定固定资产的价值判断标准，既符合国际会计惯例，也符合我国会计改革的基本思路。在实务中，企业应根据不同固定资产的性质和消耗方式，结合本企业的经营管理特点，具体确定固定资产的价值判断标准。

（二）固定资产的确认条件

符合固定资产定义的资产项目，要作为企业的固定资产来核算，还需要符合以下两个条件：

1. 与该固定资产有关的经济利益很可能流入企业

资产最为重要的特征是预期会给企业带来经济利益。如果某一项目预期不能给企业带来经济利益，就不能确认为企业的资产。固定资产是企业一项重要的资产，因此对固定资产的确认关键是需要判断其所包含的经济利益是否很可能流入企业。如果某一固定资产包含的经济利益不是很可能流入企业，那么即使其满足固定资产确认的其他条件，企业也不应将其确认为固定资产；如果某一固定资产包含的经济利益很可能流入企业，并同时满足固定资产确认的其他条件，那么企业应将其确认为固定资产。

在实务中，判断固定资产包含的经济利益是否很可能流入企业，主要是依据与该固定资产所有权相关的风险和报酬是否转移到了企业。其中，与固定资产所有权相关的风险是指由于经营情况变化造成的相关收益的变动以及由于资产闲置、技术陈旧等原因造成的损失；与固定资产所有权相关的报酬是指在固定资产使用寿命内直接使用该资产而获得的经济利益以及处置该资产所实现的收益等。通常情况下，取得固定资产的所有权是判断与固定资产所有权相关的风险和报酬转移到企业的一个重要标志。凡是所有权已属于企业，无论企业是否收到或持有该固定资产，均应作为企业的固定资产；反之，如果没有取得所有权，即使存放在企业，也不能作为企业的固定资产。有时企业虽然不能取得固定资产的所有权，但是与固定资产所有权相关的风险和报酬实质上已转移给企业，根据实质重于形式原则，此时企业能够控制该项固定资产所包含的经济利益流入企业。例如，融资租入固定资产，企业虽然不拥有固定资产的所有权，但与固定资产所有权相关的风险和报酬实质上已转移到企业（承租方），此时企业能够控制该固定资产所包含的经济利益，因此符合固定资产确认的第一个条件。

2. 该固定资产的成本能够可靠地计量

成本能够可靠地计量是资产确认的一项基本条件。固定资产作为企业资产的重要组成部分，要予以确认，其为取得该固定资产而发生的支出也必须能够确切地计量或合理地估计。如果固定资产的成本能够可靠地计量，并同时满足其他确认条件，就可以在会计报表中加以确认；否则，企业不应加以确认。

企业在确定固定资产成本时，有时需要根据所获得的最新资料对固定资产的成本进行合理的估计。例如，企业对于已达到预定可使用状态的固定资产，在尚未办理竣工决算时，需要根据工程预算、工程造价或者工程实际发生的成本等资料按暂估价值确定固定资产的入账价值，待办理了竣工决算手续后再作调整。

二、固定资产的分类

固定资产的种类繁多，构成复杂，可以按不同的标志进行分类。

（一）按经济用途分类

按经济用途可将固定资产分为生产经营用固定资产和非生产经营用固定资产两类。

1. 生产经营用固定资产

生产经营用固定资产是指直接服务于企业生产经营过程的各种固定资产，包括生产经营用的房屋（Plant）、建筑物（Buildings）、机器设备（Machinery and Equipment）、工具器具（Tools and Furniture）等。

2. 非生产经营用固定资产

非生产经营用固定资产是指不直接服务于企业生产经营过程的各种固定资产，如职工宿舍及食堂、浴室等职工福利设施和有关的设备器具等。

（二）按使用情况分类

按使用情况可将固定资产分为使用中固定资产、未使用固定资产和不需用固定资产三类。

1. 使用中固定资产

使用中固定资产是指正在使用的固定资产，包括正在本企业使用的生产经营用固定资产和非生产经营用固定资产，由于季节性原因或大修理原因暂时停用的固定资产，用于内部替换使用而暂时停用的固定资产以及临时性租出的固定资产。

2. 未使用固定资产

未使用固定资产是指企业已购建完成尚未交付使用的新增固定资产，因改建、扩建原因暂时停用的固定资产。

3. 不需用固定资产

不需用固定资产是指因本企业多余不用或不再使用而准备处置的固定资产。

（三）按所有权分类

按所有权可将固定资产分为自有固定资产和租入固定资产两类。

1. 自有固定资产

自有固定资产是指企业拥有的可供企业自行支配使用的固定资产。

2. 租入固定资产

租入固定资产是指企业采用租赁方式从其他单位租入的固定资产。租入固定资产包括融资租入固定资产和经营租入固定资产。

（四）综合分类

实际工作中，企业通常结合固定资产的经济用途、使用情况和产权关系等因素将固定资产综合分为七类：生产经营用固定资产、非生产经营用固定资产、租出固定资产、未使用固定资产、不需用固定资产、融资租入固定资产和土地（指过去已单独估价入账的土地）。

企业应当根据固定资产的定义，结合本企业的具体情况，制定适合于本企业的固定资产目录、分类方法、每类或每项固定资产的折旧年限、折旧方法，作为进行固定资产核算的依据。同时，企业应将上述内容编制成册，按照管理权限，经股东大会或董事会，或经理（厂长）会议或类似机构批准，按照法律、行政法规的规定报送有关部门备案，同时备置于企业所在地，以供投资者以及有关部门查阅。企业已经确定并对外报送，或置备于企业所在地的有关固定资产目录、分类方法、每类或每项固定资产的预计净残值、预计使用年限、折旧方法等，按照可比性原则，一经确定不得随意变更，如需变更，其变更时间一般应为年初，以保持年度内折旧方法的一致，并仍然应当按照上述程序，经批准后报送有关部门备案，将变更理由及折旧方法改变后对损益的影响在会计报表附注中予以揭示。未作为固定资产管理的工具、器具等，作为低值易耗品核算。

三、固定资产的计量

固定资产的计量涉及初始计量和期末计量两个方面。其中，固定资产的初始计量指确定固定资产的取得成本；固定资产的期末计量主要解决固定资产期末计价问题。

固定资产初始计量的基本原则是按成本入账。其中，成本包括企业为购建某项固定资产达到预定可使用状态前所发生的一切合理的、必要的支出。由于固定资产的取得方式不同，如购买、自行建造、投资者投入、非货币性交易取得、债务重组取得等，其成本的具体确定方法也不完全相同。

（一）固定资产原始价值

固定资产原始价值（Acquisition Cost）也称原始成本，是指企业在投资建造、购置或以其他方式取得某项固定资产并将其投入使用之前实际发生的全部支出。企业购建固定资产的计价，确定计提折旧的依据等均采用这种计价方法。固定资产原始价值是固定资产的基本计价标准。

（二）重置价值

重置价值也称现时重置成本（Replacement Cost），是指在当前的生产能力和技术标准的条件下，重新购建同样的固定资产所需要的全部支出。按重置完全价值计价，可以比较真实地反映固定资产的现时价值，但实务操作比较复杂，因此这种方法仅在确定清查中盘盈固定资产的价值或在报表附注中对报表进行补充说明时采用。

（三）折余价值

固定资产的折余价值也称净值或账面净值（Net Value），是指固定资产的原始价值或重置完全价值减去账面累计折旧后的余额。固定资产的折余价值可以反映企业实际占用在固定资产上的资金数额和固定资产的新旧程度。这种计价方法主要用于计算盘盈、盘亏、毁损固定资产的溢余或损失。

四、固定资产核算的科目设置

固定资产核算主要涉及“固定资产”“累计折旧”“固定资产清理”“工程物资”和“在建工程”科目。

（一）“固定资产”科目

“固定资产”科目核算固定资产的原始价值，其借方记录企业购入、接受投资与捐赠等原因增加的固定资产的原始价值；贷方记录因出售、报废、毁损、置换和投资转出等原因减少的固定资产的原始价值；期末借方余额，反映企业期末固定资产的账面原值。“固定资产”科目一般按固定资产的综合分类所分的类别设置二级科目，二级科目下按固定资产的品种、规格，结合管理需要设置明细科目。

企业应当设置“固定资产登记簿”和“固定资产卡片”，按固定资产类别、使用部门和每项固定资产进行明细核算。

临时租入的固定资产，应当另设备查账簿进行登记，不在“固定资产”科目核算。

（二）“累计折旧”科目

“累计折旧”科目核算企业固定资产的累计折旧，其借方登记减少的固定资产注销的折旧，贷方登记提取的折旧，期末贷方余额反映企业提取的固定资产折旧累计数。“累计折旧”科目是“固定资产”科目的备抵科目，两者相抵的差额为固定资产的折余值。“累计折旧”科目只进行总分类核算，不进行明细分类核算，需要查明某项固定资产的已提折旧，可以根据固定资产卡片上记载的该项固定资产原值、折旧率和实际使用年数等资料进行计算。

（三）“固定资产清理”科目

“固定资产清理”科目核算企业因出售、报废和毁损等原因转入清理的固定资产价值及其在清理过程中所发生的清理费用和清理收入等。“固定资产清理”科目的借方反映出售、报废清理固定资产的账面净值以及清理过程中所发生的费用；贷方反映清理时的残料价值、变卖收入。若固定资产投了保险,在遇到意外灾害时,从保险公司收取的赔款收入以及固定资产因责任人过失造成毁损,应向责任人收取的赔款也一并计入该科目贷方。“固定资产清理”科目的期末余额,反映尚未清理完毕固定资产的价值以及清理净收入(清理收入减去清理费用)。“固定资产清理”科目应按被清理的固定资产设置明细账,进行明细核算。

(四)“工程物资”科目

“工程物资”科目核算企业为基建工程、更改工程和大修理工程准备的各种物资的实际成本。该科目借方记录为工程购入的各项物质的实际成本;贷方记录工程领用各项工程物质的实际成本;期末借方余额反映企业为工程购入但尚未领用的专用材料的实际成本、购入需要安装设备的实际成本以及为生产准备但尚未交付的工具及器具的实际成本。“工程物资”科目应当设置明细科目核算。企业购入不需要安装的设备不在“工程物资”科目核算。

(五)“在建工程”科目

“在建工程”科目核算企业进行基建工程、安装工程、技术改造工程、大修理工程等工程发生的实际支出,包括需要安装设备的价值。“在建工程”科目借方记录工程建设发生的各项支出;贷方记录工程达到预计可使用状态之前发生的转入固定资产的工程实际成本;借方余额反映企业尚未完工的工程发生的实际支出。“在建工程”科目应当设置建筑工程、安装工程、在安装设备、技术改造工程、大修理工程和其他支出明细科目。

企业根据项目概算购入不需要安装的固定资产、为生产准备的工具器具、购入的无形资产及发生的不属于工程支出的其他费用等,不在“在建工程”科目核算。

财政部和国家税务总局下发的《关于全面推开营业税改征增值税的试点的通知》正式宣布自 2016 年 5 月 1 日起在全国范围内全面推开营业税改征增值税(简称营改增)试点。增值税一般纳税人自 2016 年 5 月 1 日起,购进(包括接受捐赠、实物投资)固定资产发生的进项税额,凭增值税专用发票、海关进口增值税专用缴款书和运输费用结算单据从销项税额中抵扣。房屋建筑物等不动产,也应纳入增值税抵扣范围。

按照国家税务总局《关于发布〈不动产进项税额分期抵扣暂行办法〉的公告》的规定,增值税一般纳税人 2016 年 5 月 1 日后取得并在会计制度上按固定资产核算的不动产以及 2016 年 5 月 1 日后发生的不动产在建工程,其进项税额应按照有关规定分 2 年从销项税额中抵扣,第一年抵扣比例为 60%,第二年抵扣比例为 40%。其中,纳税人新建、改建、扩建、修缮、装饰不动产,属于不动产在建工程。

因此,如果纳税人 2016 年 5 月 1 日后购进货物和设计服务、建筑服务,用于新建不动产,上述进项税额中,60%的部分于取得扣税凭证的当期从销项税额中抵扣;40%的部分为待抵扣进项税额,于取得扣税凭证的当月起第 13 个月从销项税额中抵扣。

购进时已全额抵扣进项税额的货物和服务,转用于不动产在建工程的,其已抵扣进项税额的 40%部分,应于转用的当期从进项税额中扣减,计入待抵扣进项税额,并于转用的当月起第 13 个月从销项税额中抵扣。

因此,在会计处理上,企业购入机器设备等动产和不动产作为固定资产的,应该按照专用发票或海关完税凭证上应计入固定资产成本的金额,借记“固定资产”科目,按照专用发票或海关完税凭证上注明的增值税额,借记“应交税费——应交增值税(进项税额)”科目,按照应付或实际支付的金额,贷记“银行存款”“应付账款”“应付票据”“长期应付款”等科目。企业购入的以上固定资产若专用于非增值税应税项目、免征增值税项目、集体福利或者个人消费,其进项税额不得抵扣,计入固定资产成本。

第二节　固定资产增加的核算

一、外购固定资产

不同途径增加的固定资产，其核算亦不相同。购入固定资产是企业取得固定资产较常见的一种方式。

企业外购固定资产的成本包括买价、增值税（除房屋建筑物等不动产外）、进口关税等相关税费以及为使固定资产达到预定可使用状态前发生的可直接归属于该资产的其他支出，如场地整理费、运输费、装卸费、安装费和专业人员服务费等。

购建固定资产达到预定可使用状态具体可以从以下几个方面进行判断：

（1）固定资产的实体建造（包括安装）工作已经全部完成或者实质上已经完成。

（2）所购建的固定资产与设计要求或合同要求相符或基本相符，即使有极个别与设计或合同要求不相符的地方，也不影响其正常使用。

（3）继续发生在所购建固定资产上的支出金额很少或几乎不再发生。

如果所购建固定资产需要试生产或试运行，则在试生产结果表明资产能够正常生产出合格产品时，或试运行结果表明能够正常运转或营业时，应当认为资产已经达到预定可使用状态。工程达到预定可使用状态前因必须进行试运转所发生的净支出，计入工程成本。在达到预定可使用状态前，因试运转而形成的能够对外销售的产品，其发生的成本计入在建工程成本，销售或转为库存商品时，按实际销售收入或按预计售价冲减工程成本。

有时企业基于产品价格等因素的考虑，可能以一笔款项购入多项没有单独标价的固定资产。如果这些资产均符合固定资产的定义，也满足固定资产的确认条件，则应将各项资产单独确认为固定资产，并按各项固定资产公允价值的比例对总成本进行分配，分别确定各项固定资产的入账价值。

购买固定资产的价款超过正常信用条件延期支付，实质上具有融资性质的，固定资产的成本以购买价款的现值为基础确定。实际支付的价款与购买价款的现值之间的差额，除按照《企业会计准则第 17 号——借款费用》应予以资本化的以外，应当在信用期内计入当期损益（财务费用）。

【例 7-1】W 公司购入一台不需要安装的设备，发票价格为 600 000 元，增值税税额为 78 000 元，运杂费为 1 000 元，增值税税额为 90 元。款项全部通过银行付清，设备交付生产车间使用。

借：固定资产——生产经营用固定资产	601 000	
应交税费——应交增值税（进项税额）	78 090	
贷：银行存款		679 090

二、自行建造固定资产

企业自行建造（Self-Constructed）的固定资产，按建造该项资产达到预定可使用状态前所发生的必要支出，作为入账价值。这里所讲的“建造该项资产达到预定可使用状态前所发生的必要支出”，包括工程用物资成本、人工成本、应予以资本化的固定资产借款费用、缴纳的相关税金以及应分摊的其他间接费用等。在建工程按其实施的方式不同可分为自营工程和出包工程两种。

（一）自营工程固定资产

企业自营工程核算主要通过“工程物资”科目和“在建工程”科目进行核算。

企业自营建造固定资产，应当按照建造该项固定资产达到预定可使用状态前所发生的必要支出确定其工程成本，并单独核算。工程项目较多，且工程支出较大的企业，应当按照工程项目的性质分别核算。

工程达到预定可使用状态后，按其发生的实际成本结转企业的固定资产成本。固定资产达到预定可使用状态后剩余的工程物资，如转作库存材料，按其实际成本或计划成本，转作企业的库存材料。盘盈、盘亏、报废、毁损的工程物资，减去保险公司、过失人赔偿部分后的余额分别进行处理。如果工程项目尚未达到预定可使用状态，计入或冲减所建工程项目的成本；如果工程项目已经达到预定可使用状态，计入当期营业外支出。工程达到预定可使用状态前因必须进行试运转所发生的净支出，计入工程成本。所建造的固定资产已达到预定可使用状态，但尚未办理竣工决算的，应当自达到预定可使用状态之日起，根据工程预算、造价或者工程实际成本等，按暂估价值转入固定资产成本，待办理竣工结算手续后再作调整。

企业自营建造的固定资产按建造该项资产达到预定可使用状态前所发生的必要支出，借记“在建工程”科目，贷记“银行存款”“原材料”“应付职工薪酬”等科目。工程达到预定可使用状态交付使用的固定资产，借记“固定资产”科目，贷记“在建工程”科目。

【例 7-2】W 公司自行建造仓库一座，购入为工程准备的各种物资 500 000 元，支付的增值税税额为 65 000 元，实际领用工程物资 450 000 元，剩余物资转作企业存货；另外还领用了企业生产用的原材料一批，实际成本为 20 000 元，应付工程人员工资 150 000 元，发生其他费用30 000元及增值税 3 900 元以银行存款支付，工程已达到预定可使用状态。

（1）购入为工程准备的物资。

借：工程物资	500 000	
应交税费——应交增值税（进项税额）	39 000	
——待抵扣进项税额	26 000	
贷：银行存款		565 000

（2）工程领用物资。

借：在建工程——仓库	450 000	
贷：工程物资		450 000

（3）工程领用原材料，发生其他费用。

借：在建工程——仓库	200 000	
应交税费——应交增值税（进项税额）	3 900	
贷：原材料		20 000
应付职工薪酬		150 000
银行存款		33 900

（4）工程已达到预定可使用状态。

借：固定资产——生产经营用固定资产	650 000	
贷：在建工程——仓库		650 000

（5）剩余工程物资 50 000 元转作企业生产用的库存材料。

借：原材料	50 000	
贷：工程物资		50 000

（二）出包建造固定资产

企业通过出包工程方式建造的固定资产，按应支付给承包单位的工程价款作为其固定资产成本。支付工程价款时，借记“在建工程”科目，贷记“银行存款”“应付账款”等科目。工程达到预定可使用状态交付使用时，借记“固定资产”科目，贷记“在建工程”科目。

【例 7-3】W 公司以出包的方式建造了一栋行政办公大楼，根据合同规定总造价为 5 450万元（含增值税）。

（1）第一次付款 2 600 万元及 9%的增值税。

借：在建工程——办公大楼	26 000 000	
应交税费——应交增值税（进项税额）	1 404 000	
——待抵扣进项税额	936 000	
贷：银行存款		28 340 000

（2）完工时支付 2 400 万元及 9%的增值税。

借：在建工程——办公大楼	24 000 000	
应交税费——应交增值税（进项税额）	1 296 000	
——待抵扣进项税额	864 000	
贷：银行存款		26 160 000

（3）结转完工固定资产成本。

借：固定资产——生产用固定资产	50 000 000	
贷：在建工程——办公大楼		50 000 000

三、投资者投入固定资产

投资者投入的固定资产，应按投资合同或协议约定的价值确定入账价值，但合同或协议约定的价值不公允除外。接受投资的企业既要反映本企业固定资产的增加，也要反映投资者投资额的增加。

【例 7-4】W 公司收到 H 公司投入的固定资产一台，当即交付生产车间使用，H 公司记录的该固定资产的账面原价为 1 220 000 元，已提折旧 270 000 元；W 公司接受投资时，双方的协议价格（含税价格）为 1 000 000 元。折股本 400 000 股，每股面值 1 元。

借：固定资产——生产经营用固定资产	884 955.75	
应交税费——应交增值税（进项税额）	115 044.25	
贷：股本		400 000
资本公积——资本溢价		600 000

四、融资租入固定资产

我国《企业会计准则第 21 号——租赁》规定，融资租入的固定资产，按租赁开始租赁资产的公允价值与最低租赁付款额的现值两者中较低者作为入账价值。

最低租赁付款额是指在租赁期内，企业（承租人）应支付或可能被要求支付的各种款项（不包括或有租金和履约成本），加上由企业（承租人）或与其有关的第三方担保的资产余值。但是，如果企业（承租人）有购买租赁资产的选择权，所订立的购价预计将远低于行使选择权时租赁资产的公允价值，因而在租赁开始日就可以合理确定企业（承租人）将会行使这种选择权，则购买价格也应包括在内。其中，资产余值是指租赁开始日估计的租赁期届满时租赁资产的公允价值。

企业(承租人)在计算最低租赁付款额的现值时,如果知悉出租人的租赁内含利率,应采用出租人的内含利率作为折现率;否则,应采用租赁合同规定的利率作为折现率。如果出租人的租赁内含利率和租赁合同规定的利率均无法知悉,应当采用同期银行贷款利率作为折现率。

【例 7-5】W 公司与 X 租赁公司签订租赁合同,租一台设备,期限 4 年,每半年末支付一次租金 30 万元及 13%的增值税。W 公司每年发生维修费用 2 万元,X 租赁公司设备的公允价值为 220 万元,合同利率为 3.5%(半年),该设备为全新,估计使用期为 5 年。合同条款规定,如果后两年的经营状况良好,W 公司应按年销售收入的 1%支付经营分享收入(不含增值税)。该设备不需安装。未确认融资费用采用实际利率法摊销,折旧采用平均使用年限法。后两年经营状况正常,年收入分别为 100 万元和 200 万元。到期租赁设备退回给 X 租赁公司。

(1)确认固定资产入账价值。

最低租赁付款=300 000×8+0=2 400 000(元)

最低租赁付款现值=300 000×(P/A,3.5%,8)=300 000×6.874=2 062 200(元)

现值 2 062 200 元小于固定资产公允价值 2 200 000 元,以现值作为固定资产的入账价值。

未确认融资费用=2 400 000-2 062 200=337 800(元)

借:固定资产——融资租入	2 062 200	
未确认融资费用	337 800	
贷:长期应付款——应付融资租赁款		2 400 000

(2)分期支付租金(半年)。

借:长期应付款——应付租赁款	300 000	
应交税费——应交增值税(进项税额)	39 000	
贷:银行存款		339 000

(3)摊销未确认融资费用。

采用实际利率法,计算各年应摊销的未确认融资费用,分月摊销时现按 6 个月平均分摊。

第一个半年应确认的未确认融资费用=2 062 200×3.5%=72 177(元)

第二个半年应确认的未确认融资费用=(2 062 200-300 000+72 177)×3.5%
=64 203(元)

第三个半年应确认的未确认融资费用=(1 834 377-300 000+64 203)×3.5%
=55 950(元)

第四个半年应确认的未确认融资费用=(1 598 580-300 000+55 950)×3.5%
=47 408(元)

第五个半年应确认的未确认融资费用=(1 354 530-300 000+47 408)×3.5%
=38 568(元)

第六个半年应确认的未确认融资费用=(1 101 939-300 000+38 568)×3.5%
=29 418(元)

第七个半年应确认的未确认融资费用=(840 506-300 000+29 418)×3.5%
=19 947(元)

第八个半年应确认的未确认融资费用=(569 924-300 000+19 947)×3.5%
=10 128(元)

第一个半年摊销未确认融资费用的会计分录如下：

借：财务费用(72 177÷6)　　12 029.5

　贷：未确认融资费用　　12 029.5

(4)计提折旧，预计残值为0。

每月计提折旧=2 062 200÷48=42 962.5(元)

借：制造费用　　42 962.5

　贷：累计折旧　　42 962.5

(5)每期支付履约费用20 000元，其中可抵扣进项税1 132元。

借：制造费用　　18 868

　　应交税费——应交增值税(进项税额)　　1 132

　贷：银行存款　　20 000

(6)第三年支付或有租金。

借：销售费用　　10 000

　　应交税费——应交增值税(进项税额)　　1 300

　贷：银行存款　　11 300

(7)第四年支付或有租金。

借：销售费用　　20 000

　　应交税费——应交增值税(进项税额)　　2 600

　贷：银行存款　　22 600

(8)到期返还资产。

借：累计折旧　　2 062 200

　贷：固定资产——融资租入　　2 062 200

五、改扩建固定资产

企业在原有固定资产的基础上进行改建、扩建的，按原固定资产的账面价值，加上由于改建、扩建而使该项固定资产达到预定可使用状态前发生的支出，减改建、扩建过程中发生的变价收入作为入账价值。

【例7-6】W公司将一车间进行扩建，该车间原价为500万元，累计已提折旧200万元。扩建过程中发生支出250万元，取得可以抵扣的增值税进项税额26万元。

(1)将生产用固定资产转入扩建(暂停折旧)。

借：在建工程——扩建　　3 000 000

　　累计折旧　　2 000 000

　贷：固定资产——生产用固定资产　　5 000 000

(2)发生支出250万元，均以银行存款支付。

借：在建工程——扩建　　2 500 000

　　应交税费——应交增值税(进项税额)　　260 000

　贷：银行存款　　2 760 000

(3)扩建完工，交付使用。

借：固定资产——生产用固定资产　　5 500 000

　贷：在建工程——扩建　　5 500 000

企业发生的一些固定资产后续支出可能涉及替换原固定资产的某些组成部分，当发生的后续支出符合固定资产确认条件时，应将其计入固定资产成本，同时将被替换部分的账面价值扣除（被替换部分的价值较大时需扣除，如被替换部分的价值较少则可以忽略）。这样可以避免将替换部分的成本与被替换部分的成本同时计入固定资产成本，导致固定资产成本的重复计算。

【例 7-7】企业的某项固定资产原价为 1 000 万元，采用年限平均法计提折旧，使用寿命为 10 年，预计净残值为 0，在第 5 年年初企业对该项固定资产的某一主要部件进行更换，发生支出合计 500 万元，支付增值税进项税额 60 万元，符合准则第四条规定的固定资产确认条件，被更换的部件的原价为 400 万元。

项目	金额（万元）	计算过程
对该项固定资产进行更换前的账面价值	600	1 000-1 000/10×4
加上：发生的后续支出	500	
减去：被更换部件的账面价值	240	400/10×6
对该项固定资产进行更换后的原价	860	

（1）注销固定资产原值及累计折旧，被替换部分未来 6 年的账面价值，作为残值处理（处置收入与其账面价值的差额计入资产处置损益）。

借：在建工程	3 600 000	
累计折旧	4 000 000	
资产处置损益	2 400 000	
贷：固定资产		10 000 000

（2）改建发生的支出。

借：在建工程	5 000 000	
应交税费——应交增值税（进项税额）	600 000	
贷：银行存款等		5 600 000

（3）改建完工交付使用。

借：固定资产	8 600 000	
贷：在建工程		8 600 000

六、接受固定资产抵债

企业接受债务人以非现金资产抵偿债务方式取得的固定资产的，按应接受抵债固定资产的公允价值加上应支付的相关税费作为入账价值。

【例 7-8】W 公司欠 A 公司应收账款 100 万元，A 公司已计提坏账准备 10 万元，W 公司因出现财务困难，无法到期付款，A 公司通过债务重组，同意 W 公司以一台设备抵债，该设备的账面原值为 80 万元，累计已提折旧 20 万元，该设备的公允价值为 50 万元（不含税价格）。

（1）A 公司的会计处理如下：

借：固定资产	500 000	
应交税费——应交增值税（进项税额）	65 000	
营业外支出——债务重组损益	335 000	
坏账准备	100 000	
贷：应收账款		1 000 000

(2)W 公司的会计处理如下：

借:固定资产清理	600 000	
累计折旧	200 000	
贷:固定资产		800 000
借:应付账款	1 000 000	
资产处置损益	100 000	
贷:固定资产清理		600 000
应交税费——应交增值税(销项税额)		65 000
营业外收入——债务重组损益		435 000

七、非货币性交易取得固定资产

以非货币性资产交换换入的固定资产，按换出资产的公允价值加上应支付的相关税费作为入账价值。

【例 7-9】W 公司以一项无形资产(土地使用权)换取 M 公司的设备一台。W 公司无形资产的账面价值为 70 万元，累计摊销 20 万元，公允价值为 90 万元，增值税税率 9%。M 公司设备的账面原价为 150 万元，累计已提折旧 50 万元，不含税公允价值为 80 万元，增值税税率为 13%，该交易符合商业实质。M 公司以银行存款补付 7.7 万元给 W 公司。

(1)W 公司的账务处理(按换出资产的公允价值入账)如下：

入账价值=90+90×9%-80×13%-7.7=80(万元)

借:固定资产	800 000	
应交税费——应交增值税(进项税额)	104 000	
累计摊销	200 000	
银行存款	77 000	
贷:无形资产		700 000
资产处置损益		400 000
应交税费——应交增值税(销项税额)		81 000

(2)M 公司的账务处理如下：

注销固定资产账面价值。

借:固定资产清理	1 000 000	
累计折旧	500 000	
贷:固定资产		1 500 000

(3)确定无形资产入账价值：

入账价值=80+10.4-8.1+7.7=90(万元)

借:无形资产	900 000	
应交税费——应交增值税(进项税额)	81 000	
资产处置损益	200 000	
贷:固定资产清理		1 000 000
应交税费——应交增值税(销项税额)		104 000
银行存款		77 000

第三节 固定资产折旧

一、固定资产折旧的性质和范围

(一)固定资产折旧的性质

固定资产的特征之一就是能够保持其实物形态不变,长期为企业所使用。然而,固定资产的服务能力会随着它在企业生产经营中使用的程度而逐渐减退,直至消失。因此,企业在使用固定资产的期限内,应当将这种潜在的服务能力按照其消失或减少的比例,逐期分配到各受益期的成本或费用中去。由于使用而使得固定资产逐渐损耗而消失的那部分潜在服务能力或者说价值,称为折旧(Depreciation)。固定资产的成本随着其使用而逐期分摊、转移到它所生产的产品或劳务中去的过程称为计提折旧,每期分摊的成本称为折旧费用。之所以要把这部分损失的价值逐期分配到各个受益期成本中去,不仅是为了使企业将来有能力重新购置固定资产,而且更主要是能够把固定资产的使用成本分配于各受益期,实现收入与费用的正确配比。

固定资产计提折旧的原因在于固定资产的服务能力或使用价值的逐渐衰减或消失。导致这种服务能力或价值减少的原因有两个:一个是有形损耗;另一个是无形损耗。有形损耗或称物质损耗,是指固定资产由于物质磨损和自然力的影响而引起的价值和使用价值的损失;无形损耗或称功能损耗,是指由于科学技术进步、消费者爱好的变化,不能满足需要等原因,在其使用价值完全消失之前而提前报废所带来的损失。不论是有形损耗还是无形损耗,固定资产损失的这部分价值,应当在固定资产的有效使用年限内进行分摊,形成折旧费用,计入各期成本。

(二)固定资产折旧的范围

企业在用的固定资产一般均应计提折旧,具体范围包括:房屋和建筑物(无论是否使用);达到预定可使用状态(不管是否投入使用)的机器设备、仪器仪表、运输工具、工具器具;季节性停用、大修理停用的固定资产;融资租入和经营租出的固定资产。

达到预定可使用状态应当计提折旧的固定资产,在年度内办理竣工决算手续的,按照实际成本调整原来的暂估价值,并调整已计提的折旧额,作为调整当月的成本、费用处理。如果在年度内尚未办理竣工决算的,应当按照估计价值暂估入账,并计提折旧,待办理了竣工决算手续后,再按照实际成本调整原来的暂估价值调整原已计提的折旧额,同时调整年初留存收益各项目。

《企业会计准则第 4 号——固定资产》规定,企业应当对所有的固定资产计提折旧。但是已经提足折旧并继续使用的固定资产和按规定单独估价作为固定资产入账的土地除外。

企业一般应当按月提取折旧,当月增加的固定资产,当月不提折旧,从下月起计提折旧;当月减少的固定资产,当月照提折旧,从下月起停止提折旧。固定资产提足折旧后,不管能否继续使用,均不再提取折旧;提前报废的固定资产,也不再补提折旧。所谓提足折旧,是指已经提足该项固定资产应提的折旧总额。应提的折旧总额为固定资产原价减去预计残值加上预计清理费用。

(三)影响折旧的因素

固定资产折旧的计算,涉及固定资产原始价值、预计净残值、预计使用年限和折旧方法四个要素。

1. 固定资产原始价值(Acquisition Cost)

固定资产原值是指固定资产取得时的原始价值,即取得固定资产时所发生的各种费用,也就是取得固定资产时的实际成本。

2. 预计净残值(Net Salvage)

预计净残值是指假定固定资产预计使用寿命已满并处于使用寿命终了时的预期状态,企业目前从该项固定资产处置中获得的扣除预计处置费用后的金额。

3. 预计使用寿命(Useful Life)

预计使用寿命是指企业使用固定资产的预计期间(使用年限法),或者该固定资产所能生产产品或提供劳务的数量(工作量法)。在预计时应同时考虑有形损耗和无形损耗,即实物的使用寿命和与经济效用等有关的技术寿命,在科技进步迅猛的现代社会,技术密集型企业应更多地考虑无形损耗,合理预计使用年限。

《企业会计准则第 4 号——固定资产》规定,企业确定固定资产使用寿命,应当考虑下列因素:

(1)预计生产能力或实物生产能力。

(2)预计有形损耗和无形损耗。

(3)法律或者类似规定对资产使用的限制。

企业至少应当于每年年度终了对固定资产的使用寿命、预计净残值和折旧方法进行复核。

使用寿命预计数与原先估计数有差异的,应当调整固定资产使用寿命。

预计净残值预计数与原先估计数有差异的,应当调整预计净残值。

与固定资产有关的经济利益预期实现方式有重大改变的,应当改变固定资产折旧方法。

固定资产使用寿命、预计净残值和折旧方法的改变应当作为会计估计变更。

4. 折旧方法(Depreciation Method)

不同经营规模、不同性质的企业可根据各自的特点选择相应的折旧方法,以较合理地分摊固定资产的应计折旧总额,反映本单位固定资产的实际使用现状。企业一旦选定了某种折旧方法,应该保持相对稳定,除非折旧方法的改变能够提供更可靠的会计信息。在特定会计期折旧方法的变更应在报表附注中加以说明。

二、固定资产折旧方法

固定资产折旧方法有平均年限法、工作量法等直线法,还有年数总和法、双倍余额递减法等加速折旧法。

(一)直线法(Straight-Line Method)

1. 年限平均法

年限平均法(Per Time Period)是将固定资产的应计折旧额在固定资产整个预计使用年限内平均分摊的折旧方法。有关计算公式如下:

应提折旧总额=原始价值-(预计残值-预计清理费用)

=原始价值-预计净残值

=原始价值×(1-预计净残值率)

已计提减值准备的固定资产,在计算应提折旧额时,还应当扣除已计提的固定资产减值准备累计金额。也就是说,当固定资产发生减值时,应当重新计算固定资产的折旧额。

年折旧额=应提折旧总额÷预计使用年限

=原始价值×(1-预计净残值率)÷预计使用年限

年折旧率=年折旧额÷原始价值=(1-预计净残值率)÷预计使用年限

月折旧率=年折旧率÷12

月折旧额=原始价值×月折旧率

折旧率按计算对象不同,分为个别折旧率、分类折旧率和综合折旧率三种。个别折旧率是按单项固定资产计算的折旧率;分类折旧率是按各类固定资产分别计算的折旧率;综合折旧率则是按全部固定资产计算的折旧率。采用分类折旧率,既可以适当简化核算工作,又可以较为合理地分配折旧费,故应用较为广泛。

【例 7-10】甲公司有设备一台,原始价值为 125 000 元,预计使用年限为 5 年,预计残值为 7 500 元,预计清理费用为 2 500 元。

预计净残值率=(7 500-2 500)÷125 000×100%=4%

年折旧率=(1-4%)÷5=19.2%

月折旧率=19.2%÷12=1.6%

年折旧额=125 000×19.2%=24 000(元)

月折旧额=125 000×1.6%=2 000(元)

年限平均法是各种折旧方法中最简单的一种,适用于大多数固定资产计提折旧,因而应用范围最广泛。另外,由于按固定资产的服务时间计提折旧,平均年限法有可能充分反映无形损耗的影响。但是,这种方法只考虑了固定资产的估计使用时间,忽视了实际使用状况,忽略了某些固定资产在不同期间使用强度的不均衡性所导致的不同期间固定资产有形损耗程度的差异。固定资产使用早期发生的维修保养费少,生产效率高;后期发生的维修费用逐步增加,生产效率逐年下降,在整个使用期内,各期费用总额分布不均衡,呈递增态势,在其他因素不变的情况下,利润逐年递减。采用年限平均法,由于不能反映资产的实际使用情况而影响了决策者对财务信息的分析判断。

2. 工作量法

工作量法(Per Unit of Activity)是将固定资产的总折旧额在固定资产预计总工作量中平均分摊的方法。有关计算公式如下:

单位工作量应负担折旧额=(固定资产原始价值-预计净残值)÷预计工作总量

某项固定资产某年折旧额=该项固定资产当年工作量×单位工作量应负担折旧额

某项固定资产某月折旧额=该项固定资产当月工作量×单位工作量应负担折旧额

这里的“工作量”,可以是小时数、产量数、行驶里程数、工作台班数等。

【例 7-11】例 7-10 中的固定资产,预计工作小时数为 30 000 小时,5 年的工作时间分别为 8 500 小时、7 500 小时、6 000 小时、5 000 小时、3 000 小时。

单位工时应负担折旧额=(125 000-5 000)÷30 000=4(元)

第一年应提折旧=8 500×4=34 000(元)

第二年应提折旧=7 500×4=30 000(元)

第三年应提折旧=6 000×4=24 000(元)

第四年应提折旧=5 000×4=20 000(元)

第五年应提折旧=3 000×4=12 000(元)

采用工作量法计算的折旧额,在各个使用年份或月份中不是等额的,月折旧额的多少与工作量完成的多少密切相关,反映了资产的实际使用情况。这种折旧计算方法适合于各期完成工作量不均衡，但单位工作量内使用情况、磨损程度比较接近的固定资产，如汽车、大型机器设备等。

（二）加速折旧法

加速折旧法（Accelerated Method）是在固定资产使用早期多提折旧，在使用后期少提折旧的一种方法。这种方法的理论依据是：固定资产在使用初期，发生的故障少，需要的修理费用少，提供的服务多，为企业创造的效益高，故应多提折旧；在固定资产的使用后期，随着实物磨损程度的加剧，需要的修理费用越来越多，单位时间提供的服务量逐年减少，故应少提折旧。这样，可使固定资产在各年承担的总费用比较接近，利润较平稳，也弥补了年限平均法的局限。在加速折旧法下，由于早期计提了较多的折旧，即使固定资产提前报废，其成本于前期基本已收回，也不会造成过多的损失，符合谨慎性会计原则。

1. 年数总和法

年数总和法是以固定资产的应计折旧额作折旧基数，以一个逐期递减的分数作折旧率来计算各期折旧额的方法。这个逐期递减的分数是以每年年初固定资产尚可使用年限作为分子、以固定资产预计使用年限的总和作为分母。实际上，这个预计使用年限的总和就是一个以“1”为首项、以“1”为公差、以预计使用年限数为末项的等差数列和。有关计算公式如下：

某年折旧额＝固定资产应提折旧总额×该年年初尚可使用年限÷［预计使用年限×（预计使用年限+1）÷2］

【例 7-12】例 7-11 中的设备按年数总和法可编制折旧计算表，如表 7-1 所示。

表 7-1　　年数总和法折旧计算表　　单位：元

年份	尚可使用年限	原值-净残值	折旧率	每年折旧额	累计折旧
1	5	120 000	5/15	40 000	40 000
2	4	120 000	4/15	32 000	72 000
3	3	120 000	3/15	24 000	96 000
4	2	120 000	2/15	16 000	112 000
5	1	120 000	1/15	8 000	120 000

2. 双倍余额递减法

双倍余额递减法（Double-Declining-Balance）是将固定资产期初账面净值为折旧基数，乘以不考虑固定资产预计净残值情况下年限平均法折旧率的 2 倍来计算各期固定资产折旧额的一种方法。这种方法的特点是确定双倍年限平均折旧率时，不考虑固定资产净残值的因素，各年折旧率是固定的，但各年计提固定资产折旧的基数呈递减趋势，各年的折旧额也呈递减趋势。计算公式如下：

年折旧率＝年限平均法下折旧率×2＝2÷预计折旧年限×100%

年折旧额＝年初固定资产账面净值×年折旧率

月折旧额＝年折旧额÷12

【例 7-13】根据例 7-11 中的资料，可进行如下计算：

年折旧率＝2÷5×100%＝40%

后两年平均年折旧额＝（原值-累计已提折旧-预计净残值）÷2

＝（125 000-98 000-5 000）÷2＝11 000（元）

按双倍余额递减法可编制折旧计算表,如表7-2所示。

表7-2　　双倍余额递减法折旧计算表　　单位:元

年份	净值	折旧率(%)	每年折旧额	累计折旧
1	125 000	40	50 000	50 000
2	75 000	40	30 000	80 000
3	45 000	40	18 000	98 000
4	27 000		11 000	109 000
5	16 000		11 000	120 000
	5 000			

由于采用双倍余额递减法在确定固定资产折旧率时,不考虑固定资产的净残值因素,因此在连续计算各年折旧额时必须注意两个问题。一个问题是各年计提折旧以后,固定资产账面净值不能降低到固定资产预计净残值以下;另一个问题是某年按双倍余额递减法计算的折旧额小于按年限平均法计算的折旧额,应改为年限平均法计提折旧。一般采用下列公式进行判断:

当年按双倍余额递减法计算的折旧额<(固定资产期初账面净值-预计净残值)÷剩余使用年限。

(三)直线法和加速折旧法的比较

采用直线法计提折旧,固定资产的转移价值平均摊配于其使用的各个会计期间或完成的工作量,优点是使用方便,易于理解,由于可以采用分类折旧方式,计算也比较简单。但是,随着固定资产使用时间的推移,其磨损程度也会逐渐增加,使用后期的维修费支出将会高于使用前期的维修费支出,即使各个会计期间或单位工作量负担的折旧费相同,各个会计期间或单位工作量负担的固定资产使用成本(折旧费与维修费之和)也会不同。这种方法没有考虑固定资产使用过程中相关支出摊配于各个会计期间或完成的工作量的均衡性。

采用加速折旧法计提折旧,克服了直线法的不足。这种方法前期计提的折旧费较多而维修费较少,后期计提的折旧费较少而维修费较多,从而保持了各个会计期间负担的固定资产使用成本的均衡性。此外,由于这种方法前期计提的折旧费较多,能够使固定资产投资在前期较多地收回,在税法允许将各种方法计提的折旧费作为税前费用扣除的前提下,还能够减少前期的所得税额,符合谨慎性原则。但是,在固定资产各期工作量不均衡的情况下,这种方法可能导致单位工作量负担的固定资产使用成本不够均衡。此外,由于这种方法不适宜采用分类折旧方式,在固定资产数量较多且会计未实行电算化的情况下,计提折旧的工作量较大。

三、固定资产折旧的总分类核算

企业分期计提固定资产折旧时,是根据固定资产原值乘以年折旧率或月折旧率计算确定的。折旧率有三种:一是个别折旧率(Individual Depreciation Rate),即根据个别资产应提折旧额与该固定资产的原值之比计算的折旧率;二是分类折旧率(Group Depreciation Rate),即根据某类固定资产的应提折旧额与该类固定资产原值之比计算的折旧率;三是综合折旧率(Composite Depreciation Rate)即根据全部固定资产应提折旧额与全部固定资产原值之比计算的折旧率。

我国固定资产折旧一般采用分类折旧率计提折旧。在实务中,企业提取固定资产折旧时,一般以月初应提折旧的固定资产原值为依据,因为当月增加的固定资产当月不提折旧,当月减少的固定资产当月照提折旧。具体操作时,可在上月折旧额的基础上,对上月固定资产的增减情况进行调整后计算当月折旧额,计算公式为:

当月应提折旧额=当期期初应提折旧固定资产×月折旧率

=(上月月初应提折旧固定资产+上月增加应提折旧固定资产-上月减少应提折旧固定资产)×月折旧率

=上月折旧额+上月增加固定资产应计提的折旧额-上月减少固定资产应计提的折旧额

从这个公式也可以看出,本月计提固定资产折旧与本月增加和减少固定资产无关。

企业按月计提的固定资产折旧,应根据固定资产的用途,分别借记“制造费用”“销售费用”“管理费用”等科目,贷记“累计折旧”科目。

【例7-14】甲公司4月份生产车间提取折旧250 000元,企业管理部门提取折旧50 000元,临时租出固定资产应提折旧10 000元。4月生产车间增加一台生产用设备,其原值200 000元,月折旧率为6%。编制该企业5月份应提折旧会计分录。

5月份应计提折旧额=4月计提的折旧额+4月增加固定资产应提折旧额

4月除生产车间增加了固定资产,5月份应增加计提折旧额以外,管理部门和销售部门没有增减应提折旧的固定资产,按4月份计提的固定资产折旧额计提折旧。

借:制造费用(250 000+200 000×6%)	262 000	
管理费用	50 000	
其他业务成本	10 000	
贷:累计折旧		322 000

第四节 固定资产的后续支出

固定资产的后续支出主要指固定资产使用后对固定资产进行维修、改良等发生的各种支出。

一、固定资产的修理(Repairs)

固定资产在长期使用过程中,由于各个组成部分耐用程度不同或者作用的条件不同,往往发生部分零部件的损坏,为了保证固定资产的正常运转和使用,充分发挥其使用效能,企业必须对固定资产进行必要的修理。

(一)固定资产修理的特点

固定资产修理的主要目的是恢复其使用价值。一般来说,固定资产的各个零部件,按其作用和结构的复杂程度,分别标明了复杂系数。固定资产的修理,按每次修理的零部件的复杂系数分类,可以分为日常修理和大修理两类。

日常修理也称为中小修理(Ordinary Repairs),一般是指每次修理的零部件的复杂系数之和在规定的复杂系数以下的修理。

大修理(Extraordinary Repairs)一般是指每次修理的零部件的复杂系数之和在规定的复杂系数以上的修理。

不同的固定资产对划分日常修理和大修理的复杂系数的规定有所不同。

日常修理的特点是:修理范围小,成本支出少,修理次数多,间隔时间短。但是,需要指出的是,日常修理的间隔时间短不一定意味着其受益期限短。这是因为日常修理的范围小,这次修理这一部分,下次修理另一部分,每次修理的零部件不一定是同一零部件,对于某一零部件来说,修理后的受益期也可能较长。

大修理的特点是:修理范围大,成本支出多,修理次数少,间隔时间长。但是,需要指出的是,大修理的成本支出多是指某项固定资产的大修理成本支出相对每次日常修理成本支出而言较多,其支出数额在企业全部成本费用中的比重则不一定较大。

(二)固定资产修理的核算

新修订的企业会计准则规定,与固定资产有关的后续支出,符合准则规定的固定资产确认条件的,应当计入固定资产成本,不符合固定资产确认条件的,应当在发生时计入当期损益。固定资产的日常维护支出只是确保固定资产处于正常工作状态,通常不满足固定资产的确认条件,应在发生时计入管理费用或销售费用,不得采用预提或待摊方式处理。新修订的企业会计准则应用指南规定,企业生产车间(部门)和行政管理部门等发生的固定资产修理费用等后续支出,如不满足资本化条件,应当直接计入管理费用。企业发生的与专设销售机构相关的固定资产修理费用等后续支出,直接计入销售费用。

新修订的企业会计准则及其应用指南不再对固定资产的修理费用进行预提,而是在实际发生时根据支出能否资本化分别进行相应的处理。不能资本化的修理费用直接计入当期费用,可以资本化的计入固定资产账面价值。

二、固定资产的改良

(一)固定资产改良的特点

固定资产改造(Improvement and Betterment)是指为了提高固定资产的质量而采取的措施,如以自动装置代替(Replacement)非自动装置等。固定资产扩建(Additions)是指为了提高固定资产的生产能力而采取的措施,如房屋增加楼层等。固定资产改造、扩建亦称为固定资产改良。固定资产改良支出一般数额较大,受益期较长(超过一年),而且使固定资产的性能、质量等都有较大的改进。

《企业会计准则第4号——固定资产》规定,与固定资产相关的后续支出,符合准则规定的第四条的固定资产确认条件的,应当资本化计入固定资产成本;不符合固定资产确认条件的,应当在发生时计入当期损益。

企业为固定资产发生的支出符合下列条件之一的,应当确认为固定资产改良支出:

(1)使固定资产的使用寿命延长。

(2)使固定资产的生产能力得到实质性的提高。

(3)使通过固定资产生产的产品质量有所提高。

(4)使单位产品生产成本有所降低。

(5)使产品品种、性能、规格等发生良好的变化。

(6)使企业经营管理环境或条件得到改善。

固定资产改良支出符合固定资产的确认条件,因而固定资产改良支出应当资本化,计入固定资产成本,如有被替换部分,应扣除其账面价值。

(二)固定资产改良的核算

由于企业固定资产在改良期间停止使用,工期又比较长,因而在改良之前,应对固定资产进行明细分类核算，将其原值从使用中固定资产类转为未使用固定资产类。

固定资产改良工程支出的核算与自建工程支出的核算方法相同，应通过“在建工程”科目核算。

【例 7-15】甲公司改建机床 1 台，改建前的原值为 90 000 元，预计使用年限为 15 年，预计净残值为 4 000 元，已使用 12 年，采用平均使用年限法以个别折旧方式计提折旧。该项机床采用出包方式进行改建，用银行存款支付改建工程款 35 000 元及取得可抵扣的增值税发票金额 3 400 元（增值税进项税额）。改建机床拆除部件（价值较小）的残料计价 1 000 元入库。工程完工后，延长使用年限 5 年，机床还能使用 8 年，预计净残值提高到 3 000 元。

（1）将固定资产从生产用类转为未使用类。

借：在建工程——机床改建工程	21 200	
累计折旧	68 800	
贷：固定资产——生产用固定资产		90 000

（2）用银行存款支付改建工程款。

借：在建工程——机床改建工程	35 000	
应交税费——应交增值税（进项税额）	3 400	
贷：银行存款		38 400

（3）拆除部件的残料计价入库。

借：原材料	1 000	
贷：在建工程——机床改建工程		1 000

（4）改建工程完工，固定资产交付使用，净支出 34 000 元计入固定资产原值。

借：固定资产——生产用固定资产	55 200	
贷：在建工程——机床改建工程		55 200

（5）计算改建后第 13 年至第 20 年各年的折旧额。

第 12 年年末累计折旧＝（90 000－4 000）×12÷15＝68 800（元）

改建后的固定资产净值＝21 200+35 000－1 000＝55 200（元）

改建后的年折旧额＝（55 200－3 000）÷8＝6 525（元）

第五节　固定资产减值

一、固定资产减值

固定资产减值是指固定资产的可收回金额低于其账面价值所发生的损失。这里的可收回金额是指固定资产的公允价值减去处置费用后的净额与固定资产预计未来现金流量的现值，两者之中的较高者。可收回金额与现值只要有一项高于账面价值，就表明固定资产未发生减值。

《企业会计准则第 8 号——资产减值》规定，企业应当在资产负债表日判断资产是否存在可能发生减值的迹象。存在下列迹象的，表明资产可能发生了减值：

（1）资产的市价当期大幅度下跌，其跌幅明显高于因时间的推移或者正常使用而预计的下跌。

(2)企业经营所处的经济、技术或者法律等环境以及资产所处的市场在当期或者将在近期发生重大变化,从而对企业产生不利影响。

(3)市场利率或者其他市场投资报酬率在当期已经提高,从而影响企业计算资产预计未来现金流量现值的折现率,导致资产可收回金额大幅度降低。

(4)有证据表明资产已经陈旧过时或者其实体已经损坏。

(5)资产已经或者将被闲置、终止使用或者计划提前处置。

(6)企业内部报告的证据表明资产的经济绩效已经低于或者将低于预期,如资产所创造的净现金流量或者实现的营业利润(或者亏损)远远低于(或者高于)预计金额等。

(7)其他表明资产可能已经发生减值的迹象。

二、科目设置和账务处理

企业应设置"固定资产减值准备"科目核算提取的固定资产减值准备。该科目是固定资产净值的备抵账户,其贷方反映固定资产减值准备的提取数;借方反映处置固定资产时应转销的已计提固定资产减值准备;期末贷方余额反映企业已提取的固定资产减值准备。

企业期末应将固定资产的可收回金额与其账面价值逐项比较,如果其可收回金额大于其账面价值,不做任何处理;如果其可收回金额小于账面价值,意味着固定资产发生了减值,应按所确定的固定资产减值数额,借记"资产减值损失——固定资产减值损失"科目,贷记"固定资产减值准备"科目。

固定资产减值损失确认后,减值的固定资产的折旧费用应当在未来期间做相应调整,以使该资产在剩余使用寿命内,系统地分摊调整后的资产账面价值(扣除预计净残值)。固定资产减值一经计提,以后不得转回。

【例7-16】甲公司2019年年末对其固定资产进行了逐项检查发现乙设备原值为80 000元,累计已计提折旧20 000元,可收回金额为45 000元,预计净残值为2 000元,预计可使用5年。丙设备原值为120 000元,累计已计提折旧40 000元,可收回金额为62 000元,预计净残值为3 000元,预计可使用4年。乙、丙设备分别发生减值15 000元和18 000元。

借:资产减值损失——固定资产减值损失	33 000	
贷:固定资产减值准备——乙设备		15 000
——丙设备		18 000

乙、丙设备发生减值后,要重新计算未来可使用年的折旧额。

乙设备年折旧额=(45 000-2 000)÷5=8 600(元)

丙设备年折旧额=(62 000-3 000)÷4=14 750(元)

第六节 固定资产的处置

一、固定资产处置的内容

固定资产处置是指由于出售、报废、毁损、盘亏和向其他单位投资转出等原因而减少固定资产时,对固定资产所做的一种处理。固定资产处置具体包括投资转出、捐赠转出、以非现金资产抵偿债务方式转出、以非货币性交易换出、无偿调出、盘亏、出售、报废和毁损等内容。

企业因出售、报废和毁损等原因造成固定资产的减少，可通过“固定资产清理”科目核算。企业因出售、报废和毁损等原因转入清理的固定资产账面净额、处理过程中发生的清算费用、应缴纳的税金记入“固定资产清理”科目借方；出售固定资产所获收入或残料变价收入及有关保险赔偿金等记入“固定资产清理”科目贷方。固定资产清理后，应及时确认净收益或净损失，分别按不同情况处理。属于筹建期间的，调整开办费；属于生产经营期间的，作为资产处置损益设置“资产处置损益”科目进行核算。该科目借方记录资产处置损益，贷方记录资产处置收益，其差额于年末转入“本年利润”科目。

二、投资转出固定资产

企业向其他单位投资转出固定资产相当于以固定资产取得长期股权投资，其中关键问题是如何确认长期股权投资的入账价值。长期股权投资按双方对固定资产的协议价格与相关税费之和作为长期投资的入账价值，固定资产的协议价格与账面价值的差额计入当期损益。

【例 7-17】甲公司将一台设备投资给芙蓉公司，设备的原始价值为580 000 元，已提折旧 200 000 元，已计提的减值准备 50 000 元，双方的协议价为 300 000 元，假设协议价格为不含税价格，设备适用增值税税率为 13%。

(1)注销固定资产账面价值。

借：固定资产清理	330 000	
累计折旧	200 000	
固定资产减值准备	50 000	
贷：固定资产		580 000

(2)确定长期股权入账价值。

借：长期股权投资——其他投资	339 000	
资产处置损益	30 000	
贷：固定资产清理		330 000
应交税费——应交增值税(销项税额)		39 000

三、抵债转出固定资产

企业以固定资产抵偿债务方式转出的固定资产，一方面注销固定资产的账面原值和累计折旧，同时将固定资产抵债产生的损失计入当期损益。

【例 7-18】甲公司以一台未使用设备抵偿欠芙蓉公司债款 150 000 元，该设备账面原值120 000 元，已提折旧 15 000 元，已提固定资产减值准备 10 000 元，该设备的公允价值为 80 000 元，公允价值为不含税价格。增值税税率为 13%。

借：固定资产清理	95 000	
累计折旧	15 000	
固定资产减值准备	10 000	
贷：固定资产		120 000
借：应付账款——芙蓉公司	150 000	
资产处置损益	15 000	

贷:固定资产清理 95 000
应交税费——应交增值税(销项税额) 10 400
营业外收入——债务重组损益 59 600

四、以非货币性交易换出固定资产

企业以非货币性交易换出固定资产时,应注销换出的固定资产原值和已提折旧,将其净值转入“固定资产清理”账户,资产交换过程中可能不涉及支付或收到补价,也可能涉及支付或收到补价。假设非货币性资产交换均符合商业实质。

【例 7-19】甲公司以一台生产用机床与长垣公司的一批原材料相交换。甲公司车床原值为 110 000 元,累计折旧为 30 000 元,已提固定资产减值准备 10 000 元,公允价值为 80 000 元;长垣公司原材料账面成本为 50 000 元,在交换日公允价值为 80 000 元,增值税税率为 13%,计税价格为公允价值。该交易符合商业实质。

(1)甲公司的会计处理如下:

借:固定资产清理 70 000
累计折旧 30 000
固定资产减值准备 10 000
贷:固定资产 110 000

换入原材料的入账价值=换出资产公允价值+换出资产增值税销项税额-换入资产增值税进项税额=80 000×(1+13%)-80 000×13%=80 000(元)

借:原材料 80 000
应交税费——应交增值税(进项税额) 10 400
贷:固定资产清理 70 000
资产处置损益 10 000
应交税费——应交增值税(销项税额) 10 400

(2)长垣公司的会计处理如下:

换入固定资产的入账价值=换出资产公允价值=材料的公允价值+换出资产增值税销项税额-换入资产增值税进项税额=80 000×(1+13%)-80 000×13%=80 000(元)

借:固定资产 80 000
应交税费——应交增值税(进项税额) 10 400
贷:其他业务收入 80 000
应交税费——应交增值税(销项税额) 10 400

同时,结转成本。

借:其他业务成本 50 000
贷:原材料 50 000

五、因出售、报废和毁损等原因减少固定资产

固定资产出售、使用期满进行报废、技术进步或管理不善发生提前报废、遭受自然灾害等非常损失发生毁损等均会使得企业的固定资产减少,也通过“固定资产清理”科目核算。固定资产清理一般可分为以下几个步骤:固定资产转入清理,确认发生的清理费用,确认出售收入和残料的价值,进行保险赔偿,处理清理净收益。固定资产清理后的净收益应区别情况处理:属于筹建期间的,冲减长期待摊费用;属于生产经营期间的,计入当期损益。

【例 7-20】某企业将一幢建筑物出售,原始价值为 400 000 元,已提折旧220 000 元,议定售价为 250 000 元,建筑物出售前发生清理费用 8 000 元,适用的增值税税率为 9%。上述款项均通过银行存款收付。

(1)注销固定资产账面价值。

借:固定资产清理	180 000	
累计折旧	220 000	
贷:固定资产		400 000

(2)支付固定资产清理费用。

借:固定资产清理	8 000	
贷:银行存款		8 000

(3)收回出售固定资产价款。

借:银行存款	272 500	
贷:固定资产清理		250 000
应交税费——应交增值税(销项税额)		22 500

(4)处理净收益。

借:固定资产清理	62 000	
贷:资产处置损益		62 000

【例 7-21】某企业将一台使用期满的设备予以报废,原始价值为 60 000 元,已提折旧 57 500 元。报废设备的净残值收益为 4 680 元存入银行,增值税税率为 13%。

(1)固定资产报废清理。

借:固定资产清理	2 500	
累计折旧	57 500	
贷:固定资产		60 000

(2)收回残料入库。

借:银行存款	4 520	
贷:固定资产清理		4 000
应交税费——应交增值税(销项税额)		520

(3)固定资产清理完毕,结转净收益。

借:固定资产清理	1 500	
贷:资产处置损益		1 500

六、盘亏固定资产

盘盈盘亏的固定资产的核算不通过“固定资产清理”科目,而是通过“待处理财产损溢”科目核算,经批准后转入“资产处置损益”科目。

【例 7-22】甲公司盘亏未使用设备一台,该设备原价为 150 000 元,已计提折旧 100 000 元,并已计提固定资产减值准备 8 000 元,经董事会批准后转入非流动资产处置损益。

(1)财产清查中盘亏固定资产。

借:待处理财产损溢——待处理固定资产损溢	42 000	
累计折旧	100 000	
固定资产减值准备	8 000	
贷:固定资产——未使用固定资产		150 000

(2)查明原因并经董事会批准后。

借:资产处置损益　　42 000

　贷:待处理财产损溢——待处理固定资产损溢　　42 000

第七节　持有待售的非流动资产和处置组

一、持有待售类别的分类

(一)持有待售类别分类的基本要求

1.分类原则

企业主要通过出售而非持续使用一项非流动资产或处置组收回其账面价值的,应当将其划分为持有待售类别。

处置组是指在一项交易中作为整体通过出售或其他方式一并处置的一组资产以及在该交易中转让的与这些资产直接相关的负债。处置组所属的资产组或资产组组合按照《企业会计准则第8号——资产减值》分摊了企业合并中取得的商誉的,该处置组应当包含分摊至处置组的商誉。处置组中可能包含企业的任何资产和负债。

非流动资产或处置组划分为持有待售类别,应当同时满足下列条件:

(1)在当前状况下即可立即出售。

(2)出售极可能发生,即企业已经就一项出售计划做出决议且获得确定的购买承诺,预计出售将在一年内完成。

2. 延长一年期限的例外条款

因企业无法控制的下列原因之一,导致非关联方之间的交易未能在一年内完成,且有充分证据表明企业仍然承诺出售非流动资产或处置组的,企业应当继续将非流动资产或处置组划分为持有待售类别。

(1)意外设定条件。买方或其他方意外设定导致出售延期的条件,企业针对这些条件已经及时采取行动,且预计能够自设定导致出售延期的条件起一年内顺利化解延期因素。

例如,甲公司计划将整套钢铁生产厂房和设备出售给乙公司,双方已于2019年9月16日签订了转让合同。该厂区的污水排放系统存在缺陷,对周边环境造成污染。甲公司不知晓土地污染情况,2019年11月6日,乙公司在对生产厂房和设备进行检查过程中发现污染,并要求甲公司进行补救。甲公司立即着手采取措施,预计至2020年10月底环境污染问题能够得到成功整治。该种情形符合甲公司应当继续将其划分为持有待售类别。

(2)发生罕见情况。因发生罕见情况,导致持有待售的非流动资产或处置组未能在一年内完成出售,企业在最初一年内已经针对这些新情况采取必要措施且重新满足了持有待售类别的划分条件。

3. 不再继续符合划分条件的处理

持有待售的非流动资产或处置组不再满足持有待售类别划分条件的,企业不应当继续将其划分为持有待售类别。

例如,甲公司拟将一栋原自用的写字楼转让,于2019年12月6日与乙公司签订了房产转让协议,预计将于10个月内完成转让,假定该写字楼于签订协议当日符合划分为持有待售类别的条件。2020年市场状况迅速恶化,房地产价格大跌,乙公司认为原协议价格过高，决定放弃购买，并于2020年9月21日按照协议约定缴纳了违约金。甲公司决定在考虑市场状况变化的基础上降低写字楼售价，并积极开展市场营销，于2020年12月1日与丙公司重新签订了房产转让协议，预计将于9个月内完成转让。

因2020年市场状况迅速恶化，房地产价格大跌，属于罕见情况，在该写字楼划分为持有待售类别的最初一年内，甲公司已经重新签署转让协议，并预计将在2020年12月1日开始的一年内完成，使写字楼重新符合了持有待售类别的划分条件。因此，甲公司应当继续将其划分为持有待售类别。

如果甲公司尽管降低了写字楼售价并积极开展市场营销，但始终没有找到合适的买家，则甲公司不应当继续将其划分为持有待售类别。

（二）某些特定持有待售类别分类的具体应用

1. 企业专为转售而取得的非流动资产或处置组

在取得日满足"预计出售将在一年内完成"的规定条件，且短期（通常为3个月）内很可能满足持有待售类别的其他划分条件的，企业应当在取得日将其划分为持有待售类别。

2. 持有待售的长期股权投资

企业因出售对子公司的投资等原因导致其丧失对子公司控制权的，无论出售后企业是否保留部分权益性投资，应当在拟出售对子公司投资满足持有待售类别划分条件时，在母公司个别财务报表中将对子公司投资整体划分为持有待售类别，在合并财务报表中将子公司所有资产和负债划分为持有待售类别。

3. 拟结束使用而非出售的非流动资产或处置组

企业不应当将拟结束使用而非出售的非流动资产或处置组划分为持有待售类别。

二、持有待售类别的计量

（一）划分为持有待售类别前的计量

企业将非流动资产或处置组首次划分为持有待售类别前，应当按照相关会计准则规定计量非流动资产或处置组中各项资产和负债的账面价值。

（二）划分为持有待售类别时的计量

企业初始计量持有待售的非流动资产或处置组时，其账面价值高于公允价值减去出售费用后的净额的，应当将账面价值减记至公允价值减去出售费用后的净额，减记的金额确认为资产减值损失，计入当期损益，同时计提持有待售资产减值准备。

（三）划分为持有待售类别后的计量

1. 持有待售的非流动资产的后续计量

资产负债表日重新计量持有待售的非流动资产时，其账面价值高于公允价值减去出售费用后的净额的，应当将账面价值减记至公允价值减去出售费用后的净额，减记的金额确认为资产减值损失，计入当期损益，同时计提持有待售资产减值准备。

后续资产负债表日持有待售的非流动资产公允价值减去出售费用后的净额增加的，以前减记的金额应当予以恢复，并在划分为持有待售类别后确认的资产减值损失金额内转回，转回金额计入当期损益。划分为持有待售类别前确认的资产减值损失不得转回。

持有待售的非流动资产不应计提折旧或摊销。

2. 持有待售的处置组的后续计量

企业在资产负债表日重新计量持有待售的处置组时，应当首先按照相关会计准则规定计量处置组中的流动资产、适用其他准则计量规定的非流动资产和负债的账面价值。

在进行上述计量后，企业应当比较持有待售的处置组整体账面价值与公允价值减去出售费用后的净额，如果账面价值高于其公允价值减去出售费用后的净额，应当将账面价值减记至公允价值减去出售费用后的净额，减记的金额确认为资产减值损失，计入当期损益，同时计提持有待售资产减值准备。

对于持有待售的处置组确认的资产减值损失金额，应当先抵减处置组中商誉的账面价值，再根据处置组中适用《企业会计准则第42号——持有待售的非流动资产、处置组和终止经营》计量规定的各项非流动资产账面价值所占比重，按比例抵减其账面价值。

后续资产负债表日持有待售的处置组公允价值减去出售费用后的净额增加的，以前减记的金额应当予以恢复，并在划分为持有待售类别后适用《企业会计准则第42号——持有待售的非流动资产、处置组和终止经营》计量规定的非流动资产确认的资产减值损失金额内转回，转回金额计入当期损益。

已抵减的商誉账面价值以及适用《企业会计准则第42号——持有待售的非流动资产、处置组和终止经营》计量规定的非流动资产在划分为持有待售类别前确认的资产减值损失不得转回。

持有待售的处置组中的非流动资产不应计提折旧或摊销，持有待售的处置组中负债的利息和其他费用应当继续予以确认。

(四)不再继续划分为持有待售类别的计量

非流动资产或处置组因不再满足持有待售类别的划分条件而不再继续划分为持有待售类别或非流动资产从持有待售的处置组中移除时，应当按照以下两者孰低计量：

(1)划分为持有待售类别前的账面价值，按照假定不划分为持有待售类别情况下本应确认的折旧、摊销或减值等进行调整后的金额。

(2)可收回金额。

(五)终止确认

企业终止确认持有待售的非流动资产或处置组时，应当将尚未确认的利得或损失计入当期损益。

三、持有待售类别的列报

持有待售资产和负债不应当相互抵销，应在“持有待售资产”和“持有待售负债”中作为流动资产和流动负债单独列报。

思考题

1. 什么是固定资产？固定资产的特点有哪些？
2. 固定资产是如何分类的？
3. 什么是固定资产原值？如何确定固定资产的入账价值？
4. 什么是固定资产重置价值和固定资产净值？
5. 什么是固定资产折旧和折旧费？
6. 什么是投资性房地产？其计量模式有哪几种？
7. 固定资产的折旧范围是如何规定的？
8. 如何评价固定资产折旧的直线法和加速折旧？
9. 处置固定资产的损益应计入哪个项目？
10. 固定资产的修理与改良有何区别？

练习题

根据以下业务编制会计分录：

1. 甲公司购入一台不需要安装的设备，发票价格为 150 000 元，增值税进项税额为 19 500 元，发生运费为 1 500 元，增值税进项税额为 135 元。款已用银行汇票付清，设备已运回投入生产。

2. 甲公司购入一台需要安装的设备，取得的增值税专用发票上注明的设备买价为 80 000 元，增值税税额为 10 400 元，支付的运输费为 1 400 元及相关进项税 126 元。安装设备时，领用生产用材料 1 500 元，支付工资 2 500 元。

3. 甲公司自行建造办公大楼一座，购入为工程准备的各种物资价值 700 000 元，支付的增值税税额为 91 000 元，实际领用工程物资价值 700 000 元，另外还领用了企业生产用的原材料一批，实际成本为 50 000 元，支付工程人员工资 90 000 元，企业辅助生产车间为工程提供有关劳务支出 15 000 元，该工程完工交付使用。

4. 甲公司采用融资租赁方式租入生产线一条，按租赁协议规定的最低租赁价款为 1 500 000 元，另外支付运杂费、途中保险费、安装调试费等 100 000 元，增值税进项税 10 000 元。按租赁协议规定，租赁价款分 5 年于每年年末支付 300 000 元（不含税），该生产线的折旧年限为 5 年，采用直线法计提折旧（不考虑净残值），租赁期满，该生产线转归承租企业拥有。合同内含报酬率为 10%。采用实际利率法摊销未确认融资费用。

5. 甲公司将投资性房地产转作自用固定资产。投资性房地产采用成本计量，账面成本为 50 万元，已计提折旧 15 万元。

6. 甲公司决定以生产的账面价值为 80 000 元的产品交换 B 公司的一台生产用设备。该批商品的公允价值为 120 000 元，A 公司销售产品的增值税税率为 13%，计税价格为公允价值。B 公司设备的账面成本为 180 000 元，累计已提折旧 30 000 元，公允价值为 130 000 元，A 公司以银行存款支付给 B 公司 11 300 元，该交换符合商业实质。

7. 甲公司以生产用的锻压设备交换乙公司生产用的起重机，以备自用。甲公司的锻压设备的账面原值为 220 000 元，在交换日的累计折旧为 50 000 元，公允价值为 150 000 元。乙公司的起重机的账面成本为 350 000 元，已计折旧 160 000 元，公允价值为 150 000 元，该交换符合商业实质。增值税率为 13%。

8. 甲公司有旧厂房一幢，原值 560 000 元，已提折旧 400 000 元，现以200 000 元售出，增值税税率为 9%，款已收取存入银行，发生清理费用20 000元。

9. 甲公司一台设备原值 500 000 元，已计提折旧 50 000 元，年末对固定资产进行测试，发现该设备的可收回净额为 420 000 元，预计净残值 10 000 元，预计使用年限 5 年，编制计提减值准备的会计分录，计算未来 4 年的年折旧额（采用直线法）。

10. 甲公司有一项固定资产，其原值为 250 000 元，预计使用 4 年，预计残值 3 000 元，预计清理费 1 000 元。分别采用平均使用年限法、双倍余额递减法、年限总和法计算各年的折旧率和折旧额。

第八章
投资性房地产

房地产是土地和房屋及其权属的总称。随着我国社会主义市场经济的发展和完善，房地产市场日益活跃，企业持有的房地产除了用作自身管理、生产经营活动场所和对外销售之外，还出现了将房地产用于赚取租金或增值收益的活动，这些活动甚至成为个别企业的主营业务。用于赚取租金或增值收益的房地产就是本章讨论的投资性房地产。

第一节 投资性房地产的范围与特征

一、投资性房地产的概念及范围

根据《企业会计准则第3号——投资性房地产》的规定，投资性房地产是指为赚取租金或资本增值，或者两者兼有而持有的房地产。投资性房地产主要包括：

(一)已出租的土地使用权

已出租的土地使用权是指企业通过出让或转让方式取得的、以经营租赁方式出租的土地使用权。企业取得的土地使用权通常包括在一级市场上以缴纳土地出让金的方式取得的土地使用权，也包括在二级市场上接受其他单位转让的土地使用权。但应当注意，对于以经营租赁方式租入土地使用权再转租给其他单位的，不能确认为投资性房地产。

(二)持有并准备增值后转让的土地使用权

持有并准备增值后转让的土地使用权是指企业取得的、准备增值后转让的土地使用权。例如，企业发生转产或厂址搬迁，部分土地使用权停止自用，管理层决定继续持有这部分土地使用权，待其增值后转让以赚取增值收益。但是，按照国家有关规定认定的闲置土地，不属于持有并准备增值后转让的土地使用权，也就不属于投资性房地产。

(三)已出租的建筑物

已出租的建筑物是指企业拥有产权的、以经营租赁方式出租的建筑物，包括自行建造或开发活动完成后用于出租的建筑物。在判断和确认已出租的建筑物时，应把握以下三点：

(1)建筑物的产权归属企业，即不包括以经营租赁方式租入再转租的建筑物。

(2)该建筑物已与其他方签订租赁协议或合同，并自租赁协议规定的租赁期开始日起才属于已出租的建筑物。

(3)按租赁协议向承租人提供的相关辅助服务在整个协议中不重大。例如，甲企业将20层的写字楼出租，同时提供保安、维修等日常辅助服务，对整个出租项目而言，此辅助服务不重大。

此外，下列项目不属于投资性房地产：

(1)自用房地产，即为生产商品、提供劳务或经营管理而持有的房地产。例如，经营用的厂房、办公楼,出租给本企业职工居住的宿舍,自行经营的旅馆饭店等,这类房地产应属于企业固定资产。又如,企业生产经营用的土地使用权,其价值会随着使用而逐渐转移到企业的产品或服务中,应在“无形资产”科目下核算。

(2)作为存货的房地产。这主要是针对房地产开发企业而言的,因为房地产开发企业在正常经营过程中销售的或为销售而正在开发的商品房和土地,其生产、销售构成企业的主营业务活动,具有存货性质,所以这类房地产不属于投资性房地产。

二、投资性房地产的特征

持有投资性房地产的最终目的是赚取租金或增值收益。其特征如下:

(一)投资性房地产是一种经营性活动

投资性房地产的主要形式是出租建筑物、出租土地使用权,这实质上属于一种让渡资产使用权行为,房地产租金就是让渡资产使用权取得的使用费收入。投资性房地产的另一种形式是持有并准备增值后转让的土地使用权,尽管其增值收益通常与市场供求、经济发展等因素相关,但其结果也会形成企业经济利益总流入。

(二)投资性房地产在用途、状态、目的等方面区别于作为生产经营场所的房地产和用于销售的房地产

将投资性房地产单独作为一项资产核算和反映,与自用的厂房、办公楼等房地产和作为存货(已完工商品房)的房地产加以区别,从而更加清晰地反映企业持有房地产的构成情况和盈利能力。

(三)投资性房地产有两种后续计量模式

企业通常应当采用成本模式对投资性房地产进行后续计量,只有在满足特定条件的情况下,才可以对投资性房地产采用公允价值模式。但是,《企业会计准则第3号——投资性房地产》应用指南规定同一企业只能采用一种模式对所有投资性房地产进行后续计量。

第二节 投资性房地产的确认和初始计量

一、投资性房地产的确认条件

将某个项目确认为投资性房地产,首先应当符合投资性房地产的概念,其次要同时满足投资性房地产的两个确认条件:

(1)与该资产相关的经济利益很可能流入企业。

(2)该投资性房地产的成本能够可靠地计量。

在确认时点上,已出租的土地使用权、已出租的建筑物的确认时点为租赁期开始日,而对持有并准备增值后转让的土地使用权,把自用土地使用权停止自用,准备增值后转让的日期作为确认时点。

二、投资性房地产的初始计量

投资性房地产应当按照成本进行初始计量,不同来源的房地产其成本构成不同。

(1)外购的投资性房地产,其成本构成包括购买价款、相关税费和可直接归属于该资产的其他支出。

（2）自行建造的投资性房地产，由建造该项资产达到预定可使用状态前发生的必要支出作为其入账价值。

（3）非投资性房地产转换为投资性房地产，其入账价值将在本章第四节介绍。

（4）以其他方式取得的投资性房地产，原则上按成本计量，符合其他准则规定的按其他准则予以确认。

三、投资性房地产取得时的会计处理

企业应该设置“投资性房地产”科目来单独确认取得的投资性房地产，该科目是资产类科目，取得时，借记“投资性房地产”科目，贷记“银行存款”等科目。

【例 8-1】W 公司于 2019 年 1 月 1 日支付 1 200 万元价款和增值税进项税额 108 万元购入 680 平方米的商业用房，当日出租给乙公司。W 公司购入投资性房地产的账务处理如下：

借：投资性房地产	12 000 000	
应交税费——应交增值税（进项税额）	648 000	
——待抵扣进项税额	432 000	
贷：银行存款		13 080 000

企业购入房地产，自用一段时间之后再改为出租或用于资本增值的，应当先将外购的房地产确认为固定资产或无形资产，自租赁期开始日或用于资本增值之日起，才能从固定资产或无形资产转换为投资性房地产。

【例 8-2】W 公司采用出包方式建造商用楼，用于出租，总投资 5 000 万元（不含增值税）。2019 年 1 月 1 日，W 公司支付工程款 5 000 万元及增值税 450 万元。2020 年 1 月 1 日，工程达到预定可使用状态，与乙方签订了经营租赁协议，则 W 公司账务处理如下：

（1）2019 年 1 月 1 日：

借：在建工程——商用楼	50 000 000	
应交税费——应交增值税（进项税额）	2 700 000	
——待抵扣进项税额	1 800 000	
贷：银行存款		54 500 000

（2）2020 年 1 月 1 日：

借：投资性房地产	54 500 000	
贷：在建工程		54 500 000

企业自行建造或开发的房地产，只有在自行建造或开发活动完成（达到预定可使用状态）的同时开始对外出租或用于资本增值时，才能将自行建造的房地产确认为投资性房地产。

第三节　投资性房地产的后续计量

投资性房地产后续计量，通常应当采用成本模式，只有在满足特定条件的情况下才可以采用公允价值模式。但是，同一企业只能采用一种模式对所有投资性房地产进行后续计量，不能同时采用两种计量模式。

一、成本模式计量的投资性房地产

采用成本模式进行后续计量的投资性房地产，按照《企业会计准则第 4 号——固定资产》《企业会计准则第 6 号——无形资产》的规定对投资性房地产进行计量，即计提折旧或摊销，借记“其他业务成本”等科目，贷记“投资性房地产累计折旧（摊销）”科目；取得租金收入，借记“银行存款”等科目，贷记“其他业务收入”等科目。投资性房地产存在减值迹象的按照《企业会计准则第 8 号——资产减值》进行处理，已计提的减值不得转回。

【例 8-3】承例 8-2。2020 年用于出租的商用楼，采用成本模式进行后续计量。假设按照直线法计提折旧，每年折旧额为 100 万元，按照经营租赁合同，每年租金收入为 270 万元（不含增值税），在年末一次性收取，W 公司年末的账务处理为：

借：银行存款	2 943 000	
贷：其他业务收入		2 700 000
应交税费——应交增值税（销项税额）		243 000
借：其他业务成本	1 000 000	
贷：投资性房地产累计折旧		1 000 000

如果当年 12 月，这栋商用楼发生减值迹象，经减值测试，其可收回金额为 4 500 万元。其会计处理应为：

期末商用楼账面价值 = 5 000 - 100 = 4 900（万元）

资产减值准备 = 4 900 - 4 500 = 400（万元）

借：资产减值损失	4 000 000	
贷：投资性房地产减值准备		4 000 000

二、公允价值模式计量的投资性房地产

（一）公允价值模式计量的前提条件

企业只有存在确凿证据表明投资性房地产的公允价值能够持续可靠取得的，才可以采用公允价值模式对投资性房地产进行后续计量。投资性房地产的公允价值能够持续可靠取得的条件如下：

（1）投资性房地产所在地有活跃的房地产交易市场。

（2）企业能够从活跃的房地产交易市场上取得同类或类似房地产的市场价格及其他相关信息，从而对投资性房地产的公允价值做出合理的估计。

这两个条件必须同时具备，缺一不可。

（二）采用公允价值进行后续计量的会计处理

在采用公允价值模式计量下，企业应当在“投资性房地产”科目下设置“成本”和“公允价值”两个明细科目。企业按照取得投资性房地产的实际成本，计入“投资性房地产——成本”科目；进行后续计量时，以资产负债表日投资性房地产的公允价值为基础调整其账面价值，若公允价值高于其账面余额的差额，借记“投资性房地产——公允价值变动”科目，贷记“公允价值变动损益”科目，反之则编制相反的会计分录。值得注意的是，以公允价值模式进行后续计量的投资性房地产，不需要计提折旧和摊销。

【例 8-4】W 公司为房地产开发企业。2019 年 6 月，W 公司与乙公司签订经营租赁合同，合同约定将 W 公司开发的一栋商品楼于开发完成的同时租赁给乙公司作为员工宿舍使用，租赁期为 10 年。当年 10 月 1 日，该商品房开发完成并开始起租，商品房的造价为

8 000 万元。2019 年 12 月 31 日,该商品房的公允价值为 7 000 万元。W 公司采用公允价值计量模式。W 公司的会计处理如下:

(1)2019 年 10 月 1 日:

借:投资性房地产——成本　　80 000 000

　贷:生产成本(或开发产品)　　80 000 000

(2)2019 年 12 月 31 日:

借:公允价值变动损益　　10 000 000

　贷:投资性房地产——公允价值变动　　10 000 000

(三)投资性房地产后续计量模式的变更

为保证会计信息的可比性,企业对投资性房地产的计量模式一经确定,不得随意变更。只有在房地产市场比较成熟,能够满足采用公允价值模式条件的情况下,才允许企业从成本模式转为公允价值模式,这种调整应当作为会计政策变更处理,将计量模式变更时的公允价值作为转换后的入账价值,公允价值与账面价值的差额,调整期初留存收益(未分配利润等)。

另外,已采用公允价值模式计量的投资性房地产,不得从公允价值模式转为成本模式。

【例 8-5】W 企业将开发建造的一栋写字楼出租且按照成本模式计价,假设 2020 年年初房地产交易十分活跃,取得类似的租赁合同较为容易,W 企业决定采用公允价值模式对该房地产进行后续计量。该写字楼于 2019 年 12 月 31 日取得,原价 3 000 万元,预计使用 30 年,净残值为 0。2020 年 12 月 31 日其公允价值为 3 800 万元,假设不考虑所得税的影响。W 企业对计价模式转换应做的会计处理如下:

借:投资性房地产——成本　　38 000 000

　　累计折旧　　1 000 000

　贷:投资性房地产　　30 000 000

　　盈余公积　　900 000

　　未分配利润　　8 100 000

第四节　投资性房地产的转换与处置

一、投资性房地产的转换形式和转换日

房地产的用途会随着权属人使用目的的变化而改变,一旦其用途发生转变,则应对该房地产进行重新分类。但将投资性房地产转换为非投资性房地产或将非投资性房地产转换为投资性房地产的前提是企业有确凿的证据表明房地产用途已经改变。这里确凿证据包括两个方面:一是企业管理当局应当就改变房地产用途形式形成正式的书面决议;二是房地产因用途改变而发生实际状态上的改变,如从自用状态改为出租状态。

关于房地产的转换形式,主要包括:

(1)投资性房地产改为自用,相应地由投资性房地产转换为固定资产或无形资产。例如,企业将出租的写字楼收回,作为本企业办公使用。

(2)作为存货的房地产改为出租,通常是指房地产开发企业将其持有的开发产品以

经营租赁的方式出租,相应地由存货转换为投资性房地产。

(3)自用土地使用权改为出租或停止自用,用于赚取租金或资本增值,相应地由无形资产转换为投资性房地产。

(4)自用建筑物停止自用,改为出租,相应地由固定资产转换为投资性房地产。

转换日的确定关系到资产的确认时点和入账价值,不同转换形式的转换日的确定也有所不同。

转换形式一:转换日为房地产达到自用状态,企业开始将房地产用于生产商品、提供劳务或经营管理的日期。

转换形式二:转换日为房地产的租赁期开始日。租赁期开始日是指承租人有权行使其使用租赁资产权利的日期。

转换形式三:转换日为租赁期开始日或停止自用后确定用于资本增值的日期。

转换形式四:转换日为租赁期开始日。

二、投资性房地产转换的会计处理

(1)在成本模式下,应当将房地产转换前的账面价值作为转换后的入账价值,即一般房地产与投资性房地产互换时,采用直接结转,只是对核算科目做出调整。

【例8-6】2019年8月3日,W公司将自用的仓库转为对外经营性出租,该仓库初始成本500万元,截至2019年8月底已计提折旧150万元,计提减值准备120万元。假设W公司对投资性房地产采用成本模式进行后续计量,则会计处理为:

借:投资性房地产	5 000 000	
累计折旧	1 500 000	
固定资产减值准备	1 200 000	
贷:固定资产		5 000 000
投资性房地产累计折旧		1 500 000
投资性房地产减值准备		1 200 000

相应地,由投资性房地产转为自用房地产或存货的会计处理类似。

(2)在公允价值模式下,投资性房地产转换为自用房地产或存货时,应当以其转换当日的公允价值作为自用房地产或存货的账面价值,公允价值与原账面价值的差额计入当期损益(公允价值变动损益)。

【例8-7】W企业是从事房地产开发的企业,对投资性房地产按照公允价值模式计价。2020年1月8日,W企业决定将其出租给甲企业使用的一栋高层住宅收回准备出售,该住宅的初始成本为200万元,直至2019年12月31日该住宅公允价值为2 500万元,W公司确认了该公允价值变动。转换时2020年1月8日的会计处理为:

借:开发产品	25 000 000	
贷:投资性房地产——成本		20 000 000
——公允价值变动		5 000 000

(3)自用房地产或存货转换为采用公允价值模式计量的投资性房地产时,投资性房地产应当按照转换当日的公允价值计量。

若转换当日自用房地产或存货的公允价值小于原账面价值的,其差额计入当期损益(公允价值变动损益);若转换当日的公允价值大于原账面价值的,其差额作为其他综合收益,计入所有者权益,已计提减值准备的,还应同时结转减值准备。处置该项投资性房地产时,原计入所有者权益的部分应当转入处置当期损益(其他业务收入)。

【例 8-8】W 公司对投资性房地产采用公允价值模式计量,于 2019 年 12 月 31 日将自用的办公楼用于出租,出租日该办公楼的账面原值为 5 000 万元,已提折旧 2 000 万元,公允价值 3 600 万元。W 公司在出租日的账务处理为:

借:投资性房地产——成本　　36 000 000
　累计折旧　　20 000 000
　贷:固定资产　　50 000 000
　　其他综合收益　　6 000 000

三、投资性房地产的处置

企业出售、转让、报废投资性房地产或发生投资性房地产毁损时,应当终止确认该项投资性房地产,将处置收入扣除其账面价值和相关税费后的金额计入当期损益(将实际收到的处置收入计入"其他业务收入",所处置投资性房地产的账面价值计入"其他业务成本")。如果投资性房地产作为企业主营业务的,应通过"主营业务收入"和"主营业务成本"科目核算相关的损益。

(一)采用成本模式计量的投资性房地产的处置

【例 8-9】假设 W 公司将持有的土地使用权确定为投资性房地产,采用成本模式计量。2019 年 12 月 31 日,W 公司将持有的该土地使用权转让。该土地使用权的账面原值为 3 500 万元,累计摊销为 1 800 万元。转让合同价款为 2 200 万元,并于当日收存银行,增值税税率为 9%,则 W 公司转让时的账务处理为:

借:银行存款　　23 980 000
　贷:其他业务收入　　22 000 000
　　应交税费——应交增值税(销项税额)　　1 980 000
借:其他业务成本　　17 000 000
　投资性房地产累计摊销　　18 000 000
　贷:投资性房地产　　35 00 000

(二)采用公允价值模式计量的投资性房地产的处置

采用公允价值计量的投资性房地产处置除了上述处理外,对出售当年产生的公允价值变动损益还应按该项投资性房地产的公允价值变动,借记或贷记"公允价值变动损益"科目,贷记或借记"其他业务成本"科目。对于出售前若干年产生的公允价值变动损益,无须编制此会计分录,因为前面若干年产生的公允价值变动损益已分别于若干年前转入"本年利润"账户,"公允价值变动损益"账户已无余额。如果是自用房地产或存货转换为投资性房地产的,应将在转换日计入其他综合收益的金额,借记"其他综合收益"科目,贷记"其他业务成本"科目。

【例 8-10】2019 年 12 月 31 日,W 公司采用公允价值计量的投资性房地产的账面价值为 3 600 万元。2020 年 12 月 31 日,该投资性房地产的公允价值为 4 000 万元,2021 年 6 月租赁期满,W 公司收回该项投资性房地产,并以 4 500 万元出售,款项已收讫。增值税税率为 9%。W 公司的账务处理如下:

(1)2020 年 12 月 31 日,公允价值变动。

借:投资性房地产——公允价值变动　　4 000 000
　贷:公允价值变动损益　　4 000 000

(2)2021 年 6 月出售投资性房地产。

借:银行存款	49 050 000	
贷:其他业务收入		45 000 000
应交税费——应交增值税(销项税额)		4 050 000
借:其他业务成本	40 000 000	
贷:投资性房地产——成本		36 000 000
——公允价值变动		4 000 000

企业无需将 2020 年产生的公允价值变动损益 4 000 000 元转入“其他业务成本”账户,因为 2020 年产生的公允价值变动损益已于 2020 年末转入“本年利润”账户。

思考题

1. 什么是投资性房地产? 其范围和特征分别是什么?
2. 投资性房地产与固定资产的区别是什么?
3. 以成本模式进行后续计量与以公允价值模式进行后续计量两者有什么不同?
4. 投资性房地产的转换形式有哪些?

练习题

1. W 公司于 2019 年 12 月 1 日支付 2 000 万元土地出让金和 180 万元增值税取得一块土地的使用权,使用年限 50 年,准备筹建办公楼。2020 年 1 月 1 日,W 公司与甲企业签订该土地使用权的出租协议,W 公司将该土地使用权转入投资性房地产,采用成本模式计量,12 月 31 日,有确凿的证据表明该无形资产发生减值,计提减值准备 200 万元。做出相关的会计处理。

2. 甲企业拥有一项自用房产,原值 6 000 万元,预计使用 20 年,预计净残值 500 万元,采用直线法计提折旧。该项资产 2019 年 12 月达到可使用状态。2021 年 12 月 31 日,甲企业预计该项资产可收回金额为 4 700 万元,2022 年 12 月预计可收回金额为 4 200 万元。从 2023 年 6 月 30 日起甲企业该项房产停止自用,开始用于出租,同日该房产公允价值为 4 000 万元。甲企业对投资性房地产参照公允价值模式计价。做出相关的会计处理。

3. 甲公司为房地产开发企业,对投资性房地产按照公允价值模式计价,该公司 2019 年 1 月 1 日将一项账面价值 4 500 万元,已经开发完成作为存货的房产转为经营性租赁,公允价值为 5 000 万元。2020 年 12 月 31 日其公允价值为 4 800 万元,2021 年 7 月租赁期满,甲公司以 5 400 万元将其出售,增值税税率为 9%。做出相关的会计处理。

4. 甲公司取得投资性房地产成本 500 万元,增值税进项税额 50 万元,以银行存款支付全部款项。

5. 甲公司资产负债表日对以公允价值模式计量的投资性房地产进行调账,甲投资性房地产升值 50 万元,乙投资性房地产减值 39 万元。

6. 甲公司将记入“开发产品”的存货转为投资性房地产,“开发产品”的成本为 300 万元,转换日的公允价值为 400 万元。投资性房地产采用公允价值计量。

7. 甲公司将投资性房地产转换为自用设备,投资性房地产的账面价值为 350 万元,采用公允价值模式计量,转换日该投资性房地产的公允价值为 400 万元。

8. 甲公司将投资性房地产转让,取得价款 600 万元,增值税销项税额 60 万元。投资性房地产的账面价值为520万元,其中成本为500万元,上年公允价值变动为20万元,采用公允价值计量时记入“公允价值变动损益”科目20万元。

9. 2015年12月10日,甲公司与乙公司签订了一项租赁协议,将一栋经营管理用写字楼出租给乙公司,租赁期为3年,租赁期开始日为2015年12月31日,年租金为600万元,于次年起每年年初收取。相关资料如下:

(1)2015年12月31日,甲公司将该写字楼停止自用,准备出租给乙公司,拟采用成本模式进行后续计量。该写字楼于2011年12月21日达到预定可使用状态时的账面原价为3 940万元,预计使用年限为50年,预计净残值为40万元,采用年限平均法计提折旧,持有期间未发生减值。

(2)2016年1月1日,预收当年租金600万元,款项已收存银行。甲公司按月将租金收入确认为其他业务收入,并结转相关成本。

(3)2017年12月31日,甲公司考虑到所在城市存在活跃的房地产市场,并且能够合理估计该写字楼的公允价值,为提供更相关的会计信息,将投资性房地产的后续计量从成本模式转换为公允价值模式,当日,该写字楼的公允价值为4 472万元。

(4)2018年12月31日,该写字楼的公允价值为4 572万元。

(5)2019年1月1日,租赁合同到期,甲公司为解决资金周转困难,将该写字楼出售给丙公司,价款为4 800万元,款项已收存银行。

甲公司按净利润的10%提取法定盈余公积,假定不考虑相关税费及其他因素。

要求:(1)编制甲公司2015年12月31日将该写字楼转换为投资性房地产的会计分录。

(2)编制甲公司2016年1月1日收取租金、1月31日确认租金收入和结转相关成本的会计分录。

(3)编制甲公司2017年12月31日将该投资性房地产的后续计量由成本模式转换为公允价值模式的相关会计分录。

(4)编制甲公司2018年12月31日确认公允价值变动损益的相关会计分录。

(5)编制甲公司2019年1月1日处置该投资性房地产时的相关会计分录。

(采用公允价值模式进行后续计量的投资性房地产应写出必要的明细科目。)

第九章
无形资产与其他资产

在知识经济时代，企业无形资产将能为企业创造更可观的经济利益。因此，正确确认、计量企业无形资产，真实反映企业无形资产为企业带来的经济利益对于提供真实、可靠的会计信息是非常有益的。本章主要介绍企业无形资产的概念、性质，无形资产的取得、摊销及转让的会计处理。

第一节　无形资产

一、无形资产的性质

《企业会计准则第 6 号——无形资产》对无形资产的定义是，无形资产（Intangible Assets）是指企业拥有或控制的没有实物形态的可辨认非货币性资产。新准则对无形资产的定义加了“可辨认”，将商誉排除在无形资产之外。无形资产包括专利权、商标权、著作权、土地使用权、非专利技术等。从无形资产的概念可以看出无形资产具有如下特点：

（一）企业拥有或控制的

无形资产是企业拥有或控制的，这一点符合资产的定义。这是新准则的变化，它并没有指出或限制无形资产持有的目的是用于生产产品或提供劳务、出租给他人或用于行政管理等方面，而不能为转让而持有无形资产。也就是说持有无形资产的目的也可以是生产、经营、管理或转让。

（二）没有实物形态

没有实物形态是无形资产最基本的特征。没有实物形态指的是无形资产的使用价值和作用不能被感官感觉。无形资产多半是一种由法律或合同关系所赋予的权利。无形资产通常依托一定的物质实体，如土地使用权依据于土地。由此决定了无形资产价值的损耗只具有无形损耗的单一形式，报废时没有残值。

（三）可辨认的非货币性资产

这是新准则对无形资产定义的变化，这一规定将商誉这一不可辨认的资产排除在无形资产之外，使商誉成为一项独立的资产。无形资产是一项非货币性资产，它能够在较长时期内为企业带来经济利益，即可以在一个以上的会计期间为企业提供经济效益。无形资产又可称为无形固定资产，与有形固定资产相比具有某些共同的特征。这些共同特征主要表现在：两者都在有效的经济寿命期间由企业所控制和使用；两者都能为其持有者带来预期的经济利益，受益的多少则与其维护和利用的程度有密切关系；两者都具有较长的预期使用寿命和较高的单位价值；两者的价值转移都是非一次性的，即在受益期间内逐渐损耗，其价值一部分一部分地从收入中逐步收回而得补偿，所以无形资产与固定资产一样属于长期资产。

（四）所带来的未来经济效益具有较大的不确定性

无形资产的使用效果难以单独计量，他们必须和其他资源一起使用才能发挥作用。某些无形资产的受益期难以确定，随着市场竞争和新技术发明的出现，会使得原有专利技术的经济价值降低或突然变得一文不值。无形资产使用期限的不确定性，决定了无形资产带给企业收益总量的不确定性。

二、无形资产的分类

无形资产可以按不同的标准进行分类。

（一）无形资产按其取得来源，可分为外部取得的（External）无形资产和内部开发的（Internal）无形资产

1. 外部取得的无形资产

外部取得的无形资产根据其取得的方式不同又可分为购入的无形资产、投资转入的无形资产、非货币性资产交换取得的无形资产、债务重组取得的无形资产等。

（1）购入的无形资产是指企业以货币交易从企业以外的单位取得的无形资产。例如，企业购买的专利权、商标权、非专利技术、土地使用权等。

（2）投资转入的无形资产是指投资人用其持有的专利权、商标权、非专利技术、土地使用权等对企业进行投资形成的无形资产。

（3）非货币性资产交换取得的无形资产是指企业以非货币性资产进行交换取得的专利权、商标权、非专利技术、土地使用权等形成的无形资产。

（4）债务重组取得的无形资产是指根据债务重组协议，企业的债务人用非专利技术等偿还重组债务形成的无形资产。

2. 内部开发的无形资产

《企业会计准则第 6 号——无形资产》第七条规定，企业内部开发项目的支出，应当区分研究阶段支出与开发阶段支出。

研究是指为获取或理解新的科学或技术知识而进行的独创性的有计划调查。

开发是指在进行商业性生产或使用前，将研究成果或其他知识应用于某项计划或设计，以生产出新的或具有实质性改进的材料、装置、产品等。开发阶段发生的费用应计入无形资产。

对于在研究阶段过程中发生的材料费用、直接参与开发人员的工资及福利费、开发过程中发生的租金、借款费用等，计入当期损益，依然是费用化处理。

（二）无形资产按有无使用期限，可分为有限期（Limited Periods）无形资产和无限期（Unlimited Periods）无形资产

1. 有限期无形资产

有限期无形资产是指法律或合同规定了使用期限的无形资产。这些无形资产在使用期限内受法律的保护。期限届满时，如果不能请求展期或企业未请求展期，其经济价值将随之消逝，如专利权、特许权、商标权、著作权、土地使用权等。有期限的无形资产应在使用期内分期摊销。

2. 无限期无形资产

无限期无形资产是指法律或合同没有规定使用期限的无形资产。这些无形资产使用期限的长短取决于科技发展的快慢和技术保密工作的好坏以及企业自身对其维护的程度如何等因素。只要还有使用价值，企业愿意就可以使用下去，直到其丧失经济价值为止，

如非专有技术等。无期限的无形资产按企业会计准则规定不需分期摊销。

三、无形资产的内容

(一)专利权

专利权(Patents)是指专利人在法定期限内对某一发明创造所有的独占权和专有权,即国家专利管理机关根据发明人的申请,经审查认为其发明创造符合法律规定,授予发明人于一定年限内拥有专用或专卖其发明创造成果的一种权利。专利权受法律保护。法律按照专利权种类规定了其有效期,发明专利权15年,实用新型专利权10年,外观设计专利权5年。在专利权有效期内,其他企业和个人未经发明人许可不得无偿使用。专利权的持有人在专利权的有效期内受益,专利权的法定有效期满将不受法律保护。

专利权作为企业的一项无形资产,来源主要有两个:一个是企业内部自行研制开发的;另一个是企业向外部的科研机构、大专院校、其他企业或个人等专利持有人购买的。企业持有专利权可以在法定的保护期内独自生产和销售专利产品,因为在市场上没有相同产品与之竞争,所以企业可获得专利产品实现的利润。企业也可以出售持有的专利权,即转让专利的使用权或所有权。需要特别注意的是,并不是所有的专利都能给企业带来经济效益。如果说一项专利只有很少的经济价值和很短的经济寿命,则该项专利对企业而言就失去了投资的意义。专利权只有预计能在未来相对较长的时期内给企业带来较大经济利益时,才能作为无形资产进行投资和管理。因此,专利权的成本支出或投资是否能转化为企业资产,与专利权的使用价值和经济寿命有着密切的关系。

(二)非专利技术

非专利技术也叫专有技术,是指发明人垄断的、不公开的、具有实用价值的先进技术、资料、技能、知识等。这些专有技术未申请专利,或不够申请专利的条件,但是能给持有人带来未来的经济利益。如生产管理经验、技术设计和操作上的数据、工艺诀窍等。

非专利技术的特点如下:

(1)经济性。非专利技术在企业的生产经营中能够提高生产能力,从而增加企业的盈利能力。

(2)保密性。持有人为了长期独享非专利技术给其带来的经济利益采用保密的手段控制其他的企业使用。

(3)动态性。非专利技术是经过长期研究和经验积累形成的,在使用过程中会不断得到发展和完善。

非专利技术与专利权相比既有共性又有区别。其共性是两者都是科学技术的成果,而且都必须转化为生产力才能实现其价值,都具有通过生产和销售给特定的企业带来经济利益的能力。其区别则体现为:

(1)非专利技术不受法律保护,专利权受法律保护。专利权在法定的期限内,如果有任何企业未经许可使用本企业已持有的专利权,该企业可依法追究其法律责任。

(2)非专利技术没有有效期,只要拥有非专利技术的企业将其保密不公开,非专有技术仍由其拥有企业独享其带来的经济利益;专利权有法定期限,超过法定期限的专利不再被持有企业唯一使用。

(三)商标权

商标权(Trademarks)是指企业专门在某种指定的商品上使用特定的名称、图案、标记的权利。企业使用的这种特定的名称、图案、标记称为商标,商标不仅是识别企业产品的标志，而且是企业间相互竞争，抢占市场份额，追逐利润的重要工具。商标是用来区别于其他企业生产的产品，如果这种产品的质量好且已经得到消费者的认同，有一定的市场占有率，企业的产品商标应向商标管理部门申请注册使其成为注册商标。只有注册的商标持有人才拥有商标权并受法律保护，才能构成企业的无形资产。商标权具有独占使用权和禁止使用权功能，未经商标持有人允许，任何人不得使用，否则就属侵权行为。法律规定商标权的有效期为10年，但期满前可以申请延长注册有效期。企业享有的商标权可以由企业的商标申请注册取得，也可以从外部购买取得。

（四）著作权

著作权（Copyrights）是指著作人对其著作依法享有的出版、发行等方面的专有权利，即国家著作权管理部门依法授予著作或者文艺作品作者在一定期限内发表、再版、演出和出售其作品的特有权利。著作包括文学作品、工艺美术作品、影剧作品、音乐舞蹈作品、商品化软件和音像制品等。在一般情况下，著作权并不赋予所有人唯一使用一项作品的权利，而只是赋予他向别人因公开发行、演出或出售其作品而取得著作收益的权利。著作权受法律保护，法律规定作品的发表权、使用权和获得报酬权的有效期为作者终生及其死亡后50年，职务创作作品的保护期为50年。企业可以通过向作者购买取得著作权。

（五）土地使用权

土地使用权（Right of Using Land）是指国家准许某一企业在一定期限内对国有土地享有开发、利用、经营的权利，即企业可依法获得在一定期限内使用国有土地的权利。我国土地为国家所有，任何单位和个人只能拥有土地的使用权，而不是所有权，土地使用权可以通过行政划拨和有偿转让——支付土地出让金的方式取得，除国家行政划拨土地外，土地使用权可依法转让。

土地使用权是企业长期经营的先决条件和重要的无形资产。企业的土地使用权只能通过向政府土地管理部门或拥有土地使用权的其他单位及个人支付一定数额的土地出让金取得，并按支付的土地出让金资本化。土地使用权的有效使用年限以政府土地管理部门按土地用途不同予以确定。

（六）特许权

特许权（Franchises）也称专营权，是指企业获得在一定区域内、一定时期内，生产经营某种特定商品产品或提供劳务的专有权利。特许权分为两种：一种是被政府机关授予的准许企业在一定地区经营某种业务的权利，如政府允许特定企业经营自来水、电力、邮政等公用事业；另一种是被其他企业授予的准许企业使用其某些权利，包括专利使用权、非专利技术使用权、商标使用权等。特许权的经济价值在于它具有一定程度的垄断性，从而可以给企业带来高额利润。特许权的取得，一般是以企业通过与授予方签订合同并支付一定数额的费用相交换的，只有将这些支出资本化，取得的特许权才能形成企业的无形资产。

四、无形资产核算的科目设置

为了核算企业无形资产的形成、转让及摊销，企业应设置“无形资产”“累计摊销”科目。

“无形资产”科目核算企业持有的无形资产的成本，借方登记无形资产的增加额；贷方登记无形资产的减值和减少额；期末借方余额反映企业无形资产的账面余额（原始成本）。企业可根据无形资产的项目设置明细账，进行明细核算。

“累计摊销”科目核算企业对使用寿命有限的无形资产计提的累计摊销。贷方登记分期对无形资产计提的摊销额;借方登记注销无形资产时,转销的累计摊销额;余额在贷方,记录企业现有无形资产的累计摊销额。

五、无形资产取得的计价与核算

无形资产的特征决定了对无形资产的计价应遵循谨慎性原则。企业取得无形资产应按取得时的实际成本计量。

具体讲,应按以下规定确定无形资产取得时的实际成本并进行核算。

(一)外购的无形资产

对于企业外购的无形资产,按实际支付的价款作为实际成本,借记“无形资产”账户,贷记“银行存款”账户。

【例 9-1】甲公司为扩大市场经营,向国家土地管理部门申请土地使用权,为此付出土地出让金 5 000 000 元及相关增值税 300 000 元,以银行存款付讫。

借:无形资产——土地使用权	5 000 000	
应交税费——应交增值税(进项税额)	300 000	
贷:银行存款		5 300 000

(二)投资者投入的无形资产

对于企业投资者投入的无形资产,按投资双方的协议或合同价格作为实际成本,借记“无形资产”账户,贷记“实收资本”账户。

【例 9-2】甲公司接收投资方芙蓉公司作为资本投入的专利权一项,双方的合同或协议作价为 2 000 000 元,增值税进项税额 120 000 元。折股 800 000 股,每股面值 1 元。

借:无形资产——专利权	2 000 000	
应交税费——应交增值税(进项税额)	120 000	
贷:股本——芙蓉公司		800 000
资本公积——资本溢价		1 320 000

(三)通过债务重组取得的无形资产

企业接受的债务人以非现金资产抵偿债务方式取得的无形资产,按取得无形资产的公允价值加上应支付的相关税费作为实际成本。

【例 9-3】甲公司持有川裕公司的应收账款为 300 000 元,由于川裕公司财务陷入困境,根据协议,川裕公司支付 50 000 元现金同时转让一项无形资产以清偿该债务,该项无形资产的公允价值为 180 000 元,增值税进项税额 10 800 元。甲公司已对该应收账款计提的坏账准备为 30 000 元。

甲公司对此项债务重组取得的无形资产,编制会计分录如下:

借:库存现金	50 000	
无形资产	180 000	
应交税费——应交增值税(进项税额)	10 800	
坏账准备	30 000	
营业外支出——债务重组损益	29 200	
贷:应收账款		300 000

(四)通过非货币性资产交换换入的无形资产

对于企业通过非货币性资产交换换入的无形资产,符合商业实质的按换出资产的公允价值加上应支付的相关税费,作为实际成本;不符合商业实质的按换出资产的账面价值加上应支付的相关税费,作为实际成本。

(五)企业自行研究和开发的无形资产

企业内部研究开发项目开发发生的支出,同时满足下列条件的,才能确认为无形资产:

(1)完成该无形资产以使其能够使用或出售在技术上具有可行性。

(2)具有完成该无形资产并使用或出售的意图。

(3)无形资产产生经济利益的方式,包括能够证明运用该无形资产生产的产品存在市场或无形资产自身存在市场,无形资产将在内部使用的,应当证明其有用性。

(4)有足够的技术、财务资源和其他资源支持,以完成该无形资产的开发,并有能力使用或出售该无形资产。

(5)归属于该无形资产开发阶段的支出能够可靠地计量。

新会计准则同时强调,企业自创商誉以及内部产生的品牌、报刊名等,不应确认为无形资产。

对于企业开发阶段发生的费用并符合无形资产的确认条件并按法律程序申请取得无形资产的,按依法取得该项权利时发生的注册费、聘请律师费等费用作为无形资产的实际成本。

【例 9-4】维达公司为研制某项技术,研制期间该项费用单独核算,耗用材料的价款为 450 000 元,支付工资为 80 000 元,其他费用 8 000 元,全部费用均以银行存款付讫。该项技术获得成功,并申请了专利,又以银行存款支付了各项申请费用和律师费 50 000 元及增值税进项税额 3 000 元。

(1)研制期间内(费用化)会计分录为:

借:管理费用——技术开发费	538 000	
贷:银行存款		538 000

(2)研发阶段发生的费用(确认为无形资产开发过程)会计分录为:

借:研发支出	50 000	
应交税费——应交增值税(进项税额)	3 000	
贷:银行存款		53 000

(3)开发完成的会计分录为:

借:无形资产——专利权	50 000	
贷:研发支出		50 000

六、无形资产的摊销

(一)摊销期限

由于各种不同的无形资产在其价值上具有不确定性,而且在生产经营中的受益期不一,并难以预计。在理论上对无形资产是否进行摊销,见解不一。但按照我国《企业会计准则第 6 号——无形资产》的规定,无形资产应当自无形资产可供使用时起,至不再作为无形资产确认时止,对无形资产进行摊销。无形资产的使用寿命为有限的,应当估计使用寿命的年限,或者构成使用寿命的产量等类似计量单位数量;无法预见无形资产为企业带来经济利益期限的,应当视为使用寿命不确定的无形资产。

企业取得无形资产当月起在预计使用年限内分期平均摊销,计入损益。如预计使用年限超过了相关合同规定的受益年限或法律规定的有效年限,该无形资产的摊销年限按如下原则确定：

(1)合同规定了受益年限但法律没有规定有效年限的，按不超过合同规定的受益年限摊销。

(2)合同没有规定受益年限而法律规定了有效年限的，按不超过法律规定的有效年限摊销。

(3)合同规定了受益年限，法律也规定了有效年限的，摊销年限不应超过受益年限和有效年限两者之中较短者。

《企业会计准则第6号——无形资产》规定，使用期不确定的无形资产不应摊销。

(二)摊销方法

企业选择无形资产的摊销方法，应当反映与该项无形资产有关的经济利益的预期实现方式，无法可靠确定预期实现方式的应当采用直线法摊销。

(三)账务处理

无形资产摊销的价值，应通过"累计摊销"科目核算，分期计提的摊销，记入"管理费用"处理。

【例9-5】甲公司本月无形资产摊销额计算如下：专利权A为150 000元，专利权B为80 000元，土地使用权为100 000元。

每月摊销时，会计分录如下：

借：管理费用——无形资产摊销	330 000	
贷：累计摊销——专利权A		150 000
——专利权B		80 000
——土地使用权		100 000

七、无形资产的出售

企业所拥有的无形资产可以依法转让。企业出售无形资产按实际取得的转让收入借记"银行存款"等科目，按该项无形资产已计提的减值准备借记"无形资产减值准备"科目，按该项无形资产的"累计摊销额"借记"累计摊销"科目，按该项无形资产的账面余额贷记"无形资产"科目，按应支付的相关税费贷记"银行存款""应交税费"等科目，按其差额贷记"资产处置损益"或借记"资产处置损益"科目。

【例9-6】甲公司转让某专有技术的所有权，转让时该专有技术账面余额为150 000元，累计摊销50 000元，已计提减值准备20 000元，转让收入为100 000元，增值税销项税额为6 000元，款项均通过银行收付。

借：银行存款	106 000	
累计摊销	50 000	
无形资产减值准备	20 000	
贷：无形资产		150 000
应交税费——应交增值税(销项税额)		6 000
资产处置损益		20 000

八、无形资产的减值和转销

(一)无形资产减值判断

企业应定期或至少每年年度终了对各项资产进行全面检查，根据谨慎性原则的要求合理地预计各项资产可能发生的损失,对可能发生的各项资产损失计提资产减值准备。该规定同样适用于无形资产。

根据《企业会计准则第 8 号——资产减值》的规定,企业应当在资产负债表日判断资产是否存在可能发生减值的迹象。

存在下列迹象的,表明资产可能发生了减值:

(1)资产的市价当期大幅度下跌,其跌幅明显高于因时间的推移或者正常使用而预计的下跌。

(2)企业经营所处的经济、技术或者法律等环境以及资产所处的市场在当期或者将在近期发生重大变化,从而对企业产生不利影响。

(3)市场利率或者其他市场投资报酬率在当期已经提高,从而影响企业计算资产预计未来现金流量现值的折现率,导致资产可收回金额大幅度降低。

(4)有证据表明资产已经陈旧过时或者其实体已经损坏。

(5)资产已经或者将被闲置、终止使用或者计划提前处置。

(6)企业内部报告的证据表明资产的经济绩效已经低于或者将低于预期,如资产所创造的净现金流量或者实现的营业利润(或者亏损)远远低于(或者高于)预计金额等。

(7)其他表明资产可能已经发生减值的迹象。

资产存在减值迹象的,应当估计其可收回金额。可收回金额应当根据资产的公允价值减去处置后的净额与资产预计未来现金流量的现值两者之间较高者确定。可收回金额的计量表明,资产的可收回金额低于其账面价值的,应当将资产的账面价值减记至可收回金额,减记的金额确认为资产减值损失,计入当期损益,同时计提相应的资产减值准备。

无形资产减值损失一经确认,在以后会计期间不得转回。无形资产减值损失确认后,减值资产的摊销费用应当在未来作相应的调整,以使该项无形资产在剩余使用寿命内,系统地分摊调整后的无形资产账面价值。

(二)无形资产计提减值准备的账务处理

1. 账户设置

为了核算无形资产计提减值准备,企业应当设置"无形资产减值准备"账户,该账户的借方核算注销无形资产时转销的无形资产减值准备;贷方核算计提的无形资产减值准备;期末贷方余额为企业已提取的无形资产减值准备。在资产负债表中,无形资产减值准备作为无形资产的减项。

2. 账务处理

在计提减值准备的情况下,即期末企业所持有的无形资产的账面价值低于其可收回金额的,应按其差额,借记"资产减值损失——计提的无形资产减值损失"账户,贷记"无形资产减值准备"账户。

【例 9-7】甲公司拥有 B 专利权,B 专利权的账面价值为 850 000 元。资产负债表日发现,其可收回金额为 700 000 元。B 专利权应当计提 100 000 元的减值准备,该项专利预计在未来的 7 年内摊销。

计提减值准备的会计分录为:

借:资产减值损失——无形资产减值损失　　150 000

　贷:无形资产减值准备——B 专利权　　150 000

计算未来各年的摊销额 = 700 000÷7 = 100 000(元)

（三）无形资产的转销

如果企业持有的无形资产预期不能为企业带来经济利益的，企业应当对其进行转销。企业转销无形资产时，应按已计提的累计摊销，借记“累计摊销”科目，按其账面余额，贷记“无形资产”科目，按其差额借记“资产处置损益”科目。已计提了减值准备的，还应结转减值准备。

【例 9-8】甲公司拥有 B 专利权，B 专利权的账面余额为 100 000 元，累计摊销 80 000 元，已计提减值准备 10 000 元。资产负债表日发现，该无形资产预期已不能为企业带来经济利益了，现予以转销。

借：资产处置损益	10 000	
累计摊销	80 000	
无形资产减值准备	10 000	
贷：无形资产		100 000

无形资产出租取得的收入记入“其他业务收入”科目。

第二节　其他资产

其他资产是指除流动资产、固定资产和无形资产之外的资产，如长期待摊费用和合并商誉等。

一、长期待摊费用

（一）长期待摊费用的内容及其摊销期限

长期待摊费用是指企业已经支出，但摊销期在 1 年以上（不含 1 年）的各项费用，包括固定资产修理支出、租入固定资产的改良支出以及摊销期限在 1 年以上的其他待摊费用。应由本期负担的借款利息、租金以及已经缴纳的税金和无法与未来收益相配比的其他各项支出等，不得作为长期待摊费用处理。长期待摊费用应当单独核算，在费用项目的受益期限内按期平均摊销。

1. 固定资产修理支出

固定资产的修理支出（Repairing Expenditure）是指固定进行修理所发生的支出。当固定资产修理费用没有采用预提办法，而且支出比较大，收益期超过一年时，应作为长期待摊费用核算。实际发生的修理支出，应在修理间隔期内平均摊销，即应当在下一次修理前平均摊销。

2. 租入固定资产的改良支出

租入固定资产的改良支出（Leasehold Improvements）是指能增加租入固定资产的效用或延长使用寿命的改装、翻建、改建等支出。这样规定的依据是企业从其他单位以经营租赁方式租入的固定资产，所有权属于出租人，但企业依合同享有使用权。通常双方在协议中规定，租入企业应按照规定的用途使用，并承担对租入固定资产进行修理和改良的责任，即发生的修理和改良支出全部由承租方负担。对租入固定资产进行改良，有助于提高固定资产的效用和功能，但是由于租入固定资产的所有权不属于租入企业，承租人只获得在租赁有效期限内对改良工程的使用权利。因此，对租入固定资产进行改良工程所发生的支出，应作为长期待摊费用处理。租入固定资产改良支出，应在租赁期限与尚可使用年限两者孰短的期限内平均摊销。

3. 开办费

开办费(Organization Costs)是指企业筹建期间所发生的不应计入有关资产成本的各项费用。开办费的内容包括:筹建期间工作人员的工资、办公费、差旅费、培训费、印刷费、银行借款利息、律师费、注册登记费以及其他不能计入固定资产和无形资产的支出。下列费用不应列入开办费:

(1)应由投资者负担的费用,如投资人的差旅费,构成固定资产和无形资产的支出,筹建期间应计入工程成本的利息支出和汇兑净损失等。开办费应当在开始生产经营,取得营业收入时停止归集,并应当在开始生产经营的当月起一次计入开始生产经营当月的损益。

(2)其他长期待摊费用。其他长期待摊费用是指上述各项之外的长期待摊费用,应当在受益期限内平均摊销。如果长期待摊的费用项目不能使以后会计期间受益的,应当将尚未摊销的该项目的摊余价值全部转入当期损益。

(二)长期待摊费用的会计核算

企业应当设置"长期待摊费用"账户对长期待摊费用进行核算。该账户的借方记录长期待摊费用的发生;贷方记录摊销的长期待摊费用;期末借方余额为尚未摊销的各项长期待摊费用的摊余价值。该账户应按长期待摊费用的种类设置明细账户,进行明细核算。

企业应当在会计报表附注中按照费用项目披露其余额、摊销期限、摊销方式等。

【例 9-9】甲公司采用租赁方式临时租入一幢办公用房,租期暂定为 4 年。企业为该房屋发生改良支出 144 000 元,取得增值税发票的增值税进项税额 10 000 元,改良工程已经完工。

(1)改良过程发生支出。

借:在建工程——改良工程	144 000	
应交税费——应交增值税(进项税额)	10 000	
贷:银行存款		154 000

(2)工程完工结转工程成本。

借:长期待摊费用	144 000	
贷:在建工程		144 000

(3)每月摊销 = 144 000÷48 = 3 000(元)

借:管理费用	3 000	
贷:长期待摊费用		3 000

【例 9-10】甲公司在筹建期间发生以下支出:用银行存款支付各项办公费、培训费、印刷费、注册登记费等 200 000 元,用现金支付差旅费 1 000 元,应付工作人员工资 36 000 元。发生增值税进项税额 12 000 元,以银行存款支付。筹建期间发生的不计入资产价值的费用于生产经营当月一次性摊销。

(1)筹建期间发生的应记入长期待摊费用的有关费用账务处理为:

借:长期待摊费用	237 000	
应交税费——应交增值税(进项税额)	12 000	
贷:银行存款		212 000
库存现金		1 000
应付职工薪酬		36 000

(2)经营开始的第一个月摊销全部费用的账务处理为:

借:管理费用　　237 000

　贷:长期待摊费用　　237 000

二、合并商誉

(一)商誉的确认和计量

《企业会计准则第 20 号——企业合并》规定,企业合并分为同一控制下的企业合并和非同一控制下的企业合并。

企业合并指将两个或者两个以上单独的企业合并形成一个报告主体的交易或事项。

同一控制下的企业合并是指参与合并的企业在合并前后均受同一方或者相同多方最终控制,且控制并非是暂时的。同一控制下企业合并(吸收合并),合并方是按被并方资产、负债的账面价值入账的,不会产生合并商誉,采用权益结合法进行会计核算。

非同一控制下的企业合并是指参与合并的各方在合并前后不受同一方或者相同多方最终控制的合并。非同一控制下的企业合并(吸收合并),合并方是按被并方的可辨认净资产的公允价值入账的,采用购买法进行会计核算。实际购买成本与被并方可辨认净资产的公允价值之间的差额为合并商誉。

《企业会计准则第 20 号——企业合并》规定,购买方对合并成本大于合并中取得的被并企业可辨认净资产的公允价值,其差额应确认为商誉。

初始确认后的商誉,应当以其成本扣除累计减值准备的金额计量。商誉的减值应当按照《企业会计准则第 8 号——资产减值》的规定处理。

购买方对合并成本小于合并中取得的被购买方可辨认净资产公允价值的差额,应当按下列规定处理:

(1)对取得的被购买方各项可辨认资产、负债及或有负债的公允价值以及合并成本的计量进行复核。

(2)经复核后合并成本仍然小于合并中取得的被购买方可辨认净资产的公允价值份额的,其差额应当计入当期损益,不形成负商誉。

【例 9-11】A 公司以银行存款 2 800 万元,对 B 公司进行吸收合并(属非同一控制下的吸收合并),购买日 B 公司持有资产、负债的情况如表 9-1 所示。

表 9-1　　购买日 B 公司持有资产、负债的情况表　　单位:万元

	账面价值	公允价值
固定资产	1 200	1 700
其他资产	1 100	1 300
长期借款	700	700
净资产	1 600	2 300

(1)A 公司以 2 800 万元购买 B 公司公允价值为 2 300 万元的可辨认净资产,形成合并商誉 = 2 800 - 2 300 = 500(万元),账务处理如下:

借:固定资产　　17 000 000

　其他资产　　13 000 000

　商誉　　5 000 000

　贷:长期借款　　7 000 000

　　银行存款　　28 000 000

(2)假设A公司以2 000万元购买B公司,其会计分录为:

借:固定资产　　17 000 000

　其他资产　　13 000 000

　贷:长期借款　　7 000 000

　　银行存款　　20 000 000

　　营业外收入——购并产生的收益　　3 000 000

(二)商誉的减值

我国《企业会计准则第8号——资产减值》规定,企业合并所形成的商誉,至少应当在每年年度终了进行减值测试。商誉应当结合与其相关的资产组或者资产组组合进行减值测试。

在包含商誉的相关资产组或者资产组组合进行减值测试时,如与商誉相关的资产组或者资产组组合存在减值迹象的,应当先对不包含商誉的资产组或者资产组组合进行减值测试,计算可收回金额,并与相关的账面价值相比较,确认相应的减值损失。再对包含商誉的资产组或者资产组组合进行减值测试,比较这些相关资产组或者资产组组合的账面价值(包括所分摊的商誉的账面价值部分)与其可收回金额,如相关资产组或者资产组组合的可收回金额低于其账面价值的,应当确认商誉的减值损失。

商誉发生减值时,其会计处理为借记"资产减值损失——商誉减值损失"科目,贷记"商誉减值准备"科目。

需要注意的是,控股合并不会在账面上产生商誉,只会在编制合并财务报表时出现合并商誉。

思考题

1. 什么是无形资产?无形资产有哪些特征?
2. 无形资产是怎样分类的?
3. 各项无形资产的成本是怎样确定的?
4. 固定资产的折旧与无形资产的摊销有何不同?
5. 什么是商誉?对商誉的会计处理有何规定?

练习题

1. 甲企业以银行存款106 000元购入一项无形资产,其中进项税额为6 000元;接收投资者投入的无形资产(土地使用权)一项,协议作价500 000元,其进项税额为45 000元,折合股份200 000股。编制相关会计分录。

2. 甲企业自行研究、开发一项无形资产,花费研究费用200 000元,另支付评估费20 000元、律师费10 000元、工商注册费30 000元开发费用,以及取得增值税进项税额8 000元均以银行存款支付。编制相关会计分录。

3. 甲企业本月无形资产摊销25 000元。编制相关会计分录。

4. 甲企业出售一项无形资产,其账面余额为350 000元,累计摊销50 000元,已提减值准备30 000元,出售价(不含税)为280 000元,收到货款存入银行,增值税销项税税率为6%。编制相关会计分录。

5. 甲企业出售一项无形资产,其账面余额为450 000元,累计摊销70 000元,出售价为350 000元收到并存入银行,增值税销项税税率为6%。编制相关会计分录。

6. 甲企业以一项无形资产对外投资,其账面余额为 400 000 元,累计摊销 50 000 元,双方协议作价 500 000 元,增值税进项税额为 30 000 元,占被投资企业 5%的股份。作为其他权益工具投资编制相关会计分录。

7. 甲企业以一项无形资产对外投资,其账面余额为 350 000 元,累计摊销 40 000 元,双方协议作价 300 000 元,增值税进项税额为 18 000 元,占被投资企业 3%的股份。作为其他权益工具投资编制相关会计分录。

8. 甲企业因财务困难进行债务重组,以一项无形资产抵偿应付账款债务,"应付账款"账面余额为 800 000 元,该项无形资产账面余额为 500 000 元,累计摊销 40 000 元,公允价值为 550 000 元,增值税销项税额为 33 000 元。编制相关会计分录。

9. 甲企业转销预期不能为企业带来经济利益无形资产一项,账面余额为 200 000 元,累计摊销 100 000 元,已计提减值准备60 000元。编制相关会计分录。

10. 甲企业以 130 万元收购 B 企业,B 企业"存货"账面价值 20 万元、公允价值 22 万元;"固定资产"账面余额为 80 万元,"累计折旧"30 万元,固定资产的公允价值为 55 万元;"无形资产"账面价值为 40 万元,累计摊销 5 万元,公允价值为 50 万元,短期负债 10 万元(公允价值与其账面价值相等),长期负债 15 万元(公允价值与其账面价值相等)。如果甲企业是以 80 万元购买 B 企业。编制相关会计分录(该吸收合并为非同一控制下的企业合并)。

第十章
非货币性资产交换

非货币性资产交换的会计处理与货币性交易的会计处理有较大的区别。为了更好地让学生理解非货币性资产交换的会计处理,特别将其单独作为一章介绍,以体现其重要性。

第一节 非货币性资产交换的基本概念

一、货币性资产与非货币性资产

(一)货币性资产

货币性资产是指持有的现金及将以固定或可确定金额的货币收取的资产,包括现金、应收账款和应收票据以及准备持有到期的债券投资。这里的现金是广义的现金,包括库存现金、银行存款和其他货币资金。

货币性资产是相对于非货币性资产而言的。其主要特征是将来为企业带来的经济利益,即货币金额是固定或可以确定的。现金是企业所持有的货币,其金额是固定的,符合货币性资产的定义,属于货币性资产。应收账款作为企业债权,有相应的发货票等原始凭证作为收款的依据,虽然在收回货款的过程中有可能发生坏账损失,但是企业可以根据以往与购货方交往的经验,估计出发生坏账的可能性以及坏账的金额,应收账款在将来为企业带来的经济利益,即货币金额是固定的或可以确定的,符合货币性资产的定义,因此应收账款属于货币性资产。应收票据因不存在坏账问题,比应收账款更符合货币性资产的定义,也属于货币性资产。企业持有到期的债券投资,其金额是债券的本金加应收的利息,这个金额是固定或可以确定的,因此企业持有到期的债券投资为货币性资产。

一般来说,资产负债表所列示的项目中,属于货币性资产的项目有:货币资金、准备持有到期的债券投资、应收票据、应收股利、应收利息、应收账款、应收补贴款、其他应收款等。

(二)非货币性资产

非货币性资产是指货币性资产以外的各项资产,包括存货、固定资产、无形资产、股权投资以及不准备持有到期的债券投资等。

非货币性资产有别于货币性资产的最基本特征是非货币性资产将来为企业带来的经济利益,即货币金额是不固定的或不可确定的。企业持有存货的主要目的,或者是在正常的经营过程中通过直接销售获利,如商品流通业的库存商品;或者作为劳动对象或辅助材料,在正常的生产经营过程中通过对其进行加工成商品后销售。在这一过程中,存货在将来为企业带来的经济利益,即货币金额可能受到内部、外部主客观因素的影响,是不固定,或是不确定的,不符合货币性资产的定义,因此存货属于非货币性资产。

固定资产和无形资产在将来为企业带来的经济利益,即货币资金是不固定的,或是不确定的,不符合货币资产的定义,因此属于非货币性资产。

股权投资取得的经济利益是通过其他单位使用投资者投入的资产创造效益后分配而取得。在这一过程中,股权投资在将来为企业带来的经济利益也是不固定,或不可确定的,不符合货币性资产的定义,因此属于非货币性资产。

就企业不准备持有到期的债券投资而言,因企业不准备持有到期,随时可能对外出售,其市价受多种因素的影响,出售时所获得的经济利益流入也是不固定,或不可确定的,因而不准备持有到期的债券投资也不符合货币资产的定义,属于非货币性资产。

一般来说,资产负债表所列示的项目中属于非货币性资产的项目有:股权投资、预付账款、存货、不准备持有到期的债券投资、固定资产、工程物资、在建工程、无形资产等。

货币性资产与非货币性资产的本质区别在于将来为企业带来的经济利益的金额是否固定或是否可以确定。在将来为企业带来的经济利益的金额是固定的,或可以确定的资产为货币性资产;在将来为企业带来的经济利益的金额是不固定的,或不可以确定的资产为非货币性资产。

二、非货币性资产交换

通常情况下,企业在生产经营过程中所进行的各类交易是货币性交易,也就是说,用货币性资产(如现金、应收账款、应收票据等)来交换非货币性资产(如存货、固定资产、无形资产等)。所交换的货币性资产的金额是计量企业收到的非货币性资产成本的基础,也是计量企业转出非货币性资产的收益或损失的基础。非货币性资产交换却不同,它是指交易双方以非货币性资产进行的交换,这种交换不涉及或只涉及少量的货币性资产(补价)。

非货币性资产交换主要表现为以下几个特点:

(一)非货币性资产交换的交易对象主要是非货币性资产

通常情况下,企业进行商品交易都是用货币性资产(如现金、应收账款、应收票据等)来交换非货币性资产(如存货、固定资产、无形资产等),但是有些商品交易可能不涉及货币性资产或只涉及少量的货币性资产,即物物交换。

广义的非货币性资产交换的交易对象包括非货币资产和非货币性负债。目前我国非货币性资产交换中涉及非货币性负债的情况比较少,其会计核算问题并不突出,因此这里所讲的非货币性资产交换指狭义的非货币性资产交换,暂时不包括非货币性负债。

(二)非货币性资产交换有时也可能涉及少量的货币性资产

非货币性资产交换并不意味着不涉及任何货币性资产。在实务中,也有可能在换出非货币性资产的同时,支付一定金额的货币性资产;或者在换入非货币性资产的同时,收到一定金额的货币性资产。此时所收到或支付的货币性资产称为补价。这类交易是属于货币性交易还是属于非货币性资产交换,通常看补价占整个交易金额的比例。如果只涉及少量的货币性资产,则仍属于非货币性资产交换。为便于判断,会计准则规定了25%的参考比例:如果支付的货币性资产占换入资产公允价值的比例(或占换出资产公允价值与支付的货币性资产之和的比例)低于25%,则视为非货币性资产交换,应根据非货币性资产交换会计准则的规定进行会计处理;否则,视为货币性交易,应根据通常发生的货币性交易的核算原则进行会计处理。

【例10-1】甲公司用一台设备A换取乙公司一台设备B,甲公司的A设备的账面原值为150 000元,累计已提折旧30 000元,公允价值为100 000元;乙公司的B设备的账面原值为200 000元,累计已提折旧60 000元,公允价值为105 000元,甲公司另支付给乙公司5 000元补价,假设不考虑增值税等相关税费。

补价占公允价值的比重 $=\frac{5\ 000}{105\ 000}\times 100\%=4.76\%$

此比率低于25%,可以判断这一交易属于非货币性资产交换。

三、非货币性资产交换的核算原则

在非货币性资产交换中,企业销售商品时,企业把商品提供给购货方,同时企业也收到购货方提供的非货币性资产。此时,货币性交易中通常所采用的收入确认和资产计价等原则,往往并不完全适用了。那么,如何计量非货币性资产交换中所收到非货币性资产的入账价值,是否确认非货币性资产交换发生的损益,就成为非货币性资产交换会计核算所要解决的主要问题。

为解决此问题,我国《企业会计准则第7号——非货币性资产交换》规定了两种情况,对其两种情况进行不同的会计处理。

(一)按公允价值入账

企业会计准则规定非货币性资产交换同时满足下列条件的,应当以换出资产的公允价值和应支付的相关税费作为换入资产的成本,换出资产的公允价值与换出资产的账面价值的差额计入当期损益:

(1)该项交换具有商业实质。

(2)换入资产或换出资产的公允价值能够可靠地计量。

换入资产和换出资产公允价值均能够可靠计量的,应当以换出资产的公允价值作为换入资产成本的基础,但有确凿证据表明换入资产的公允价值更可靠的除外。

什么是符合商业实质呢?企业会计准则规定满足下列条件之一的非货币性资产交换具有商业实质:

(1)换入资产的未来现金流量在风险、时间和金额方面与换出资产显著不同。

(2)换入资产与换出资产的预计未来现金流量现值不同,且其差额与换入资产和换出资产的公允价值相比是重大的。

在确定非货币性资产交换是否具有商业实质时,企业应当关注交易各方之间是否存在关联方关系。关联方关系的存在可能导致发生的非货币性资产交换不具有商业实质。

企业在按照公允价值和应支付的相关税费作为换入资产成本的情况下,发生补价的,应当分别按下列情况处理:

(1)支付补价的,以换出资产的公允价值加上支付的补价和应支付的相关税费,作为换入资产的成本。

(2)收到补价的,以换出资产的公允价值减去补价,加上应支付的相关税费,作为换入资产的成本。

换出资产的公允价值与其账面价值的差额,应当分别按如下不同情况处理:

①换出资产为存货的,应当作为销售处理,按其公允价值确认收入,同时结转相应的成本;

②换出资产为固定资产、无形资产的,差额计入营业外收入或营业外支出;

③换出资产为长期股权投资的,差额计入投资损益。

(二)按账面价值入账

未同时满足上述两个条件的非货币性资产交换,应当以换出资产的账面价值和应支付的相关税费作为换入资产的成本,不确认损益。

企业在按照换出资产的账面价值和应支付的相关税费作为换入资产成本的情况下，发生补价的，应当分别按下列情况处理：

(1)支付补价的，应当以换出资产的账面价值，加上支付的补价和应支付的相关税费，作为换入资产的成本，不确认损益。

(2)收到补价的，应当以换出资产的账面价值，减去收到的补价并加上应支付的相关税费，作为换入资产的成本，不确认损益。

第二节　非货币性资产交换的会计处理

一、符合商业实质且公允价值可靠计量

(一)不涉及补价情况下非货币性资产交换的会计处理

在没有补价情况下发生的非货币性资产交换，其基本原则是以换出资产的公允价值，加上应支付的相关税费作为换入资产的入账价值。用公式表示为：

换入资产的入账价值=换出资产的公允价值+相关的税费

【例 10-2】W 公司以生产经营过程中使用的车床交换 N 公司库存商品办公家具，换入的办公家具作为固定资产。车床的账面原值为 150 000 元，在交换日的累计已提折旧为 40 000 元，公允价值为 100 000 元。办公家具的账面价值为80 000 元，在交换日的公允价值为 100 000 元，计税价格等于公允价值。假设 W 公司在整个交易过程中除支付运杂费 1 000 元及增值税 90 元外。假设 N 公司没有为库存商品计提存货跌价损失准备，增值税税率为 13%，其换入的车床作为固定资产。

W 公司的会计处理如下：

(1)注销车床的账面价值。

借：固定资产清理	110 000	
累计折旧——车床	40 000	
贷：固定资产——车床		150 000

(2)发生相关清理费用。

借：固定资产清理	1 000	
应交税费——应交增值税(进项税额)	90	
贷：银行存款		1 090

(3)换入办公家具的入账价值=换出资产的公允价值+相关税费+销项税-进项税=100 000+1 000+13 000-13 000=101 000(元)

借：固定资产——办公家具	101 000	
应交税费——应交增值税(进项税额)	13 000	
资产处置损益	10 000	
贷：固定资产清理		111 000
应交税费——应交增值税(销项税额)		13 000

N 公司的会计处理如下：

(1)换入资产的入账价值=换出资产的公允价值+换出资产的销项税额+相关税费-换入资产的进项税额=100 000×(1+13%)-13 000=100 000(元)

增值税销项税额=100 000×13%=13 000(元)

借:固定资产——车床　100 000
　应交税费——应交增值税(进项税额)　13 000
　贷:主营业务收入　100 000
　　应交税费——应交增值税(销项税额)　13 000

(2)同时,结转存货的成本。

借:主营业务成本　80 000
　贷:库存商品　80 000

【例 10-3】甲木器加工公司决定以持有丙公司的长期股权投资交换乙公司的一台生产设备,换入的生产设备作为固定资产。在交换日,甲木器加工公司持有的长期股权投资的账面余额为200 000 元,已计提的长期股权投资减值准备为 15 000 元,公允价值为214 700 元,交易双方都要支付手续费用 5 000 元;乙公司生产设备的账面原值为 250 000元,累计已提折旧为 50 000 元,公允价值为 190 000 元,手续费未取得增值税专用发票。

(1)甲木器加工公司的会计处理如下:

换入固定资产的入账价值=214 700+5 000-190 000×13%=195 000(元)

借:固定资产——生产设备　195 000
　应交税费——应交增值税(进项税额)　24 700
　长期股权投资减值准备　15 000
　贷:长期股权投资　200 000
　　银行存款　5 000
　　投资收益　29 700

(2)乙公司注销固定资产账面价值的会计处理如下:

借:固定资产清理　200 000
　累计折旧　50 000
　贷:固定资产——生产设备　250 000

(3)乙公司取得长期股权投资:

换入股权的入账价值=190 000(1+13%)+5 000=219 700(元)

借:长期股权投资　219 700
　资产处置损益　10 000
　贷:固定资产清理　200 000
　　应交税费——应交增值税(销项税额)　24 700
　　银行存款　5 000

(二)涉及补价情况下非货币性资产交换的会计处理

企业发生非货币性资产交换时,如果涉及补价,则应区别支付补价与收到补价分别进行会计处理。

支付补价时,换入资产入账价值计算公式如下:

换入资产入账价值=换出资产公允价值+支付的补价+应支付的相关税费

收到补价时,换入资产入账价值计算公式如下:

换入资产入账价值=换出资产公允价值-收到的补价+应支付的相关税费

【例 10-4】甲出租车公司拥有一个出租车队以经营出租业务,其主要车辆是 A 汽车。甲出租车公司与乙办公设备生产企业商定,甲出租车公司用自己的一辆 A 汽车交换乙企业的一批办公设备。甲公司的 A 汽车的账面原值为200 000 元,在交换日的累计折旧为

43 000 元,公允价值为 130 000 元;乙公司的库存商品的账面成本 130 000 元,在交换日的公允价值为 150 000 元,增值税税率为 13%。甲出租车公司另外向乙企业收放补价银行存款 22 600 元。假设在整个交换过程中甲出租车公司发生劳务费 1 000 元,乙企业发生劳务费 500 元;假设相关费用未取得增值税进项税额发票。

甲公司的会计处理如下:

第一步,判断是否属于非货币性资产交换。

所支付的货币性资产占换出资产公允价值的比例=22 600÷[170 000×(1+13%)]

=11.76%

由于支付的货币性资产占换出资产公允价值与支付的货币性资产之和的比例为 11.76%,低于 25%,因此这一交换行为属于非货币性资产交换,应按非货币性资产交换的原则进行会计处理。

第二步,支付补价方计算确定换入资产的入账价值。

换入资产入账价值=170 000−22 600+1 000+170 000×13%−150 000×13%

=151 000(元)

第三步,编制相关会计分录。

(1)注销换出资产的账面价值。

借:固定资产清理	157 000	
累计折旧	43 000	
贷:固定资产——A 汽车		200 000

(2)换入资产入账。

借:固定资产——办公设备	151 000	
应交税费——应交增值税(进项税额)	19 500	
银行存款	21 600	
贷:固定资产清理		157 000
资产处置损益		13 000
应交税费——应交增值税(销项税额)		22 100

乙公司的会计处理如下:

第一步,判断是否属于非货币性资产交换。

所收货币性资产占换出资产公允价值的比例=22 600÷192 100=11.76%

由于收到的货币性资产占换出资产公允价值的比例为 11.76%,低于 25%,因此这一交换行为属于非货币性资产交换,应按非货币性资产交换的原则进行会计处理。

第二步,收到补价方计算确定换入资产的入账价值。

换入资产入账价值=169 500+22 600+500−170 000×13%=170 500(元)

第三步,编制相关会计分录。

借:固定资产——A 汽车	170 500	
应交税费——应交增值税(进项税额)	22 100	
贷:主营业务收入		150 000
应交税费——应交增值税(销项税额)		19 500
银行存款		23 100

同时,结转成本。

借:主营业务成本	130 000	
贷:库存商品		130 000

二、不符合商业实质或公允价值不能可靠计量

(一)不涉及补价情况下非货币性资产交换的会计处理

不符合商业实质或公允价值不能可靠计量的情况下,在没有补价时发生的非货币性交易,其基本原则是以换出资产的账面价值,加上应支付的相关税费作为换入资产的入账价值,不确认非货币性交易损益。用公式表示为:

换入资产的入账价值=换出资产的账面价值+相关的税费

需要注意的是,如果换入资产是存货或进项税允许抵扣的固定资产,则涉及增值税的问题,换入资产的入账价值应为换出资产的账面价值减去应确定的增值税进项税额,再加上相关的税费。如果换出资产是存货或固定资产,则要涉及增值税销项税的问题。换入资产的入账价值应为换出存货的账面价值加上应确定的增值税销项税额,再加上相关的税费。

【例 10-5】W 公司以生产经营过程中使用的车床交换 N 公司库存商品办公家具,换入的办公家具作为固定资产。车床的账面原值为 150 000 元,在交换日的累计已提折旧为 40 000 元,公允价值为 100 000 元。办公家具商品的账面成本为 80 000 元,在交换日的公允价值为 100 000 元,计税价格等于公允价值。假设 W 公司在整个交易过程中除支付劳务费 1 000 元外,没有发生其他相关税费。假设 N 公司没有为库存商品计提存货跌价损失准备,增值税税率为 13%,其换入的车床作为固定资产。假设运费未取得增值税专用发票。

W 公司的会计处理如下:

(1)注销车床的账面价值。

借:固定资产清理　　110 000
　累计折旧　　40 000
　贷:固定资产——车床　　150 000

(2)发生相关清理费用。

借:固定资产清理　　1 000
　贷:银行存款　　1 000

(3)换入办公家具的入账价值=换出资产的账面价值+相关税费=110 000+1 000+13 000-13 000=111 000(元)

借:固定资产——办公家具　　111 000
　应交税费——应交增值税(进项税额)　　13 000
　贷:固定资产清理　　111 000
　　应交税费——应交增值税(销项税额)　　13 000

N 公司的会计处理如下:

计算增值税销项税额=100 000×13%=13 000(元)

换入资产的入账价值=换出资产的账面价值+销项税额+其他相关税费-进项税额=80 000+13 000-13 000=80 000(元)

借:固定资产——车床　　80 000
　应交税费——应交增值税(进项税额)　　13 000
　贷:库存商品　　80 000
　　应交税费——应交增值税(销项税额)　　13 000

【例 10-6】甲公司决定以生产用的 A 设备一台,账面原值为180 000 元,累计已提折旧 30 000 元,公允价值为 120 000 元,换入乙公司的库存商品一批作为原材料。乙公司原材料的账面价值为 100 000 元,公允价值为 120 000 元,增值税税率为 13%,计税价格等于

公允价值。假设整个交易过程中没有发生除增值税以外的其他相关税费。

甲公司的会计处理如下:

(1)注销固定资产账面价值。

借:固定资产清理	150 000	
累计折旧	30 000	
贷:固定资产——A 设备		180 000

(2)将换入原材料入账。

原材料入账价值=150 000+120 000×13%-120 000×13%=150 000(元)

借:原材料	150 000	
应交税费——应交增值税(进项税额)	15 600	
贷:固定资产清理		150 000
应交税费——应交增值税(销项税额)		15 600

乙公司的会计处理如下:

借:固定资产——A 设备	100 000	
应交税费——应交增值税(进项税额)	15 600	
贷:原材料		100 000
应交税费——应交增值税(销项税额)		15 600

(二)涉及补价情况下非货币性资产交换的会计处理

企业发生非货币性交易时,如果涉及补价,应区别支付补价与收到补价,分别进行会计处理。

1. 支付补价

企业发生非货币性资产交换时,支付补价的基本原则与没有涉及补价时的会计处理基本相同,唯一的区别是需要考虑补价因素,即以换出资产的账面价值加上支付的补价和应支付的相关税费作为换入资产的入账价值,不确认非货币性交易损益。用公式表示为:

换入资产入账价值=换出资产账面价值+支付的补价+应支付的相关税费

2. 收到补价

企业收到补价时,换入资产的入账价值为换出资产的账面价值减去收到的补价加上应支付的相关税费用,不确认损益。

换入资产入账价值=换出资产账面价值-收到的补价+应支付的相关税费

【例 10-7】甲出租车公司拥有一个出租车队以经营出租业务,其主要车辆是 A 汽车。乙公司也是经营汽车出租业务,所用的主要是 B 汽车。甲出租车公司与乙出租车公司商定,甲出租车公司用自己的一辆 A 汽车交换乙出租车公司的一辆 B 汽车。甲出租车公司的 A 汽车的账面原值为 200 000 元,在交换日的累计折旧为 40 000 元,公允价值为 170 000 元;乙公司的 B 汽车的账面原值为 220 000 元,在交换日的累计折旧为 45 000 元,公允价值为 180 000 元。甲出租车公司另外向乙出租车公司支付银行存款 11 300 元。假设在整个交换过程中甲出租车公司发生劳务费 2 000 元,乙出租车公司发生劳务费 2 500 元。假设支付的运杂费未取得增值税专用发票。

甲公司的会计处理如下:

第一步,判断是否属于非货币性交易。

所支付的货币性资产占换出资产公允价值的比例=11 300÷[170 000×(1+13%)+11 300]=5.56%

由于支付的货币性资产占换出资产公允价值与支付的货币性资产之和的比例为

5. 56%，低于 25%，因此这一交换行为属于非货币性交易，应按非货币性交易的原则进行会计处理。

第二步，支付补价方计算确定换入资产的入账价值。

换入资产入账价值 = 160 000+2 000+11 300+170 000×13%-180 000×13%
= 172 000(元)

第三步，编制相关会计分录。

(1)注销换出资产的账面价值。

借：固定资产清理　160 000
　累计折旧　40 000
　贷：固定资产——A 汽车　200 000

(2)支付清理费 2 000 元。

借：固定资产清理　2 000
　贷：银行存款　2 000

(3)换入资产入账。

借：固定资产——B 汽车　172 000
　应交税费——应交增值税(进项税额)　23 400
　贷：固定资产清理　162 000
　　应交税费——应交增值税(销项税额)　22 100
　　银行存款　11 300

乙公司的会计处理如下：

第一步，判断是否属于非货币性交易。

所收货币性资产占换出资产公允价值的比例 = 11 300÷[180 000×(1+13%)] = 5. 56%

由于收到的货币性资产占换出资产公允价值的比例为 5. 56%，低于 25%，因此这一交换行为属于非货币性交易，应按非货币性交易的原则进行会计处理。

第二步，收到补价方计算确定换入资产的入账价值。

换入资产入账价值 = 175 000+2 500-11 300+23 400-22 100 = 167 500(元)

第三步，编制相关会计分录。

(1)注销换出资产的账面价值。

借：固定资产清理　175 000
　累计折旧　45 000
　贷：固定资产　220 000

(2)支付清理费 2 500 元。

借：固定资产清理　2 500
　贷：银行存款　2 500

(3)换入资产入账。

借：固定资产——A 汽车　167 500
　应交税费——应交增值税(进项税额)　22 100
　银行存款　11 300
　贷：固定资产清理　177 500
　　应交税费——应交增值税(销项税额)　23 400

(三)非货币性资产交换中涉及多项资产的会计处理

企业发生非货币性资产交换时，有可能涉及多项资产，即企业以一项非货币性资产同时换入另一企业的多项非货币性资产,或以多项非货币性资产换入另一企业的一项非货币性资产,或以多项非货币性资产同时换入多项非货币性资产。非货币性交易涉及多项资产的交换时,企业不可能具体区分换出的某一资产是与换入的某一特定资产相交换。此外,还可能涉及补价。因此,非货币性交易中涉及多项资产的会计处理。应区分涉及补价与否;在涉及补价的情况下,还应再区分支付补价与收到补价,分别进行会计处理。

1. 没有补价情况下的会计处理

企业发生的非货币性交易,涉及多项资产时,在没有补价的情况下,基本原则与单项资产的会计处理原则基本相同,唯一的区别是需要按换入各项资产的原账面价值占换入资产原账面价值总额的比例,对换出资产的账面价值总额与应支付的相关税费之和进行分配,以确定各项换入资产的入账价值。

【例 10-8】甲公司以生产经营过程中使用的一辆货运汽车和一辆客运汽车同时交换乙公司在生产经营过程中使用的设备 A 和设备 B。甲公司货运汽车的账面原值为 300 000 元,在交换日的累计折旧为 110 000 元,计税价格为220 000 元;客运汽车的账面原值为 250 000 元,在交换日的累计折旧为 50 000 元,计税价格为180 000 元。乙公司 A 设备的账面原值为 330 000 元,在交换日的累计折旧为 200 000 元,计税价格为 160 000 元;设备 B 的账面原值为300 000 元,在交换日的累计折旧为 70 000 元,计税价格为 240 000 元。假设两个公司都没有为固定资产计提固定资产减值准备。双方增值税率为 13%。该交换不符合商业实质。

甲公司的会计处理如下:

第一步,以换入资产的账面价值为标准,将换出资产的账面价值与相关的税费用分配给换入资产,作为各项换入资产的入账价值。

$$分配率=\frac{换出资产的账面价值+相关的税费用+销项税额-进项税额}{换入资产的账面价值之和}$$

$$=\frac{190\ 000+200\ 000+400\ 000\times 13\%-400\ 000\times 13\%}{130\ 000+230\ 000}=1.083\ 33$$

换入资产设备 A 应分配的入账价值 = 130 000×1. 083 33 = 140 833(元)

换入资产设备 B 应分配的入账价值 = 230 000×1. 083 33 = 249 167(元)

第二步,编制会计分录。

(1)注销换出资产的账面价值。

借:固定资产清理	390 000	
累计折旧	160 000	
贷:固定资产——货运汽车		300 000
——客运汽车		250 000

(2)换入资产入账。

借:固定资产——A 设备	140 833	
——B 设备	249 167	
应交税费——应交增值税(进项税额)	52 000	
贷:固定资产清理		390 000
应交税费——应交增值税(销项税额)		52 000

乙公司的会计处理如下:

第一步,以换入资产的账面价值为标准,将换出资产的账面价值与相关的税费用分配给换入资产,作为各项换入资产的入账价值。

$$分配率=\frac{换出资产的账面价值+相关的税费用+销项税-进项税}{换入资产的账面价值之和}$$

$$=\frac{130\ 000+230\ 000+400\ 000\times13\%-400\ 000\times13\%}{190\ 000+200\ 000}=0.923\ 077$$

换入资产货运汽车应分配的入账价值=190 000×0.923 077=175 385(元)

换入资产客运汽车应分配的入账价值=200 000×0.923 077=184 615(元)

第二步,编制会计分录。

(1)注销换出资产的账面价值。

借:固定资产清理	360 000	
累计折旧	270 000	
贷:固定资产——设备 A		330 000
——设备 B		300 000

(2)换入资产入账。

借:固定资产——货运汽车	175 385	
——客运汽车	184 615	
应交税费——应交增值税(进项税额)	52 000	
贷:固定资产清理		360 000
应交税费——应交增值税(销项税额)		52 000

2. 涉及补价情况下的会计处理

企业发生的非货币性交易,涉及多项资产时,在涉及补价的情况,基本原则与单项资产的会计处理原则基本相同,主要的区别是需要按换入各项资产的原账面价值占换入资产原账面价值总额的比例进行分配,以确定各项换入资产的入账价值。

【例 10-9】甲公司以生产经营过程中使用的一辆货运汽车和一辆客运汽车同时交换乙公司在生产经营过程中使用的设备 A 和设备 B。甲公司货运汽车的账面原值为 300 000 元,在交换日的累计折旧为 110 000 元,计税价格为220 000 元;客运汽车的账面原值为 250 000 元,在交换日的累计折旧为 50 000 元,计税价格为200 000 元。乙公司 A 设备的账面原值为 330 000 元,在交换日的累计折旧为 200 000 元,计税价格为 160 000 元;设备 B 的账面原值为300 000 元,在交换日的累计折旧为 70 000 元,计税价格为 240 000 元。乙公司向甲公司支付补价 22 600 元。假设两个公司都没有为固定资产计提固定资产减值准备;双方增值税率为 13%。该交换不符合商业实质。

甲公司的会计处理如下:

第一步,判断是否属于非货币性交易。

22 600÷(190 000+200 000)= 5.8%

此比率小于 25%,这一交易属于非货币性交易。

换入资产的入账价值=390 000-22 600+420 000×13%-400 000×13%=370 000(元)

以换入资产的账面价值为标准,将换出资产的账面价值与相关的税费用分配给换入资产,作为各项换入资产的入账价值。

$$分配率=\frac{换出资产的账面价值+相关的税费用}{换入资产的账面价值之和}=\frac{370\ 000}{130\ 000+230\ 000}=1.027\ 778$$

换入资产设备 A 应分配的入账价值=130 000×1.027 778=133 611(元)

换入资产设备 B 应分配的入账价值=230 000×1.027 778=236 389(元)

第二步,编制会计分录。

(1)注销换出资产的账面价值。

借：固定资产清理　390 000
　累计折旧　160 000
　贷：固定资产——货运汽车　300 000
　　　　——客运汽车　250 000

(2)换入资产入账。

借：固定资产——A 设备　133 611
　　　　——B 设备　236 389
　应交税费——应交增值税(进项税额)　52 000
　银行存款　22 600
　贷：固定资产清理　390 000
　　应交税费——应交增值税(销项税额)　54 600

乙公司的会计处理如下：

第一步，以换入资产的账面价值为标准，将换出资产的账面价值与相关的税费用分配给换入资产，作为各项换入资产的入账价值。

$$分配率=\frac{换出资产的账面价值+相关的税费用}{换入资产的账面价值之和}$$

$$=\frac{130\ 000+230\ 000+22\ 600+400\ 000\times13\%-420\ 000\times13\%}{190\ 000+200\ 000}=0.974\ 36$$

换入资产货运汽车应分配的入账价值 = 190 000×0.974 36 = 185 128(元)

换入资产客运汽车应分配的入账价值 = 200 000×0.974 36 = 194 872(元)

第二步，编制会计分录。

(1)注销换出资产的账面价值。

借：固定资产清理　360 000
　累计折旧　270 000
　贷：固定资产——设备 A　330 000
　　　　——设备 B　300 000

(2)换入资产入账。

借：固定资产——货运汽车　185 128
　　　　——客运汽车　194 872
　应交税费——应交增值税(进项税额)　54 600
　贷：固定资产清理　360 000
　　银行存款　22 600
　　应交税费——应交增值税(销项税额)　52 000

三、非货币性资产交换的披露

《企业会计准则第 7 号——非货币性资产交换》规定企业应当在附注中披露与非货币性资产交换有关的下列信息：

(1)换入资产、换出资产的类别。

(2)换入资产成本的确认方式。

(3)换入资产、换出资产的公允价值以及换出资产的账面价值。

(4)非货币资产交换确认的公允价值变动损益。

思考题

1. 什么是非货币性资产和货币性资产？两者的区别是什么？

2. 什么是非货币性资产交换？如何判断？

3. 非货币性资产交换符合什么条件，可以按公允价值进行核算？在什么情况下按账面价值核算？

4. 判断符合商业实质的标准是什么？

5. 符合商业实质，不涉及补价和涉及补价怎么核算？

6. 不符合商业实质，不涉及补价和涉及补价怎么核算？

练习题

1. A公司以一项固定资产换入H公司的一项土地使用权。A公司固定资产的账面原值为80万元，累计已提折旧20万元，该固定资产的公允价值为55万元，增值税税率为13%。H公司土地使用权的账面余额为50万元，累计摊销为10万元，公允价值为58万元，增值税销项税税率为9%。

(1)假设符合商业实质；

(2)假设不符合商业实质。

编制双方的会计分录。

2. A公司以一项固定资产和一项无形资产换入H房地产公司的一栋房屋作为投资性房地产。A公司固定资产的账面原值为50万元，累计已提折旧20万元，该固定资产的公允价值为35万元，增值税税率为13%。无形资产的账面余额100万元，累计摊销为10万元，公允价值为105万元，增值税税率为6%。H房地产公司的房屋是存货，其账面成本为100万元，公允价值为145.95万元，增值税税率为6%。

(1)假设符合商业实质；

(2)假设不符合商业实质。

编制双方的会计分录。

3. A公司以长期股权投资换入H公司的商品一批作为库存商品。A公司长期股权投资的账面原值为80万元，公允价值为93.6万元。H公司的存货，其账面成本为60万元，公允价值为80万元，增值税税率为13%。

(1)假设符合商业实质；

(2)假设不符合商业实质。

编制双方的会计分录。

4. A公司以一项固定资产换入H公司的一项土地使用权。A公司固定资产的账面原值为80万元，累计已提折旧20万元，已计提固定资产减值准备5万元，该固定资产的公允价值为60万元，增值税税率为13%。H公司土地使用权的账面余额为60万元，累计摊销为10万元，公允价值为65万元，增值税税率为9%，A公司支付银行存款1.95万元给H公司。

(1)假设符合商业实质；

(2)假设不符合商业实质。

编制双方的会计分录。

5. A公司以长期股权投资换入H公司的商品一批作为固定资产。A公司长期股权投资的账面原值为80万元，公允价值为90万元。H公司的存货，其账面成本为60万元，公允价值为80万元，增值税税率为13%。A公司支付银行存款3.6万元给H公司。

(1)假设符合商业实质；

(2)假设不符合商业实质。

编制双方的会计分录。

第十一章
流动负债

企业的负债按其流动性,可分为流动负债和长期负债。前者是指将在一年或者超过一年的一个营业周期内偿还的债务,因其偿还期短,故又称为短期负债。长期负债是指其偿还期限在一年或超过一年的一个营业周期以上的债务。本章阐述流动负债的会计核算。

第一节　流动负债的性质与分类

一、负债的特点

负债(Liabilities)是企业过去的交易或事项形成的、预期会导致经济利益流出企业的现时义务(Existing Liabilities)。现时义务是指在现行条件下已承担的义务。未来发生的交易或事项形成的义务,不属于现时义务,不应当确认为负债。

一般来讲,会计上的负债较法律上的负债含义更为广泛,内容更丰富。不仅包括企业必须履行的各种法定义务,还包括一些并不具有法律约束的内容,如递延所得税负债。会计上的负债应具有以下特点:

(1)必须是现时确实存在的。作为确实已存在的债务,它具有法律上的约束力,企业必须按照一定的方式在指定日期清偿。如企业已向银行借入一笔资金,从借入日起就负有还本付息的责任,至于具体偿付日期,需视借款合同的具体规定。未来经济业务可能引起的债务,不构成会计上的负债。

(2)必须用债权人所能接受的方式(如支付货币资金、转让资产、提供劳务)清偿。

(3)必须能以货币确切或合理地予以计量。负债一般有确切的偿付金额;有的虽无确切金额,但通过一定方法,可确定一个合理的估计数。

(4)必须有确切的或合理估计的债权人及到期日。大多数负债都有确切的债权人及到期日;有的负债债权人及到期日只能合理地估计,如有奖销售应付的赠奖费。

二、流动负债的确认和计量

符合负债的定义,在同时满足以下条件时,应确认为负债:

(1)与该义务有关的经济利益很可能流出企业;

(2)未来流出的经济利益的金额能够可靠地计量。

符合负债的定义和负债的确认条件的项目,应当列入资产负债表;符合负债的定义,但不符合负债的确认条件的项目,不应当列入资产负债表。

负债是企业现时存在的、需在未来偿付的一种经济义务。理论上讲,应按未来应偿付的金额或现金等价物的现值计量。但在会计实务中,考虑到流动负债偿还期短,到期值与其现值相差很小,故一般直接以负债发生时的实际金额作为到期应付金额记账,不考虑贴现值。

按照历史成本原则,我国《企业会计制度》规定:各项流动负债,应按实际发生额入账。短期借款、带息应付票据、短期应付债券应当按照借款本金或债券面值,按照确定的利率按期计提利息,计入损益。

三、流动负债的分类

企业的流动负债(Current Liabilities)主要包括以下项目:短期借款、应付票据、应付账款、预收账款、应付职工薪酬、应付股利、应交税费、其他暂收应付款项和一年内到期的短期借款等。

上述流动负债从其成因看,一般可以分为以下三类:

(1)融资形成的流动负债,如企业从银行和其他金融机构借入的短期借款。

(2)结算过程中产生的流动负债,如企业购入原材料已经到货,在货款尚未支付前形成一笔待结算的应付款项。

(3)利润分配过程中产生的流动负债,如应付股利等。

第二节　应付账款与应付票据

一、应付账款的概念

企业在正常生产经营过程中,因购买商品、材料或接受劳务供应等而应付给供应单位的款项,称为应付账款(Payable Account)。这是一种最常见、最普遍的负债,主要是由于企业取得资产的时间与结算付款的时间不一致而产生的。

从理论上讲,应付账款入账时间的确认,应以所购买物资的所有权转移或接受劳务已发生为标志。但是,应付账款的付款期不长,一般为30~60天,实际工作中,应区别不同情况进行处理:在物资和发票账单同时到达的情况下,应付账款一般待物资验收入库后,才按发票账单登记入账。这主要是为了确认所购入的物资是否在质量、数量和品种上与合同上订明的条件相符,以免因先入账而在验收入库时发现购入物资错、漏、破损等问题再进行调账;在物资和发票账单不是同时到达的情况下,由于应付账款要根据发票账单登记入账,有时候货物已到而发票账单要间隔较长时间才能到达,但由于这笔负债已经成立,应作为一项负债反映。为在资产负债表上客观反映企业所拥有的资产和承担的负债,在实际中一般于月份终了将所购物资和应付的债务估计入账,予以确认,待下月初再用红字予以冲回。

应付账款一般按实际发生额入账。如果购入的资产在形成一笔应付账款时是带有现金折扣的,应付账款入账金额的确定按发票上记载的应付金额的总值(不扣除折扣)记账。

二、应付账款的核算

(一)应付账款的账户设置

为了核算企业因购买材料、商品和接受劳务供应等而应付给供应单位的款项,企业需设置“应付账款”账户，该账户属于负债类账户，贷方登记企业购入材料、商品等验收入库、尚未支付的应付款项或企业接受劳务供应而发生的应付未付款项；借方登记应付账款减少；期末余额在贷方，反映企业尚未支付的应付账款。本账户应按供应单位设置明细账，进行明细核算。

（二）应付账款的会计处理

企业因购入物资而形成的应付账款。在实际工作中，企业购入的物资和发票账单到达企业的时间往往不一致，有些情况下会形成应付账款，而有些情况下则不会形成应付账款，因此应区分不同的情况进行会计处理。

【例 11-1】甲公司从长江股份有限公司购入某批材料 113 000 元（含税），付款条件为“2/15，n/30”，材料已验收入库，并在 10 天付款。

（1）收到发票账单。

借：材料采购	100 000	
应交税费——应交增值税（进项税额）	13 000	
贷：应付账款——长江公司		113 000

（2）第 10 天付款。

借：应付账款	113 000	
贷：银行存款		110 740
财务费用（113 000×2%）		2 260

三、应付票据的概念

应付票据（Bill Payable）是由出票人出票，承兑人承兑，付款人在指定日期无条件支付确定的金额给收款人或者持票人的商业汇票。由于我国商业汇票的付款期限最长不超过 6 个月，故将其归于流动负债。应付票据也是委托付款人允许在一定时间内支付一定数额的书面证明。应付票据与上述应付账款不同，虽然都是由于交易而引起的流动负债，但应付账款是尚未结清的债务，而应付票据是一种期票，是延期付款的证明，有承诺的票据作为凭据。按承兑人的不同，商业汇票可分为商业承兑汇票和银行承兑汇票。应付票据按票面是否注明利率，分为带息票据与不带息票据两种。

在采用商业承兑汇票方式下承兑人应为付款人，承兑人对这项债务在一定时期内支付的承诺作为企业的一项负债；在采用银行承兑汇票方式下商业汇票应由在承兑银行开立存款账户的存款人签发，由银行承兑。由银行承兑的银行承兑汇票，只是为收款人按期收回债权提供了可靠的信用保证，对付款人来说，不会由于银行承兑而使这项负债消失。因此，即使是由银行承兑的汇票，付款人的现存义务依然存在，应将其作为一项负债。

四、应付票据的核算

对应付票据的开出、偿还，会计上设置“应付票据”账户进行核算，这是负债类账户。出票时按票面值记入该账户的贷方；对带息票据应于年度终了计算应付利息，记入该账户的贷方；到期付款或因其他原因注销票据时，按票据的账面价值记入借方；余额在贷方，表示尚未到期的应付票据本金或本息和。应付票据账户的明细核算，一般按收款人姓名或单位名称分户进行。

（一）不带息应付票据

不带息应付票据，其面值就是票据到期时的应付金额。不带息应付票据的开出或偿付,会计上均按面值核算。

【例 11-2】甲公司从宇通公司购入 A 商品一批,价款 400 000 元,增值税为 52 000 元,购销合同规定采用商业汇票结算。企业开出并承兑一张面值为 452 000 元、期限 6 个月的商业汇票给宇通公司,商品尚未运到。

(1)甲公司开出商业汇票。

借:材料采购——A 商品	400 000	
应交税费——应交增值税(进项税额)	52 000	
贷:应付票据——甲公司		452 000

(2)票据到期付款。

借:应付票据——甲公司	452 000	
贷:银行存款		452 000

(3)票据到期企业无力支付。

借:应付票据——甲公司	452 000	
贷:应付账款——甲公司		452 000

(二)带息应付票据

1. 开出、承兑票据的核算

带息应付票据开出、承兑的核算与上述不带息应付票据开出、承兑的会计处理相同。

2. 应付票据利息的核算

应付票据利息的核算在会计上有如下两种做法:

第一种方法是按期预提,即按照票据面值及约定的票面利率,在期末计算应付的票据利息,计入"财务费用"与"应付票据"账户;支付利息时,再冲减"应付票据"账户所记金额。

第二种方法是于票据到期付款时,将全部应付利息直接计入当期财务费用。

第一种方法核算比较麻烦,但符合权责发生制原则,能正确反映企业当期盈亏及实际的负债金额。当然,如果票据期限不长、利息金额不大,也可采用第二种方法,以简化核算。

3. 到期清偿的核算

应付票据有规定的偿付日期,到期时,付款单位应将票款备足并交存开户银行,以备支付。不带息票据的到期值就是面值,带息票据的到期值为票据面值与利息之和。票据到期付款时,借记"应付票据""财务费用"账户,贷记"银行存款"账户。

4. 到期无力清偿的核算

属于商业承兑汇票的,企业应将应付票据的账面价值从"应付票据"账户转入"应付账款"账户,并与收款单位重新协议清偿的日期与方式。

属于银行承兑汇票的,此时银行作为第一付款人代为付款,再向付款企业(承兑申请人)执行扣款,尚未扣回的金额转作付款企业的短期借款处理。

会计处理为根据票据的账面价值借记应付票据——××单位;根据支付金额贷记银行存款,根据不足支付金额贷记短期借款。

为了维护商业汇票结算的严肃性,促使付款企业到期无条件地履行付款责任,应付票据到期企业无力付款时,不管属于哪种情况,银行都要对付款企业罚款。

第三节　应付职工薪酬

一、应付职工薪酬的概念及范围

《企业会计准则第9号——职工薪酬》对职工薪酬的概念和范围做了规定。因获得职工提供服务而给予职工的各种形式的报酬或对价，全部纳入职工薪酬的范围。

职工是指与企业订立劳动合同的所有人员，含全职、兼职和临时职工，也包括虽未与企业订立劳动合同但由企业正式任命的人员，如董事会成员、监事会成员等。

在企业的计划和控制下，虽未与企业订立劳动合同或未由其正式任命，但为其提供与职工类似服务的人员，也纳入职工范围，如劳动用工合同人员。

企业为获得职工提供的服务或终止劳动合同关系而给予的各种形式的报酬，企业为配偶、子女、受赡养人、已故员工遗属及其他受益人等的福利也属于职工薪酬。

职工薪酬主要包括短期薪酬、离职后福利、辞退福利和其他长期职工福利。

养老保险费包括根据国家规定的标准向社会保险经办机构缴纳的基本养老保险费以及根据企业年金计划向企业年金基金相关管理人缴纳的补充养老保险费。

以购买商业保险形式提供给职工的各种保险待遇，也属于职工薪酬。

非货币性福利包括企业以自产产品发给职工作为福利、将企业拥有的资产无偿提供给职工使用、为职工无偿提供医疗保健服务等。对职工的股份支付也属于职工薪酬。

二、职工薪酬的确认与计量

在职工为企业提供服务的会计期间，企业应根据职工提供服务的受益对象，将应确认的职工薪酬（包括货币性和非货币性）计入相关资产成本或当期损益，同时确认为应付职工薪酬，但解除劳动关系补偿除外。

计量应付职工薪酬时，国家规定了计提基础和计提比例的，应当按照国家规定的标准计提，如应向社会保险经办机构等缴纳的医疗保险费、养老保险费、失业保险费、工伤保险费、生育保险费等，应向住房公积金管理机构缴纳的住房公积金（简称“五险一金”）以及工会经费和职工教育经费等。

没有规定计提基础和计提比例的，企业应当根据历史经验数据和实际情况合理预计当期应付职工薪酬。当期实际发生金额大于预计金额的，应当补提应付职工薪酬；当期实际发生金额小于金额的，应当冲回多提的应付职工薪酬。

对于在职提供服务的会计期末以后一年以上到期的应付职工薪酬，企业应当选择适当的折现率，以应付职工薪酬折现后的金额计入相关资产成本或当期损益；应付职工薪酬金额与其折现后金额相差不大的，也可按照未折现金额计入相关资产成本或当期损益。

企业以自产产品作为非货币性福利发放给职工的，应当根据受益对象，按照该产品的公允价值，计入相关资产成本或当期损益，同时确认应付职工薪酬。

将企业拥有的房屋等资产无偿提供给职工使用的，应当根据受益对象，将该住房每期应计提的折旧计入相关资产的成本或当期损益，同时确认应付职工薪酬。租赁住房等资产供职工无偿使用的，应当根据受益对象，将每期应支付的租金计入相关资产或当期损益，并确认应付职工薪酬。难以认定受益对象的非货币性福利，直接计入当期损益和应付职工薪酬。

企业在职劳动合同到期之前解除与职工的劳动关系,或者为鼓励职工自愿接受裁减而提出给予补偿建议,同时满足下列条件的,应当确认因解除与职工的劳动关系给予补偿而产生的预计负债(应付职工薪酬),同时计入当期损益:

(1)企业已经制订正式的解除劳动关系计划或提出自愿裁减建议,并即将实施。

(2)企业不能单方面撤回解除劳动关系计划或裁减建议。

三、设置会计科目及会计处理

“应付职工薪酬”科目核算企业根据有关规定应付给职工的各种薪酬。企业(外商)按规定从净利润中提取的职工奖励及福利基金,也在本科目核算。本科目贷方记录按规定计提的各种应付给职工的薪酬;借方记录以现金和非现金支付给职工的工资、福利等。本科目可按“工资”“职工福利”“社会保险费”“住房公积金”“工会经费”“职工教育经费”“非货币性福利”“辞退福利”“股份支付”等进行明细核算。

计算或计提生产部门人员的职工薪酬,借记“生产成本”“制造费用”“劳务成本”等科目,贷记或借记“应付职工薪酬”科目。

应由在建人员、无形资产研发支出负担的职工薪酬,借记“在建工程”“研发支出”等科目,贷记“应付职工薪酬”科目。

管理人员和销售人员的职工薪酬,借记“管理费用”“销售费用”等科目,贷记“应付职工薪酬”科目。

企业以现金支付职工薪酬时,借记“应付职工薪酬”科目,贷记“库存现金”科目。

企业以自产产品发放给职工作为职工薪酬时,以该产品的公允价值为基础,按受益对象借记“生产成本”“制造费用”“管理费用”科目,贷记“应付职工薪酬”科目;发放产品时,借记“应付职工薪酬”科目,贷记“主营业务收入”科目和“应交税费——应交增值税(销项税额)”科目,同时结转产品的成本,借记“主营业务成本”科目,贷记或借记“库存商品”科目。

企业无偿提供住房等固定资产使用的,按应计提的折旧额,根据受益对象借记“生产成本”“制造费用”“管理费用”科目,贷记“应付职工薪酬”科目;同时借记“应付职工薪酬”科目,贷记“累计折旧”科目。

租赁住房等资产提供给职工无偿使用的,按每期支付的租金借记“生产成本”“制造费用”“管理费用”科目,贷记“应付职工薪酬”科目,同时借记“应付职工薪酬”科目,贷记“库存现金”或“银行存款”等科目。

企业以现金与职工结算的股份支付,在等待期内每个资产负债表日,按当期应确认的成本费用金额,借记“生产成本”“制造费用”“管理费用”等科目,贷记“应付职工薪酬”科目。在可行权日之后,以现金结算的股份支付当期公允价值的变动金额,借记或贷记“公允价值变动损益”科目,贷记或借记“应付职工薪酬”科目。

企业(外商)按规定从净利润中提取的职工奖励及福利基金,借记“利润分配——提取职工奖励及福利基金”科目,贷记“应付职工薪酬”科目。

企业支付各种工资、福利、社会保险、住房公积金、工会经费、职工教育经费、辞退福利、股份支付等,借记“应付职工薪酬”科目,贷记“库存现金”或“银行存款”科目。

“应付职工薪酬”科目的期末贷方余额为应付未付的职工薪酬。

1.货币性短期薪酬的会计处理

货币性短期薪酬的核算,按计算结果一方面计入相关成本费用,另一方面形成应付职工薪酬负债。

【例 11-3】甲公司 10 月份的“工资汇总表”上列示的应发工资为2 500 000 元。其中,生产工人工资 1 900 000 元,车间管理人员工资 200 000 元,厂部管理人员工资 260 000 元,基建工程人员工资 60 000 元,销售部门人员工资 80 000。本月代扣款 150 000 元(其中代扣职工水电费 70 000 元,代扣个人所得税80 000 元),实发工资 2 350 000 元。

(1)根据受益对象分配工资费用。

借:生产成本	1 900 000	
制造费用	200 000	
管理费用	260 000	
在建工程	60 000	
销售费用	80 000	
贷:应付职工薪酬——工资		2 500 000

(2)实际发放工资 2 350 000 元。

借:应付职工薪酬	2 350 000	
贷:库存现金(或银行存款)		2 350 000

(3)代扣款项 150 000 元。

借:应付职工薪酬	150 000	
贷:其他应付款——供电供水部门		70 000
应交税费——应交个人所得税		80 000

企业应当按照国务院、所在地政府或企业年金计划规定标准,计量应付职工薪酬义务(包括“五险一金”)和应计入成本费用的薪酬金额,工会经费和职工教育经费按工资总额的 2%和 1. 5%计提。

根据相关规定分别按工资总额的 10%、12%、2%和 10. 5%计提医疗保险、养老保险、失业保险和住房公积金,缴纳给当地社保经办机构和住房公积金管理机构;按工资总额的2%和 1. 5%计提工会经费和职工教育经费;计提 3%的职工福利费。合计计提比例为 41%。

【例 11-4】承例 11-3,计提各种费用。

应计入生产成本的职工薪酬 = 1 900 000×41% = 779 000(元)

应计入制造费用的职工薪酬 = 200 000×41% = 82 000(元)

应计入管理费用的职工薪酬 = 260 000×41% = 106 600(元)

应计入销售费用的职工薪酬 = 600 000×41% = 24 600(元)

应计入在建工程的职工薪酬 = 80 000×41% = 32 800(元)

合计计提费用 = 1 025 000(元)

其中,职工福利费 = 2 500 000×3% = 75 000(元)

　　社会保险费 = 2 500 000×(10%+12%+2%) = 600 000(元)

　　住房公积金 = 2 500 000×10. 5% = 262 500(元)

　　工会经费 = 2 500 000×2% = 50 000(元)

　　职工教育经费 = 2 500 000×1. 5% = 37 500(元)

借:生产成本　　779 000
　制造费用　　82 000
　管理费用　　106 600
　在建工程　　24 600
　销售费用　　32 800
　贷:应付职工薪酬——福利费　　75 000
　　——社会保险费　　600 000
　　——住房公积金　　262 500
　　——工会经费　　50 000
　　——职工教育经费　　37 500

【例 11-5】企业为职工缴纳的医疗保险费 250 000 元,养老保险费300 000 元,失业保险费 50 000 元,住房公积金 262 500 元,随后支付。以银行存款支付给相关部门。

借:应付职工薪酬　　862 500
　贷:银行存款　　862 500

2. 非货币性福利的会计处理

企业向职工提供非货币性福利的,应当按照公允价值计量。公允价值不能可靠取得的,可以采用成本计量。

(1)以自产产品发放给职工作为福利。

①决定发放非货币性福利时。

借:生产成本
　管理费用
　在建工程
　研发支出等
　贷:应付职工薪酬——非货币性福利

②将自产产品实际发放时。

借:应付职工薪酬——非货币性福利
　贷:主营业务收入
　　应交税费——应交增值税(销项税额)

借:主营业务成本
　贷:库存商品

(2)以外购商品发放给职工作为福利。

①购入时。

借:库存商品等
　应交税费——应交增值税(进项税额)
　贷:银行存款

②决定发放非货币性福利时。

借:生产成本
　管理费用
　在建工程
　研发支出等
　贷:应付职工薪酬——非货币性福利

③将外购商品实际发放时。

借:应付职工薪酬——非货币性福利

贷:库存商品等

应交税费——应交增值税(进项税额转出)

(3)将企业拥有的房屋等资产无偿提供给职工使用,根据受益对象处理。

借:管理费用等

贷:应付职工薪酬——非货币性福利

借:应付职工薪酬——非货币性福利

贷:累计折旧

(4)将租赁住房等资产供职工无偿使用,根据受益对象处理。

借:管理费用等

贷:应付职工薪酬——非货币性福利

借:应付职工薪酬——非货币性福利

贷:其他应付款

(5)如果出售住房的合同或协议中规定了职工在购得住房后至少应当提供服务的年限,且如果职工提前离开则应退回部分差价,企业应当将该项差额作为长期待摊费用处理,并在合同或协议规定的服务年限内平均摊销,根据受益对象分别计入相关资产成本或当期损益(不考虑相关税费)。

①购入住房时。

借:固定资产

贷:银行存款

②出售住房时。

借:银行存款

长期待摊费用

贷:固定资产

③摊销长期待摊费用时。

借:管理费用等

贷:应付职工薪酬——非货币性福利

借:应付职工薪酬——非货币性福利

贷:长期待摊费用

(6)如果出售住房的合同或协议中未规定职工在购得住房后必须服务的年限,企业应当将该项差额直接计入出售住房当期相关资产成本或当期损益。

【例 11-6】企业用自产产品服装作为福利发给职工,该批产品的公允价值为 500 000 元,账面成本为 400 000 元。受益对象是:生产工人 339 000 元,车间管理人员 22 600 元,销售人员 45 200 元,行政管理人员 158 200 元。服装已发给职工。

借:生产成本	339 000	
制造费用	22 600	
销售费用	45 200	
管理费用	158 200	
贷:应付职工薪酬		565 000

借:应付职工薪酬 565 000
　贷:主营业务收入 500 000
　　应交税费——应交增值税(销项税额) 65 000

结转成本。

借:主营业务成本 400 000
　贷:库存商品 400 000

3. 带薪缺勤的会计处理

带薪缺勤应当分为累积带薪缺勤和非累积带薪缺勤两类。

(1)累积带薪缺勤。累积带薪缺勤是指带薪权利可以结转下期的带薪缺勤,本期尚未用完的带薪缺勤权利可以在未来期间使用。

企业应当在职工提供了服务从而增加了其未来享有的带薪缺勤权利时,确认与累积带薪缺勤相关的职工薪酬,并以累积未行使权利而增加的预期支付金额计量。

(2)非累积带薪缺勤。非累积带薪缺勤是指带薪权利不能结转下期的带薪缺勤,本期尚未用完的带薪缺勤权利将予以取消,并且职工离开企业时也无权获得现金支付。

企业应当在职工实际发生缺勤的会计期间确认与非累积带薪缺勤相关的职工薪酬。

例如,甲公司共有200名职工,其中50名为总部管理人员,150名为直接生产工人。从2019年1月1日起,该公司实行累积带薪缺勤制度。该制度规定,每名职工每年可享受5个工作日带薪年休假,未使用的年休假只能向后结转一个日历年度,超过1年未行使的权利作废;职工休年休假时,首先使用当年享受的权利,不足部分再从上年结转的带薪年休假余额中扣除;职工离开公司时,对未使用的累积带薪年休假无权获得现金支付。2019年12月31日,每个职工当年平均未使用带薪年休假为2天。根据过去的经验并预期该经验将继续适用,甲公司预计2020年有150名职工将享受不超过5天的带薪年休假,剩余50名总部管理人员每人将平均享受6天带薪年休假,该公司平均每名职工每个工作日工资为400元。甲公司2019年年末因累积带薪缺勤计入管理费用的金额为50×(6−5)×400=20 000(元)。

4. 短期利分享计划的会计处理

短期利润分享计划是指因职工提供服务而与职工达成的基于利润或其他经营成果提供薪酬的协议。长期利润分享计划属于其他长期职工福利。

例如,甲公司于2019年年初制订和实施了一项短期利润分享计划,以对公司管理层进行激励。该计划规定,公司全年的净利润指标为2 000万元,如果在公司管理层的努力下完成的净利润超过2 000万元,公司管理层可以分享超过2 000万元净利润部分的10%作为额外报酬,奖金于2020年年初支付。假定至2019年12月31日,甲公司2019年全年实际完成净利润2 500万元。假定不考虑离职等其他因素,甲公司2019年12月31日因该项短期利润分享计划应计入管理费用的金额为(2 500−2 000)×10%=50(万元)。

5. 离职后福利的会计处理

离职后福利是指企业为获得职工提供的服务而在职工退休或与企业解除劳动关系后,提供的各种形式的报酬和福利,短期薪酬和辞退福利除外。

离职后福利计划是指企业与职工就离职后福利达成的协议或企业为向职工提供离职后福利制定的规章或办法等。

企业应当将离职后福利计划分类为设定提存计划和设定受益计划两种类型。

(1)设定提存计划。设定提存计划是指向独立的基金缴存固定费用后,企业不再承担进一步支付义务的离职后福利计划。

企业应在资产负债表日确认为换取职工在会计期间内为企业提供的服务而应付给设定提存计划的提存金,并作为一项费用计入当期损益或相关资产成本。

借:管理费用等

　贷:应付职工薪酬

借:应付职工薪酬

　贷:其他应付款等

(2)设定受益计划。设定受益计划是指除设定提存计划以外的离职后福利计划。设定受益计划的核算涉及四个步骤:

步骤一:确定设定受益义务现值和当期服务成本。设定受益义务的现值是指企业在不扣除任何计划资产的情况下,为履行当期和以前期间职工服务产生的义务所需的预期未来支付额的现值。当期服务成本是指因职工当期提供服务所导致的设定受益义务现值的增加额。

步骤二:确定设定受益计划净负债或净资产。设定受益计划存在资产的,企业应当将设定受益计划义务现值减去设定受益计划资产公允价值所形成的赤字或盈余确认为一项设定受益计划净负债或净资产。设定受益计划存在盈余的,企业应当以设定受益计划的盈余和资产上限两项的孰低者计量设定受益计划净资产。其中,资产上限是指企业可从设定受益计划退款或减少未来对设定受益计划缴存资金而获得的经济利益的现值。

计划资产包括长期职工福利基金持有的资产以及符合条件的保险单,不包括企业应付但未付给基金的提存金以及由企业发行并由基金持有的任何不可转换的金融工具。

步骤三:确定应当计入当期损益的金额。

设定受益计划中应确认的计入当期损益的金额=服务成本+设定受益净负债或净资产的利息净额

服务成本包括当期服务成本、过去服务成本和结算利得或损失。当期服务成本是指因职工当期服务导致的设定受益义务现值的增加额。过去服务成本是指设定受益计划修改导致的与以前期间职工服务相关的设定受益计划义务现值的增加或减少。过去服务成本不包括下列各项:

①以前假定的薪金增长金额与实际发生金额之间的差额,对支付以前年度服务产生的福利义务的影响。

②企业对支付养老金增长金额具有推定义务的,对可自行决定养老金增加金额的高估和低估。

③财务报表中已确认的精算利得或计划资产回报导致的福利改进的估计。

④在没有新的福利或福利改进的情况下,职工达到既定要求之后导致既定福利(并不取决于未来雇佣的福利)的增加。

结算利得和损失,企业应当在设定受益计划结算时,确认一项结算利得或损失。设定受益计划结算利得或损失是下列两项的差额:

①在结算日确定的设定受益计划义务现值。

②结算价格,包括转移的计划资产的公允价值和企业直接发生的与结算相关的支付。

设定受益计划净负债或净资产的利息净额,是指设定受益净负债或净资产在所处期间由于时间流逝产生的变动,包括计划资产的利息收益、设定受益计划义务的利息费用以及资产上限影响的利息。

步骤四:确定应当计入其他综合收益的金额。设定受益净负债或净资产的重新计量应当计入其他综合收益,且在后续期间不应重分类计入损益,但是企业可以在权益范围内转移这些在其他综合收益中确认的金额。重新计量设定受益计划净负债或净资产所产生的变动包括下列部分:

①精算利得和损失,即由于精算假设和经验调整导致之前计量的设定受益计划义务现值的增加或减少。产生精算利得和损失的原因包括:企业未能预计的过高或过低的职工流动率、提前退休率、死亡率、过高或过低的薪金、福利或医疗费用的增长以及折现率变化等因素。精算利得或损失不包括因引入、修改、缩减或结算设定受益计划导致的设定受益义务现值的变动,或者设定受益计划下应付福利的变动。这些变动产生了过去服务成本或结算利得或损失。

②计划资产回报,扣除包含在设定受益净负债或净资产的利息净额中的金额。计划资产的回报是指计划资产产生的利息、股利和其他收入以及计划资产已实现和未实现的利得或损失。企业在确定计划资产回报时,应当扣除管理该计划资产的成本以及计划本身的应付税款,但计量设定受益义务时采用的精算假设包括的税款除外。管理该计划资产以外的其他管理费用不需从计划资产回报中扣减。

③资产上限影响的变动,扣除包括在设定受益净负债或净资产的利息净额中的金额。

6. 辞退福利的会计处理

辞退福利是指企业在职工劳动合同到期之前解除与职工的劳动关系,或者为鼓励职工自愿接受裁减而给予职工的补偿。

企业向职工提供辞退福利的,应当在以下两者孰早日确认辞退福利产生的职工薪酬负债,并计入当期损益:

(1)企业不能单方面撤回解除劳动关系计划或裁减建议所提供的辞退福利时。

(2)企业确认涉及支付辞退福利的重组相关的成本或费用时。

同时存在下列情况时,表明企业承担了重组义务:

(1)有详细、正式的重组计划,包括重组涉及的业务、主要地点、需要补偿的员工人数及其岗位性质、预计重组支出、计划实施时间等。

(2)该重组计划已对外公告。

由于被辞退的职工不再为企业带来未来经济利益,因此对于所有辞退福利,均应当于辞退计划满足负债确认条件的当期一次计入费用,不计入资产成本。

借:管理费用

　贷:应付职工薪酬

7. 其他长期职工福利的会计处理

其他长期职工福利是指除短期薪酬、离职后福利和辞退福利以外的其他所有职工福利。其他长期职工福利包括以下各项(假设预计在职工提供相关服务的年度报告期末以后 12 个月内不会全部结算):长期带薪缺勤,如其他长期服务福利、长期残疾福利、长期利润分享计划和长期奖金计划;递延酬劳等。

企业向职工提供的其他长期职工福利,符合设定提存计划条件的,应当按照设定提存计划的有关规定进行会计处理。符合设定受益计划条件的,企业应当按照设定受益计划的有关规定,确认和计量其他长期职工福利净负债或净资产。在报告期末,企业应当将其他长期职工福利产生的职工薪酬成本确认为下列组成部分:

(1)服务成本。

(2)其他长期职工福利净负债或净资产的利息净额。

(3)重新计量其他长期职工福利净负债或净资产所产生的变动。

为了简化相关会计处理,上述项目的总净额应计入当期损益或相关资产成本。

第四节　应交税费

一、应交税费的内容

应交税费(Taxes Payable)是指企业根据一定时期取得的营业收入和实现的利润按规定向国家缴纳的税金。就税金而言,目前企业依法缴纳的各种税金主要有:增值税、消费税、所得税、资源税、城市维护建设税、土地增值税、耕地占用税、房产税、印花税、车船使用税、土地使用税等,经营进出口业务的企业,还需按照规定缴纳进口、出口关税。

企业缴纳税金的义务,一般随其经营活动的进行而产生,会计上应按权责发生制将应交的税金计入有关账户。但企业实际向税务机关缴纳税金,则定期集中进行。一般的做法是:企业每月应交的税金于下月月初上缴。一定时期内企业应交未交的各项税金,形成企业的一项负债。印花税、耕地占用税等不需要预计应交,在纳税义务产生的同时直接交款。

企业应设置"应交税费"科目核算企业应缴纳的各种税金。企业缴纳的印花税、耕地占用税以及其他不需要预计应交数的税金,不在"应交税费"科目核算。

二、应交增值税

(一)增值税的计算

增值税是指就企业应税货物或劳务的增值额所征收的一种税种。按照《中华人民共和国增值税暂行条例》的规定,企业购入货物或接受应税劳务支付的增值税(进项税额),可以从销售货物或提供劳务按规定收取的增值税(销项税额)中抵扣。企业购入货物或接受劳务必须具备增值税专用发票或海关完税凭证,其进项税额才能予以扣除。如果购进免税农产品或收购废旧物资,则按照经税务机关批准的收购凭证上注明的价款或收购金额和规定的扣除率计算进项税额,并以此作为扣税和记账的依据。如果购进货物的同时支付运费,按照经税务机关批准的运单上注明的运费和规定的扣除率计算进项税额,并以此作为扣税和记账的依据。而企业购入货物或者接受应税劳务,没有按照规定取得并保存增值税扣税凭证,或者增值税扣税凭证上未按照规定注明增值税额及其他有关事项的,其进项税额不能从销项税额中抵扣,即已支付的增值税只能计入所购入货物或接受劳务的成本。

为了便于增值税的核算与管理,实际工作中,增值税的纳税人分为一般纳税人与小规模纳税人两类。

小规模纳税人是指年应税销售额小于规定额度(从事货物生产或提供应税劳务的,年应税销售额为50万元;从事货物批发或零售的,年应税销售额为80万元),并且会计核算不健全的纳税人;年应税销售额超过规定额度的个人、非企业性单位、不经常发生应税行为的企业,视同小规模纳税人。除此以外,则为一般纳税人。一般纳税人资格的认定由企业提出申请,主管税务机关批准。

我国现行的增值税对小规模纳税人采取简便的征收办法,对一般纳税人采用扣税法计算。公式如下:

小规模纳税人应交增值税=不含税的销售额×征收率

一般纳税人应交增值税=当期销项税额-当期进项税额

其中:

销项税额=销售应税货物所提供应税劳务的收入×适用增值税税率

销项税额是企业向购买方收取的增值税额,进项税额则是企业购买货物或接受劳务时向销售方支付的增值税额,需依据上述规定方可抵扣,如果当期销项税额小于进项税额,则其差额可转入下期抵扣。

2016 年 5 月 1 日起,营业税改征增值税(以下简称营改增)试点全面推开。营改增试点应税项目明细及税率对照表参见本书附录。

(二)科目设置

《增值税会计处理规定》(财会〔2016〕22 号)适用所有的增值税纳税人,不管是营改增纳税人还是原增值税纳税人。

增值税一般纳税人应当在“应交税费”科目下设置“应交增值税”“未交增值税”“预交增值税”“待抵扣进项税额”“待认证进项税额”“待转销项税额”“增值税留抵税额”“简易计税”“转让金融商品应交增值税”“代扣代交增值税”等明细科目。

1.“应交增值税”

增值税一般纳税人应在“应交增值税”明细科目内设置“进项税额”“销项税额抵减”“已交税金”“转出未交增值税”“减免税款”“出口抵减内销产品应纳税额”“销项税额”“出口退税”“进项税额转出”“转出多交增值税”等专栏。其中:

(1)“进项税额”专栏,记录一般纳税人因购进货物、加工修理修配劳务、服务、无形资产或不动产而支付或负担的,准予从当期销项税额中抵扣的增值税额。

(2)“销项税额抵减”专栏,记录一般纳税人按照现行增值税制度规定因扣减销售额而减少的销项税额。

(3)“已交税金”专栏,记录一般纳税人当月已缴纳的应交增值税额。

(4)“转出未交增值税”和“转出多交增值税”专栏,分别记录一般纳税人月度终了转出当月应交未交或多交的增值税额。

(5)“减免税款”专栏,记录一般纳税人按现行增值税制度规定准予减免的增值税额。

(6)“出口抵减内销产品应纳税额”专栏,记录实行“免、抵、退”办法的一般纳税人按规定计算的出口货物的进项税抵减内销产品的应纳税额。

(7)“销项税额”专栏,记录一般纳税人销售货物、加工修理修配劳务、服务、无形资产或不动产应收取的增值税额。

(8)“出口退税”专栏,记录一般纳税人出口货物、加工修理修配劳务、服务、无形资产按规定退回的增值税额。

(9)“进项税额转出”专栏,记录一般纳税人购进货物、加工修理修配劳务、服务、无形资产或不动产等发生非正常损失以及其他原因而不应从销项税额中抵扣、按规定转出的进项税额。

2.“未交增值税”

“未交增值税”明细科目,核算一般纳税人月度终了从“应交增值税”或“预交增值税”

明细科目转入当月应交未交、多交或预缴的增值税额以及当月缴纳以前期间未交的增值税额。

3.“预交增值税”

“预交增值税”明细科目，核算一般纳税人转让不动产、提供不动产经营租赁服务、提供建筑服务、采用预收款方式销售自行开发的房地产项目等以及其他按现行增值税制度规定应预缴的增值税额。

4.“待抵扣进项税额”

“待抵扣进项税额”明细科目，核算一般纳税人已取得增值税扣税凭证并经税务机关认证，按照现行增值税制度规定准予以后期间从销项税额中抵扣的进项税额。内容包括一般纳税人自2016年5月1日后取得并按固定资产核算的不动产或者2016年5月1日后取得的不动产在建工程，按现行增值税制度规定准予以后期间从销项税额中抵扣的进项税额；实行纳税辅导期管理的一般纳税人取得的尚未交叉稽核比对的增值税扣税凭证上注明或计算的进项税额。

5.“待认证进项税额”

“待认证进项税额”明细科目，核算一般纳税人由于未经税务机关认证而不得从当期销项税额中抵扣的进项税额。内容包括一般纳税人已取得增值税扣税凭证、按照现行增值税制度规定准予从销项税额中抵扣，但尚未经税务机关认证的进项税额；一般纳税人已申请稽核但尚未取得稽核相符合结果的海关缴款书进项税额。

6.“待转销项税额”

“待转销项税额”明细科目，核算一般纳税人销售货物、加工修理修配劳务、服务、无形资产或不动产，已确认相关收入（或利得）但尚未发生增值税纳税义务而需于以后期间确认为销项税额的增值税额。

7.“增值税留抵税额”

“增值税留抵税额”明细科目，核算兼有销售服务、无形资产或者不动产的原增值税一般纳税人，截至纳入营改增试点之日前的增值税期末留抵税额按照现行增值税制度规定不得从销售服务、无形资产或不动产的销项税额中抵扣的增值税留抵税额。

8.“简易计税”

“简易计税”明细科目，核算一般纳税人采用简易计税方法发生的增值税计提、扣减、预缴、缴纳等业务。

9.“转让金融商品应交增值税”

“转让金融商品应交增值税”明细科目，核算增值税纳税人转让金融商品发生的增值税额。

10.“代扣代交增值税”

“代扣代交增值税”明细科目，核算纳税人购进在境内未设经营机构的境外单位或个人在境内的应税行为代扣代缴的增值税。

小规模纳税人只需在“应交税费”科目下设置“应交增值税”明细科目，不需要设置上述专栏及除“转让金融商品应交增值税”“代扣代交增值税”外的明细科目。

（三）增值税业务的会计核算

1. 一般纳税人增值税业务的会计核算

（1）物资购入业务的核算。国内采购的物资，按专用发票上注明的增值税，借记“应交税费——应交增值税（进项税额）”科目，按专用发票上记载的应当计入采购成本的金额,借记"材料采购""生产成本""管理费用"等科目,按应付或实际支付的金额,贷记"应付账款""应付票据""银行存款"等科目。购入物资发生的退货,编制相反会计分录。

(2)接受实物投资业务的核算。接受投资转入的物资,按专用发票上注明的增值税,借记"应交税费——应交增值税(进项税额)"科目,按确定的价值,借记"原材料"等科目,按其在注册资本中所占有的份额,贷记"实收资本"或"股本"科目,按其差额,贷记"资本公积"科目。

【例11-7】W公司接收M公司的一批材料投资,协议价格200 000元,增值税发票上注明增值税税金26 000元,材料收妥入库。折算为100 000股份,每股面值1元。

借:原材料　　200 000

　应交税费——应交增值税(进项税额)　　26 000

　贷:股本　　100 000

　　资本公积　　126 000

(3)接受劳务的核算。接受应税劳务,按专用发票上注明的增值税,借记"应交税费——应交增值税(进项税额)"科目,按专用发票上记载的应当计入加工、修理修配等物资成本的金额,借记"生产成本""委托加工物资""管理费用"等科目,按应付或实际支付的金额,贷记"应付账款""银行存款"等科目。

【例11-8】W公司支付本月委托加工材料的加工费30 000元,支付增值税税金3 900元。

借:委托加工材料　　30 000

　应交税费——应交增值税(进项税额)　　3 900

　贷:银行存款　　33 900

(4)进口物资的核算。进口物资按海关提供的完税凭证上注明的增值税,借记"应交税费——应交增值税(进项税额)"科目,按进口物资应计入采购成本的金额,借记"材料采购""库存商品"等科目,按应付或实际支付的金额,贷记"应付账款""银行存款"等科目。

【例11-9】W公司进口一批材料,发票款为100万元,进口关税为20万元,增值税税率为13%。货已入库,款已支付。

借:原材料　　1 200 000

　应交税费——应交增值税(进项税额)　　156 000

　贷:银行存款　　1 356 000

(5)购进农产品的核算。购进免税农产品,按购入农产品的买价和规定的税率计算的是进项税额,借记"应交税费——应交增值税(进项税额)"科目,按买价减去按规定计算的进项税额后的差额,借记"材料采购""库存商品"等科目,按应付或实际支付的价款,贷记"应付账款""银行存款"等科目。

【例11-10】W公司本月购入农产品作为材料,支付购料款80 000元,按规定的增值税税率9%计算进项税额(80 000×9%=7 200元)。材料已入库,款已支付。

借:原材料　　72 800

　应交税费——应交增值税(进项税额)　　7 200

　贷:银行存款　　80 000

(6)购入物资及接受劳务直接用于非应税项目,或直接用于免税项目以及直接用于集体福利和个人消费的,其专用发票上注明的增值税,计入购入的物资及接受劳务的成本,不通过"应交税费——应交增值税(进项税额)"科目核算。

【例 11-11】W 企业购入一批物资准备用于职工福利，货款 100 000 元，增值税税金为 13 000 元。全部款项以银行存款支付。

借：应付职工薪酬　　113 000
　贷：银行存款　　113 000

(7)销售业务的核算。销售物资或提供应税劳务（包括将自产、委托加工或购买的货物分配给股东），按实现的不含税营业收入和按规定收取的增值税额，借记“应收账款”“应收票据”“银行存款”“应付股利”等科目，按专用发票上注明的增值税额，贷记“应交税费——应交增值税（销项税额）”科目，按实现的营业收入，贷记“主营业务收入”等科目。发生的销货退回，编制相反会计分录。

【例 11-12】W 公司本月增值税发票的收入总额为 2 000 000 元，销项税额为 260 000 元，货款均已收取存入银行。

借：银行存款　　2 260 000
　贷：主营业务收入　　2 000 000
　　应交税费——应交增值税（销项税额）　　260 000

(8)有出口物资的企业，其出口退税按以下规定处理：

实行“免、抵、退”办法有进口经营权的生产性企业，按规定计算的当期出口物资不予免征、抵扣和退税的税额，计入出口物资成本，借记“主营业务成本”科目，贷记“应交税费——应交增值税（进项税额转出）”科目。按规定计算的当期应予抵扣的税额，借记“应交税费——应交增值税（出口抵减内销产品应纳税额）”科目，贷记“应交税费——应交增值税（出口退税）”科目。因应抵扣的税额大于应纳税额而未全部抵扣，按规定应予退回的税款，借记“银行存款”科目，贷记“应交税费——应交增值税（出口退税）”科目。

【例 11-13】W 公司购入一批货物价值为 500 000 元，增值税进项税额为 80 000 元，假设该批商品全部出口，收到货款 800 000 元。按规定，退税率计算只能退回进项税额的 8%，其进项税额的 20%不予抵扣，50%抵内销产品应纳的增值税，30%从税务局退税。

税务局不准抵扣的增值税，应当计入主营业务成本。

借：主营业务成本　　16 000
　贷：应交税费——应交增值税（进项税额转出）　　16 000

出口抵减内销产品应纳增值税额。

借：应交税费——应交增值税（出口抵减内销产品应纳税额）　　40 000
　贷：应交税费——应交增值税（出口退税）　　40 000

从税务部门取得出口退税。

借：银行存款　　24 000
　贷：应交税费——应交增值税（出口退税）　　24 000

(9)视同销售的处理。企业将自产、委托加工或购买的货物用于非应税项目、作为投资、集体福利消费、赠送他人等，应视同销售物资计算应交增值税，借记“在建工程”“长期股权投资”“应付职工薪酬”“营业外支出”等科目，贷记“应交税费——应交增值税（销项税额）”科目，贷记相关科目。

【例 11-14】W 公司用自己生产的产品对 M 公司投资，双方协议价为 400 万元，M 公司给予 W 公司 200 万股股份，每股面值 1 元。该批产品的成本为 300 万元，公允价值为 400 万元。假如该产品适用的增值税税率为 13%。根据上述经济业务，编制两个公司会计分录。

W 公司,进行投资时视同销售处理。

销项税额=4 000 000×13%=520 000(元)

借:长期股权投资 4 520 000

　贷:主营业务收入 4 000 000

　　应交税费——应交增值税(销项税额) 520 000

同时,结转成本。

借:主营业务成本 3 000 000

　贷:库存商品 3 000 000

M 公司,收到投资时视同购进处理。

借:库存商品 4 000 000

　应交税费——应交增值税(进项税额) 520 000

　贷:股本 2 000 000

　　资本公积 2 520 000

(10)随同商品出售单独计价的包装物,按规定收取的增值税,借记“应收账款”等科目,贷记“应交税费——应交增值税(销项税额)”科目。出租、出借包装物逾期未收回而没收的押金应交的增值税,借记“其他应付款”科目,贷记“应交税费——应交增值税(销项税额)”科目。

【例 11-15】W 公司本月出租包装物租金收入 5 000 元,同时没收出租或出借包装物押金 3 000 元。

收到租金,确认租金收入=5 000÷(1+13%)= 4 424.78(元)

增值税销项税额=4 424.78×13%=575.22(元)

借:银行存款 5 000

　贷:其他业务收入 4 424.78

　　应交税费——应交增值税(销售税额) 575.22

没收押金,确认收入=3 000÷(1+13%)= 2 654.87(元)

增值税销项税额=2 654.87×13%=345.13(元)

借:其他应付款 3 000

　贷:营业外收入 2 654.87

　　应交税费——应交增值税(销售税额) 345.13

(11)购进的物资、在产品、产成品发生非正常损失以及购进物资改变用途等原因,其进项税额应相应转入有关科目,借记“待处理财产损溢”“应付职工薪酬”等科目,贷记“应交税费——应交增值税(进项税额转出)”科目。属于转作待处理财产损失的部分,应与遭受非正常损失的购进货物、在产品、产成品成本一并处理。

【例 11-16】W 公司本月盘亏材料 10 000 元,增值税率 13%。

借:待处理财产损溢 11 300

　贷:原材料 10 000

　　应交税费——应交增值税(进项税额转出) 1 300

处理时,如果计入有关成本费用科目,则增值税不能转入,因为实行增值税制度,生产成本和费用不应含税。假设此例批准处理记入“管理费用”,则编制会计分录如下:

借:管理费用 10 000

　应交税费——应交增值税(进项税额转出) 1 300

　贷:待处理财产损溢 11 300

如果此例批准处理由保管人员赔30%，其余记入“营业外支出”，则会计分录如下：

借：其他应收款　　3 390

　营业外支出　　7 910

　贷：待处理财产损溢　　11 300

（12）本月上缴本月的应交增值税，借记“应交税费——应交增值税（已交税金）”科目，贷记“银行存款”科目。

（13）月度终了，将本月应交未交或多交的增值税额自“应交税费——应交增值税（转出未交增值税、转出多交增值税）”科目转入“应交税费——未交增值税”科目，结转后，“应交税费——应交增值税”科目的明细科目的期末借方余额，反映企业尚未抵扣的增值税。

（14）本月上缴上期应交未交的增值税，借记“应交税费——未交增值税”科目，贷记“银行存款”科目。

【例11-17】W公司本月销项税额为480 000元，增值税进项税额为260 000元，进项税额转出13 000元，出口退税26 000元。计算本月应交增值税，并编制相应的会计分录。

本月应交增值税＝480 000－（260 000－13 000－26 000）＝259 000（元）

如果该公司如数缴纳应交增值税：

借：应交税费——应交增值税（已交税金）　　259 000

　贷：银行存款　　259 000

如果该公司没有足够的资金，只交了200 000元增值税，未交的59 000元应转入“未交增值税”科目。

实际缴纳增值税时。

借：应交税费——应交增值税（已交税金）　　200 000

　贷：银行存款　　200 000

转出未交增值税时。

借：应交税费——应交增值税（转出未交增值税）　　59 000

　贷：应交税费——未交增值税　　59 000

【例11-18】M公司以银行存款缴纳本月应交增值税50 000元，缴纳前期应交未交增值税20 000元。

借：应交税费——应交增值税（已交税金）　　50 000

　　　　　——未交增值税　　20 000

　贷：银行存款　　70 000

2. 小规模纳税人增值税业务的会计核算

小规模纳税企业从增值税角度看，一是销售货物或提供应税劳务，一般只可开具普通发票，不能开增值税专用发票；二是销售货物或提供应税劳务，按销售额的3%计算缴纳增值税；三是其销售额不包括应纳税额。实行销售额与应纳增值税合并定价的，应将含税销售额还原为不含税销售额后，再计算应纳税额。不含税销售额计算公式如下：

不含税销售额＝含税销售额÷（1+征收率）

账务处理上，小规模纳税企业购入货物或接受应税劳务供应，不管能否取得增值税专用发票，其支付的进项增值税均不得从销项税额中抵扣，应计入货物或劳务的成本。

【例11-19】H公司核定为小规模纳税企业，本期购入原材料，按照增值税专用发票上记载的原材料价款为200 000元，支付的增值税税额为26 000元，H公司以银行存款支付，材料已验收入库。H公司本期销售产品，销售总额为412 000元（含税），货款尚未收到。

(1)购进货物。

借:原材料　226 000

　贷:银行存款　226 000

(2)销售货物。

不含税价格=412 000÷(1+3%)=400 000(元)

应交增值税=400 000×3%=12 000(元)

借:应收账款　412 000

　贷:主营业务收入　400 000

　　应交税费——应交增值税　12 000

三、应交消费税

(一)消费税的计算

消费税是国家为了调节消费结构,正确引导消费方向,在普遍征收增值税的基础上,针对部分消费品而征收的一种流转税。

消费税的征收方法采取从价定率和从量定额两种方法。消费税的税基与增值税的税基基本相同。实行从价定率办法计算的应纳税额的税基为销售额,这里的销售额包括向购买方收取的全部价款和价外费用(不含增值税);实行从量定额办法计算的应纳税额的销售数量是指应税消费品的数量。

(二)科目设置

企业应在"应交税费"科目下设置"应交消费税"明细科目。"应交消费税"明细科目的借方发生额反映企业实际缴纳和待扣的消费税;贷方发生额反映按规定应缴纳的消费税;期末贷方余额反映尚未缴纳的消费税;期末借方金额反映多交或待扣的消费税。

(三)消费税业务的会计核算

1. 产品销售的消费税

企业销售产品时应缴纳的消费税,应分别进行处理:

(1)企业将生产的产品直接对外销售的,企业以应税消费品对外投资、债务重组抵债、非货币性资产交换、对外捐赠等应视同销售处理,对外销售产品应缴纳的消费税,通过"税金及附加"科目核算。企业按规定计算出应交的消费税,借记"税金及附加"科目,贷记"应交税费——应交消费税"科目。退税时编制相反会计分录。

(2)企业将物资销售给外贸企业,由外贸企业自营出口的,其缴纳的消费税应计入"税金及附加"科目,借记"税金及附加"科目,贷记"应交税费——应交消费税"科目。自营出口物资的外贸企业,在物资报关出口后,申请出口退税时,借记"应收补贴款"科目,贷记"主营业务成本"科目。实际收到退回的税金,借记"银行存款"科目,贷记"应收补贴款"科目。发生退关或退货而补交已退的消费税,编制相反的会计分录。

(3)企业用应税消费品用于在建工程或作为固定资产等其他方面,按规定应缴纳的消费税,视同销售处理,借记"税金及附加"科目,贷记"应交税费——应交消费税"科目。

【例 11-20】W 公司用自己生产的小汽车对外进行投资成立一个出租车公司,占被投资企业的 40%股份。汽车的成本 300 万元,公允价值为 400 万元,增值税税率 13%,消费税税率 10%。

借:长期股权投资　4 520 000

　贷:主营业务收入　4 000 000

　　应交税费——应交增值税(销项税额)　520 000

同时结转成本计算应交消费税。

借:主营业务成本 3 000 000

贷:库存商品 3 000 000

借:税金及附加 400 000

贷:应交税费——应交消费税 400 000

2. 委托加工应税消费品

按照税法规定,企业委托加工的应税消费品,由受托方在向委托方交货时代收代交税款(除受托加工或翻新改制金银首饰按规定由受托方缴纳消费税外)。

委托加工的应交消费税分以下两种情况进行核算:

第一种情况是委托加工方将委托加工物质收回后继续对其进行加工,委托方用于连续生产的应税消费品的所纳税款准予按规定抵扣。委托方支付消费税给受托方时,应记"应交税费——应交消费税"的借方,到时将继续加工的货物对外销售计算消费税时,可以抵扣。这里的委托加工应税消费品,是指由委托方提供原材料和主要材料,受托方只收加工费和代垫部分辅助材料加工的应税消费品。对于由受托方提供原材料生产的应税消费品,或者受托方先将原材料卖给委托方,然后再接受加工的应税消费品以及由受托方以委托方名义购进原材料生产的应税消费品,都不作为委托加工应税消费品,而应当按照销售自制应税消费品缴纳消费税。

第二种情况是委托加工的应税消费品收回后直接出售的,委托加工支付给受托方的消费税应当计入委托加工成本,对外销售时不再征收消费税。委托加工应税消费品收回后,直接用于销售的,委托方应将代扣代交的消费税计入委托加工的应税消费品成本,借记"委托加工物资""生产成本"等科目,贷记"应付账款""银行存款"等科目,待委托加工应税消费品销售时,不需要再缴纳消费税。

在进行会计处理时,委托方需要缴纳消费税,于委托方提货时,由受托方代扣代交税款。受托方按应扣税款金额,借记"应收账款""银行存款"等科目,贷记"应交税费——应交消费税"科目。

【例 11-21】甲公司委托外单位加工材料(非金银首饰,材料按实际成本核算),原材料价款 500 000 元,加工费用 75 000 元及 9 750 元增值税进项税额,由受托方代收代交的消费税 6 000 元,材料已经加工完毕验收入库,加工费用尚未支付。根据这项经济业务,委托方应如何进行会计处理?

(1)如果委托方收回加工后的材料用于继续生产应税消费品,委托方的账务处理如下:

借:委托加工物资 500 000

贷:原材料 500 000

借:委托加工物资 75 000

应交税费——应交消费税 6 000

——应交增值税(进项税额) 9 750

贷:应付账款 90 750

借:原材料 575 000

贷:委托加工物资 575 000

对继续加工生产的商品对外销售后,计算应交消费税时,可以抵扣。

(2)如果委托方收回加工后的材料直接用于销售,委托方的账务处理如下:

借:委托加工物资　　500 000
　贷:原材料　　500 000
借:委托加工物资　　81 000
　　应交税费——应交增值税(进项税额)　　9 750
　贷:应付账款　　90 750
借:原材料　　581 000
　贷:委托加工物资　　581 000

销售该委托加工物资时,不再计算消费税。

3. 金银首饰消费税的会计处理

金银首饰按税法规定属于应税消费品的产品,其适用税率为5%,对其应纳消费税的会计处理,根据企业经营性质的不同,按下列原则进行处理:

(1)有金银首饰零售业务的以及采用以旧换新方式销售金银首饰的企业,在营业收入实现时,按应交消费税额,借记"税金及附加"等科目,贷记"应交税费——应交消费税"科目。

有金银首饰零售业务的企业因受托代销金银首饰按规定应缴纳的消费税,应分别按不同情况处理:以收取手续费方式代销金银首饰的,其应交的消费税,借记"税金及附加"等科目,贷记"应交税费——应交消费税"科目;以其他方式代销首饰的,其缴纳的消费税,借记"税金及附加"科目,贷记"应交税费——应交消费税"科目。

(2)有金银首饰批发、零售业务的企业将金银首饰用于馈赠、赞助、广告、职工福利、奖励等方面的,应于物资移送时,按应交消费税,借记"税金及附加"科目,贷记"应交税费——应交消费税"科目。

(3)随同金银首饰出售但单独计价的包装物,按规定应缴纳的消费税,借记"税金及附加"科目,贷记"应交税费——应交消费税"科目

(4)受托加工或翻新改制金银首饰按规定由受托方缴纳消费税。企业应于向委托方交货时,按规定缴纳的消费税,借记"税金及附加"科目,贷记"应交税费——应交消费税"科目。

4. 进出口产品消费税的会计处理

需要缴纳消费税的进口消费品,其缴纳的消费税应计入该进口消费品的成本,借记"固定资产""材料采购"等科目,贷记"银行存款"等科目。

免征消费税的出口应税消费品应分别按不同情况进行账务处理:属于生产企业直接出口应税消费品或通过外贸企业出口应税消费品,按规定直接予以免税的,可以不计算应交消费税;属于委托外贸企业代理出口应税消费品的生产企业,应在计算消费税时,按应交消费税额,借记"应收补贴款"科目,贷记"应交税费——应交消费税"科目。应税消费品出口收到外贸企业退回的税金,借记"银行存款"科目,贷记"应收补贴款"科目,发生退关、退货而补交已退的消费税,编制相反的会计分录。

四、其他应交税费

其他应交税费是指企业除应交增值税、消费税和所得税以外,其他应交的税金,包括应交的资源税、土地增值税、城市维护建设税、房产税、土地使用税、车船使用税、个人所得税等。企业应交的上述税金,在"应交税费"总账下,按税种设置明细账户进行核算。现

以城市维护建设税为例，城市维护建设税是以应缴纳的增值税和消费税为纳税依据来征收的一种税。城市维护建设税是一种地方税，一般在月末提取，次月月初缴纳。企业按规定应交的城市维护建设税，借记“税金及附加”“固定资产清理”等账户，贷记“应交税费——应交城市维护建设税”账户；实际上交时，再借记“应交税费——应交城市维护建设税”账户，贷记“银行存款”账户。

第五节　其他流动负债

一、短期借款

短期借款是指企业向银行或其他金融机构等借入的、偿还期限在1年以内（含1年）的各种借款。短期借款一般是企业为维持正常的生产经营所需资金或为偿付某项短期债务而借入的。企业取得的借款无论用于哪个方面，均构成企业的一项负债。企业除按规定用途使用外，还应按期还本付息。短期借款的核算包括如下三个方面的内容：

（1）取得借款。根据借入的本金，借记“银行存款”账户、贷记“短期借款”账户。

（2）核算借款利息。这是短期借款核算的重点，需要掌握三个要点：一是利息的支付时间。企业从银行借入短期借款的利息，一般按季定期支付；若从其他金融机构或有关企业借入，借款利息一般于到期日同本金一起支付。二是利息的入账时间。为了正确反映各月借款利息的实际情况，会计上应根据权责发生制原则，按月计提利息；如果数额不大，也可于实际支付月份一次计入当期损益。三是利息的核算账户。短期借款利息一律计入财务费用。利息直接支付的，于付款时增加财务费用，并减少银行存款。

（3）归还借款。短期借款到期时，应及时归还。对偿付的本金借记“短期借款”账户，对同时偿付的利息借记“财务费用”账户，按偿付的本息和贷记“银行存款”账户。

二、预收账款

预收账款是买卖双方协议商定，由购货方预先支付一部分货款给供货方而发生的一项负债。预收账款的核算，应视企业的具体情况而定。如果预收账款比较多的，可以设置“预收账款”科目；预收账款不多的，也可以不设置“预收账款”科目，直接计入“应收账款”科目的贷方。单独设置“预收账款”科目核算的，“预收账款”科目的贷方反映预收的货款和补付的货款；“预收账款”科目的借方反映因交货而抵减的负债；期末贷方余额，反映尚未结清的预收款项，借方余额反映应收的款项。

三、应付股利

企业作为独立核算的经济实体，对其实现的利润除了依法缴纳所得税外，还需对投资者投入的资金给予一定的回报。作为投资者，也有权分享企业的税后利润，取得投资收益。当然，某一年企业能否向投资者分配利润，不取决于当年盈利还是亏损，而要看企业当年是否有可供投资者分配的利润。在此基础上，再决定其中分配给投资者的具体数额。

企业给投资者分配利润，应由董事会或类似权力机构提出分配方察，并报请第二年年初召开的股东大会批准后方才实施。会计上，一般以董事会提出的利润分配方案为依据进行利润分配的账务处理，并反映在企业当年的会计报表中。因此，已决定分配但尚未实际支付给投资者的利润，形成企业的一项负债。有限责任公司的应付利润包括应付国家、其他单位及个人的投资利润，股份有限公司的应付利润即为应付股利。应付利润或应付股利均通过“应付股利”账户核算，这是负债类账户。其结构与一般负债类账户的结构相同，期末贷方余额反映企业尚未支付的现金股利或利润。

年终，根据利润分配方案决议分配的现金利润或股利，借记“利润分配——应付股利”科目，贷记“应付股利”科目；实际支付股利时，借记“应付股利”科目，贷记“银行存款（或库存现金）”科目。

四、其他应付款

企业除了应付账款、应付票据、应付职工薪酬、应交税费、应付股利等应付应交款项以外，还会发生一些应付、暂收其他单位或个人的款项。例如，应付经营租入固定资产和包装物租金；职工未按期领取的工资；存入保证金（如收取包装物押金等）；应付、暂收所属单位、个人的款项；其他应付、暂收款项。

这些暂收应付款构成了企业的一项流动负债，需设置“其他应付款”科目进行核算。需要注意的是：应付租入固定资产的租金是指企业采用经营性租赁方式租入固定资产所应支付的租金，这项应缴纳的租金应计入企业的费用（制造费用或管理费用等）；而融资租入固定资产应付的租赁费，则作为长期负债计入“长期应付款”科目。存入保证金是其他单位或个人由于使用企业的某项资产而交付的押金（如出租包装物押金），待以后资产归还后还需退还的暂收款项。

第六节　或有负债与预计负债

一、或有负债的特点

《企业会计准则第 13 号——或有事项》将或有事项定义为过去的交易或者事项形成的，其结果需由某些未来事项发生或不发生才能决定的不确定事项。或有事项包括或有负债、或有损失、或有收益、或有资产。根据稳健性原则的要求，事实上该准则主要强调或有负债。因此，我们在流动负债这一章的最后介绍或有负债。

或有负债是指过去的交易或事项形成的潜在义务，其存在需通过未来不确定事项的发生或不发生予以证实；或过去的交易或事项形成的现时义务，履行该义务不是很可能导致经济利益流出企业，或该义务的金额不能可靠地计量。常见的或有负债有未决诉讼、未决仲裁、企业对售后商品提供担保、附追索权的产品担保、企业为其他单位的债务提供担保、由于污染可能要求支付的罚金、税收争议可能补付的税款等。

（一）由过去的交易或事项产生

或有负债是过去的交易或事项形成的。例如，企业涉及诉讼，因为企业可能违反某项经济法律的规定且已收到对方的起诉，这已是事实，使企业产生或有负债。

（二）其结果具有不确定性

或有负债包括两类义务，一类是潜在义务，另一类是特殊的现时义务。或有负债作为一种潜在义务，其潜在性主要是指负债结果的不确定性，该种负债最终能否发生，取决于事实未来的发展。例如，企业因经济纠纷被对方提起诉讼，尚未审理。由于案情复杂，相关的法律法规尚不健全,诉讼的最后结果如何尚难确定。被告方企业可能承担的赔偿责任就属于潜在义务。或有负债作为特殊的现时义务,其特殊之处在于:该现时义务的履行不是很可能(可能性不超过 50%,含 50%)导致经济利益流出企业,或者该现时义务的金额不能可靠地计量(金额难以预计)。又如,已贴现的商业承兑汇票,目前没有迹象表明付款企业不能按时、足额付款,贴现企业承担连带责任的可能性不大,贴现企业应将其作为或有负债披露。企业涉及赔偿的诉讼案件,即使法庭的调查取证对被告方很不利,由于赔偿的金额很难估计,被告方企业也只将这一现时义务作为或有负债披露。

二、将或有负债确认为预计负债

《企业会计准则第 13 号——或有事项》规定,与或有事项相关的义务同时满足下列条件的,应当确认为预计负债:

(1)该义务是企业承担的现时义务。

(2)该义务的履行很可能导致经济利益流出企业。

(3)该义务的金额能够可靠地计量。

下面进一步说明这三个条件。

(一)该义务是企业承担的现时义务

该义务是企业承担的现时义务指与或有事项有关的义务为企业承担的现时义务,而非潜在义务。例如,A 公司与 B 公司的一场官司,法院尚未判决,但法庭调查表明,B 公司的行为已肯定对 A 公司造成了经济损失。这种情况表明,B 公司已存在了一项现时的义务。

(二)该义务的履行很可能导致经济利益流出企业

依据或有事项准则,或有负债一般不确认,当其变成企业现时义务且义务的履行很可能导致经济利益流出企业,该义务金额能够可靠计量时才确认为负债。该准则的指南对确认或有负债时的"可能性"的档次划分进行了如下规定:

结果的可能性	对应的概率区间
基本确定	大于 95%但小于 100%
很可能	大于 50%但小于或等于 95%
可能	大于 5%但小于或等于 50%
极小可能	大于 0 但小于或等于 5%

该义务的履行很可能导致经济利益流出企业指履行因或有事项产生的现时义务时,导致经济利益流出企业的可能性超过了 50%,但未达到基本确定的程度。

(三)该义务的金额能够可靠地计量

该义务的金额能够可靠地计量指因或有事项产生的现时义务的金额能够合理地估计。或有事项准则规定,或有负债计量应为其最佳估计数进行初始计量。

当对应的义务(所需支出)存在一个连续金额范围的,且该范围内各种结果发生的可能性相同的,最佳估计数应当按照该范围的上、下限金额的平均数或中间值。

在其他情况下,最佳估计数应当分别按下列情况处理:

(1)或有事项涉及单个项目时,最佳估计数按最可能发生金额确定;

(2)或有事项涉及多个项目时,最佳估计数按各种可能发生额及其发生概率计算确定。

【例 11-22】2019 年,乙企业销售产品 20 万件,销售额为 2.2 亿元。乙企业的产品质量保证条款规定:产品出售一年后,如发生正常质量问题,乙企业将免费负责修理。根据以往经验,如果出现较小质量问题,则需发生的修理费为销售额的1%;如果出现较大质量问题,则需发生的修理费为销售额的2%。根据预测,2019年度已售产品中,有80%不会发生质量问题,有15%将发生较小质量问题,有5%将发生较大质量问题。据此计算2019年应确认的预计负债。

预计负债=2.2×1%×15%+2.2×2%×5%=0.005 5(亿元)

当企业确认与计量或有负债时,还可能伴随着获得补偿,如在债务担保业务中,企业在履行担保义务时,通常可以向被担保企业提出额外追偿要求。

《企业会计准则第13号——或有事项》规定,企业清偿预计负债所需支出全部或部分预期由第三方补偿的,补偿金额只有在基本确定能够收到时才能作为资产单独确认。确认的补偿金额不应当超过预计负债的账面价值。

待执行合同变成亏损合同的,该亏损合同产生的义务满足确认预计负债的3个条件的,应当确认为预计负债。

待执行合同是指合同各方尚未履行任何合同义务,或部分履行了同等义务的合同。

亏损合同是指履行合同义务不可避免会发生的成本超过预期经济利益的合同。

企业不应当就未来经营亏损确认预计负债。

企业承担的重组义务满足本预计负债确认的3个条件的,应当确认预计负债。同时存在下列情况时,表明企业承担了重组义务:

(1)有详细、正式的重组计划,包括重组涉及的业务、主要地点、需要补偿的职工人数及其岗位性质、预计重组支出、计划实施时间等。

(2)该重组计划已对外公告。重组是指企业制订和控制的,将显著改变企业组织形式、经营范围或经营方式的计划实施行为。

企业应当按照与重组有关的直接支出确定预计负债金额。

直接支出不包括留用职工岗前培训、市场推广、新系统和营销网络投入等支出。

企业应当在资产负债表日对预计负债的账面价值进行复核。有确凿证据表明该账面价值不能真实反映当前最佳估计数的,应当按照当前最佳估计数对该账面价值进行调整。

企业不应当确认或有负债和或有资产。

或有负债是指过去的交易或者事项形成的潜在义务,其存在需通过未来不确定事项的发生或不发生予以证实;或过去的交易或者事项形成的现时义务,履行该义务不是很可能导致经济利益流出企业或该义务的金额不能可靠计量。

或有资产是指过去的交易或者事项形成的潜在资产,其存在需通过未来不确定事项的发生或不发生予以证实。

三、或有负债确认为预计负债的会计处理

当企业需确认或有负债为预计负债时,企业应设置“预计负债”科目,并在该科目下按或有负债的不同性质设置“产品质量保证”“未决诉讼”“债务担保”等明细科目。“预计负债”科目余额应在资产负债表负债方单项列报。与一般负债不同的是,预计负债导致经济利益流出企业的可能性尚未达到基本确定的程度,金额往往需要估计。

【例11-23】A公司为B公司提供贷款担保,因B公司发生财务困难,不能如期偿还此笔贷款。银行已向法院起诉A公司,要求给予100万元的赔偿。根据法律诉讼的进展以及律师的意见,A公司认为对原告予以赔偿的可能性在50%以上(很可能),最可能发生

的赔偿金额为 80 万元。

借:营业外支出——诉讼赔款 800 000

贷:预计负债——未决诉讼 800 000

如果 A 公司能“基本确定”从 B 公司获得部分补偿,可以确认一笔资产,其金额应小于预计负债,借记“其他应收款”科目,贷记“营业外收入”科目。

四、或有负债的披露

《企业会计准则第 13 号——或有事项》规定,企业应当在附注中披露与或有事项有关的下列信息:

(一)预计负债

(1)预计负债的种类、形成原因以及经济利益流出不确定性的说明。

(2)各类预计负债的期初、期末余额和本期变动情况。

(3)与预计负债有关的预期补偿金额和本期已确认的预期补偿金额。

(二)或有负债(不包括极小可能导致经济利益流出企业的或有负债)

(1)或有负债的种类及其形成原因,包括已贴现商业承兑汇票、未决诉讼、未决仲裁、对外提供担保等形成的或有负债。

(2)经济利益流出不确定性的说明。

(3)或有负债预计产生的财务影响,以及获得补偿的可能性,无法预计的,应当说明原因。

(三)企业通常不披露或有资产

企业一般不应披露或有资产,但或有资产很可能会给企业带来经济利益的,应当披露其形成的原因、预计产生的财务影响等。

在涉及未决诉讼、未决仲裁的情况下,按照《企业会计准则第 13 号——或有事项》第十四条披露全部或部分信息预期对企业造成重大不利影响的,企业无须披露这些信息,但应当披露该未决诉讼、未决仲裁的性质以及没有披露这些信息的事实和原因。

思考题

1. 什么是流动负债? 流动负债是怎样分类的?
2. 应付票据有哪几类?
3. 应交税费包括哪些内容?
4. 不通过应交税费核算的税金是哪些税?
5. 应交增值税设置哪些明细科目? 各明细科目核算的内容是如何规定的?
6. 一般纳税人和小规模纳税人的增值税核算有何不同?
7. 委托加工的应交消费税如何核算?
8. 什么是或有负债? 或有负债有何特点?
9. 或有负债符合哪些条件应确认为负债?
10. 或有负债如何披露?

练习题

1. 甲企业为一般纳税人企业,本期购入一批原材料,增值税专用发票上注明的原材料价款 500 000 元,增值税进项税额 65 000 元,货款已支付,材料已验收入库。另外收购一批农产品，实际支付价款 10 000 元，未取得增值税发票，按规定以 9%计算进项税额。该企业当期销售产品收入为 800 000 元，增值税税率为 13%。编制购货、销售的会计分录；计算本期应交增值税额。假设本期实交增值税为应交增值税的 60%，其余 40%未交，编制实交和未交增值税的会计分录。

2. 甲企业为一般纳税人企业，本期销售商品收入为 500 000 元，基建工程领用本企业产成品一批，其账面成本 150 000 元，市场价格 180 000 元，增值税税率为 13%。编制相关会计分录。

3. 甲企业为一般纳税人，以银行存款缴纳 50 000 元上期应交增值税，以银行存款 80 000 元缴纳本期应交增值税。编制相关会计分录。

4. 甲企业为一般纳税人，以本企业产品对外捐赠，其账面价值为 200 000 元，市场价格为 220 000 元；以本企业产品作为福利发给职工，其账面价值为 400 000 元，市场价格为 450 000 元；以本企业产品对外投资，其账面价值为500 000 元，协议作价 600 000 元。编制相关会计分录。本企业增值税率为 13%。

5. 甲企业为小规模纳税人，本期含税收入 206 000 元，增值税税率为 3%，计算其应交增值税并编制会计分录。

6. 甲企业委托 A 企业加工小轿车轮胎一批，支付加工费用 50 000 元及增值税 6 500 元，应交消费税税金 20 000 元，如果该批轮胎加工后直接对外销售或运回继续加工生产小汽车对外销售，分别编制两种情况下支付消费税的会计分录。

7. 甲烟厂本月商品销售收入 1 000 000 元，增值税税率为 13%，消费税税率为 8%。计算应交消费税额，并编制相关会计分录。

8. 甲企业本期应交增值税额 400 000 元，应交消费税税额 200 000 元，城市维护建设税税率和教育费附加提取率分别为 4%和 3%。计算应交城市维护建设税和教育费附加，并编制相关会计分录。

9. 甲企业计算本月应交车船使用税、土地使用税、应交房产税分别为 10 000 元、40 000 元、20 000 元。编制相关会计分录。

10. 甲企业一笔或有负债符合三个条件确认为预计负债 100 000 元，其中20 000 元诉讼费记入管理费用，80 000 元赔款记入营业外支出。编制相关会计分录。

第十二章
长期负债

长期负债是指偿还期在一年或一个营业周期以上的债务。长期负债是企业重要的资金来源之一。企业举借长期负债,用别人的钱为自己赚钱,达到“借鸡生蛋”的目的。本章将介绍长期负债的概念、内容以及长期负债的借入、计息、到期偿还的会计处理。

第一节 长期负债概述

一、长期负债的特点

长期负债(Long-Term Debts)是指偿还期在一年或者超过一年的一个营业周期以上的债务,它是企业向债权人筹集的、可供企业长期使用的资金。

长期负债同流动负债一样都是企业的负债,但长期负债有其自己的特点,主要表现为:

(1)偿还期限较长,只有偿还期超过一年的债务才是长期负债,如果低于这一界限的债务是流动负债。

(2)举借长期债务的目的是为了购置大型设备和房地产、增建和扩建厂房等,而流动负债的举借目的主要是为了满足生产周转的需要。

(3)为了实现企业购置大型设备和房地产、增建和扩建厂房这一目的,企业需要的资金较多,因此长期负债的数额一般都比较大。

(4)长期负债的利息费用构成企业长期的固定性支出,加重了企业的负担。

(5)长期负债到期之前就需要提前准备偿债。

二、举借长期债款的利弊

(一)有利的方面

企业的长期资金有两种取得方式,其一是举借长期债务;其二是发行股票,由股东增加资本投入。两者相比,从股东的利益考虑,举借长期债务较发行股票有以下几点有利的方面:

(1)举债能使企业产生财务杠杆(Financial Leverage)的作用。由于长期借款的债权人(Creditor)只能获得按照利率计算的利息,而对于企业扩大经营后增加的利润,债权人不能参与分配,所以如果企业经营所得的投资利润率大于长期借款的固定利率时,股东就能得到更多的盈利,即财务杠杆的有利作用产生了。

(2)举债能使企业产生节税利益(Saving-Tax Benefit)。由于举债所支出的利息在课征所得税时是可以作为财务费用在应税所得中扣除的,而企业对股东分配的股利则不能扣除,这样举债可使企业获得节税利益,从而增加股东收益。

(3)举债不会影响股东的持股比例。通过发行债券筹集资金，股东无需增加投资就可以保持原来的股权比例，而如果发行新股票，那么原来的股东必须按原比例取得新股票才不会减少他们原来所占有的股权比例。

(4)举债不会影响股东的控制权。由于债权人对企业只有到期索回本金和利息的权利，没有参加企业经营管理的权利，因而采用发行债券方式筹资，股东仍可保持对企业的管理控制权。

(二)不利的方面

企业举借长期债务与发行股票筹资相比也有其不利的方面，主要表现在：

(1)举债会增加企业的风险。由于企业负债到期必须还本付息，如果企业经营状况欠佳，财务资金困难，这时又需要偿还到期的债务本息，这对企业来说无疑是雪上加霜，财务状况会更加恶化，有可能导致企业破产倒闭。

(2)负债利息是一项固定性的费用(Fixed Expense)，而股利(Dividend)则不是，因而如果投资利润率低于利息率，那么举债将导致企业更大的损失，即财务杠杆的不利作用产生了。

(3)举借长期债款所附的约束条件，如借款担保人(Guarantor)、偿债基金的设置等，可能会给企业经营带来一定不利的影响。

当企业通过举债来增加股东收益时，我们称之为财务杠杆作用。如果借入资金的运用所取得的盈利大于举债成本，那么对股东来说就是有利的财务杠杆；反之，当举债成本超过取得的盈利时，则为不利的财务杠杆。因为正常情况下可供股东得到的盈利不得不用于弥补举债所费的成本，从而使股东盈利减少。

三、长期负债的分类

根据负债的筹措方式不同，长期负债可分为长期借款、应付债券和长期应付款等。

(一)长期借款

长期借款是指企业从银行或其他金融机构借入的期限在1年以上的各种借款。

长期借款的使用关系到企业的生产经营规模，因此企业除了要遵守借款规定，编制借款计划，保证按期还本付息以外，还要对借款项目认真审核，如新建项目投产后，所生产的产品质量如何、是否适销对路、有无发展前途，等等。

(二)应付债券

应付债券是指企业为筹集长期使用资金而实际发行的一种书面凭证，是指发行期限在1年以上（不含1年)的应付长期债券，从而构成了企业的一项长期负债。

(三)长期应付款

长期应付款是指企业除长期借款和应付债券以外的其他各种长期应付款，包括采用补偿贸易方式下引进国外设备价款、应付融资租入某项资产的租赁费等。通常情况下，补偿贸易方式引进国外设备和融资租入某项资产是资产使用在前，款项支付在后，因此补偿贸易方式引进国外设备和融资租入某项资产，在尚未偿还价款或尚未支付租赁费之前，构成了企业的一项长期负债。

(四)专项应付款

专项应付款是指企业接受国家拨入的具有专门用途的拨款，如专项用于技术改造、技术研究等以及从其他来源取得的款项。企业会计制度规定，企业收到的专项拨款作为专项应付款处理，待拨款项目完成后，属于应当核销的部分，冲减专项应付款，其余部分转入资本公积。

（五）递延所得税负债

递延所得税负债是指采用纳税影响会计法进行所得税会计处理的企业，由于暂时性差异造成的在确定未来收回资产或清偿债务期间的应纳税所得额时，将导致产生的应税金额以及以后各期转回的金额。纳税影响会计法核算所得税的企业因暂时性差异所产生的应纳税暂时性差异的所得税影响，单独核算，作为对当期所得税费用的调整。递延所得税负债则构成了企业的一项长期负债。

第二节　长期借款的核算

一、长期借款的分类

属于长期负债的借款是指企业向银行或其他金融机构借入的偿还期限在一年或一个营业周期以上的长期借款（Long-Term Borrowings）。长期借款的使用关系到企业的生产经营规模，因此企业除了要遵守借款规定，编制借款计划，保证按期还本付息以外，还要对借款项目认真审核，如新建项目投产后，所生产的产品质量如何、是否适销对路、有无发展前途，等等。

长期借款可以按不同的分类标准进行分类，一般有以下几种划分方法：

（1）按发放借款的单位划分，可以分为国内借款和国外借款。国内借款是指企业从国内各银行取得的长期借款，如企业从中国银行、工商银行、建设银行、交通银行、农业银行、投资银行和信托投资企业、财务企业等取得的各种长期借款。国外借款是指企业从国外金融机构取得的借款，如企业从世界银行、亚洲银行、日本协力基金取得的长期借款等。

（2）按借款的偿还期划分，可分为到期一次偿还的长期借款和分次偿还的长期借款。到期一次偿还的长期借款是指在合同规定的借款到期日一次偿还全部金额的长期借款。分次偿还的长期借款则是指在合同规定的借款期限内，分若干次偿还借款本金的长期借款。

（3）按长期借款有无担保划分，可分为担保借款和无担保借款。担保借款是企业以提供担保为基础取得的借款。根据企业提供担保的不同，担保借款又分为保证借款和抵押借款。保证借款是指以第三方承诺在企业不能偿还借款时，承担一般保证责任或者连带责任而取得的借款。抵押借款是指以企业的资产作为抵押物而取得的借款。无担保借款也叫信用借款，指企业无需担保人或抵押物，而是以企业自己的信誉为基础取得的借款。

（4）按借款的币种划分，可分为人民币借款、美元借款、日元借款、欧元借款等。凡是借入长期借款的企业都应按照规定办理借入手续，支付长期借款的利息，并按规定的期限归还借款。因此，长期借款核算的基本要求是反映和监督长期借款的借入、借款利息的结算和借款本息的归还情况，促使企业遵守信贷纪律。

二、长期借款的会计处理

为了总括地反映和监督长期借款的借入、应计利息和归还本息的情况，应设置“长期借款”科目。该科目的贷方登记借款本息的增加额；借方登记借款本息的减少额；贷方余额表示尚未偿还的长期借款本息。

企业借入长期借款时，如果将款项存入银行，借记“银行存款”科目，贷记“长期借款”科目；如果用借款直接购置某项资产或直接支付工程项目款，借记“某项资产”“在建工程”科目,贷记“长期借款”科目。归还借款时,借记“长期借款”科目,贷记“银行存款”科目。

长期借款利息的计算有单利和复利两种计算方法,单利就是只按本金计算利息,所生利息不再加入本金计算利息。计算公式为:

本利和=本金+本金×利率×期数

复利就是经过一定期间(如一年),将所生利息加入本金再计算利息,逐期滚算。计算公式为:

本利和=本金×(1+利率)^{期数}

长期借款利息支出以及借入外汇借款的外币折合差额应区别情况按前述的处理方法进行处理。应计入有关某项资产的购建成本的,借记“在建工程”科目,贷记“长期借款”科目;应计入当期损益的,借记“财务费用”,贷记“长期借款”科目。

【例12-1】A企业从银行借入长期借款800 000元存入银行,用于生产经营,借款期限3年,年利率为8%,分年计息并付息,到期一次还本。

(1)取得借款。

借:银行存款　　800 000

　贷:长期借款　　800 000

(2)分年计算利息并支付。

借:财务费用　　64 000

　贷:银行存款　　64 000

(3)到期还本和一年的利息。

借:长期借款　　800 000

　财务费用　　64 000

　贷:银行存款　　864 000

如果企业向银行或其他金融机构取得外汇借款,企业应按规定的汇率将外币金额折合为人民币记账。汇率变动所引起的汇兑差额计入财务费用或相关资产科目,如“在建工程”等。

【例12-2】甲企业于2019年1月1日取得100 000美元的外汇借款,借款期限一年,取得借款时的汇率为1∶6.80。借款的利率为10%美元,2017年年末汇率为1∶6.75。此项借款用于生产经营,年末一次还本付息。

(1)取得借款。

借:银行存款——100 000美元　　680 000

　贷:长期借款——100 000美元　　680 000

(2)年末计提应计利息。

借:财务费用——利息费用(10 000美元×6.75)　　67 500

　贷:长期借款　　67 500

(3)年末按汇率调整“长期借款”科目。

借:长期借款　　5 000

　贷:财务费用——汇兑损益[100 000×(6.80-6.75)]　　5 000

(4)年末归还借款。

借:长期借款　　742 500

　贷:银行存款(110 000×6.75)　　742 500

第三节　应付债券的核算

一、公司债券及其类别

（一）公司债券的概念

公司债券（Bonds）是指企业为筹集长期资金而实际发行的债券。应付债券与长期借款一样都是企业筹集长期资金的重要方式，都要按期归还本金支付利息，并要有不同形式的担保，但两者也有区别。债券筹资的范围比借款大，债券可以从非银行的各单位个人筹措，而借款只能从银行或其他金融机构取得；债券可以交易，债券的持有者可凭债券向金融机构申请抵押（Mortgage）或办理贴现（Discount），也可以直接转让与他人，借款则不得进行交易。

（二）公司债券的特征

1. 公司债券的发行主体

根据《中华人民共和国公司法》规定，公司债券的发行主体只限于股份有限公司、国有独资公司和两个以上的国有企业或者两个以上的国有投资主体设立的有限责任公司。其他任何人都不能发行债券。

2. 公司债券是一种有价证券

有价证券是指标明了一定票面金额，证明持有人拥有一定财产权的一种凭证。有价证券的种类很多，如股票、票据、货物提单等。

3. 公司债券注有还本付息日期

公司债券注有还本付息日期，这一点与股票是不一样的。

4. 公司债券须依照法定程序发行

企业或公司举债一般有两种形式：一种是向特定主体借贷；另一种是向不特定主体发行债券。向特定主体借贷程序比较简单。向不特定主体发行债券程序要复杂些，需依法发行。

5. 筹集资金用途须审批

发行公司债券筹集的资金，必须用于审批机关批准的用途，不得用于弥补亏损和非生产性支出

（三）公司债券的分类

公司债券因是否提供担保、偿还方式、发行的形式及其他标准的区分而有许多种类。

1. 按有无担保分类

担保债券（Secured Bonds），也称为抵押债券（Mortgage Bonds），是以一定的抵押财产，不动产（Real Estate），如土地、房屋等；动产（Chattels），如机器、投资、商品等，作为抵押品的一种公司债券。无担保债券（Unsecured Bonds）也称信用债券（Debenture Bonds），是指无特定的资产作为担保物，凭债券发行人的信誉而发行的债券。这种债券的发行企业仅以企业的信誉为基础，一般只有财力雄厚的企业才能发行。

2. 按偿还方式分类

公司发行的债券按偿还方式可以分为一次还本债券（Term Bonds）和分期还本债券（Serial Bonds）。一次还本债券是指本金于到期日一次偿还的债券。分期还本债券是指本金分期还的债券。

3. 按是否记名分类

公司发行的债券按是否记名分类可分为记名债券(Registered Bonds)和不记名债券(Coupon Bonds)。记名债券是指公司发行债券时,将债券持有人的姓名载于债券票面上,并在公司的债权人名册中登记的债券。不记名债券的票面上不记载债券持有人的姓名。

4. 按是否可转换分类

可转换债券(Convertible Bonds)指债券持有人在持有一定期间后可按规定的比率将其转换为股票的债券。不可转换债券(Unconvertible)指债券发行公司规定债券持有人只能是债券发行公司的债权人,不能将其债券转换为股票。《中华人民共和国公司法》对公司发行可转换债券做了明确规定:可转换债券是指上市公司发行的,可转换为股票的债券。上市公司发行可转换债券需由股东大会做出决定,并应制定公司债券募集办法,规定具体的转换办法。上市公司发行可转换债券应报经国务院证券管理部门批准。发行可转换为股票的公司债券除应具备发行公司债券的条件外,还应当符合股票发行的条件,并在债券上标明可转换公司债券字样,在公司债券存根簿上也应载明可转换公司债券的数额。公司应当按照发行转换办法向债券持有人换发股票,但债券持有人对转换股票或者不转换股票有选择权。

二、公司债券的计价

公司债券一般都包含债务人的两项承诺:第一,保证到期支付本金;第二,保证定期支付按名义利率计算的利息。然而债券的出售价格并非是两者之和。从概念上说,投资人支付的债券价格,即发行公司的债券发行价(Issue Prices)应等于到期时应付债券本金的现值加上各期应付利息的现值之和。货币具有潜在的收益能力,即货币的时间价值,今天得到的货币其价值要大于将来得到的等额货币。换句话说,将来收到一笔货币的承诺与今天取得的等额货币是不等值的。

所谓现值(Present Value),是指将来收到的款项按一定利率折算的现在价值。一定金额现在价值和其未来价值(终值)间的差额是一个利息函数,我们可以用如下公式来表示现值和终值(未来值)之间的换算关系:

终值=现值×(1+年利率)^{时期}

现值=终值÷(1+年利率)^{时期}

债券发行价格=各期利息按市场利率计算的现值之和+到期本金按市场利率计算的现值

利用现值表计算债券到期值和各期债券利息的现值,以确定当前公司债券的出售价格(或价值)时,所使用的利率是债券出售时的市场利率(Market Interest),即具有可比特征和风险的同类债券在金融市场上的通行利率,而不是债券利率(Nominal Interest)。

【例12-3】W公司通过法定程序,拟定于2019年1月1日对外公开发行公司债券面值1 000万元,期限5年,票面利率为8%,分年付息,到期还本。假设市场利率分别为6%、8%、10%时,该债券的发行价格为多少?

(1)市场利率为6%,其债券的发行价格计算如下:

债券发行价格=1 000×8%×(P/A,5,6%)+1 000×(P/F,5,6%)

=80×4.212+1 000×0.747=1 084(万元)

(2)当市场利率为8%时,其债券的发行价格计算如下:

债券发行价格=1 000×8%×(P/A,5,8%)+1 000×(P/F,5,8%)

=80×3.993+1 000×0.681=1 000(万元)

(3)当市场利率为10%时,其债券的发行价格计算如下:

债券发行价格 = 1 000×8%×(P/A,5,10%)+1 000×(P/F,5,10%)

= 80×3.791+1 000×0.621 = 925(万元)

可见,当市场利率大于债券名义利率时,其债券发行价格小于债券面值,即债券要以折价发行;当市场利率小于债券名义利率时,其债券发行价格则大于其面值,即债券要以溢价发行。这是因为当债券的市场利率高于名义利率时,债券投资人只愿意投资于能使他获得按现行市场利率计算的利息收入的债券。而债券的名义利率是一个固定的值,它不随市场利率的变化而做调整。因而每期支付的债券利息也是固定的,债券投资人只能要求降低对债券的购买价格,从而提高实际利率使其趋于市场利率;反之,债券的市场利率低于名义利率时,债券发行人将会按高于债券面值的价格(溢价)发行债券,从而按低于名义利率的市场利率负担利息费用,只有当债券的名义利率与其可比债券的市场利率相等时,发行企业才按面值发行其债券。折价发行债券表明公司以后期少付利息而预先给投资者的补偿。溢价发行债券表明公司以后期多付利息而事先得到的补偿。

从前面对公司债券计价的讨论可知,由于市场利率和名义利率的不同差别,使债券发行价格可能出现三种情况,即按面值发行或平价发行(Issued at Par)、按高于面值的溢价发行(Issued at a Premium)和按低于面值的折价发行(Issued at a Discount)。溢价和折价是债券发行公司在债券存续期内对利息费用的一种调整。

当然,在债券的实际发行中,通常还要考虑许多其他因素,如资金市场的供求情况、国家的有关经济和金融政策等。因此,其发行债券的价格确定就不一定会完全按照上述方法进行。

三、公司债券发行的会计处理

为了核算企业应支付的长期债券的本息,会计上设立了“应付债券”科目,并在该账户下设置了三个明细科目,即“债券面值”“利息调整”和“应计利息”。“应计利息”明细科目用来核算一次还本付息应付债券分期确认的应计利息,如果公司发行的是分期付息债券,则无需设置“应计利息”明细科目,在实际支付利息时,贷记“银行存款”科目。无论债券是按面值发行,还是按溢价或折价发行,均按债券的面值记入“应付债券”科目的“债券面值”明细科目,实际收到的价款与面值的差额,记入“应付债券”科目的“利息调整”明细科目。利息调整相当于以前的债券的溢价或折价,在债券的存续期间内进行摊销。其摊销方法可采用直线法,也可以采用实际利率法。债券上的应计利息,应按权责发生制的原则分期预提,一般可按年预提。

(一)公司债券按面值发行的会计处理

由于市场利率与债券票面利率相等,公司债券应按面值发行。公司债券按面值发行时,一方面要反映实际收到的“库存现金”或“银行存款”,另一方面要反映公司已形成的负债。

【例12-4】用例12-3的资料,公司按面值1 000万元发行债券,款已收到并存入银行。其会计处理为:

借:银行存款	10 000 000	
贷:应付债券——债券面值		10 000 000

(二)公司债券按折价发行的会计处理

由于市场利率低于债券票面利率,公司应按溢价发行债券。公司债券按溢价发行时,一方面要反映实际收到的“库存现金”或“银行存款”,另一方面要反映公司已形成的负债(分别反映债券面值和债券溢价)。

【例 12-5】用例 12-3 的资料,公司按溢价 1 084 万元发行面值为1 000万元的债券,款已收到并存入银行。其会计处理为:

借:银行存款 10 840 000
　贷:应付债券——债券面值 10 000 000
　　　　　　——利息调整 840 000

(三)公司债券按溢价发行的会计处理

由于市场利率高于债券票面利率,公司应按折价发行债券。公司债券按折价发行时,一方面要反映实际收到的“库存现金”或“银行存款”,另一方面要反映公司已形成的负债(分别反映债券面值和债券折价)。

【例 12-6】用例 12-3 的资料,公司按折价 925 万元发行面值为 1 000 万元的债券,款已收到并存入银行。其会计处理为:

借:银行存款 9 250 000
　应付债券——利息调整 750 000
　贷:应付债券——债券面值 10 000 000

四、债券利息的计提与溢价折价摊销

根据权责发生制的要求,公司应分期确认应计利息并分期摊销债券的溢价或折价。债券应计利息及溢折价摊销应根据发行债券所获资金的用途而计入相应的费用中。如果发行债券所筹资金是用于在建工程,则债券应计利息与溢折价摊销应计入在建工程成本中(工程达到预计可使用状态之前)。如果发行债券所筹资金是用于公司日常经营活动,则债券应计利息与溢折价摊销应计入财务费用。假设上述发行债券所筹资金用于日常经营活动,债券应计利息与溢折价摊销应计入财务费用。

(一)面值发行债券应计利息的会计处理

【例 12-7】根据例 12-4 的资料,2019 年年末根据票面利率计算当年的应计利息 =1 000×8%=80(万元)。其会计处理为:

借:财务费用 800 000
　贷:应付利息 800 000

(二)按溢价发行债券的利息及溢价摊销的会计处理

债券发行溢价的摊销可以按直线法(Straight-line Method),也可以按实际利率法(Effective Interest Method)。为了简化会计核算工作量,也可以采用直线法摊销债券的溢价或折价。

【例 12-8】根据例 12-5 的资料,2019 年年末计算应计利息,并采用实际利率法摊销溢价。

(1)第一年计提应付利息=1 000×8%=80(万元)

实际利息=1 084×6%=65.04(万元)

借:财务费用 650 400
　应付债券——利息调整 149 600
　贷:应付利息 800 000

(2)第二年计提应付利息 = 1 000×8% = 80(万元)

实际利息 = (1 084-14.96)×6% = 64.14(万元)

借:财务费用	641 400	
应付债券——利息调整	158 600	
贷:应付利息		800 000

(3)第三年计提应付利息 = 1 000×8% = 80(万元)

实际利息 = (1 084-14.96-15.86)×6% = 63.19(万元)

借:财务费用	631 900	
应付债券——利息调整	168 100	
贷:应付利息		800 000

(4)第四年计提应付利息 = 1 000×8% = 80(万元)

实际利息 = (1 084-14.96-15.86-16.81)×6% = 62.18(万元)

借:财务费用	621 800	
应付债券——利息调整	178 200	
贷:应付利息		800 000

(5)第五年计提应付利息 = 1 000×8% = 80(万元)

实际利息 = (1 084-14.96-15.86-16.81-17.82)×6% = 61.11(万元)

借:财务费用	611 100	
应付债券——利息调整	188 900	
贷:应付利息		800 000

1 084-14.96-15.86-16.81-17.82-18.89≈1 000(万元)

(6)采用直线法摊销,每年编制如下相同的会计分录:

计提应付利息 = 1 000×8% = 80(万元)

借:财务费用	800 000	
贷:应付利息		80 000

债券溢价按五年平均摊销 = 84÷5 = 16.80(万元)

借:应付债券——利息调整	168 000	
贷:财务费用		168 000

可将以上两笔会计分录合并为一笔复合会计分录。

借:财务费用	632 000	
应付债券——利息调整	168 000	
贷:应付利息		800 000

(三)按折价发行债券的利息及折价摊销的会计处理

【例 12-9】根据例 12-6 的资料,2019 年年末计算应付利息,并采用实际利率法摊销折价。

(1)第一年计提应付利息 = 1 000×8% = 80(万元)

实际利息 = 925×10% = 92.50(万元)

借:财务费用	925 000	
贷:应付利息		800 000
应付债券——利息调整		125 000

(2)第二年计提应付利息＝1 000×8%＝80(万元)

实际利息＝(925+12.50)×10%＝93.75(万元)

借:财务费用　　937 500

　贷:应付利息　　800 000

　　应付债券——利息调整　　137 500

(3)第三年计提应付利息＝1 000×8%＝80(万元)

实际利息＝(925+12.50+13.75)×10%＝95.125(万元)

借:财务费用　　951 250

　贷:应付利息　　800 000

　　应付债券——利息调整　　151 250

(4)第四年计提应付利息＝1 000×8%＝80(万元)

实际利息＝(925+12.50+13.75+15.125)×10%＝96.64(万元)

借:财务费用　　966 400

　贷:应付利息　　800 000

　　应付债券——利息调整　　166 400

(5)第五年计提应付利息＝1 000×8%＝80(万元)

实际利息＝(925+12.50+13.75+15.125+16.64)×10%＝98.30(万元)

借:财务费用　　983 000

　贷:应付利息　　800 000

　　应付债券——利息调整　　183 000

925+12.50+13.75+15.125+16.64+18.30≈1 000(万元)

(6)采用直线法摊销,每年编制如下相同的会计分录:

计提应计利息＝1 000×8%＝80(万元)

借:财务费用　　800 000

　贷:应付利息　　80 000

债券折价按五年平均摊销＝75÷5＝15(万元)

借:财务费用　　150 000

　贷:应付债券——利息调整　　150 000

可将以上两笔会计分录合并为一笔复合会计分录。

借:财务费用　　950 000

　贷:应付利息　　800 000

　　应付债券——利息调整　　150 000

需要注意的是,债券的溢价或折价应在债券的存续期内分期摊销。如果债券是在年中某月发行的,其当年的摊销月份为债券发行后的月份数,不是全年,如 3 月 1 日发行从 3 月 1 日开始计息的债券,当年溢价或折价的摊销期应为 10 个月。当然,当年的计息期也是 10 个月,一般来说债券的利息计息期与债券溢价或折价的摊销期是一致的。

五、债券到期还本付息

债券的偿还(Extinguishment of Bonds)有规定的到期日,对于分期付息、一次还本(Repayment at Maturity)的应付债券来说,因各年已经支付了利息,到期只需还本,所以平价、溢价、折价发行债券到期还本的会计处理是相同的。

【例 12-10】根据例 12-4~例 12-9 的资料,到期收回本金。

各期已分期支付了利息,则到期只需偿还本金。

借:应付债券——债券面值 10 000 000

贷:银行存款 10 000 000

六、在两个付息日之间公司债券的发行业务

前面我们所说的债券发行都假设其发行日刚好是开始计算利息的日期,但由于种种原因,也常常出现债券发行企业在两个付息日之间发行债券的情况。由于发行企业每期所支付或计算的都是一年的债券利息,而不考虑投资人持有债券时间的长短,为了使投资人只得到他在债券持有期间应得的那部分利息,发行企业必须在债券发行时预先收回自前一付息日到发行之日止债券的应计利息,这样发行企业第一期实际负担的债券利息应为付息日支付的债券利息与发行时投资人支付的应计利息之差额。

【例 12-11】W 公司拟定于 2019 年 1 月 1 日发行面值 1 000 万元的债券,由于一时未能售完,实际对外只以 850 万元发行了 800 万元的债券,剩余的 200 万元债券决定于 4 月 1 日继续对外发行。债券无论在什么时候发售,其计息仍然是从 2019 年 1 月 1 日起,所以,发售公司的债券发售价格应包括有前 3 个月的应计利息为 $200 \times 8\% \times 3 \div 12 = 4$(万元)。如果剩余的 200 万元债券是以 209 万元的溢价发售的,两次发行债券的会计处理是不相同的。

(1)2019 年 1 月 1 日发行 800 万元债券的会计分录如下:

借:银行存款 8 500 000

贷:应付债券——债券面值 8 000 000

——利息调整 500 000

(2)2019 年 4 月 1 日发行剩余 200 万元债券的会计分录如下:

借:银行存款 2 090 000

贷:应付债券——债券面值 2 000 000

——应计利息 40 000

——利息调整 50 000

七、公司债券的提前赎回

一般来说,公司债券通常都在到期日偿还,发行企业按债券面额支付给债券持有人本金,一次还本付息的债券还要付利息。由于债券溢价或折价已全部摊销完毕,因此正常的债券偿还不产生任何损益。

但是,债券发行企业也常为了利用更为有利的财务机遇而在到期日前赎回(Redeem)债券。如果债券是可提前赎回的,那么企业就有权以提前偿还价格赎回债券,这一价格里一般包含有提前偿还溢价,如果债券的市价低于提前偿还价,或者债券是不可提前赎回的,那么要赎回债券可以在公开市场上购买。无论哪种情况,只要债券收回的价格低于债券账面价值,就产生债券提前赎回利得;反之,如果债券价格大于债券账面价值就产生损失。这些利得或损失通常作为非常项目列示于收益表中。

在登记债券赎回业务之前,必须把溢价或折价摊销到债券赎回日止,同时要记录到债券赎回日止的应计利息。

八、可转换公司债券

可转换公司债券是按发行人依照法定程序发行，在一定期间内依据约定的条件可以转换成股份的公司债券。可转换公司债券既有债券的性质，又有股票的性质。债券持有者在转换期间内行使转换权利，将债券转换为股份，则债券持有者成为企业的股东，享受股东的权利；债券持有者在转换期间内未行使转换权利，未将债券转换为股份的，则债券持有者作为债权人，有权要求企业清偿债券本息。由于可转换债券具有双重性质，债券持有者可享受股东的权利，或享受债权人的权利，风险较小。因而一般可转换公司债券的利率较低，企业通过发行可转换公司债券，以较低的筹资成本取得长期使用的资金。同时，从发行企业角度考虑，如果发行企业直接增发股票有困难的，通过发行可转换公司债券，在债券持有者不需要追加投资的情况下，使其成为企业的股东，企业达到增资的目的。

我国发行可转换公司债券采取记名式无纸化发行方式，可转换公司债券最短期限为3年，最长期限为5年。在会计核算中，企业发行的可转换公司债券作为长期负债，在“应付债券”科目中设置“可转换公司债券”明细科目进行核算。其核算涉及的问题主要有：

(1)可转换公司债券在未转换为股份前，其会计核算与一般公司债券相同，即按期计提利息，并摊销溢价和折价。

以面值发行可转换公司债券，如果发行费用大于发行期间冻结申购资金所产生的利息收入，按发行费用扣除发行期间冻结申购资金所产生的利息收入后的差额，根据发行可转换公司债券筹集资金的用途，属于用于某项资产项目的，计入所购建项目的某项资产成本；属于其他用途的，计入当期财务费用。如果发行费用小于发行期间冻结申购资金所产生的利息收入，按发行期间冻结申购资金所产生的利息收入扣除发行费用后的差额，视同发行债券的溢价收入，在债券存续期间于计提利息时摊销。

(2)可转换公司债券到期未转换为股份的，按照可转换公司债券募集说明书的约定，于期满后5个工作日内偿还本息。偿还债券本息的会计核算与一般公司债券相同。

(3)债券持有者行使转换权利，将可转换公司债券转换为股份时，如债券面额不足转换1股股份的部分，企业应当以现金偿还。

可转换债券转换为股份时，按债券的账面价值结转，不确认转换损益。企业应按可转换公司债券的面值，借记“应付债券——可转换公司债券（债券面值）”科目，按未摊销的溢价或折价，借记“应付债券——可转换公司债券（债券溢价）”科目或贷记“应付债券——可转换公司债券(债券折价)”科目，按已提的利息，借记“应付债券——可转换公司债券（应计利息）”科目，按股票面值和转换的股数计算的股票面值总额，贷记“股本”科目，按实际用现金支付的不可转换股份的部分，贷记“库存现金”等科目，借贷方的差额，贷记“资本公积——股本溢价”科目。

【例12-12】W股份有限公司经批准于2019年1月1日发行5年期5 000万元可转换公司债券，债券票面利率8%，按面值发行(不考虑发行费用)。债券发行后第四年年初(发行3年)可转换为股份，每100元转普通股4股，股票面值1元，可转换公司债券的账面价值6 200万元(面值5 000万元，应计利息1 200万元)。假如债券持有者全部将债券转换为股份。该股份公司应做如下会计处理：

(1)发行可转换公司债券。

借：银行存款　　50 000 000

　　贷：应付债券——可转换债券(债券面值)　　50 000 000

(2)各年计提利息。

借:财务费用　　4 000 000

　贷:应付债券——可转换公司债券(应计利息)　　4 000 000

(3)第四年年初(发行3年)转换为股份。

转换为股份数=(50 000 000+12 000 000)÷100×4=2 480 000(股)

借:应付债券——可转换公司债券(债券面值)　　50 000 000

　应付债券——可转换公司债券(应计利息)　　12 000 000

　贷:股本　　2 480 000

　　资本公积——股本溢价　　59 520 000

企业发行附有赎回选择权的可转换公司债券,其在赎回日可能支付的利息补偿金,即债券约定赎回期届满日应当支付的利息减去应付债券票面利息的差额,应当在债券发行日至债券约定赎回届满日期间计提应付利息,计提的应付利息,按借款费用的处理原则处理。

第四节　其他长期负债

企业的长期负债除了上述的长期借款和应付债券以外,可能还有一些其他的长期负债,如应付引进设备款和应付融资租赁款,通常应设立"长期应付款"账户进行核算。

一、应付补偿贸易引进设备款

补偿贸易是从国外引进设备,再用该设备生产的产品归还设备价款。会计核算时,分为两个方面,一方面引进设备时,形成企业一项资产和一项负债,分别记入"固定资产"账户和"长期应付款"账户;另一方面,以产品归还设备价款时视同产品销售处理。

【例12-13】W企业以补偿贸易方式从国外引进一台设备,设备价款折合人民币为800万元,增值税进项税额为104万元,该设备不用安装即可投入使用。设备投产后,第一批生产的产品10 000件,每件销售价格200元,销售成本120元,第一批产品全部用于偿还设备款。企业应编制的会计分录如下:

(1)引进设备。

借:固定资产　　8 000 000

　应交税费——应交增值税(进项税额)　　1 040 000

　贷:长期应付款——应付引进设备款　　9 040 000

(2)第一批产品销售。

借:应收账款　　2 000 000

　贷:主营业务收入　　2 000 000

(3)结转销售成本。

借:主营业务成本　　1 200 000

　贷:库存商品　　1 200 000

(4)用第一批产品销售价款偿还设备款。

借:长期应付款——应付引进设备款　　2 000 000

　贷:应收账款　　2 000 000

二、应付融资租赁款

租赁是指在约定期限内，出租人(Lessor)将财产的使用权让渡给承租人(Lessee)，以获取租金的协议。租赁业务一般可分为两类，即经营性租赁(Operating Leases)和融资性租赁(Financing Leases)。

我国《企业会计准则第21号——租赁》规定，融资租入的某项资产，按租赁开始日租赁资产的公允价值与最低租赁付款额的现值两者中较低者作为入账价值，将最低租赁付款额确认为长期应付款，并将两者的差额作为未确认融资费用。

最低租赁付款额是指在租赁期内，企业（承租人）应支付或可能被要求支付的各种款项（不包括或有租金和履约成本），加上由企业（承租人）或与其有关的第三方担保的资产余值。但是，如果企业(承租人)有购买租赁资产的选择权，所订立的购价预计将远低于行使选择权时租赁资产的公允价值，因而在租赁开始日就可以合理确定企业(承租人)将会行使这种选择权，则购买价格也应包括在内。资产余值是指租赁开始日估计的租赁期届满时租赁资产的公允价值。

【例12-14】某企业融资租赁设备一台用于生产，租入设备的公允价值为100万元，最低租赁付款额为120万元(不含应付的增值税)，分未来四年平均支付，于每年年末付款。

(1)租入时的会计分录如下：

借：固定资产	1 000 000	
未确认融资费用	200 000	
贷：长期应付款		1 200 000

(2)分期付款时的会计分录如下：

借：长期应付款	300 000	
应交税费——应交增值税(进项税额)	39 000	
贷：银行存款		339 000

第五节　借款费用

一、借款费用的概念和内容

我国《企业会计准则第17号——借款费用》对借款费用下的定义是：借款费用是因借款而发生的利息及其他相关成本。借款费用包括借款利息、折价或溢价摊销、辅助费用以及因外币借款而发生的汇兑差额。

长期负债的费用因借款性质、种类、用途不同，所发生的费用也不同。长期借款的费用一般有借款利息、手续费等。长期债券的费用一般有债券利息、折价或溢价摊销、手续费、佣金、印刷费等。其他长期应付款的费用一般有利息、手续费、租赁费、名义价款等。各种长期借款、长期债券和其他长期应付款如果是以外币进行结算的，还会发生外币折算差额。

二、借款费用的处理方法

借款费用可以有两种处理方法：一种是于发生时直接确认为当期费用。主张该方法者认为，借款费用是企业筹资过程发生的费用，与借入资金所购置的资产价值无关，如果将借款费用予以资本化，则会使同时取得的相同资产的入账价值因筹资的方式不同而不同，因此借款费用不应予以资本化（Capitalization），而应确认为当期费用（Period Expense）作为当期利润的减项。另一种是予以资本化，即将借款费用记入相应资产的成本中。主张该方法者则认为，借款费用是由于企业某项长期资产取得过程中需要资金而发生的费用，它的发生与该项资产的形成紧密相关，因此从本质上看，借款费用与其他列为资本支出的费用没有太大差别，因而应将其资本化，计入相应资产的成本中。

我国《企业会计准则第 17 号——借款费用》规定，企业发生的借款费用，可直接归属于符合资本化条件的资产的购建或者生产的，应当予以资本化，计入相关资产成本；其他借款费用应当在发生时根据其发生额确认为费用，计入当期损益。符合资本化条件的资产是指需要经过相当长时间的购建或者生产活动才能达到预定可使用或者可销售状态的某项资产、投资性房地产和存货等资产。

对于不同的借款费用应当采用不同的具体处理方法。

（1）筹建期间发生的借款费用（除为购建某项资产的专门借款所发生的借款费用外）计入长期待摊费用。

（2）属于流动的借款费用，或者虽然是长期负债性质，但不是用于购建某项资产、投资性房地产、特定的存货（如房地产公司的房屋存货），而是为了正常生产经营的借款所发生的借款费用，作为期间费用。

（3）购建某项资产、投资性房地产、特定的存货（如房地产公司的房屋存货）发生的借款费用，在某项资产、投资性房地产达到预计可使用状态之前，存货达到可销售状态之前发生的，应予以资本化，计入相关资产的成本；在某项资产、投资性房地产达到预计可使用状态或可销售状态之后发生的借款费用，作为期间费用。

（4）在清算期间发生的长期借款费用，记入清算损益。

三、借款费用资本化

我国《企业会计准则第 17 号——借款费用》中所指借款费用的资本化是指因借款而发生的利息、折价（Discount）或溢价（Premium）的摊销和汇兑差额。该准则对购建某项资产的专门借款的借款费用的处理方法规定如下：

（1）因专门借款而发生的利息、折价或溢价的摊销和汇兑差额符合准则规定资本化条件的情况下，应予以资本化，计入该项资产的成本，即将借款费用作为购置某项资产的成本的一部分予以反映。其他的借款利息、折价或溢价的摊销和汇兑差额，应当于发生当期确认为费用。

（2）因借款而发生的辅助费用的处理。因安排专门借款而发生的辅助费用，符合资本化条件的，应当在发生时予以资本化；以后发生的辅助费用应当于发生当期确认为费用。如果辅助费用的金额较小，也可以于发生时确认为当期费用。

因安排其他借款而发生的辅助费用应当于发生当期确认为费用。

四、借款费用资本化的开始

（一）资本化的条件

当同时满足以下三个条件时，企业为购建某项资产而借入的专门借款所发生的利息、折价或溢价的摊销、汇兑差额应当开始资本化，计入相关资产的成本：

(1)资产支出(只包括为购建某项资产而以支付现金、转移非现金资产或者承担带息债务形式发生的支出)已经发生。

(2)借款费用已经发生。

(3)为使资产达到预定可使用状态或可销售状态所必要的购建活动已经开始。主要包括如下工作:

①资产的实体建造工作。例如,主体设备的安装、厂房的实际建造等。

②实体建造之前进行的技术性和管理性工作。例如,在开始实体建造之前进行的计划制订、工程设计、为获得政府有关部门许可而进行的工作等。

在上述三个条件同时满足的情况下,为购建某项资产的专门借款所发生的借款费用才能开始资本化,只要其中有一个条件没有满足,就不能开始资本化。

(二)资本化金额的确定

《企业会计准则第17号——借款费用》第六条规定,在资本化期间内每一会计期间的利息(包括折价和溢价的摊销)资本化金额,应当按照以下规定确定:

(1)为购建或者生产符合资本化条件的资产而借入专门借款的,应当以专门借款当期实际发生的利息费用,减去将尚未动用的借款资金存入银行取得的利息收入或进行暂时性投资取得的投资收益后的金额确定。计算公式如下:

应予资本化的利息金额=当期专门借款×借款月数÷12×借款利率-未动用的借款×未动用的月数÷12×年投资收益率

(2)为购建或生产符合资本化条件的资产而占用了一般借款的,企业应当根据资本化支出超过专门借款部分的资产支出加权平均数乘以所占用一般借款的资本化率,计算确定一般借款应计的利息金额。资本化率应当根据一般借款加权平均利率确定。

在应予资本化的每一会计期间,利息的资本化金额按如下公式计算:

每一会计期间一般借款利息的资本化金额=至当期末止购建某项资产累计支出加权平均数×资本化率

累计支出加权平均数=Σ[每笔资产支出金额×每笔资产支出实际占用的天数÷会计期间涵盖的天数]

【例12-15】W公司于2019年1月1日占用一般借款开工建造一幢办公楼,工程将于2020年4月1日全部完工。2019年1月1日,取得一般借款600万元,期限3年,年利率10%;2019年5月1日取得另一笔一般借款700万元,期限2年,年利率8%。2019年发生的资产支出如下:

1月1日,支出500万元;

6月1日,支出300万元;

11月1日,支出240万元。

2019年累计支出加权平均数=500×12÷12+300×7÷12+240×2÷12=715(万元)

资本化率的确定原则为:

①企业为购建某项资产只借入一笔一般借款,资本化率为该项借款的利率;

②企业为购建某项资产借入一笔以上的一般借款,资本化率为这些借款的加权平均利率。

加权平均利率的计算公式如下:

加权平均利率=一般借款当期发生的利息之和÷一般借款本金加权平均数×100%

全年利息=600×12÷12×10%+700×8÷12×8%=97.33(万元)

借款加权平均数=600×12÷12+700×8÷12=1 066.67(万元)

加权平均资本化率=97.33÷1 066.67=9.125%

借款费用资本化金额=715×9.125%=65.24(万元)

借:在建工程　　652 400

　财务费用　　320 900

　贷:长期借款——应计利息　　973 300

【例12-16】W公司于2019年1月1日正式动工兴建一幢写字楼,公司为此于同日借入专门借款3 000万元,借款期限为3年,年利率为8%。另外,在2019年7月1日又借入专门借款4 000万元,借款期限为5年,年利率为10%。借款利息按年支付。

写字楼建造工程预计为1年零6个月,工程采用出包方式,分别于2019年1月1日、2019年7月1日和2020年1月1日支付工程进度款,支出金额如表12-1所示:

表12-1　　工程支出情况表　　单位:万元

支付日期	每期资产支出金额	资产支出累计金额	闲置借款资金用于短期投资金额
2019年1月1日	2 000	2 000	1 000
2019年7月1日	2 500	4 500	2 500
2020年1月1日	1 500	6 000	1 000
2020年6月30日	1 000	7 000	0
总　计	7 000	—	—

闲置借款资金均用于固定收益债券短期投资,该短期投资月收益率为0.5%。

写字楼于2020年6月30日完工,达到预定可使用状态。

由于W公司使用了专门借款建造写字楼,而且写字楼建造支出没有超过专门借款金额,因此公司2019年、2020年为建造写字楼应予资本化的利息金额计算如下:

①确定借款费用资本化期间为2019年1月1日至2020年6月30日。

②计算在资本化期间内专门借款实际发生的利息金额。

2019年专门借款发生的利息金额=3 000×8%+4 000×10%×6÷12=440(万元)

2020年1月1日至6月30日专门借款发生的利息金额=3 000×8%×6÷12+4 000×10%×6÷12=320(万元)

③计算在资本化期间利用闲置的专门借款资金进行短期投资的收益。

2019年短期投资收益=1 000×0.5%×6+2 500×0.5%×6=105(万元)

2020年1月1日至6月30日短期投资收益=1 000×0.5%×6=30(万元)

④在资本化期间,专门借款利息费用的资本化金额应当以其实际发生的利息费用减去将闲置的借款资金进行短期投资取得的投资收益后的金额确定。

2019年的利息资本化金额=440-105=335(万元)

2020年的利息资本化金额=320-30=290(万元)

编制会计分录如下:

2019年12月31日:

借:在建工程　　3 350 000

　应收利息(或银行存款)　　1 050 000

　贷:应付利息　　4 400 000

2020 年 6 月 30 日：

借：在建工程　　2 900 000

　　应收利息(或银行存款)　　300 000

　贷：应付利息　　3 200 000

(3)企业为购建某项资产而借入的外币专门借款，其每一会计期间所产生的汇兑差额，在所购建某项资产达到预定可使用状态前，予以资本化，计入所购建某项资产的成本；在该项某项资产达到预定可使用状态后，计入当期财务费用。

(4)企业发行债券，如果发行费用小于发行期间冻结资金所产生的利息收入，按发行期间冻结资金所产生的利息收入减去发行费用后的差额，视同发行债券的溢价收入，在债券存续期间于计提利息时摊销。

(5)企业每期利息和折价或溢价摊销的资本化金额，不得超过当期购建某项资产的专门借款实际发生的利息和折价或溢价的摊销金额。在确定借款费用资本化金额时，与专门借款有关的利息收入应抵减资本化计算的利息费用。

五、暂停资本化

如果某项资产的购建发生非正常中断，并且中断时间超过 3 个月(含 3 个月)，应当暂停借款费用的资本化。其中，间断期间发生的借款费用，不计入所购建的某项资产成本，将其直接计入当期财务费用，直至购建重新开始，再将其后至某项资产达到预定可使用状态前所发生的借款费用，计入所购建的某项资产的价值。

如果中断是使购建的某项资产达到预定可使用状态所必要的程序，则借款费用的资本化应继续进行，即中断期间所发生的借款费用仍应计入该项某项资产的成本。

六、停止资本化

当所购建的某项资产达到预定可使用状态时，应当停止借款费用的资本化；以后发生的借款费用应于发生当期直接计入财务费用。

达到预定可使用状态是指某项资产已达到购买方或建造方预定的可使用状态。当存在下列情况之一时，可认为所购建的某项资产已达到预定可使用状态：

(1)资产的实体建造(包括安装)工作已经全部完成或者实质上已经全部完成。

(2)已经试生产或试运行，并且其结果表明资产能够正常运行或者能够稳定地生产出合格产品时，或者试运行结果表明能够正常运转或营业时。

(3)该项建造的某项资产上的支出金额很少或者几乎不再发生。

(4)所购建的某项资产已经达到设计或合同要求，或与设计合同要求相符或基本相符，即使有极个别地方与设计或合同要求不相符，也不足以影响其正常使用。

如果所购建某项资产的各部分分别完成，每部分在其他部分继续建造过程中可供使用，并且为使该部分资产达到预定可使用状态所必要的购建活动实质上已经完成，则应当停止该部分资产的借款费用资本化。如果所购建某项资产的各部分分别完工，但必须等到整体完工后才可使用，则应当在该资产整体完工时停止借款费用资本化。

第六节　债务重组

一、债务重组的概念

债务重组(Debt Restructuring)是指债务人发生财务困难的情况下,债权人按照其与债务人达成的协议或法院的裁定做出让步的事项。债务重组与正常以货抵债是不相同的,关键差别是“做出让步”。

在激烈的市场竞争中,企业可能会因为经营管理不善,或受外部其他因素的影响使财务状况发生困难,出现资金周转困难或经营陷入困境,没有能力按原定条件偿还债务。债权人为了最大限度地收回其债权,对债务人可能做出某些让步,修改债务条件,以减轻债务人的负担,缓解债务人暂时的财务困难,避免由于采取立即求偿的措施,而出现债权上的更大损失。

二、债务重组的方式

我国《企业会计准则第 12 号——债务重组》规定了债务重组方式为以下四种:

(1)以资产清偿债务。

(2)债务转为资本。

(3)除前两种方式的,修改其他债务条件,如减少债务本金、减少债务利息等。

(4)以上三种方式的组合等。

债务转为资本时,对股份有限企业而言,即将债务转为股本;对其他企业而言,即将债务转为实收资本。债务转为资本的结果是,对债务人来说是将其债务转为了股东权益;对债权人来说是将债权转为了股权。债务人因此而增加股本(或实收资本),债权人因此而增加长期股权投资。

三、债务重组的会计处理方法

债务重组时,债权人和债务人应视债务重组的不同方式作相应的会计处理。该准则规定的第一种债务重组方式实际上是两种方式,即以现金资产清偿和以非现金资产清偿。在介绍会计处理时,还是分开说明更清楚一些。

(一)以低于债务账面价值的现金清偿债务

以低于债务账面价值的现金清偿某项债务的,债务人应将重组债务的账面价值与支付的现金之间的差额计入当期损益。债权人则应将重组债权的账面价值与收到的现金之间的差额也计入当期损益。应收账款的账面价值为“应收账款”的账面余额与已计提的“坏账准备”的差额,即应收账款的净额。

以现金资产清偿债务,对于债权人和债务人来说,其少付的款与少收的款均计入当期损益,形成了债务重组损益。债务人少支付的金额形成了债务重组收益,债权人少收的款形成了债务重组损失。

【例 12-17】W 公司 2019 年 8 月 20 日赊销一批材料给 N 企业,含税价格为 585 000 元,到了次年 5 月 20 日,N 企业财务发生困难,无法按合同规定偿还债务,经双方协议,W 公司同意减免 N 企业 100 000 元债务,余额用现金立即偿清。W 公司已按应收账款的

10%计提了坏账。

(1)债务人 N 企业的会计处理如下：

借:应付账款——W 公司	585 000	
贷:银行存款		485 000
营业外收入——债务重组损益		100 000

(2)债权人 W 公司的会计处理如下：

借:库存现金	485 000	
坏账准备	58 500	
营业外支出——债务重组损益	41 500	
贷:应收账款——N 企业		585 000

(二)以非现金资产清偿某项债务

以非现金资产清偿某项债务的,债务人应以重组债务的账面价值与转让的非现金资产公允价值和相关税费之和的差额,计入当期损益(债务重组损益);转让的非现金资产公允价值与其账面价值的差额计入当期损益(公允价值变动损益)。

以非现金资产清偿债务的,债权人应当对受让的非现金资产按其公允价值入账,重组债权的账面余额与受让的非现金资产的公允价值之间的差额,计入当期损益。

【例 12-18】W 公司 2019 年 6 月 10 日销售一批材料给 M 企业,同时收到 M 企业签发并承兑的一张面值 400 000 元、年利率 6%、半年期、到期还本付息的票据。12 月 10 日,M 企业发生财务困难,无法兑现票据,经双方协议,W 公司同意 M 企业用一台设备抵偿该应收票据。该台设备的账面原值为 500 000 元,累计折旧为150 000元,公允价值为 300 000 元。增值税税率为 13%。

(1)债务人 M 企业的会计处理如下：

①注销固定资产账面价值。

借:固定资产清理	350 000	
累计折旧	150 000	
贷:固定资产		500 000

②债务重组。

借:应付票据	412 000	
资产处置损益	50 000	
贷:固定资产清理		350 000
应交税费——应交增值税(销项税额)		39 000
营业外收入——债务重组损益		73 000

(2)债权人 W 公司的会计处理如下：

借:固定资产	300 000	
应交税费——应交增值税(进项税额)	39 000	
营业外支出——债务重组损益	73 000	
贷:应收票据		412 000

【例 12-19】S 企业累计欠 W 公司应收账款 1 200 000 元,W 公司坏账提取率为 5%。由于 S 企业发生财务困难,进行债务重组,W 公司同意 S 企业用一台设备和一批材料偿还债务。设备原值为 700 000 元,累计已提折旧 200 000 元,材料账面价值为 300 000 元,增值税税率 13%。该设备的公允价值为 550 000 元,材料的公允价值为 400 000 元。

（1）债务人 S 企业的会计处理如下：

①注销固定资产账面价值。

借：固定资产清理	500 000	
累计折旧	200 000	
贷：固定资产		700 000

②债务重组。

借：应付账款	1 200 000	
贷：固定资产清理		500 000
其他业务收入		400 000
应交税费——应交增值税（销项税额）		123 500
资产处置损益		50 000
营业外收入——债务重组损益		126 500

③结转材料的成本。

借：其他业务成本	300 000	
贷：原材料		300 000

（2）债权人 W 公司的会计处理如下：

债权账面价值＝120－120×5%＝114（万元）

进项税额为 S 企业的销项税额＝16.15（万元）

借：固定资产	550 000	
原材料	400 000	
应交税费——应交增值税（进项税额）	123 500	
坏账准备	60 000	
营业外支出——债务重组损益	66 500	
贷：应收账款——S 企业		1 200 000

（三）债务转为资本

将债务转为资本的，债务人应当将债权人放弃债权而享有股份的面值总额确认为股本（或者实收资本），股份的公允价值总额与股本（实收资本）之间的差额确认为“资本公积”。重组债务的账面价值与股份的公允价值总额之间的差额，计入“当期损益”。

将债务转为资本的，债权人应当将享有股份的公允价值确认为对债务人的投资，重组债权的账面余额与股份的公允价值之间的差额，计入“当期损益”。

【例 12-20】W 公司于 2019 年 6 月 10 日销售一批材料给 S 企业，同时收到 S 企业签发并承兑的一张面值 6 000 000 元、半年期的无息票据。12 月 10 日，S 企业发生财务困难，无法兑现票据，经双方协议 W 公司同意 S 企业以其 2 000 000 股普通股抵偿该票据。假设普通股的面值为 1 元，每股市价 2.5 元。双方均按股票的公允价值的 3‰支付相关税费。

（1）债务人 S 企业的会计处理如下：

借：应付票据——W 公司	6 000 000	
贷：股本		2 000 000
资本公积		2 985 000
营业外收入——债务重组损益		1 000 000
银行存款		15 000

(2)债权人 W 公司的会计处理如下：

借:长期股权投资　　5 015 000
　营业外支出——债务重组损益　　1 000 000
　贷:应收票据——S 企业　　6 000 000
　　银行存款　　15 000

(四)以修改其他债务条件进行债务重组

《企业会计准则第 12 号——债务重组》规定,修改其他债务条件的,债务人应当将修改其他债务条件后债务的公允价值作为重组后债务的入账价值。重组债务的账面价值与重组后债务的入账价值之间的差额,计入当期损益。

修改后的债务条款如涉及或有应付金额,且该或有应付金额符合《企业会计准则第 13 号——或有事项》中有关预计负债确认条件的,债务人应当将该或有负债应付金额确认为预计负债。重组债务的账面价值,与重组后债务的入账价值和预计负债金额之和的差额,计入当期损益。

或有应付金额是指需要根据未来某种事项出现而发生的应付金额,而且该未来事项的出现具有不确定性。

修改其他债务条件的,债权人应当将修改其他债务条件后的债权的公允价值作为重组后债权的账面价值,重组债权的账面余额与重组后债权的账面价值之间的差额,比照上述准则第九条的规定处理。

修改后的债务条款中涉及或有应收金额的,债权人不应当确认或有应收金额,不得将其计入重组后债权的账面价值。

或有应收金额是指需要根据未来某种事项出现而发生的应收金额,而且该未来事项的出现具有不确定性。

在实务操作中可能出现一些特殊情况,应该按准则要求处理。

以修改其他债务条件进行债务重组的,如果重组债务的账面价值大于将来应付金额,则在重组日,债务人应将重组债务的账面价值减记至将来应付金额,减记的金额确认为当期损益;如果重组债务的账面价值等于或小于将来应付金额,债务人不做账务处理。如果修改后的债务条款涉及或有支出的,债务人应将或有支出包括在将来应付金额中。或有支出实际发生时,应冲减重组后债务的账面价值;结清债务时,或有支出如未发生,应将该或有支出的原估计金额确认为债务重组损益,计入当期损益。

债权人在重组债权的账面价值大于将来应收金额时,应将重组债权的账面价值减记至将来应收的金额,减记的金额确认为当期损失。如果重组债权的账面价值等于或小于将来应收的金额,债权人不进行账务处理。

如果修改后的债权条款涉及或有收益的,债权人不应将或有收益包括在将来应收金额中;或有收益收到时,做当期收益处理。

【例 12-21】W 公司于 2019 年 6 月 10 日销售一批材料给 X 企业,同时收到 X 企业签发并承兑的一张面值 300 000 元、半年期、利率为 6%的附息票据。12 月 10 日,X 企业发生财务困难,无法兑现票据,经双方协议 W 公司同意 X 企业于 2020 年 6 月 10 日付款,付款金额为 280 000 元、延期不计利息。

(1)债务人 X 企业的会计处理如下：

借:应付票据——W 公司　　309 000
　贷:应付账款　　280 000
　　营业外收入——债务重组损益　　29 000

(2)债权人 W 公司的会计处理如下：

借:应收账款	280 000	
营业外支出——债务重组损益	29 000	
贷:应收票据——X 企业		309 000

如果债务重组后将来应付应收金额大于重组时的账面价值,债权债务者均无需进行账务处理。债务人到将来实际付款时,将大于账面价值的差额作为利息费用计入财务费用。债权人到将来实际收到款项时,将大于账面价值的差额作为利息收入或冲减财务费用。

【例 12-22】五一企业于 2017 年 1 月 1 日从某银行取得年利率 10%、三年期的借款 3 000 000 元。由于五一企业发生财务困难,于 2019 年 12 月 31 日进行债务重组,银行同意延长到期日至 2020 年 12 月 31 日,付款额为 3 500 000 元,重组后如果五一企业下年有盈利,则按付款额计息 5%,重组后如果五一企业仍无盈利,则下年不计息。

计算银行借款的账面价值与将来应付金额的差额如下：

银行借款的账面价值	3 900 000
其中:面值	3 000 000
应计利息(3 000 000×10%×3)	900 000
减:将来应付金额	3 500 000
差额	400 000
减:或有支出(3 500 000×5%×1)	175 000
债务重组损益	225 000

(1)债务人五一企业的会计处理如下：

①2019 年 12 月 31 日债务重组。

借:长期借款	3 900 000	
贷:长期借款——债务重组		3 500 000
预计负债		175 000
营业外收入——债务重组损益		225 000

②如果 2020 年有盈利,12 月 31 日支付本金和利息。

借:长期借款——债务重组	3 500 000	
预计负债	175 000	
贷:银行存款		3 675 000

③如果 2020 年五一企业未盈利。

借:长期借款——债务重组	3 500 000	
预计负债	175 000	
贷:银行存款		3 500 000
营业外收入——债务重组损益		175 000

(2)债权人银行的会计处理如下：

① 2019 年 12 月 31 日债务重组。

借:中长期贷款——债务重组	3 500 000	
营业外支出——债务重组损益	400 000	
贷:中长期贷款		3 900 000

②如果五一企业 2020 年盈利,12 月 31 日收取本金和利息。

借:银行存款	3 675 000	
贷:中长期贷款——债务重组		3 500 000
利息收入——或有收益		175 000

③如果五一企业 2020 年未盈利,12 月 31 日收到本金。

借:银行存款	3 500 000	
贷:中长期贷款——债务重组		3 500 000

(五)混合重组方式进行债务重组

混合重组方式进行债务重组的,又可以分为如下不同的情况:

(1)以现金、非现金资产两种方式的组合清偿某项债务的,债务人应先以支付的现金冲减重组债务的账面价值,再按非现金资产抵偿债务的方式进行处理。债权人应先以收到的现金冲减重组债权的账面价值,再按非现金资产抵偿债权的方式进行处理。

(2)以现金、非现金资产、债务转为资本的组合清偿某项债务的,债务人应先以支付的现金、非现金资产的公允价值冲减重组债务的账面价值,再按债务转为资本清偿债务的方式进行处理;而债权人应先以收到的现金冲减重组债权的账面价值,再分别按受让的非现金资产和股权的公允价值抵债,差额计入当期损益。

(3)以现金、非现金资产、债务转为资本的方式组合清偿某项债务的一部分,并对该债务的另一部分以修改其他条件进行债务重组的,债务人应先以支付的现金、非现金资产的公允价值、债权人享有的股权的公允价值冲减重组债务的账面价值,再按以修改其他条件进行债务重组处理。债权人应先以收到的现金冲减重组债权的账面价值,再分别按受让的非现金资产和股权的公允价值,抵关于重组债权的账面价值,再按修改条件进行债务重组处理。

思考题

1. 长期负债的概念是什么?长期负债的内容是什么?
2. 长期负债与流动负债的区别是什么?
3. 长期负债与权益的区别是什么?
4. 借款费用是什么?企业发生的各种借款费用如何处理?
5. 何为借款费用资本化?
6. 借款费用资本化暂停与停止资本化有何规定?
7. 什么是公司债券?发行公司债券的条件和程序如何?
8. 公司债券的发行价格是怎样确定的?
9. 公司债券的折价和溢价如何处理?
10. 经营租赁与融资租赁有何不同?其会计处理有何不同?
11. 何为债务重组?债务重组的方式有哪些?
12. 债务重组过程中会产生哪些损益?

练习题

1. 甲公司 2019 年 1 月 1 日购建某项符合资本化条件的资产占用了一般借款资金 1 500 万元,借款利率年率 8%,借款期限为三年,每年年底计算借款利息,三年期满后一次还本付息。该企业用该借款购建厂房,2019 年 1 月 1 日支用 400 万元、7 月 1 日支用

800 万元;2020 年 1 月 1 日支用 300 万元。工程于 2020 年 8 月完工,达到预计可使用状态。根据上述资料,计算 2019 年和 2020 年资本化金额并编制计息的会计分录。

2. 甲公司开展补偿贸易业务,从国外引进设备价款折合为人民币 100 万元(不需要安装就可投产使用)。公司准备用所生产的产品归还引进设备款。引进设备投产后,第一批生产产品 500 件,每件销售价格 400 元,销售成本 300 元,这一批产品全部用于还款。根据这项经济业务,编制借款、销售产品、结转成本、偿还借款的会计分录。

3. 甲公司采用融资租赁方式租入生产线一条,按租赁协议确定租赁最低价款 250 万元,最低租赁付款的现值为 220 万元,租赁协议规定,租赁款分五年平均支付,于每年的年末付款。编制第一年还款的会计分录。

4. 甲公司于 2019 年 1 月 1 日向 B 公司购买材料一批,价税款共 113 000 元,3 月 1 日该公司财务发生困难,无法按合同规定偿还债务,经双方协商,B 公司同意减免该公司 10%的债务,余额用现金立即清偿。分别编制债权人和债务人的会计分录。

5. 2019 年 1 月 20 日,乙公司销售一批材料给甲公司,甲公司为此签发一张面值为 200 000 元、年利率 6%、6 个月期限、到期还本付息的票据。7 月 20 日,甲公司发生财务困难,无法兑现票据。经双方协议,乙公司同意甲公司用一台旧设备抵偿该应收票据。设备的账面原值为 350 000 的元,已提折旧 200 000 元,公允价值为 140 000 元,增值税税率为 13%。分别编制债权人和债务人的会计分录。

6. 2019 年 1 月 1 日,甲公司向乙公司购买一批材料,价税合计为 234 000 元。2019 年 3 月 1 日,甲公司发生财务困难,无法按合同规定偿还债务。经双方协议,乙公司同意甲公司用产品抵偿该应收账款。该产品的账面成本为150 000 元,该产品的公允价值为 180 000 元,双方增值税税率均为 13%。乙公司上年末已计提了坏账准备,坏账提取率为 5%。分别编制债权人和债务人的会计分录。

7. 2019 年 4 月 1 日,甲公司向乙公司购买一批材料,价税合计为 1 800 000 元。乙公司为此收到甲公司签发并承兑的一张面值 1 800 000 元、年利率 6%、6 个月期限、到期还本付息的票据。10 月 1 日,甲公司发生财务困难,无法兑现该票据。经双方协商,乙公司同意甲公司以其普通股 400 000 股抵偿该票据(假设普通股的面值为 1 元,每股市价 3 元)。分别编制债权人和债务人的会计分录。

8. 2016 年 1 月 1 日,甲公司从某银行取得年利率 10%、3 年期、200 万元一次还本付息的借款。因甲公司财务困难,于 2019 年 1 月 1 日进行债务重组。银行同意免除前 3 年的利息,并将贷款延长到期日至 2020 年 12 月 31 日,利率降至 5%,但有一附加条件:债务重组后,如甲公司自第二年起有盈利,则第二年的利率恢复至 10%;若无盈利,仍维持 5%。分别编制债权人和债务人重组及重组后各年的会计分录。

第十三章
所有者权益

所有者权益是企业投资者对企业资产的剩余要求权，是企业资产总额减去负债总额的差额。所有者权益是企业资金来源的重要组成部分。企业所有者权益指标是反映企业所有者投入资本及其资本保值增值情况的重要信息，也是衡量经营者受托责任完成好坏的重要指标。因此，正确核算所有者权益具有重要意义。本章主要介绍所有者权益的性质、内容、分类及其会计处理。

第一节 所有者权益概述

一、所有者权益的概念和特征

在第 6 号财务会计概念公告《财务报表要素》中，美国财务会计准则委员会将所有者权益（Stockholders' Equity）定义为，所有者权益或净资产是某个主体的资产减去负债后的剩余权益。

国际会计准则委员会（IASB）《关于编制和提供财务报表的框架》第 49 条中指出，产权是指在企业的资产中扣除企业全部负债以后的剩余权益。

我国《企业会计准则——基本准则》关于所有者权益定义为，所有者权益是企业资产扣除负债后由所有者享有的剩余权益。所有者权益的来源包括所有者投入的资本（股本和股本溢价）、直接计入所有者权益的利得和损失（资本公积）、留存收益（盈余公积和未分配利润）等。

直接计入所有者权益的利得和损失是指不应计入当期损益、会导致所有者权益发生增减变动、与所有者投入资本或者向所有者分配利润无关的利得或损失。

利得是指由企业非日常活动所形成的、会导致所有者权益增加、与所有者投入资本无关的经济利益的流入。

损失是指由企业非日常活动所发生的、会导致所有者权益减少、与向所有者分配利润无关的经济利益的流出。

从所有者权益的概念中可以看出，所有者权益具有以下几个基本特征：

（一）所有者权益是一种剩余权益

企业的资产总额只有在满足了债权人的全部要求权后，剩余的才能归企业投资人所有。因此，所有者权益是投资者对企业剩余财产的一种要求权，是企业的剩余权益（Surplus Claims）。当企业进行清算（Liquidation）时，变现后的资产首先用于偿还负债，剩余资产才在投资者之间按出资比例或股份比例进行分配。

（二）所有者权益是一种产权

所有者权益反映所有者与企业之间的产权（Equity）投资和被投资的关系，企业的所有者可以凭借对企业的所有权，享有管理或委托他人管理企业的权力，分配现金和财产的权力，企业清算时对剩余财产的要求权力以及出售或转让企业产权等方面的权力。

（三）所有者权益是一种权利

这种权利来自投资将投入的可供企业长期使用的资源。投资者投入的资本在企业生产经营期间内一般不得抽回，因此投资者投入的资本金构成了企业长期性的资本来源。

（四）所有者权益是所有者的投入资本和资本增值

从构成看，所有者权益包括所有者的原始投资和资本的经营增值。所有者的投资不但是企业实收资本（股本）的唯一来源，而且是企业资本公积的主要来源。在企业资本额不变的情况下，所有者权益的增长主要依靠企业的有效经营。企业获利时，净资产增加，投资者权益也随之增加；企业亏损和向投资者分配利润时，所有者权益也就相应减少。

二、所有者权益的内容

不同组织形式的企业，其所有者权益的具体结构内容有所不同，但就一般而言，所有者权益的内容都应包括实收资本（或者股本）、资本公积、盈余公积和未分配利润。从构成看，所有者权益包括所有者的原始投资和资本的经营增值。所有者的投资不但是企业实收资本（股本）的唯一来源，而且是企业资本公积的主要来源。因此，所有者的投资包括实收资本（股本）和资本公积。在企业资本额不变的情况下，所有者权益的增长主要依靠企业的有效经营。企业获利时，净资产增加，所有者权益也随之增加；企业亏损和向投资者分配利润时，所有者权益也就相应减少。因此，盈余公积和未分配利润是由企业在生产经营过程中所实现的利润（增值）留存在企业所形成的，又称为留存收益。

（一）实收资本

企业的实收资本（Capital Stock）是指投资者按照企业章程，或合同、协议的约定，实际投入企业的资本。在会计核算上，将一般企业的投入资本通过“实收资本”账户核算；对于股份有限公司，则将实收资本通过“股本”账户核算。

（二）资本公积

资本公积（Capital Surplus）是指企业由于接受投入资本超过法定资本部分的资本，以及企业形成的其他资本公积。资本公积包括资本（或股本）溢价、其他权益变动、拨款转入以及外币资本折算差额等。资本公积是企业外部对企业的资本投入，一般不是由于企业生产经营活动所产生的，与企业正常的生产经营活动不存在直接的联系。

（三）盈余公积

盈余公积是指企业从税后利润中提取的各种积累资金，包括按照有关法规的要求提取的法定盈余公积和企业自行确定提取的任意盈余公积等。法定盈余公积和任意盈余公积主要用于弥补企业亏损以及按照国家规定用于转增资本。

（四）未分配利润

未分配利润是指企业留待以后年度进行分配的利润，即未做分配的净利润。未分配利润有两层含义：一层含义是这部分净利润没有分给企业投资者；另一层含义是这部分净利润未指定用途。未分配利润的数额等于企业当年实现的税后利润加上年初未分配利润，减去当年提取盈余公积和任意盈余公积以及本年分配利润后的余额。

所有者权益是一个涵盖了任何企业组织形式的净资产的广义概念，具体到特定种类的企业组织，所有者权益便以不同形式出现。在独资企业称为业主权益，在合伙企业称为合伙人权益，在股份有限公司称为股东权益，而在有限责任公司则称为所有者权益。

不同组织形式的企业在多数会计处理方法上有许多相同的地方但也有所区别,最大的区别在所有者权益部分。在独资企业和合伙企业,只需为业主或各个合伙人设置一个资本科目和提款科目,用于记录资本和损益的增减变动情况。法律法规并没有要求独资企业和合伙企业把资本与盈利区别开来,但对于股份有限公司和有限责任公司,情况则有所不同:在这两类公司中,股东权益(公司的所有者权益)的会计处理受公司法等法律法规的限制,公司必须对所有者投入的资本和赚取的利润严格区分。此外,为了保护债权人的合法权益,多数国家的公司法往往还对股份有限公司和有限责任公司的利润分配和歇业清算以及股份有限公司买回自己发行的股份(库藏股份)等有关事宜做出严格的限制。

由于股份有限公司最能体现所有者权益的特征,其会计处理也最具代表性,本章有关所有者权益的阐述仅以股份有限公司为例。

第二节 股份有限公司

一、股份有限公司的基本特征

股份有限公司(Limited Company)是依据公司法设立的,以定向募集或向社会公开发行股票来筹措资本并将其全部资本划分为等额股份的一种现代企业组织形式。与独资企业和合伙企业相比,股份有限公司具有以下五个基本特征:

(一)独立的法律主体和纳税主体

股份有限公司是经政府有关部门批准设立的独立法律主体(Legal Entity)。在公司章程和营业执照规定的范围内,股份有限公司有权以自己的名义独立从事各种经营活动,包括对外签订经济合同。发生经济纠纷时,股份有限公司也是以独立的诉讼(Lawsuit)主体参加起诉或应诉。此外,股份有限公司还必须依据有关税法,按照其营业收入和应税所得额向税务部门申报和缴纳流转税(包括增值税等)和所得税。股份有限公司的这一特征显然不同于独资企业和合伙企业,后两者既不是独立的法律主体,也不是独立的纳税主体。

(二)所有权与经营权彻底分离

除独资企业(Sole Proprietorship)外,其他企业都在不同程度上实行经营权和所有权的分离,但这种分离在股份有限公司表现得最为彻底。股东对股份有限公司的所有权通过所持股份数予以体现,他们提供资本并分享收益,但并不直接参与股份有限公司日常的经营管理。股东通过选举董事会来代表和维护他们的利益,再通过董事会聘请总经理和其他高级管理人员,由这些职业的管理人员负责日常的经营管理。因此,在现代的股份有限公司,资本的所有权归股东,而经营权则由股东赋予职业化的管理当局。而在独资企业和合伙企业,业主和合伙人往往同时扮演所有者和经营者的双重角色。

(三)有限的偿债责任

《中华人民共和国公司法》规定:股东以其所持股份为限对股份公司承担责任,公司以其全部资产对公司的债务承担责任。就是说,即使股份有限公司出现资不抵债,只承担有限责任(Limited Liability),债权人也无权要求股东以其私有财产偿还股份有限公司对债权人的债务。与此相反,在独资和合伙企业(Partnership),业主和合伙人则必须对企业的债务承担无限的偿债责任。当独资和合伙企业出现资不抵债时,债权人有权要求业主或合伙人用其私有财产清偿债务。

(四)存在的连续性

由于所有权与经营权的彻底分离,股份有限公司的股票可以自由流通转让,股东的变动并不影响股份有限公司的主体资格。这意味着,股份有限公司具有存在的连续性和经营的持续性。而在独资企业和合伙企业,其主体资格随着业主的死亡或合伙人的退伙而丧失。

(五)巨大的融资能力

股份有限公司本质上是社会公众集资创办的企业,它一般通过向社会公开发行股票而吸收巨额的长期资本,用于大规模的生产经营活动。相比之下,独资企业和合伙企业通常只依赖少数人的投资,难以达到应有的规模经济。

二、股票的特征及其种类

股票是股份有限公司筹集资本时签发给股东以证明其投资的一种书面产权凭证。股票可以为其发行者筹措资金,给股票的持有者带来一定的收益(也具有一定的投资风险),股票的持有者可以通过证券市场自由转让、自由买卖。简而言之,股票具有流动性(Liquidity)、盈利性(Profitability)和风险性(Risky)等特征。

根据股东享有的权利,股份有限公司的股份可分为普通股和优先股。

(一)普通股

普通股(Common Stock)是指不享有任何优先权利的股份,是股份公司的基本股份。普通股可以是有面值的,也可以是无面值的。有面值股票是指在股票票面上记载有一定金额的股票。记载在股票上的金额称为股票的票面价值,有面值股票每股的金额都是相等的。在会计上,股票的面值是记录普通股股本科目的依据。普通股的面值既不能作为计算股利的依据,也不能代表普通股的市价或清算价值。无面值普通股是指股票上不载明面值,只标明每股占公司股本总额的比例。对于无面值股票,公司董事会通常为这些股份规定一个价值,称为设定价值。设定价值也是记录普通股股本科目的依据。我国规定,公司发行的股票应当注明票面金额。

普通股有已授权股份与已发行股份。已授权股份代表某一个公司依据章程和证券管理机构的规定可以对外发行的最大股份数。如果公司需要发行的股份数超过授权股份数,则必须先修改公司章程并报经证券管理机构同意,然后才能增发股份。授权股份中已由股东认股缴款并已在股东账号上加以记录的股份,称为已发行股份。

普通股的基本权利有以下四项:

(1)投票表决权。公司组织以股东大会为最高权力机构,由普通股股东或股东代表组成,股东按其持股比例享有投票表决权,对公司的重大经营和财务决策有表决权,也有被选举权。

(2)利润分享权。公司获得税后利润按国家规定提取公积金和公益金后,经董事会决定并宣告发放股利时,普通股股东有权按其所持股份的比例获得股利。

(3)优先认股权。公司因增加股本而需要增发新股时,持有同类股票的现有股东享有优先按其股权比例认购新股票的权利。

(4)剩余资产分配权。在公司终止营业清算解散时,公司在清偿全部负债后的剩余资产,普通股股东享有按其所持股份的比例参加分配的权利。当然,如果资产的清算收入不足以偿还企业的债务及优先股投资,则普通股股东的投入资本也将损失殆尽。

（二）优先股

优先股（Preferred Stock）是较普通股有某些优先权利的股票。优先股票通常是企业增募资本时发行的，属于混合型证券，优先股具有债券和股票的混合特征，主要表现在以下几方面：

（1）优先股的股息与债券一样是固定的，不随企业经营状况波动，并且企业对优先股股东的付息要在普通股之前。

（2）当企业停业清算时，在分得企业资产方面，优先股股东排在债权人之后，但在普通股股东之前。优先股的风险性比债券的风险要大些，但比普通股要小些，在企业经营景气并获利很高时，优先股只能按固定比例领取股息，而不能像普通股那样完全分享企业的新增盈利。

（3）发行的优先股股票，公司可以根据具体情况随时将之赎回。

（4）优先股股东通常在股东会上没有表决权，但按有关规定，如果公司连续 3 年未支付优先股股利时，优先股股东即可出席或委托代理人出席股东会并行使表决权，同时还行使其他规定的权利。

优先股一般都有面值，优先股的面值可以作为会计上记录优先股“股本”科目的依据和优先股的股息计算的依据以及优先股股东在企业清算时分配企业剩余资产的依据。

（三）优先股的分类

优先股按公司允诺的优惠条件以及分派股利的优先程度，可分成以下三类：

1. 累积优先股和非累积优先股

累积（Cumulative）优先股是指如果股份有限公司的盈利不足以支付当年股息，其未付股息可以累积到以后年度，并在支付普通股股利前支付的优先股。

非累积（Noncumulative）优先股是指如果股份有限公司的盈利不足以分派当年股息，其未付股息不予累积，以后不再补派的优先股。按有关规定，我国的优先股为累积优先股。

2. 参加优先股和非参加优先股

参加（Participating）优先股是指优先股除按规定先于普通股分得一定金额的股利外，还有与普通股共享剩余利润分配的权利。参加优先股又可分全部参加优先股和部分参加优先股。全部参加优先股的股东，在普通股股东取得了与优先股股利率相等的股利后，剩余利润的分配，需在优先股和普通股之间按相同的比例进行，部分参加优先股则可增派的股利有一定限额。

非参加（Nonparticipating）优先股是指按规定先于普通股股东分得一定金额的本利后，不参加除规定股利率外剩余股利的分配。

3. 可转换优先股

可转换（Convertible）优先股是指优先股股东按照发行股份时的规定，在一定期限内，以一定的票面比例，可将优先股股份换成一定数量的普通股份的优先股。可转换优先股在公司盈利不多时，有比普通股优先分派股利的权利。在公司盈利增多时，经过转换股票，可成为普通股股东而享有较高的股利，因而在发行时对投资人具有很大的吸引力。

第三节　实收资本

一、实收资本的概念

实收资本是指投资者按照企业章程或合同、协议的约定，实际投入企业的资本。《中华人民共和国民法通则》规定，设立企业法人必须要有必要的财产。我国 2005 年修订的《中华人民共和国公司法》规定，有限责任公司的注册资本为在公司登记机关登记的全体股东认缴的出资额。公司全体股东的首次出资额不得低于注册资本的 20%，也不得低于法定的注册资本最低限额，其余部分由股东自公司成立起 2 年内缴足。其中，投资公司可以在 5 年内缴足。有限责任公司注册资本的最低限额为人民币 30 000 元。法律、行政法规对有限责任公司注册资本的最低限额有较高规定的，从其规定。股东可以用货币出资，也可以用实物、知识产权、土地使用权等可以用货币估价并可以依法转让的非货币财产作价出资，但是法律、行政法规规定不得作为出资的财产除外。

对作为出资的非货币财产应当评估作价，核实财产，不得高估或者低估作价。法律、行政法规对评估作价有规定的，从其规定。股东应当按期足额缴纳公司章程中规定的各自所认缴的出资额。股东以货币出资的，应当将货币出资足额存入有限责任公司在银行开设的账户；以非货币财产出资的，应当依法办理其财产权的转移手续。股东不按照规定缴纳出资的，除应当向公司足额缴纳外，还应当向已按期足额缴纳出资的股东承担违约责任。股东缴纳出资后必须经依法设立的验资机构验资并出具证明。

股份有限公司注册资本的最低限额为人民币 500 万元。法律、行政法规对股份有限公司注册资本的最低限额有较高规定的，从其规定。

股份有限公司采取发起设立方式设立的，注册资本为公司登记机关登记的全体发起人认购的股本总额。公司全体发起人的首次出资额不得低于注册资本的 20%，其余部分由发起人自公司成立之日起 2 年内缴足。其中，投资公司可以在 5 年内缴足。在缴足前，不得向他人募集股份。股份有限公司采取募集方式设立的，注册资本为在公司登记机关登记的实收股本总额。以募集方式设立股份有限公司的，发起人认购的股份不得少于公司股份总数的 35%，法律、行政法规另有规定的，从其规定。

需要注意的是，注册资本、实收资本、投入资本三个概念，它们三者之间既有联系，又有区别。

注册资本是企业在工商登记机关登记的投资者缴纳的出资额。我国设立企业采用注册资本制，投资者出资达到法定注册资本的要求是企业设立的先决条件。而且根据注册资本制的要求，企业会计核算中的实收资本即为法定资本，应当与注册资本相一致，企业不得擅自改变注册资本数额或抽逃资金。

投入资本是投资者作为资本实际投入到企业的资金数额，一般情况下，投资者的投入资本，即构成企业的实收资本，也正好等于其在登记机关的注册资本。但是，在一些特殊情况下，投资者也会因种种原因超额投入（如溢价发行股票等），从而使得其投入资本超过企业注册资本。在这种情况下，企业进行会计核算时，就不应将投入资本超过注册资本的部分作为实收资本核算，而应单独核算，计入资本公积。投入资本包括国家投入资本、其他单位投入资本和个人投入资本。

(1)国家投入资本是指有权代表国家投资的政府部门或机构以国有资产投入企业的资本。

(2)其他单位投入资本是指企业法人或其他法人(Legal Entity)单位以依法可以支配的资产投入企业形成的资本。

(3)个人投入资本是指由企业内部和外部个人以合法财产投入企业形成的资本,也包括外商个人投入资本。

投资者可以用现金投资,也可以用现金以外的其他有形资产和无形资产投资。

实收资本是企业存在的基础,是企业赖以生产经营的最基本的启动资金。投资者将资本投入企业,除非企业发生清算,否则不得任意抽回资本,但所有者可将其投入资本转让于他人。因此,投入资本是企业长期性(在以持续经营假设为前提时,甚至可假定资本金具有永久性)的资本来源。

二、实收资本核算设置的科目

为了反映股东投入实收资本或股本的增减变动情况,企业应设置"实收资本"科目,股份有限公司应设置"股本"科目。"股本"科目的借方登记企业按照法定程序经批准减少资本的情况;贷方登记在收到现金等资产时,按股票面值和核定的股份总额的乘积计算的金额;余额在贷方表示期末企业实收资本或股本实有数额。"股本"科目还应按股票种类设置明细账,如普通股、优先股等。在我国,股本可按投资主体的不同分为国家股、法人股、个人股和外资股。股份有限公司还应设置股本备查簿,详细记录股本总额、股数、每股面值以及已认股本等情况。

三、一般企业实收资本的核算

根据我国有关法律的规定,投资者投入资本的形式可以有多种,如投资者可以用现金投资,也可以用非现金资产投资,符合国家规定比例的,还可用无形资产投资。

(一)企业接受现金资产投资

一般企业收到投资者以现金投入的资本时,应以实际收到或存入企业开户银行的金额作为实收资本入账,借记"库存现金""银行存款"科目,贷记"实收资本"科目。对于实际收到或存入企业开户银行的金额超过投资者在企业注册资本中所占份额的部分,应计入资本公积。

【例 13-1】A 公司收到投资者投入资本 5 500 万元,其中实收资本为 5 000 万元,超过实收资本的投入资本 500 万元。款已收到存入银行。

借:银行存款	55 000 000	
贷:实收资本		50 000 000
资本公积		5 000 000

(二)企业接受非现金资产投资

企业收到投资者以非现金资产投入的资本时,应按投资双方的合同或协议方确认的价值作为实收资本入账,在办理完有关产权转移手续后,借记"固定资产""原材料""库存商品"等科目,贷记"实收资本"科目。对于投资双方确认的资产价值超过其在注册资本中所占份额的部分,应计入资本公积,贷记"资本公积"科目。

【例 13-2】A 公司接受甲投资者以一批固定资产作为投资,协议作价 100 万元,增值税进项税额为 13 万元,其中 100 万元作为实收资本入账;A 公司接受乙投资者以一块土地使用权作为投资,协议作价 240 万元,增值税进项税额为 21.6 万元,其中 200 万元作为实收资本入账;A 公司接受丙投资者以一批材料作为投资,协议作价 60 万元,并收到丙投资者开具的增值税发票中注明增值税为 60×13% = 7.8 万元,其中 50 万元作为实收资本。A 公司已办完了各实物的产权转移手续。

借:固定资产　　1 000 000
　无形资产　　2 400 000
　原材料　　600 000
　应交税费——应交增值税(进项税额)　　424 000
　贷:实收资本——甲　　1 000 000
　　　　　　——乙　　2 000 000
　　　　　　——丙　　500 000
　　资本公积——资本溢价　　924 000

(三)企业接受外币资本投资

接受外币资本投资主要是针对外商投资企业而言的。外商投资企业在接受外币资本投资时,一方面,应将实际收到的外币款项等资产作为资产入账,按收到外币当日的汇率折合的人民币金额,借记“银行存款”等科目;另一方面,应将接受的外币资产作为实收资本入账,但在具体折算时,则应区别情况,按照投资合同中是否约定汇率而定。

(1)如果投资合同中约定汇率的,应按收到外币当日的汇率折合的人民币金额,借记“银行存款”科目,按合同约定汇率折合的人民币金额,贷记“实收资本”科目,将外币资本按约定汇率折算的人民币金额与按收到外币当日汇率折合的人民币金额之间的差额,计入资本公积,借记或贷记“资本公积——外币资本折算差额”科目。

【例 13-3】A 公司接受丁外商投资 100 万美元,合同汇率为 1 美元折合人民币 6.75 元,A 公司收到该外商的投资当日的市场汇率为 1 美元折合人民币 6.80 元。

借:银行存款——美元(1 000 000×6.80)　　6 800 000
　贷:实收资本——丁外商　　6 750 000
　　资本公积——外币资本折算差额[1 000 000×(6.80-6.75)]　　50 000

(2)如果投资合同没有约定汇率的,应接收到出资额当日的汇率折合的人民币金额,借记“银行存款”科目,贷记“实收资本”科目,不形成资本公积。

【例 13-4】A 公司接受某外商投资 100 万美元,没有规定合同汇率,A 公司收到该外商的投资当日的市场汇率为 1 美元折合人民币 6.80 元。

借:银行存款——美元(1 000 000×6.80)　　6 800 000
　贷:实收资本——某外商　　6 800 000

(四)中外合作经营企业在合作期间归还投资者投资

根据《中华人民共和国中外合作经营企业法》的规定,中外合作者在合作企业合同中约定合作期满时合作企业的全部固定资产归中国合作者所有的,可以在合作企业合同中约定外国合作者在合作期限内先行回收投资。在这种情况下,为了既完整反映企业的原始总投资情况,又及时反映已归还投资的情况,应对已归还的投资进行单独核算,设置“已归还投资”科目,并在资产负债表中作为实收资本的减项单独反映。企业在归还投资时,按照实际归还的金额,借记“已归还投资”科目,贷记“银行存款”科目。

四、股份有限公司股本的核算

股份有限公司是指全部资本由等额股份构成并通过发行股票筹集资本，股东以其所持股份对公司承担有限责任，公司以其全部资产对公司债务承担责任的企业法人。股份有限公司与其他企业相比，其显著特点在于将企业的资本划分为等额股份，并通过发行股票的方式来筹集资本。股票的面值与股份总数的乘积即为公司股本，股本等于股份有限公司的注册资本。为了如实反映公司的股本情况股份有限公司应设置“股本”科目进行核算。“股本”科目的贷方记录企业发行和其他方式增加股份的股份面值；借方为减资时注销股份的面值；余额在贷方，反映企业实收资本或股本的总额。

（一）公司发行股票筹集股本

根据国家有关规定，股份有限公司应当在核定的股本总额及核定的股份总额的范围内发行股票。当公司发行股票收到现金等资产时，应按照实际收到的金额，借记“库存现金”“银行存款”等科目，按股票面值和核定的股份总额的乘积计算的金额，贷记“股本”科目，按其差额，贷记“资本公积——股本溢价”科目。

【例 13-5】B 股份有限公司对外公开发行股票 1 000 万股，每股面值 1 元，发行价每股 5 元，核定的股票已全部发行，款已收到存入银行。

借：银行存款	50 000 000	
贷：股本		10 000 000
资本公积——股本溢价		40 000 000

（二）境外上市公司和境内发行外资股公司股本

境外上市公司以及在境内发行外资股的公司，在收到股款时，应按照收到股款当日的汇率折合的人民币金额，借记“银行存款”等科目，按照股票面值与核定的股份总额的乘积计算的金额，贷记“股本”科目，按照收到股款当日的汇率折合的人民币金额与按人民币计算的股票面值总额的差额，贷记“资本公积——股本溢价”科目。

【例 13-6】B 股份公司在境外发行股票 50 万股，每股面值 1 美元，每股发行价 1.5 美元，共收到 75 万美元，当天的市场汇率为 1 美元折合人民币 6.80 元。

借：银行存款——美元（750 000×6.80）	5 100 000	
贷：股本		3 400 000
资本公积——股本溢价		1 700 000

五、可转换公司债券转为股本的核算

公司发行的可转换公司债券按规定转为股本时，应按该债券的面值，借记“应付债券——债券面值”科目，按未摊销的溢价或折价，借记或贷记“应付债券——债券溢价”或“应付债券——债券折价”科目，按已提利息，借记“应付债券——应计利息”科目，按股票面值和转换的股数计算的股票面值总额，贷记“股本”科目，按实际用现金支付的不可转换股票的部分，贷记“库存现金”等科目，按其差额，贷记“资本公积——资本（或股本）溢价”科目。

【例 13-7】B 股份有限公司经批准于 2019 年 1 月 1 日发行 5 年期1 000万元可转换公司债券，债券的票面利率为 8%，按面值发行（不考虑发行费用）。债券发行后 3 年，即第 4 年年初可转换为普通股，转换比例为每 100 元转换 25 股，每股面值 1 元。此时可转换债券的账面价值为 1 240 万元（面值 1 000 万元，应计利息 240 万元），1 240÷4＝310（万股）。

假设债券持有者于第4年年初将全部债券转换为股票。

借:应付债券——可转换债券(债券面值) 10 000 000
——可转换债券(应计利息) 2 400 000
贷:股本 3 100 000
资本公积——股本溢价 9 300 000

六、企业资本(或股本)变动的核算

根据我国有关法律的规定,企业资本(或股本)除了下列情况外,不得随意变动:一是符合增资条件,并经有关部门批准增资;二是企业按法定程序报经批准减少注册资本。

当企业发生上述两种符合规定的资本(或股本)变动情况时,应进行相应的会计处理。

(一)企业增资的核算

1. 企业接受投资者额外投入实现增资的核算

在企业按规定接受投资者额外投入实现增资时,企业应按实际收到的款项或其他资产,借记"银行存款"等科目,按增加的实收资本或股本金额,贷记"实收资本"或"股本"科目,按两者之间的差额,贷记"资本公积——资本溢价"或"资本公积——股本溢价"科目。其会计处理与初次接受投资或发行股票筹资的会计处理相同。

2. 资本公积转增资本的核算

在企业采用资本公积转增资本时,企业应按照转增的资本金额,借记"资本公积"科目,贷记"实收资本"或"股本"科目。

3. 盈余公积转增资本的核算

在企业采用盈余公积转增资本时,企业应按照转增的资本金额,借记"盈余公积"科目,贷记"实收资本"或"股本"科目。

【例13-8】C公司董事会或股东大会决定将资本公积3 000万元,盈余公积2 000万元转增资本。

借:资本公积 30 000 000
盈余公积 20 000 000
贷:股本(实收资本) 50 000 000

4. 采用发放股票股利的核算

在股份有限公司股东大会或类似机构批准采用发放股票股利的方式分配盈利时,公司应在实施该方案并办理完增资手续后,根据实际发放的股票股利数,借记"利润分配——未分配利润"科目,贷记"股本"科目,贷记"资本公积"科目(折股)。

【例13-9】C公司上年度宣告发放的股票股利600万元,现按比例发放转增资本。

借:利润分配——未分配利润 6 000 000
贷:股本(实收资本) 6 000 000

(二)企业减资的核算

在企业按照法定程序报经批准减少注册资本时,应按照减资金额,借记"实收资本"或"股本"科目,贷记"库存现金""银行存款"等科目。

股份有限公司采用收购本企业股票方式减资的,应按照注销股票的面值总额减少股本,购回股票支付的价款超过面值总额的部分,依次减少资本公积和留存收益,借记"实收资本"或"股本"科目以及"资本公积""盈余公积""利润分配——未分配利"科目,贷记

“库存现金”或“银行存款”科目；购回股票支付的价款低于面值总额的，应按照股票面值，借记“实收资本”或“股本”科目，按支付的价款，贷记“库存现金”或“银行存款”科目，按其差额，贷记“资本公积”科目。

【例 13-10】C 公司经批准同意减资 50 万元股，现通过收购本公司股票后，作为库藏股，每股收购价 4 元，原发行价每股 3 元，原形成的资本公积每股 2 元。先冲销原形成的资本公积，不足部分冲盈余公积。公司股东大会决议，购回股票按规定注销。

借：库藏股	2 000 000	
贷：银行存款		2 000 000
借：股本（实收资本）	500 000	
资本公积——股本溢价	1 000 000	
盈余公积	500 000	
贷：库藏股		2 000 000

【例 13-11】企业以权益结算的股份支付换取职工或其他方提供服务的，在行权日，有 100 万股份进行行权，每股面值 1 元。

借：资本公积——其他资本公积	1 000 000	
贷：实收资本（股本）		1 000 000

第四节　资本公积

一、资本公积概念

资本公积是指由投资者投入但不构成实收资本或股本，或从其他来源取得，由所有者共同享有的资金。

资本公积与盈余公积不同，盈余公积是从净利润中提取的，属于留存收益，而资本公积属于投入资本，资本公积的形成有其特定的来源，与企业的净利润无关。

资本公积与实收资本或股本也有区别。实收资本是投资者对企业的投入，并通过资本的投入谋求一定的经济利益；而资本公积有特定的来源，某些来源的资本公积并不由投资者投入，也不一定需要谋求投资报酬，如接受捐赠的资产。

二、资本公积的形成来源

资本公积的形成来源包括如下内容：

（1）投资者投入资本的溢价（或股本溢价）。

（2）同一控制下企业合并（包括控股合并和吸收合并）时可能形成资本公积。

（3）长期股权投资采用权益法核算时，对被投资单位除净利润以外所有者权益变动，企业按持股比例计算应享有的资本公积。

（4）以权益结算的股份支付换取职工或其他方面提供劳务的，按确定的金额形成的资本公积。

三、资本公积的用途

根据《中华人民共和国公司法》等法律的规定，资本公积的用途主要是用来转增资本

（股本）。资本公积转增资本（股本）既没有改变企业的投入资本总额，也没有改变企业的所有者权益总额。除此之外，在同一控制下企业合并时，调减资本公积及其他资产转换时调减资本公积等。

四、资本公积核算应设置的会计科目

资本公积形成来源不同，其会计处理也有所不同。资本公积的会计处理，应设置“资本公积”科目进行核算。“资本公积”科目的贷方记录资本公积的增加数；借方记录资本公积的减少数；余额在贷方，反映企业资本公积的现有数。“资本公积”科目应当分别按“资本溢价（股本溢价）”“其他资本公积”进行明细核算。

五、资本公积的会计处理

（一）股本溢价的会计处理

溢价发行是指股票或债券按超过面值的价格发售。股份有限公司按高于面值的价格发行股票时，其实际收到的超过股票面值的数额，称为股本溢价。当股份有限公司以溢价方式发行股票时，在收到现金等资产时，按实际收到的金额，借记“库存现金”“银行存款”等科目，按股票面值和核定的股份总额的乘积计算的金额，贷记“股本”科目，按溢价部分，贷记“资本公积——股本溢价”科目。

境外上市企业以及在境内发行外资股的股份有限公司，在收到股款时，按收到股款当日的汇率折合的人民币金额，借记“库存现金”“银行存款”等科目，按确定的人民币股票面值和核定的股份总额的乘积计算的金额，贷记“股本”科目，按其差额，贷记“资本公积——其他资本公积”科目。

股份有限公司发行股票支付的手续费或佣金、股票印制成本等，减去发行股票冻结期间所产生的利息收入，溢价发行的，从溢价中抵销；无溢价的，或溢价不足以支付的部分，作为长期待摊费用，分期摊销。

【例 13-12】A 有限责任公司的所有者权益为 1 200 万元，其中实收资本为 800 万元，盈余公积为 300 万元，未分配利润为 100 万元。现有一投资者愿向该公司投资，该公司要求这一投资者出资 300 万元现金，其中 200 万元作为实收资本，100 万元作为资本公积，拥有 20%的投资比例。该公司收到这一投资者的出资后存入银行，其他手续已办妥。

借：银行存款	3 000 000	
贷：实收资本（股本）		2 000 000
资本公积——资本溢价		1 000 000

【例 13-13】B 股份有限公司于 2019 年 1 月 1 日发行普通股 2 000 万股，每股面值 1 元，按每股 4 元的价格发行。发行费用为 50 万元，从发行收入中扣除。假如收到的股款已存入银行。

借：银行存款	79 500 000	
贷：股本		20 000 000
资本公积——股本溢价		59 500 000

（二）其他方面形成的资本公积

（1）同一控制下企业合并（控股合并）时，按被投资企业所有者权益的账面价值与持股比例所计算的应享有借记“长期股权投资”，按支付的对价贷记相关资产或负债科目，支付的对价小于其持有的份额时，差额贷记“资本公积”科目。

【例 13-14】W 公司以 500 万元的对价购入同一控制下 H 公司 20%的股份,H 企业所有者权益合计为 3 000 万元。

W 公司应享有 H 公司股份的份额=3 000×20%=600(万元)

借:长期股权投资　　6 000 000
　贷:银行存款　　5 000 000
　　资本公积　　1 000 000

(2)企业以权益结算的股份支付换取职工或其他方提供服务的,在授予日,一般都不做处理,对于以权益结算的涉及职工的股份支付,在等待期的每个资产负债表日,应将取得的职工提供的服务计入成本费用,计入成本费用的金额应当按授予日权益工具的公允价值计量,同时,贷记资本公积,不确定其后续公允价值变动计量。

【例 13-15】W 企业为激励职工或补偿职工,采用股权支付,授予职工期权和认股权证等权益工具,以权益结算的涉及职工股权支付。在授予日,授予股权支付的股份为 50 万股,每股面值 1 元,每股市场价格 2 元,其中生产工人 30 万股,车间管理人员 4 万股,行政管理人员 10 万股,销售人员 6 万股。在授予日,不做会计处理,在等待期的资产负债表日应编制的会计分录为:

借:生产成本　　600 000
　　制造费用　　80 000
　　管理费用　　120 000
　　销售费用　　200 000
　贷:资本公积——其他资本公积　　1 000 000

(3)长期股权投资采用权益法核算形成的资本公积。长期股权投资采用权益法核算的,在持股比例不变的情况下,被投资单位因某原因引起资本公积变动,投资企业按持股比例计算应享有的份额借记或贷记"长期股权投资——其他权益变动"科目,贷记或借记"资本公积——其他资本公积"科目。

【例 13-16】B 公司拥有 W 公司 30%具有表决权资本,其对 W 公司的投资采用权益法核算。W 公司因其他原因本期增加资本公积 30 万元。B 公司按持股比例确定资本公积。

B 公司的会计分录如下:

借:长期股权投资——其他权益变动　　90 000
　贷:资本公积——其他资本公积　　90 000

如果 B 公司以后将该长期股权投资对外转让时,应按转让比例将已计入资本公积的部分转入投资收益。

假设全部转让。

借:资本公积——其他资本公积　　90 000
　贷:投资收益　　90 000

(4)拨款转入。拨款转入是因国家对某些国有企业拨入的,专项用于某项目的拨款,在该拨款项目完成后,形成资产的拨款部分,转作资本公积。在我国,国家对某些行业或企业拨出专款,专门用于企业的技术改造、技术研究等项目,在收到拨款时,暂作长期负债处理,待该项目完成后,属于费用而按规定予以核销的部分,直接冲减长期负债;属于形成资产价值的部分,从理论上讲应视为国家的投资,增加国家资本,但因增加资本需要经过一定的程序。因此,暂计入资本公积。

【例 13-17】企业收到国家拨入专门用于技术研究的一笔款 200 000 元。

①取得拨款。

借:银行存款　200 000

　贷:专项应付款　200 000

②该技术研究发生费用 150 000 元。

借:基本生产成本(辅助生产成本)　150 000

　贷:银行存款　150 000

③该技术研究成功,并验收入库。

借:产成品(固定资产)　150 000

　贷:基本生产成本(辅助生产成本)　150 000

④将长期应付款转入资本公积。

借:专项应付款　200 000

　贷:资本公积——其他资本公积　200 000

(5)外币资本折算差额。企业接受外币投资时,收到的外币资产应作为资产登记入账,同时对接受的外币资产投资应作为投资者的投入,增加实收资本。在我国,一般企业以人民币为记账本位币,在收到外币资产时需要将外币资产价值折合为人民币记账。在将外币资产折合为人民币记账时,其折合汇率按以下原则确定:

①对于各项外币科目,一律按收到出资额当日的汇率折合。

②对于实收资本科目,合同约定汇率的,按合同约定的汇率折合;合同没有约定汇率的,按收到出资额当日的汇率折合。

由于外币科目与实收资本科目所采用的折合汇率不同而产生的人民币差额,做资本公积处理。企业收到投资者投入的外币,按收到出资额当日的汇率折合的人民币金额,借记"银行存款——外币"科目,按合同约定汇率或按收到出资额当日的汇率折合的人民币金额,贷记"实收资本"科目,按收到出资额当日市场汇率折合的人民币金额与按合同约定汇率折合的人民币金额之间的差额,借记或贷记"资本公积——外币资本折算差额"科目。

境外上市公司以及在境内发行外资股的公司,按人民币金额计算的股票面值,与核定的股份总额的乘积计算的金额,作为股本入账,按收到股款当日的汇率折合的人民币金额与按人民币计算的股票面值总额的差额,作为资本公积(外币资本折算差额)处理。

【例 13-18】某公司接收外商 A 用美元投资,合同规定外商 A 应投资 100 万美元,按合同或协议汇率 1 美元=6.70 元人民币折算,实际收到外商 A 的美元投资日的市场汇率为1 美元=6.75 元人民币。

借:银行存款——美元(100×6.75)　6 750 000

　贷:股本——外商 A　6 700 000

　　资本公积——外币资本折算差额　50 000

如果合同规定按投资日的实际汇率折算为股本,则不会产生资本公积——外币资本折算差额。

【例 13-19】某企业根据董事会及股东大会的决议,将资本公积500 000元按股东持股比例转增资本,其中,其他资本公积 300 000 元,股本溢价 200 000 元。

借:资本公积——其他资本公积　300 000

　　　　——股本溢价　200 000

　贷:股本　500 000

第五节　留存收益

一、留存收益的内容

留存收益是股份有限公司通过其生产经营活动而创造积累，且尚未分配给股东的净收益（净利润）。留存收益来源于企业生产经营中所实现的净利润——资本增值。留存收益的目的是保证企业实现的利润有一部分留存在企业，不全部分配给投资者。这样，一方面可以满足企业维持或扩大再生产经营活动的资金需要，保持和提高企业的获利能力；另一方面可以保证企业有足够的资金弥补以后年度可能出现的亏损，也保证企业有足够的资金用于偿还债务，保护债权人的权益。基于此，对于留存收益的提取和使用，除了企业的自主行为外，往往也有法律上的诸多规定和限制。留存收益主要包括盈余公积和未分配利润。

（一）盈余公积

盈余公积是公司按照规定，从税后利润中提取的各种积累资金。盈余公积分为两种：一种是法定盈余公积。公司可按照净利润的10%提取，当法定盈余公积累计金额达到公司注册资本的50%以上时，可以不再提取。另一种是任意盈余公积。任意盈余公积主要是公司按照股东大会的决议从净利润中提取。

法定盈余公积和任意盈余公积的主要区别在于各自计提的依据不同。法定盈余公积以国家的法律或法令为依据提取，具有明显的强制性；任意盈余公积则由公司自行决定提取。法定盈余公积和任意盈余公积的用途相同，主要用于弥补亏损和转增股本。

1. 弥补亏损

公司发生亏损，应由公司自行弥补。弥补亏损的渠道主要有如下三种：

（1）用以后年度税前利润弥补。按照规定，公司发生亏损，可以用以后年度实现利润进行弥补，但弥补期限不得超过五年。

（2）用以后年度税后利润弥补。超过了税收规定的税前利润弥补期限，未弥补的以前年度亏损可用所得税后利润弥补。

（3）用盈余公积弥补。公司以提取的盈余公积弥补亏损时，应由公司董事会提议，并经股东大会批准。

2. 转增股本

股份有限公司经股东大会决议将盈余公积转为股本时，要办理增资手续，且按股东原有股份比例派送新股或者增加每股面值。但盈余公积转增股本时，转增后留存的盈余公积不得少于注册资本的25%。此外，盈余公积还可用于分派现金股利。

盈余公积的提取实际上是公司当期实现利润向投资者分配利润的一种限制。提取盈余公积本身就属于利润分配的一部分，提取盈余公积相对应的资金，一经提取形成盈余公积后，在一般情况下不得随意用于向投资者分配股利。盈余公积的用途，并不是指其实际占用形态，提取盈余公积也并不是单独将这部分资金从公司资金周转过程中抽出。公司提取的盈余公积，无论是用于弥补亏损，还是用于转增股本，只不过是在公司所有者权益内部结构的转换，如公司以盈余公积弥补亏损时，实际是减少盈余公积留存的数额，以此抵补亏损的数额，并不引起公司所有者权益总额的变动；公司以盈余公积转增股本时，也只是减少盈余公积结存的数额，但同时增加公司股本的数额，也并不引起所有者权益总额的变动。至于公司盈余公积的结存数，实际只表现公司所有者权益的组成部分，表明公司生产经营资金的一个来源而已，其形成的资金可能表现为一定的货币资金，也可能表现为一定的实物资产，如存货和固定资产等，随同公司的其他来源所形成的资金进行循环周转。

（二）未分配利润

未分配利润是公司留待以后年度进行分配的结存利润，是所有者权益的组成部分。未分配利润包括两层含义：一层含义是这部分利润没有分给投资者；另一层含义是这部分利润未指定用途。公司对未分配利润的使用分配与所有者权益的其他部分相比有较大的自主权。从数量上来说，未分配利润是期初未分配利润，加上本年实现的税后利润，减去提取的各种盈余公积和分出利润后的金额。

二、留存收益的会计处理

（一）盈余公积的会计处理

为了反映公司盈余公积的提取和使用等增减变动情况，股份有限公司应设置“盈余公积”科目，公司按规定提取的法定盈余公积和任意盈余公积记入“盈余公积”科目的贷方，公司将盈余公积用于弥补亏损、将盈余公积用于转增股本而减少的盈余公积记入“盈余公积”的科目的借方，“盈余公积”科目的贷方余额表示公司提取的盈余公积余额。“盈余公积”科目下应设置“法定盈余公积”“任意盈余公积”等明细账。

【例 13-20】W 股份有限公司 2019 年度实现的税后利润为 3 000 000元。股东代表大会通过的利润分配方案中，决定提取 10%的税后利润作为法定盈余公积金，8%的税后利润作为任意盈余公积。到 2020 年 6 月 30 日，提取的法定盈余公积中的 100 000 元用于转增股本，任意盈余公积中的 60 000 元用于派发股利，50 000 元用于弥补以前年度的亏损。

（1）2019 年年末提取一般盈余公积。

借：利润分配——提取法定盈余公积金	300 000	
——提取任意盈余公积金	240 000	
贷：盈余公积——法定盈余公积		300 000
——任意盈余公积		240 000

（2）2020 年 6 月 30 日以盈余公积转增股本。

借：盈余公积——法定盈余公积	100 000	
贷：股本		100 000

（3）2020 年 6 月 30 日以盈余公积派发股利。

借：盈余公积——任意盈余公积	60 000	
贷：应付股利		60 000

也可以先转入利润分配，再编制分配股利的会计分录。

（4）2020 年 6 月 30 日以盈余公积弥补以前年度亏损。

借：盈余公积——任意盈余公积	50 000	
贷：利润分配——弥补亏损		50 000

（二）未分配利润的会计处理

在股份有限公司中，利润分配方案必须由董事会提交股东代表大会审议通过，才能付诸实施。年度终了，股份有限公司应将全年实现的净利润，从“本年利润”科目转入“利润分配——未分配利润”科目。如果公司当年实现盈利，则借记“本年利润”科目，贷记“利润分配——未分配利润”科目；如果公司亏损，则借记“利润分配——未分配利润”科目，贷记"本年利润"科目。然后将"利润分配"科目下的其他明细账的余额（应付股利、提取盈余公积、盈余公积补亏等科目），转入"未分配利润"明细科目。结转后，"未分配利润"科目的贷方余额就是未分配利润的数额。如出现借方余额，则表示未弥补亏损的数额。

【例 13-21】W 股份有限公司 2019 年"本年利润"科目年末贷方余额 2 500 000元，本年提取法定盈余公积为 250 000 元，提取任意盈余公积 325 000 元，分配现金股利 1 500 000 元。"利润分配——未分配利润"科目的期初贷方余额为100 000 元。

(1)结转全年利润。

借：本年利润	2 500 000	
贷：利润分配——未分配利润		2 500 000

(2)结转利润分配的其他明细科目。

借：利润分配——未分配利润	2 075 000	
贷：利润分配——提取法定盈余公积		250 000
——提取任意盈余公积		325 000
——应付股利		1 500 000

上述核算的结果，该公司 2019 年"利润分配——未分配利润"科目的期末贷方余额为525 000 元(100 000+2 500 000 -2 075 000)，表示公司尚有未分配的利润。

企业如果发生了亏损，如同实现净利润一样，均从"本年利润"科目转入"利润分配"科目。结转后，上年未分配的利润自然抵补了亏损。如上年未分配的利润不够补亏，则"利润分配"科目仍然有借方余额，表示未弥补的亏损，第二年实现了净利润，用同样的方法自"本年利润"科目转入"利润分配"科目，结转后，自然抵减了上年转来的借方余额，即弥补了亏损，无需编制专门补亏的会计分录。这里还应注意，无论是税前利润补亏，还是税后利润补亏，会计处理方法都一样，区别在于企业申报缴纳所得税时，税前利润补亏可以作为应纳税所得额的调整数，而税后利润补亏不能。

第六节　其他综合收益

一、其他综合收益的概念和内容

其他综合收益(Other Comprehensive Income，OCI)是指企业根据其他会计准则规定未在当期损益中确认的各项利得和损失。其他综合收益包括以后会计期间不能重新分类进损益的其他综合收益和以后会计期间规定条件时将重新分类进损益的其他综合收益。

以后会计期间不能重新分类进损益的其他综合收益项目有：

(1)重新计量设定受益计划净负债和净资产导致的变动。

(2)按权益法核算因补投资单位重新计量设定受益计划净负债和净资产变动导致的权益变动，投资企业按持股比例计算确认的该部分综合收益项目。

(3)以公允价值计量且其变动计入其他综合收益的金融资产(权益工具)公允价值变动及外汇利得和损失。

以后会计期间规定条件时将重新分类进损益的其他综合收益项目有：

(1)以公允价值计量且其变动计入其他综合收益的金融资产(权益工具)公允价值变动及外汇利得和损失。

(2)按照《企业会计准则第22号——金融工具确认和计量》的规定,对金融资产重新分类按规定可以将原计入其他综合收益的利得和损失转入当期损益的部分。

(3)长期股权投资的权益法核算形成的其他收益。

(4)存货或延用房地产转换为投资性房地产时公允价值高于其账面价值的差额。

(5)现金流量套期工具产生的利得和损失属于有效套期的部分,直接确认为其他综合收益。

(6)外币财务报表折算差额。

属于其他综合收益的包括以下情况:

(1)以公允价值计量且其变动计入其他综合收益的金融资产。这也包括将债权投资重分类为其他债权投资时,重分类日公允价值与账面余额的差额计入"其他综合收益"的部分以及将其他债权投资重分类为采用成本或摊余成本计量的金融资产的,对于原记入资本公积的相关金额进行摊销或于处置时转出导致的其他资本公积的减少。

(2)确认按照权益法核算的在被投资单位其他综合收益中享有的份额导致的其他资本公积的增加或减少。这里需区分两种情况:一是对合营联营企业投资,采用权益法核算确认的被投资单位除净损益以外所有者权益的其他变动,导致的其他综合收益的增加,不是资本交易,是持有利得。因此,不论是在投资单位的个别报表还是合并报表,均应归属于其他综合收益。二是对子公司投资,在编制合并报表时,只有因子公司的其他综合收益而在合并报表中按权益法确认的其他资本公积和少数股东权益的变动才是其他综合收益,子公司因权益性交易导致的资本公积或留存收益的变动使得合并报表按权益法相应确认的其他资本公积和少数股东权益的变动不是其他综合收益。

(3)计入其他资本公积的现金流量套期工具利得或损失中属于有效套期的部分以及其后续的转出。

(4)境外经营外币报表折算差额的增加或减少。

(5)与计入其他综合收益项目相关的所得税影响。针对不确认为当期损益而直接计入所有者权益的所得税影响。

(6)其他。例如,自用房地产或存货转换为采用公允价值模式计量的投资性房地产,转换当日的公允价值大于原账面价值,其差额计入所有者权益导致的增加,即计入其他综合收益及处置时的转出;满足运用套期会计方法条件的境外经营净投资套期产生的利得或损失中有效套期的部分,计入其他综合收益以及其后续的转出。

二、不属于其他综合收益的情况

其他综合收益实际上是将以前确认为资本公积——其他资本公积的部分内容划归过来的,因此应将现在确认的其他综合收益与资本公积分清楚。不属于其他综合收益的项目如下:

(1)所有者资本投入导致的实收资本(或股本)与资本公积(资本溢价)的增加,包括控股股东捐赠视为资本投入而确认的资本公积(资本溢价)增加。

(2)当期实现净利润导致的所有者权益的增加以及利润分配导致的所有者权益相关项目的减少。

(3)同一控制下企业合并,合并方在企业合并中取得的净资产账面价值与支付的合并对价账面价值(或发行股份面值总额)的差额,调整资本公积或留存收益而导致的所有者权益的增减变动。

(4)在编制合并报表时按照权益法核算的子公司除净损益和其他综合收益以外所有者权益的其他变动导致投资单位相应确认的“其他资本公积”的增减变动。例如,对子公司投资,在编制合并报表时,采用权益法核算,对于子公司因权益性交易产生的资本公积或留存收益的变动而相应确认的“其他资本公积”的变动。

(5)以权益结算的股份支付,在确认成本费用时相应增加“其他资本公积”以及在行权日减少“其他资本公积”和确认的“资本溢价”导致的资本公积的变动。

(6)减资导致的所有者权益的减少,包括收购本公司股份、库存股的转让和注销而导致的所有者权益项目的增减变动。

(7)高危行业企业按照国家规定提取和使用安全生产费,导致所有者权益项目“专项储备”的增加或减少。

(8)其他权益性交易导致的所有者权益的增减变动。

①购买子公司少数股东拥有的对子公司的股权,母公司在编制合并财务报表时,因购买少数股权新取得的长期股权投资与按照新增持股比例计算应享有子公司自购买日(或合并日)开始持续计算的净资产份额之间的差额,调整资本公积(资本溢价),资本公积不足冲减的,调整留存收益。此处理导致的合并财务报表所有者权益的增减变动不属于其他综合收益。

②母公司在不丧失控制权的情况下部分处置对子公司的长期股权投资,在合并财务报表中处置价款与处置长期股权投资相对应享有子公司净资产的差额计入所有者权益的部分。

③接受控股股东或控股股东的子公司直接或间接的捐赠(包括直接捐赠现金或实物资产、直接豁免或代为清偿债务等),导致的资本公积(资本溢价)的增加。

④上市公司收到的由其控股股东或其他原非流通股股东根据股改承诺为补足当期利润而支付的现金,按权益性交易原则处理导致的资本公积(资本溢价)的增加。

⑤企业购买上市公司,被购买的上市公司不构成业务的,购买企业按照权益性交易的原则进行处理导致的合并报表资本公积(资本溢价)的增减变动。

⑥上市公司大股东将其持有的其他公司的股份按照合同约定价格(低于市价)转让给上市公司的高级管理人员(该项行为的实质是股权激励),上市公司按照股份支付的相关要求进行会计处理。

按照授予日权益工具的公允价值记入成本费用和资本公积而导致的资本公积的增加,或者上市公司的股东将其持有的上市公司的股份赠予(或低价转让给)激励对象,根据要求应视为股东先将股份赠予(或转让)上市公司,上市公司以零价格(或特定价格)向这部分股东定向回购股份,然后按照经证监会备案无异议的股权激励计划,由上市公司将股份授予激励对象。上市公司接受股份赠予参照接受大股东捐赠的处理原则,即按权益性交易原则确认资本公积(资本溢价)的增加。

(9)与上述事项相关的所得税的影响,针对直接计入所有者权益的部分。

三、其他综合收益的会计处理

为了核算其他综合收益的增减变动情况,企业需要设置“其他综合收益”科目,该科目的贷方记录其他综合收益的增加,借方记录其他综合收益的减少(结转),余额在贷方反映企业其他综合收益的累计结存数,属于所有者权益的一部分。

【例13-22】甲公司购入乙公司股票作为其他权益工具投资核算,2018年12月1日购买时成本为100万元。2019年12月31日,该股票公允价值为120万元。计算该投资对

2019 年损益的影响,并编制相关会计分录。

该股票变动额为 120-100=20 万元,但是计入权益账户“其他综合收益”中,对 2019 年损益的影响为 0。

借:其他权益工具投资——公允价值变动　　200 000

　贷:其他综合收益　　200 000

【例 13-23】甲公司外币业务采用交易日即期汇率折算,按月计算汇兑差额。甲公司购入境外股票 1 000 股作为其他权益工具投资核算,2018 年 12 月 1 日购买时每股 2 美元,购买日汇率 1∶6.7。2018 年 12 月 31 日,该股票价格为每股 2.5 美元,当日即期汇率为 1∶6.65。

计算该投资的公允价值变动额、汇兑损失或收益以及其他综合收益入账金额,并编制相关会计分录。

该投资公允价值变动额=1 000×(2.5-2)×6.65=3 325(元)

形成汇兑损失=1 000×2×(6.65-6.7)=-100(元)

其他综合收益入账金额=1 000×2.5×6.65-1 000×2×6.7=3 225

借:其他权益工具投资　　3 225

　贷:其他综合收益　　3 225

【例 13-24】甲公司 2019 年 1 月 1 日以 5 000 万元购入 A 公司股票作为长期股权投资,占被投资企业有投票表决权的股份 40%,采用权益法核算。2019 年 12 月 31 日,A 公司所有者权益中的其他综合收益增加 200 万元。甲公司按权益法核算时应编制如下会计分录:

借:长期股权投资——其他综合收益　　800 000

　贷:其他综合收益　　800 000

【例 13-25】甲公司对投资性房地产采用公允价值计量,2019 年 1 月 1 日将自用的投资性房地产转换为出租。出租日该项投资性房地产的账面价值为 4 000 万元,已提折旧 1 000 万元,出租日的公允价值为 3 500 万元。甲公司将公允价值高于其账面价值的 500 万元计入“其他综合收益”,甲公司出租日应编制如下会计分录:

借:投资性房地产　　35 000 000

　　累计折旧　　10 000 000

　贷:固定资产　　40 000 000

　　其他综合收益　　5 000 000

长期股权投资在相互转换时,会计核算都会涉及其他综合收益的转账。

企业在编制利润表时,应当在利润表“其他综合收益”项目和“综合收益总额”项目下增列“每股收益”项目。企业在编制合并利润表时,除应当按照上述做法进行调整以外,还应当在“综合收益总额”项目下单独列示“归属于母公司所有者的综合收益总额”项目和“归属于少数股东的综合收益总额”项目。

除利润表和合并利润表的列报需要做上述调整以外,企业还应当在财务报表附注中详细披露其他综合收益各项目及其所得税影响以及原计入其他综合收益、当期转入损益的金额等信息。

思考题

1. 什么是所有者权益? 有何基本特征? 包括哪些内容?
2. 试述股份有限公司的基本特征。

3. 普通股和优先股在权利上有何不同?
4. 股东投资有哪些形式? 如何计价?
5. 资本公积有哪些主要来源? 可用于哪些方面? 如何进行会计处理?
6. 什么是留存收益? 其包括哪些内容?
7. 盈余公积包括哪些内容? 可用于哪些方面? 如何进行会计处理?
8. 什么是其他综合收益? 包括哪些内容?
9. 其他综合收益与当期损益有何区别?
10. 什么叫未分配利润? 对未分配利润进行会计处理时,应注意哪些问题?

练习题

1. 甲股份有限公司发行普通股 2 000 万股,每股面值 1 元,发行价格为每股 12.36 元,按收入总股款的 3%支付承销商手续费,全部股款已收妥入账。编制相关会计分录。

2. 甲股份有限公司接受其他单位投资的 1 台设备,该设备的协议价格为 200 000 元,发生运输费 3 000 元及增值税 270 元,该设备需要安装才能交付生产使用,安装费 7 000 元,均以银行存款支付。设备增值税税率为 13%。设备已安装完毕交付使用,确定计算 100 000 股。编制相关会计分录。

3. 甲股份有限公司由于经营规模缩小,经批准减资 50 万元,公司原发行普通股股票面值每股 1 元,原发行价格为每股 3 元。现以每股 4 元的价格收购本公司普通股 50 万股实现减资。该公司股本溢价为 55 万,提取的盈余公积为 125 万元。编制相关会计分录。

4. 甲股份有限公司 2019 年年末实现利润总额 400 000 元,假设无纳税调整项目,上年结转未分配利润贷方余额 50 000 元,按 25%计交所得税,按税后利润 10%提取盈余公积金,按税后利润的 5%提取任意盈余公积,按当年可供投资者分配利润的 75%分给投资者股利。计算 2019 年年末甲公司的未分配利润并编制有关会计分录。

5. 2019 年 12 月 31 日,甲公司所有者权益构成如下:

实收资本	2 000 000
资本公积	1 850 000
盈余公积——任意盈余公积	1 200 000
——法定盈余公积	3 800 000
未分配利润	672 000
合计	9 522 000

(1)经批准以资本公积 1 000 000 元和盈余公积 800 000 元转增资本。

(2)决定分配投资者现金股利 218 000 元。

根据上述资料,编制有关会计分录。

6. 甲公司其他权益工具投资月末升值 40 000 元,进行调账。

7. 甲公司对 A 公司投资,占 A 公司 30%的有表决权股份。A 公司因某原因本期增加其他综合收益 500 000 元,甲公司长期股权投资采用权益法核算。做相应的调账。

8. 甲公司将固定资产转换为以公允价值计量的投资性房地产,固定资产的原值为 100 万元,累计折旧 30 万元,转换日的公允价值为 80 万元。编制转换日的会计分录。

9. 甲公司其他权益工具投资月末减值 10 万元,进行调账。

10. 甲公司处置某项其他权益工具投资时,将已记入其他综合收益的贷方累计发生额 50 万元转入投资收益。做相应会计处理。

第十四章
收 入

在市场经济条件下,追求利润最大化已成为企业经营的重要目标之一。收入是利润的来源,受到企业以及企业投资者和其他相关方面的重视。如何规范收入的确认和计量,确保财务报表反映的收入信息真实、可靠,成为会计核算的重要内容。本章阐述收入的概念、内容,收入的确认和计量以及收入的会计处理。

第一节 收入的概念、特征和内容

一、收入的概念

对于收入的定义,国际会计准则和其他一些国家的会计准则存在差异。

(一)国际会计准则对收入的定义

国际会计准则委员会(IASB)《关于编制和提供财务报表的框架》(以下简称《国际会计准则概念框架》)和《国际会计准则第18号——收入(1993年修订)》(以下简称《国际会计准则第18号》)分别涉及对收入的界定。

《国际会计准则概念框架》中指出:收益指会计期间内经济利益的增加,其形式表现为由资产的流入、资产增值或负债减少而引起的权益的增加,但不包括与权益所有者出资有关的类似事项。其中,经济利益最终表现为直接或间接地流入企业的现金或现金等价物。《国际会计准则第18号》进一步指出:收入(Revenue)指企业在日常活动中形成的导致权益增加的经济利益(Economic Benefit)的总流入(Inflow)。不包括投资者出资所导致的权益的增加。在这个定义中,比较关键的一个词是“日常活动”,指企业所从事的作为其业务组成部分的所有活动以及这些活动的延伸或因这些活动而形成的其他相关活动。

(二)美国公认会计原则对收入的定义

美国会计文献中广泛地提到收入这个概念,但对于收入到底指什么,却有过不同的观点。1957年,美国会计学会(AAA)概念和准则委员会将收入定义为:企业在某一期间转移给客户的以货币表示的商品或劳务的总量。这个概念在理论上受到重视,但在实务中却没有得到较好地运用。后来,美国注册会计师协会(AICPA)发布的会计研究公告第4号在此收入概念的基础上,进一步将收入概念的外延扩大,将销售商品和提供劳务的收入以及诸如厂房、设备和投资这些非产品性质的资源的转让收入包括在收入中,并指出:收入是指按公认会计原则(GAAP)确认和计量的资产的总增加或负债的总减少。其中,增加或减少源于企业的那些能够改变业主权益的获利活动。这个概念一直沿用到1980年美国财务会计准则委员会(FASB)公布第三辑概念公告《财务报表的要素》(1985年由第六辑概念公告《财务报表的要素》替代)。第六辑概念公告指出:收入指某一个体在其持续的、主要的或核心的业务中,因交付或生产了商品,提供了劳务,或进行了其他活动,而获得的或其他增加了的资产,或因而清偿了的负债,或两者兼而有之。其中,"持续的、主要的或核心的业务"包括:生产或交付产品、提供劳务、借贷、保险、投资和融资等活动。

(三)其他国家的会计准则对收入的定义

除国际会计准则和美国公认会计原则外,其他一些国家的公认会计原则或法规也对收入下过定义。例如,日本公认会计原则将收入定义为:企业在一段时间内由于交付或生产商品、提供劳务及其他盈利性活动而引起的资产的增加或负债的减少或者两者兼而有之。澳大利亚会计准则第 15 号将收入定义为:企业在报告期内,导致权益增加(不含所有者投入所引起的增加)的未来经济利益流入或其他增加,或流出的减少,表现为企业资产的增加或负债的减少。

从上述各国会计准则对收入的定义来看,存在两种收入定义方法:一种方法是将收入限定在企业日常活动所形成的经济利益总流入,如第 18 号国际会计准则、美国财务会计准则委员会第六辑概念公告;另一种方法是将企业日常活动及其之外的活动形成的经济利益流入均视作收入,如澳大利亚会计准则。但同时从各国会计准则对收入的定义可以看出,收入的来源是企业的经营活动,收入的表现形式是经济利益流入企业,收入的实质是权益的增加。

(四)我国企业会计准则对收入的定义

我国《企业会计准则第 14 号——收入》将收入定义为:企业在日常活动中所形成的、会导致所有者权益增加的、与所有者投入资本无关的经济利益的总流入。收入具体包括:销售商品、提供劳务、让渡资产使用权收入及建造合同收入。其中,"日常活动"意为一个企业的持续的、主要原因的或核心的业务活动。我国会计准则采用这种收入定义出于以下三点考虑:

(1)收入与利得在形成的原因和会计处理方面有一定的差别,将两者区分开来,有利于建立收入确认和计量原则。

(2)分别提供收入与利得的有关信息,更能满足会计信息使用者的要求。

(3)与国际会计准则尽可能地协调。

需要说明的是,有些项目虽然符合收入的定义,但有相应的其他准则对其予以规范,不属于《企业会计准则第 14 号——收入》的规范之列。例如,对外长期投资取得的股利和利息收入由《企业会计准则第 2 号——长期股权投资》对其予以规范。

二、收入的特征

从收入的定义可将收入的特征归纳为如下几点:

(一)收入是从日常活动中产生的

收入是从日常生活中产生的这一特征将收入与利得区分清楚了。利得(Gains)是企业边缘性(Marginality)或偶发性(Accidentally)等交易或事项的结果,这些交易或事项绝大多数是源于企业无力控制的外界因素的影响。利得属于不经过经营活动就能取得或不曾期望获得的收益。如通过诉讼获得的收入、变卖非流动资产生的收益等,并且利得在会计报表上通常以净额反映。收入则是企业日常经营活动产生的,如制造业是通过销售本企业生产的产品取得的收入;商品流通企业是通过转销购进商品而取得的收入;金融企业通过存贷业务和结算业务取得的收入;服务企业通过对外提供劳务而取得的收入;工程建造企业的建造合同收入等。

（二）收入可能表现为企业资产的增加，或负债的减少，或两者兼而有之

当企业销售一批商品或提供一项劳务后，可能收到一笔现金或银行存款而增加企业的货币资产，或者收到了一项收取货款的权利而增加企业应收账项资产；也可能通过抵减企业所欠他人的债务来结算而减少企业的负债（以货抵债）；也可能收到一部分资产，同时抵减一部分债务。

（三）收入能导致企业所有者权益的增加

收入能导致企业权益的增加这一特征是收入的基本特征，也是收入的实质。收入的这一特征可以通过会计等式来理解。会计的基本等式为“资产=负债+所有者权益”，现变换一下该等式，即为“资产-负债=所有者权益”。由于收入会引起企业资产的增加、债务的减少或两者兼而有之，从变换后的会计等式中可以看出，无论是哪种情况出现，都会使公式右边的所有者权益增加。

需要注意的是，这一特征中的收入是指未考虑为取得收入而发生的成本费用或代价的收入。如果实现收入之同时考虑其成本或代价，其收入并不一定会导致所有者权益增加，还可能导致企业所有者权益减少，如收入小于其成本发生亏损时的情况。这也就是收入定义中为什么强调经济利益的总流入的原因。

三、收入的内容

企业的收入可以根据不同的标准进行不同的分类，一般情况下有两种分类方法：一种是按收入形成的原因分类，另一种是按收入的主次分类。

收入按照主次分类分为主营业务收入和次营业务收入或其他业务收入。

收入按其形成的原因可分为商品销售收入、提供劳务收入、让渡资产使用权收入和建造合同收入。

商品销售收入是指制造企业销售本企业生产的产品而实现的收入；商品流通企业转销购进商品而取得的收入。

提供劳务收入是指服务性企业对外提供旅游、运输、饮食、广告、理发、照相、洗染、咨询、代理、培训、安装等劳务而取得的收入。

让渡资产使用权收入指金融企业因他人使用本企业现金而收取的利息收入；一般企业因他人使用本企业无形资产（如商标权、专利权、专营权、软件、版权等）而取得的使用费收入。

建造合同收入指建造一项资产或在设计、技术、功能、最终用途等密切相关的数项资产（房屋、道路、桥梁、水坝、船舶、飞机、大型机械设备等）订立的合同收入。

第二节　收入的确认

收入确认是指交易或事项发生后，应否、何时、如何将收入加以记录和列入利润表的过程。《企业会计准则第 14 号——收入》（以下简称《收入》）确认收入有五步法模型：第一步识别与客户订立的合同，第二步识别合同中的单项履约义务，第三步确定交易价格，第四步将交易价格分摊至各单项履约义务，第五步履行每一单项履约义务时确认收入。

一、识别与客户订立的合同

(一)收入确认的原则

企业应当在履行了合同中的履约义务,即在客户取得相关商品控制权时确认收入。取得相关商品控制权是指能够主导该商品的使用并从中获得几乎全部的经济利益。

(二)收入确认的前提条件

当企业与客户之间的合同同时满足下列条件时,企业应当在客户取得相关商品控制权时确认收入,如图 14-1 所示。

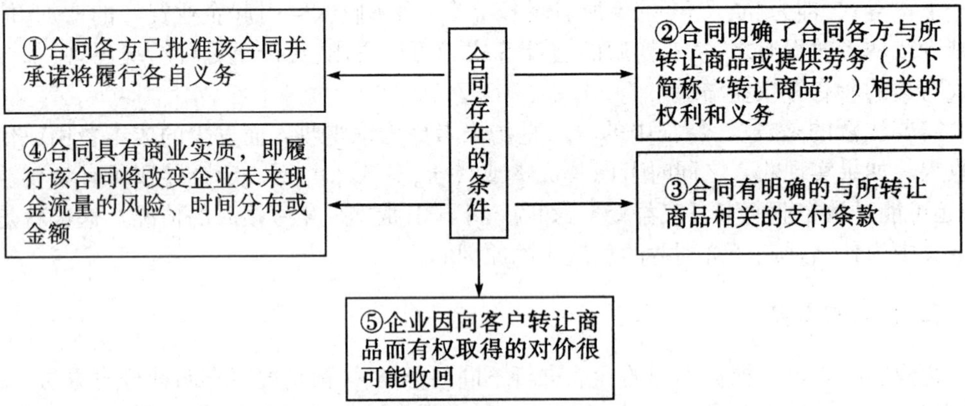

图 14-1 收入确认的前提条件

在合同开始日即满足图 14-1 中条件的合同,企业在后续期间无须对其进行重新评估,除非有迹象表明相关事实和情况发生重大变化。合同开始日通常是指合同生效日。

在合同开始日不符合规定的合同,企业应当对其进行持续评估,并在其满足《收入》准则第五条规定时按照规定进行会计处理。对于不符合规定的合同,企业只有在不再负有向客户转让商品的剩余义务,且已向客户收取的对价无须退回时,才能将已收取的对价确认为收入;否则,应当将已收取的对价作为负债进行会计处理。

企业与同一客户(或该客户的关联方)同时订立或在相近时间内先后订立的两份或多份合同,在满足下列条件之一时,应当合并为一份合同进行会计处理:

(1)两份或多份合同基于同一商业目的而订立并构成一揽子交易。

(2)两份或多份合同中的一份合同的对价金额取决于其他合同的定价或履行情况。

(3)两份或多份合同中承诺的商品(或每份合同中承诺的部分商品)构成《收入》准则规定的单项履约义务。

(三)合同变更

企业应当区分下列三种情形对合同变更分别进行会计处理:

(1)合同变更增加了可明确区分的商品及合同价款,且新增合同价款反映了新增商品单独售价的,应当将该合同变更部分作为一份单独的合同进行会计处理。

(2)合同变更不属于上述(1)规定的情形,且在合同变更日已转让的商品或已提供的服务(以下简称已转让的商品)与未转让的商品或未提供的服务(以下简称未转让的商品)之间可明确区分的,应当视为原合同终止,同时将原合同未履约部分与合同变更部分合并为新合同进行会计处理。

(3)合同变更不属于上述(1)规定的情形,且在合同变更日已转让的商品与未转让的商品之间不可明确区分的，应当将该合同变更部分作为原合同的组成部分进行会计处理，由此产生的对已确认收入的影响，应当在合同变更日调整当期收入。

例如，甲公司承诺以每件200元的价格向乙公司销售120件A产品。产品在6个月内转移给乙公司。甲公司在某个时点转移每一件产品的控制权。当甲公司向乙公司转移了120件A产品的控制权后，合同进行了修改，要求向乙公司额外交付30件产品（总数为150件相同的产品）。这额外的30件产品并未包括在原合同中。

情形1：当合同被修改时，针对额外30件产品的合同修改价格为额外的5 700元，或者每件产品价格为190元（反映修订时的单独售价）。

合同修改实际上是针对未来产品的一个新的单独合同。

情形2：在协商购买额外30件产品的过程中，乙公司发现已收到的60件产品存在独有的瑕疵，甲公司因这些劣质产品向客户进行赔偿，承诺每件产品优惠30元。合同双方新增每件产品价格为160元（新增合同价款不反映新增商品单独售价）。

在对额外30件产品的销售进行处理时，甲公司确定每件产品160元的协议并不反映这些额外产品的单独售价。甲公司将该合同修改作为原合同的终止以及新合同的产生而进行处理。

冲减当期收入 $=60\times30=180$（元）

剩余产品单价 $=(200\times60+30\times160)\div90=186.67$（元/件）

二、识别合同中的单项履约义务

合同开始日，企业应当对合同进行评估，识别该合同包含的各单项履约义务，并确定各单项履约义务是在某一时段内履行，还是在某一时点履行，然后在履行了各单项履约义务时分别确认收入。

履约义务是指合同中企业向客户转让可明确区分商品的承诺。履约义务既包括合同中明确的承诺，也包括由于企业已公开宣布的政策、特定声明或以往的习惯做法导致合同订立时客户合理预期企业将履行的承诺。

企业为履行合同而应开展的初始活动，通常不构成履约义务，除非该活动向客户转让了承诺的商品。

企业向客户承诺的商品同时满足下列条件的，应当作为可明确区分商品：条件一是客户能够从该商品本身或从该商品与其他易于获得资源一起使用中受益；条件二是企业向客户转让该商品的承诺与合同中其他承诺可单独区分。

企业向客户转让一系列实质相同且转让模式相同的、可明确区分商品的承诺应当作为单项履约义务，如酒店管理服务、保洁服务等。

下列情形通常表明企业向客户转让该商品的承诺与合同中其他承诺不可单独区分：

（1）企业需提供重大的服务以将该商品与合同中承诺的其他商品整合成合同约定的组合产出转让给客户。

（2）该商品将对合同中承诺的其他商品予以重大修改或定制。

（3）该商品与合同中承诺的其他商品具有高度关联性。

例如，某承包商企业签订了一份为客户建造医院的合同。该企业负责项目的整体管理，并识别应提供的各种商品或服务，包括工程技术、场地清理、地基构建、采购、建筑架构、管道和管线的铺设、设备安装及专修等。这属于组合产出，不可明确区分。

又如，甲公司与客户订立一项合同，约定转让软件许可证、实施安装服务并在2年期间内提供未明确规定的软件更新和技术支持(通过在线和电话方式)。安装服务包括为各类用户(如市场营销、库存管理和信息技术)更改网页屏幕。做为安装服务的一部分,软件将做重大定制以增添重要的新功能,从而使软件能够与客户使用的其他定制软件应用程序相对接。定制安装服务(包括软件许可证),不可明确区分,应作为单项履约义务。

三、确定交易价格

企业应当按照分摊至各单项履约义务的交易价格计量收入。交易价格是指企业因向客户转让商品而预期有权收取的对价金额。企业代第三方收取的款项以及企业预期将退还给客户的款项,应当作为负债进行会计处理,不计入交易价格。

(一)可变对价

合同中存在可变对价的,企业应当按照期望值或最可能发生金额确定可变对价的最佳估计数,但包含可变对价的交易价格,应当不超过在相关不确定性消除时累计已确认收入极可能不会发生重大转回的金额。企业在评估累计已确认收入是否极可能不会发生重大转回时,应当同时考虑收入转回的可能性及其比重。

每个资产负债表日,企业应当重新估计应计入交易价格的可变对价金额。

(二)重大的融资成分

合同中存在重大融资成分的,企业应当按照假定客户在取得商品控制权时即以现金支付的应付金额确定交易价格。该交易价格与合同对价之间的差额,应当在合同期间内采用实际利率法摊销。

合同开始日,企业预计客户取得商品控制权与客户支付价款间隔不超过一年的,可以不考虑合同中存在的重大融资成分。

(三)非现金对价

客户支付非现金对价的,企业应当按照非现金对价的公允价值确定交易价格。非现金对价的公允价值不能合理估计的,企业应当参照其承诺向客户转让商品的单独售价间接确定交易价格。非现金对价的公允价值因对价形式以外的原因而发生变动的,应当作为可变对价进行会计处理。

(四)应付客户对价

企业应付客户(或向客户购买本企业商品的第三方)对价的,应当将该应付对价冲减交易价格,并在确认相关收入与支付(或承诺支付)客户对价二者孰晚的时点冲减当期收入,但应付客户对价是为了向客户取得其他可明确区分商品的除外。

企业应付客户对价是为了向客户取得其他可明确区分商品的,应当采用与本企业其他采购相一致的方式确认所购买的商品。企业应付客户对价超过向客户取得可明确区分商品公允价值的,超过金额应当冲减交易价格。向客户取得的可明确区分商品公允价值不能合理估计的,企业应当将应付客户对价全额冲减交易价格。

四、将交易价格分摊至各单项履约义务

(一)基本原则

合同中包含两项或多项履约义务的,企业应当在合同开始日,按照各单项履约义务所承诺商品的单独售价的相对比例,将交易价格分摊至各单项履约义务。企业不得因合同开始日之后单独售价的变动而重新分摊交易价格。

（二）单独售价无法直接观察

企业在类似环境下向类似客户单独销售商品的价格，应作为确定该商品单独售价的最佳证据。单独售价无法直接观察的，企业应当综合考虑其能够合理取得的全部相关信息，采用市场调整法、成本加成法、余值法等方法合理估计单独售价。在估计单独售价时，企业应当最大限度地采用可观察的输入值，并对类似的情况采用一致的估计方法。

企业在商品近期售价波动幅度巨大，或者因未定价且未曾单独销售而使售价无法可靠确定时，可采用余值法估计其单独售价。

（三）合同折扣的分摊

合同折扣是指合同中各单项履约义务承诺商品的单独售价之和高于合同交易价格的金额。对于合同折扣，企业应当在各单项履约义务之间按比例分摊。

有确凿证据表明合同折扣仅与合同中一项或多项（而非全部）履约义务相关的，企业应当将该合同折扣分摊至相关一项或多项履约义务。

合同折扣仅与合同中一项或多项（而非全部）履约义务相关，且企业采用余值法估计单独售价的，应当首先按照前款规定在该一项或多项（而非全部）履约义务之间分摊合同折扣，然后采用余值法估计单独售价。

例如，某企业与客户签订一合同以出售A、B、C三种产品，交易总价为200万元。A、B、C各产品的单独售价分别为80万元、110万元、90万元，合计280万元。因为该企业经常将B、C产品合并按120万元出售，经常将A产品按80万元出售，所以合同中80万元的折扣应全部分摊给B、C产品。

B产品的交易价格 = 110－110÷200×80 = 66（万元）

C产品的交易价格 = 90－90÷200×80 = 54（万元）

A产品的交易价格 = 80（万元）

（四）可变对价及可变对价的后续变动

对于可变对价及可变对价的后续变动额，企业应当按照《收入》准则的规定，将其分摊至与之相关的一项或多项履约义务，或者分摊至构成单项履约义务的一系列可明确区分商品中的一项或多项商品。对于已履行的履约义务，其分摊的可变对价后续变动额应当调整变动当期的收入。

（五）合同变更之后发生可变对价的后续变动

合同变更之后发生可变对价后续变动的，企业应当区分下列三种情形分别进行会计处理：

（1）合同变更属于本节“合同变更”第（1）规定情形的，企业应当判断可变对价后续变动与哪一项合同相关，并按照分摊可变对价的相关规定进行会计处理。

（2）合同变更属于本节“合同变更”第（2）规定情形，且可变对价后续变动与合同变更前已承诺可变对价相关的，企业应当首先将该可变对价后续变动额以原合同开始日确定的单独售价为基础进行分摊，然后再将分摊至合同变更日尚未履行履约义务的该可变对价后续变动额以新合同开始日确定的基础进行二次分摊。

（3）合同变更之后发生除上述第（1）和（2）种情形以外的可变对价后续变动的，企业应当将该可变对价后续变动额分摊至合同变更日尚未履行（或部分未履行）的履约义务。

五、履行每一单项履约义务时确认收入

企业应当在履行了合同中的履约义务，即客户取得相关商品控制权时确认收入。企

业应当根据实际情况，首先判断履约义务是否满足在某一时段内履行的条件，如不满足，则该履约义务属于在某一时点履行的履约义务。

（一）在某一时段内履行的履约义务的收入确认条件

满足下列条件之一的，属于在某一时段内履行履约义务；否则，属于在某一时点履行履约义务。

（1）客户在企业履约的同时即取得并消耗企业履约带来的经济利益。

（2）客户能够控制企业履约过程中在建的商品。

（3）企业履约过程中产出的商品不具有可替代用途，且该企业在整个合同期间内有权就累计至今已完成的履约部分收取款项。

具有不可替代用途是指因合同限制或实际可行性限制，企业不能轻易地将商品用于其他用途。

有权就累计至今已完成的履约部分收取款项是指在由于客户或其他方原因终止合同的情况下，企业有权就累计至今已完成的履约部分收取能够补偿其已发生成本和合理利润的款项，并且该权利具有法律约束力。

（二）在某一时段内履行的履约义务的收入确认方法

企业应当考虑商品的性质，采用产出法或投入法确定恰当的履约进度，并且在确定履约进度时，应当扣除那些控制权尚未转移客户的商品和服务。

1. 产出法

产出法主要是根据已转移给客户的商品对于客户的价值确定履约进度，主要包括按照实际测量的完工进度、评估已实现的结果、已达到的里程碑、时间进度、已完工或交付的产品等确定履约进度的方法。

2. 投入法

投入法主要是根据企业履行履约义务的投入确定履约进度，主要包括以投入的材料数量、花费的人工工时或机器工时、发生的成本和时间进度等投入指标确定履约进度。

企业在采用成本法确定履约进度时，可能需要对已发生的成本进行适当调整的情形如下：

（1）已发生的成本并未反映企业履行其履约义务的进度。

（2）已发生的成本与企业履行其履约义务的进度不成比例。

例如，2018 年 11 月，甲公司与乙公司订立一项装修一幢 3 层建筑并安装新电梯的合同，合同总对价为 1 000 万元。已承诺的装修服务（包括电梯安装）是一项在一段时间内履行的履约义务。预计总成本为 800 万元（包括电梯成本 300 万元）。甲公司在电梯转让给乙公司前获得对电梯的控制。甲公司使用投入法基于已发生的成本来计量其履约义务的履约进度。乙公司在 2018 年 12 月电梯运抵该建筑物时获得对电梯的控制，电梯直至 2019 年 6 月才安装完成。甲公司未参与电梯的设计与安装。截至 2018 年 12 月 31 日，已发生的成本为 100 万元（不包括电梯）。

若计算履约进度时考虑电梯成本，则已发生的成本和履约进度不成比例，因此计算履约进度时应将电梯成本扣除。

履约进度 = 100÷（800−300）= 20%

2018 年确认收入 =（1 000−300）×20%+300 = 440（万元）

已售商品成本 = 100+300 = 400（万元）

（三）在某一时点履行的履约义务

当一项履约义务不属于在某一时段内履行的履约义务时，应当属于在某一时点履行的履约义务。在判断客户是否已取得商品控制权时，企业应当考虑下列迹象：

(1)企业就该商品享有现时收款权利，即客户就该商品负有现时付款义务。

(2)企业已将该商品的法定所有权转移给客户，即客户已拥有该商品的法定所有权。

(3)企业已将该商品实物转移给客户，即客户已实际占有该商品。

(4)企业已将该商品所有权上的主要风险和报酬转移给客户，即客户已取得该商品所有权上的主要风险和报酬。

(5)客户已接受该商品。

(6)其他表明客户已取得商品控制权的迹象。

六、特殊销售业务收入的确认

实务中，企业可能采用某些特殊的方式进行商品销售。下面讨论这些特殊销售业务的收入确认问题。

（一）要安装和检验的商品销售

在这种销售方式下，售出的商品需要安装、检验等。购买方在接受交货以及安装和检验完毕前一般不应确认收入。但是，如果安装程序比较简单，或检验是为最终确定合同价格而必须进行的程序，则可以在商品发出时或商品装运时确认收入。

（二）附有销售退回条件的商品销售

在这种销售方式下，购买方依照有关协议有权退货。如果企业能够按照以往的经验对退货的可能性做出合理估计的，应在发出商品时，将估计不会发生退货的部分确认收入，估计可能发生退货的部分，不确认收入。

如果企业不能合理地确定退货的可能性，则在销售商品退货期满时确认收入。

（三）代销(Commission Sale)

在市场竞争非常激烈的情况下，代销(Sale by Proxy)方式为许多企业采用。代销方按收入的一定比例收取手续费。

收取手续费，即受托方根据所代销的商品数量向委托方收取手续费，这对受托方来说实际上是一种劳务收入。在这种代销方式下，委托方应在受托方将商品销售后，并向委托方开具代销清单时确认收入；受托方在商品销售后，按应收取的手续费确认收入，即手续费收入(Commission Income)。

采用收取手续费代销方式时，受托方销售商品后，只按规定的手续费确认收入；委托方于收到代销清单时确认收入。

代销方式主要是强调委托方，其确认收入的特点是于收到受托方开具的代销清单时确认收入。

（四）分期收款销售(Installment Selling)

在这种销售方式下，商品交付后，货款分期收回。分期收款销售的特点：一是销售商品的价值较大，如房产、汽车、飞机等；二是收款期较长，有的是几年，有的长达几十年；三是收取货款的风险较大。因此，分期收款销售方式下，企业应按照合同约定的付款日期分期确认销售收入。分期收款销售实质具有融资性质的，应当按照应收的合同或协议价款的现值确定其公允价值。应收的合同或协议价款与现值的差额，应当在合同或协议期间内，按应收账款的摊余成本和实际利率计算确定的摊余金额，冲减财务费用。如果期间比较短可以不计算现值,按应收金额入账,以简化会计核算手续。

(五)售后回购(Sale and Buy-back)

售后回购是指卖方售出商品后又将其买回的交易。一项销售回购协议主要涉及如下方面:销售价格、回购条款的性质、回购价格等。

销售回购交易比较复杂,但就其实质而言,有两种情况:真正的销售交易和融资交易。实务中,企业要特别注意分析特定销售回购的实质而不能仅关注交易的形式。

如果回购价以回购当日的市价为基础确定,这表明卖方已将商品的所有权上的风险和报酬已经转移到了对方,因而视为真正的销售交易。

如果回购价已在合同中订明,这表明商品价格变动产生的风险和报酬均由卖方所有,与买方无关,且卖方仍对售出的商品实施控制,即未将商品所有权上的风险和报酬转移给对方。这种回购不是真正的销售交易,而是一项融资交易,卖方不能确认收入,只能确认一项资产,同时确认一项负债。

(六)房产销售

房地产销售与一般的商品销售类似,因而房地产销售应按前述销售商品收入的确认原则确认其收入。但是如果房地产经销商事先与买方签订合同,按合同要求开发房地产的,则应作为建造合同,按照《企业会计准则第 15 号——建造合同》的规定确认收入。

(七)出口销售

企业出口销售采用的成交方式主要有到岸价和离岸价两种。在不同的成交方式下,商品所有权上的风险和报酬转移的时间不同,确认收入的时点和金额也不一样。

按离岸价(Free on Board,FOB)成交的,商品被运到车船或者其他运输工具上,即表示商品所有权上的风险和报酬已经转移,此时应确认收入并且确认的收入金额为合同注明的离岸价。

按到岸价(Cost Insurance & Freight,CIF)成交时,应在商品被运到买方指定地点时确认收入,且确认收入的金额为到岸价。

第三节 收入的计量

收入的计量就是对已确认的收入加以量化,确定其金额的多少。一般而言,收入最好以企业提供的产品和劳务的交换价格来计量,这一交换价格代表收入交易最终可取得的货币或应收债权的现金等值。但是理论上说,收入的计量应当是所提供产品和劳务的交换价格的贴现值。倘若从销售到收款需要经过一段时间之隔,就有必要考虑贴现的因素,因为如果一笔 100 元的销售收入要到一年后才能收到货款,其现值将少于 100 元。

《国际会计准则第 18 号》规定,收入应以已收或应收的对价的公允价值来确定。其中,公允价值指在公平交易中,熟悉情况的交易比方自愿进行资产交换或债务清偿的金额。在大多数情况下,对价表现为现金或现金等价物。收入的金额就是已收或应收的现金或现金等价物金额。当现金或现金等价物的流入要等待较长一段时间才能实现时,收入应以应收款项总额的折现值记录。折现的利率可以是具有相似的信用等级的发行公司发行的相似证券的现行利率,也可以是用于对证券的名义金额折现为商品或劳务现销价的利率。

美国、澳大利亚等国的会计准则与国际会计准则基本类似,要求对收款期较长的收入采用现值计量,一般的收入按交易发生时的交换价格,即公允价值计量。

我国《企业会计准则第 14 号——收入》没有采用现值来计量收入,而是规定企业应当按照从购货方已收或应收的合同或协议价款确定销售商品收入金额,但已收或应收的合同或协议价款不公允的除外。

之所以这样规定,主要出于两方面的考虑:一方面,效益大于成本原则。现值的确定比较复杂,其中含有诸多不确定因素,如折现率、未来现金流量以及风险因素等。另一方面,我国目前的会计信息使用者对这种折现信息的考虑较欠缺,因为贴现折扣较小,对收入的影响不重要。

一、商品销售收入的计量

商品销售收入的金额应根据企业与购货方签订的合同或协议金额确定,无合同或协议的,应按购销双方都同意或都能接受的价格确定。

企业在销售商品过程中,有时会代第三方或客户收取一些款项,如企业代国家收取增值税,代贷款人收取利息以及旅行社因代客户购买门票、飞机票收取票款等。这些代收款应作为暂收款记入相应的负债类科目,不作为企业的收入处理。

企业在确定商品销售收入金额时,不考虑各种预计可能发生的现金折扣、销售折让。现金折扣在实际发生时计入发生当期财务费用,销售折让在实际发生时冲减发生当期销售收入。

现金折扣(Cash Discount)也叫销售折扣(Sale Discount),是指债权人为鼓励债务人在规定的期限内付款,而向债务人提供的债务折扣。现金折扣主要发生在企业以赊销的方式销售商品及提供的劳务的交易中。对现金折扣的处理方法一般有两种:一种是总价法,即以未扣减现金折扣的金额确认销售收入和应收账款。这种方法是把现金折扣理解为鼓励客户尽早付款而给予的优惠。销售方给予客户的现金折扣,从融资的角度看,属于一种理财费用,作为当期财务费用处理。我国《企业会计准则第 14 号——收入》是采用此方法计量收入的。另一种是净价法,即将扣除现金折扣后的金额确认为收入和应收账款。这种方法是假定客户一般都会得到现金折扣,而放弃现金折扣只是例外情况。客户超过折扣期多付的金额,于收到账款时入账,作为冲减财务费用处理。

商业折扣(Commercial Discount)是指企业为促销而在商品的标价上给予的扣除。常见的商品打折、批量销售就是商业折扣的例子。由于商业折扣发生在销售时而不是像现金折扣那样发生在销售收入确认之后,因此企业在确认和计量收入时,应按扣除商业折扣后的金额入账。

销售折让(Sales Allowance)是指企业因售出的商品不符合合同要求等原因而在售价上给予的减让。销售折让可能发生在企业确认收入之前,也可能发生在企业确认收入之后。如为前者,说明销售折让相当于商业折扣,按商业折扣处理;如为后者,当销售折让实际发生时,直接冲减发生当期的销售收入。

销售退回(Sales Return)是指企业销售出去的商品,由于质量、品种不符合合同要求等原因而发生的退货。销售退回可能发生在企业确认收入之前,也可能发生在企业确认收入之后。如果是前者,应减少发出商品的数量。收入的确认和计量金额为销售价款中扣除了退货后价值的金额。如果是后者,则分两种情况处理:一般销售退回,即不属于资产负债表日后事项的销售退回(发生在资产负债表日与财务报告报出日这一段时间之外的销售退回)。国际上通行的做法是实际发生销售退回时,冲减发生当期的销售收入。属资产负债表日后事项的销售退回除应在退回当月做相关会计处理外,还应作为资产负债表日后发生的调整事项,冲减报告年度的收入、成本和税金。

二、建造合同收入的计量

如果建造合同的结果能够可靠地估计,企业应采用完工百分比法计量收入并于资产负债表日确认合同收入和费用。运用这种方法确认收入和费用,能为报表使用者提供有关合同进度及本期业绩的有用信息,体现了权责发生制原则。完工百分比法的运用包括两个步骤:

(1)确定建造合同的完工进度,计算出完工百分比。

(2)根据完工百分比计量和确认当期的合同收入和费用。

当期确认的合同收入和费用可用下列公式计算:

当期确认的合同收入=(合同总收入×完工进度)-以前会计年度累计已确认的收入

当期确认的合同毛利=(合同总收入-合同预计总成本)×完工进度-以前会计年度累计已确认的毛利

当期确认的合同费用=当期确认的合同收入-当期确认的合同毛利-以前会计年度预计损失准备

建造合同收入完工百分比的计算有如下三种方法:

(1)根据累计实际发生的合同成本占合同预计总成本的比例确定。该方法是一种投入衡量法,是确定合同完工进度较常用的方法。其计算公式为:

$$合同完工进度=\frac{累计实际发生的合同成本}{合同预计总成本}\times100\%$$

【例 14-1】某建筑公司签订了一项工程合同,其总金额为1 500万元,合同规定的建设期为三年,第一年实际发生合同成本 300 万元,年末预计为完成合同尚需 700 万元;第二年,实际发生合同成本 470 万元,年末预计为完成合同尚需发生成本 330 万元;第三年实际发生成本 310 万元。根据上述资料,计算合同完工进度。

$$第一年合同完工进度=\frac{300}{300+700}\times100\%=30\%$$

当期确认的合同收入=1 500×30%=450(万元)

当期确认的合同毛利=(1 500-1 000)×30%=150(万元)

当期确认的合同费用=450-150=300(万元)

$$第二年合同完工进度=\frac{300+470}{300+470+330}\times100\%=70\%$$

当期确认的合同收入=1 500×70%-450=600(万元)

当期确认的合同毛利=(1 500-1 100)×70%-150=130(万元)

当期确认的合同费用=600-130=470(万元)

第三年确认的合同收入=1 500-450-600=450(万元)

第三年确认的合同毛利=1 500-1 080-150-130=140(万元)

第三年确认的合同费用=450-140=310(万元)

(2)根据已经完成的合同工作量占合同预计总工作量的比例确定。该方法是一种产出衡量法,适用于合同工作量容易确定的建造合同,如道路工程、土石方挖掘、砌筑工程等。其计算公式为:

$$合同完工进度=\frac{已经定版的合同工作量}{合同预计总工作量}\times100\%$$

【例 14-2】某路桥工程公司签订了修建一条 60 千米的高速公路的建造合同，合同规定的总金额为 7 000 万元，工期为三年。该公司第一年完成了 25 千米，第二年完成了 15 千米，第三年全部完工。根据资料计算合同完工进度。

$$第一年合同完工进度=\frac{25}{60}\times100\%=41.67\%$$

$$第二年合同完工进度=\frac{15+25}{60}\times100\%=66.67\%$$

(3)已完成合同工作量法。该方法是在无法根据上述两种方法确定合同完工进度时所采用的一种特殊的技术测量方法。该方法适用于一些特殊的建造合同，如水下施工工程等。

第四节 收入的会计处理

一、会计科目的设置

企业为了核算各项收入的实现和结转情况，需要设置“主营业务收入”等会计科目。为了单独反映已经发出，但尚未确认销售收入的商品成本，企业还应设置“发出商品”“委托代销商品”“分期收款发出商品”等会计科目。

“主营业务收入”科目核算企业在销售商品、提供劳务及让渡资产使用权等日常活动中所产生的收入。“主营业务收入”科目贷方记录企业已实现的主营业务收入；借方记录期末转入“本年利润”的收入，销售折让和销售退回应冲减的收入记入“主营业务收入”科目的借方或用红字记入“主营业务收入”科目的贷方；期末结转后应无余额。“主营业务收入”科目应按主营业务的种类设置明细账，进行明细核算。

“发出商品”科目核算一般的销售方式下，已经发出但尚未确认销售收入的商品成本。“发出商品”科目借方记录发出商品的成本；贷方记录已实现销售的发出商品成本；余额在借方，表示尚未实现销售的发出商品成本。“发出商品”科目应按销售对象设置明细账或设置备查簿，详细记录发出商品的数量、成本、售价、代垫运费、应收取的货款等有关情况。

“委托代销商品”科目核算企业委托其他单位代销的商品的实际成本。“委托代销商品”科目借方记录发出委托其他单位代销的商品成本；贷方记录收到结算清单，确认收入后转销的商品成本；余额在借方，表示尚未实现收入的委托代销商品成本。“委托代销商品”科目应按受托单位设置明细账，进行明细核算。

“分期收款发出商品”科目核算企业采用分期收款销售方式发出商品的实际成本。“分期收款发出商品”科目借方记录采用分期收款销售方式，发出商品的成本；贷方记录在每期销售实现时，按商品全部销售成本与全部销售收入的比率，计算的本期应结转的商品销售成本；余额在借方，表示企业采用分期收款销售方式销售，尚未收到货款部分的已发出商品的实际成本。“分期收款发出商品”科目应按销售对象设置明细账或设置备查簿，详细记录分期收款发出商品的数量、成本、售价、代垫运费、已收取的货款和尚未收取的货款等有关情况。

期末，“发出商品”“委托代销商品”“分期收款发出商品”科目的余额，应并入资产负债表的“存货”项目反映。

二、商品销售收入的会计处理

(一)一般销售商品的会计处理

【例14-3】A企业销售一批商品10 000千克给W公司,合同价格每千克80元,增值税税率13%,A企业已将商品发出,并开出增值税专用发票。W公司的货税款的40%以银行汇票支付,其余部分与A公司协商于20天内付清,A公司以库存现金支付代垫运费1 000元。

一般情况,企业销售商品,可以立即收到货款,或者未收到货款但取得了收取货款的权利,这表明已符合收入确认的四个条件。

借:银行存款	362 000	
应收账款	543 000	
贷:主营业务收入		800 000
应交税费——应交增值税(销项税额)		104 000
库存现金		1 000

此项收入的销售成本于期末一次结转。

【例14-4】A企业销售一批商品50千克给X公司,合同单价每千克4 000元,增值税税率13%。A企业已开出增值税专用发票,并已发货。X公司开出5个月的银行承兑汇票结算,已采用自提方式将商品运回。

借:应收票据——X公司	226 000	
贷:主营业务收入		200 000
应交税费——应交增值税(销项税额)		26 000

此项收入的销售成本于期末一次结转。

【例14-5】A企业销售一批货物50 000千克给Y公司,协议价格每千克8元,增值税税率13%,结算方式采用托收承付方式。A企业的货物已通过铁路运输发出,并以银行存款支付代垫运费1 500元。采用托收承付方式结算的,在办理托收手续时确认收入。该批商品的成本为300 000元。

借:应收账款——Y公司	453 500	
贷:主营业务收入		400 000
应交税费——应交增值税(销项税额)		52 000
银行存款		1 500

此项收入的销售成本于期末一次结转。

(二)分期收款销售的会计处理

在分期收款销售方式下,企业应按约定的收款日期和收款金额确认收入,同时按商品全部销售成本与全部销售收入的比率计算出本期应结转销售成本。如果分期收款的期间相隔较长,其收入应按折现额计量。

【例14-6】A企业采用分期销售方式销售给Z公司一批货20台,每台售价30 000元,增值税税率13%。合同规定该批货的货款分三次支付,第一次支付全额的40%,以后两次每隔两个月,分别支付30%。该批货物每台单位成本20 000元,期间较短,不考虑折现问题,如果期限较长,应以折现值作为收入确认。

(1)发出产品。

借:分期收款发出商品	400 000	
贷:产成品(或库存商品)		400 000

(2)按合约收到第一笔货款。

借:银行存款　271 200

　贷:主营业务收入　240 000

　　应交税费——应交增值税(销项税额)　31 200

(3)期末结转销售成本。

借:主营业务成本　160 000

　贷:分期收款发出商品　160 000

(4)收到第二笔货款。

借:银行存款　203 400

　贷:主营业务收入　180 000

　　应交税费——应交增值税(销项税额)　23 400

(5)期末结转销售成本。

借:主营业务成本　120 000

　贷:分期收款发出商品　120 000

第三笔货款收到时,分别编制与(4)、(5)两笔相同的会计分录。

如果延期收取的货款具有融资性质,其实质是企业向购货方提供信贷,在符合收入确认条件时,企业应当按照应收的合同或协议价款的公允价值确认收入金额。公允价值按其未来现金流量现值或商品现销价格计算确定。应收合同或协议款与其公允价值之间的差额,作为未实现融资收益,应当在合同或协议期间内,按应收款项的摊余成本和实际利率计算确定的金额进行摊销,作为财务费用的抵减处理。

【例 14-7】2019 年 1 月 1 日,甲公司采用分期收款方式向乙公司销售一套大型设备,合同约定的销售价格为 2 000 万元,分 5 次于每年 12 月 31 日等额收取。该大型设备成本为 1 560 万元。在现销方式下,该大型设备的销售价格为 1 600 万元。假定甲公司发出商品时,其有关的增值税纳税义务尚未发生;在合同约定的收款日期,发生有关的增值税纳税义务。

根据以上资料,甲公司应当确认的销售商品收入金额为 1 600 万元。

根据下列公式:

未来五年收款额的现值=现销方式下应收款项金额

可以得出:

$400\times(P/A,r,5)=1\ 600$(万元)

可在多次测试的基础上,用插值法计算折现率。

当 $r=7\%$ 时,$400\times4.100\ 2=1\ 640.08>1\ 600$

当 $r=8\%$ 时,$400\times3.992\ 7=1\ 597.08<1\ 600$

因此,$7\%<r<8\%$。

用插值法计算如下:

现值	利率
1 640.08	7%
1 600	r
1 597.08	8%

$$\frac{1\ 640.08-1\ 600}{1\ 640.08-1\ 597.08}=\frac{7\%-r}{7\%-8\%}\qquad r=7.93\%$$

每期计入财务费用的金额如表 14-1 所示。

表 14-1 财务费用和已收本金计算表 单位:万元

	未收本金 ①=上期①-上期④	财务费用 ②=①×7.93%	收现总额 ③	已收本金 ④=③-②
2019 年 1 月 1 日	1 600			
2019 年 12 月 31 日	1 600	126.88	400	273.12
2020 年 12 月 31 日	1 326.88	105.22	400	294.78
2021 年 12 月 31 日	1 032.10	81.85	400	318.15
2022 年 12 月 31 日	713.95	56.62	400	343.38
2023 年 12 月 31 日	370.57	29.43*	400	370.57
总额		400	2 000	1 600

* 尾数调整

根据表 14-1 的计算结果,甲公司各期的账务处理如下:

(1)2019 年 1 月 1 日销售实现。

借:长期应收款 20 000 000
　贷:主营业务收入 16 000 000
　　未实现融资收益 4 000 000
借:主营业务成本 15 600 000
　贷:库存商品 15 600 000

(2)2019 年 12 月 31 日收取货款和增值税额。

借:银行存款 4 520 000
　贷:长期应收款 4 000 000
　　应交税费——应交增值税(销项税额) 520 000
借:未实现融资收益 1 268 800
　贷:财务费用 1 268 800

(3)2020 年 12 月 31 日收取货款和增值税额。

借:银行存款 4 520 000
　贷:长期应收款 4 000 000
　　应交税费——应交增值税(销项税额) 520 000
借:未实现融资收益 1 052 200
　贷:财务费用 1 052 200

(4)2021 年 12 月 31 日收取货款和增值税额。

借:银行存款 4 520 000
　贷:长期应收款 4 000 000
　　应交税费——应交增值税(销项税额) 520 000
借:未实现融资收益 818 500
　贷:财务费用 818 500

(5)2022 年 12 月 31 日收取货款和增值税额。

借:银行存款 4 520 000
　贷:长期应收款 4 000 000
　　应交税费——应交增值税(销项税额) 520 000

借:未实现融资收益 566 200

贷:财务费用 566 200

(6)2023 年 12 月 31 日收取货款和增值税额。

借:银行存款 4 520 000

贷:长期应收款 4 000 000

应交税费——应交增值税(销项税额) 520 000

借:未实现融资收益 294 300

贷:财务费用 294 300

(三)委托代销商品

受托方根据委托方的要求(价格由委托方定)代销商品后按收入的一定比例收取手续费。在这种代销方式下,委托方应在受托方将商品售出后,并向委托方开具代销清单,委托方应按全额确认收入,支付给受托方的手续费作为经营费用或销售费用处理。受托方在商销售后,按收取的手续费作为劳务收入处理,增值税税率为 6%。

【例 14-8】A 企业委托 S 公司销售一批商品 40 台,A 企业要求 S 公司以每台 5 000 元售出,售后按收入的 8% 收取手续费(按收入额计算手续费)。此批商品的单位成本为 3 800 元。增值税税率为 13%。

A 企业的会计处理如下:

(1)A 企业将商品交付给 S 公司。

借:委托代销商品 152 000

贷:产成品(或库存商品) 152 000

(2)收到 S 公司开来的代销清单,并开出增值税专用发票。

借:应收账款——S 公司 226 000

贷:主营业务收入 200 000

应交税费——应交增值税(销项税额) 26 000

(3)结转销售成本。

借:主营业务成本 152 000

贷:委托代销商品 152 000

(4)按收入的 8%计算手续费,并按手续费的 6%计算增值税进项税额扣除后的净额。

借:银行存款 209 040

销售费用 16 000

应交税费——应交增值税(进项税额) 960

贷:应收账款 226 000

S 公司的会计处理如下:

采用收取手续费代销商品方式,受托方收到委托方发来的商品,不能作为本公司的商品存货,只是代管商品,因此收到商品时,不应进行会计处理,只需在有关登记簿中登记。

(1)实际销售代销商品。

借:银行存款 226 000

贷:应付账款——A 企业 200 000

应交税费——应交增值税(销项税额) 26 000

(2)收到 A 企业开来的增值税发票。

借:应交税费——应交增值税(进项税额) 26 000

贷:应付账款——A 企业 26 000

如果代销方不开本公司的增值税发票给顾客，而是由委托方开增值税发票给顾客，则委托方的会计处理为借记“银行存款”226 000 元，贷记“应付账款”226 000 元。

(3)归还 A 企业的货款及代收增值税款。

借:应付账款　　226 000

　贷:银行存款　　209 040

　　主营业务收入　　16 000

　　应交税费——应交增值税(进项税额)　　960

(四)现金折扣的会计处理

现金折扣是指企业为尽快收回货款而给予对方的优惠，在会计上作为一种理财费用，计入财务费用。

【例 14-9】A 企业销售一批货 5 000 千克给 W 公司，合同价每千克 100 元，增值税税率为 13%，付款条件为 2/10，n/30。

(1)A 企业销售商品。

借:应收账款——W 公司　　565 000

　贷:主营业务收入　　500 000

　　应交税费——应交增值税(销项税额)　　65 000

(2)假设 A 企业于 10 天内收到 W 公司的货款。

借:银行存款　　553 700

　财务费用　　11 300

　贷:应收账款——W 公司　　565 000

记入“财务费用”的是企业提供现金折扣这样一种融资行为产生的，与第一笔会计分录中的增值税没有任何关系，并不影响应交税费的金额。就像应收账款成为坏账收不回来，也不影响应缴纳的增值税一样。除非有特别规定现金折扣只按销售额计算，否则应该按全额(含税金额)计算。

(3)假设 W 公司于 15 天之后才付款。

借:银行存款　　565 000

　贷:应收账款——W 公司　　565 000

(五)销售折让的会计处理

销售折让指企业因售出商品的质量或规格、型号等不符合合同要求，与对方协商后，同意在不退货的情况下给予对方一定的让利。销售折让可能发生在企业确认收入之前，也可能发生在企业收入确认之后。这里主要介绍后者。

销售折让的会计处理存在两种不同的做法。一种做法是在确认销售时，对实际发生的销售折让通过设置“销售折让”科目核算，销售折让作为收入的抵减项目，在利润表中列入主营业务收入项目之后。另一种做法是不设置“销售折让”科目，当销售折让实际发生时，直接冲减发生当期的销售收入。实务中主要采用第二种方法。

【例 14-10】A 企业销售一批货给 N 公司，增值税发票上注明其货款 40 000 元，增值税 5 200 元。N 公司收到货后发现此批货的规格型号与合同上规定的不一致，可能要求退货。A 企业与 N 公司协商，如果不退货，同意给予其 5%的折让，双方达成了协议。发生销售折让时，购货单位应向其当地税务部门申请或要求证明销售折让事宜，以便销货单位开出红字增值税发票。

(1)A 企业销售货物给 N 公司，收到增值税发票。

借:应收账款——N公司 45 200
　贷:主营业务收入 40 000
　　应交税费——应交增值税(销项税额) 5 200

(2)发生销售折让时,A企业开出红字增值税发票。

借:主营业务收入 2 000
　应交税费——应交增值税(销项税额) 260
　贷:应收账款——N公司 2 260

(六)销售退回的会计处理

销售退回指企业销售的商品质量等问题而发生退货情况。如果销售退回发生在收入确认之前,只需将已计入"发出商品"等科目的商品成本转回企业"产成品"或"库存商品"科目。如果销售退回发生在收入确认之后,有两种情况:第一种是一般销售退回,即不属于资产负债表日后事项的销售退回;另一种是属于资产负债表日后事项的销售退回。不论是当年销售的,还是以前年度销售的商品销售退回,一般都冲减退回当月的销售收入,同时也退回当月的销售成本(已结转了成本的)和相关的税金。

1. 一般销售退回

一般销售退回是指除发生在资产负债表日至财务报表批准报出日之间的退回(上期的销货)之外的退回。在实际进行销售退回处理时,如果原收入、成本已经结转,退回的商品当月正在销售,则冲减同种商品的收入、成本;如果当月没有该种商品销售,则以退回商品的金额冲减其他种类商品的收入、成本。

【例14-11】A企业于5月10日收到(本年或以前年)销售给M公司的商品退货一批,A企业开出退货(红字)增值税发票上注明货款100 000元,增值税13 000元。该批商品的成本为60 000元。

借:主营业务收入 100 000
　应交税费——应交增值税(销项税额) 13 000
　贷:银行存款(应收账款) 113 000
借:产成品(库存商品) 60 000
　贷:主营业务成本 60 000

2. 资产负债日后事项的销售退回

资产负债日后事项的销售退回指资产负债表日至报表批准报出日之间发生的于资产负债表日之前销售的商品退回。对于这类退回,除应在退回当月做相关的账务处理外,还应作为资产负债表日后发生的调整事项,冲减报告年度的收入、成本和相关的税金。

【例14-12】A企业于本年2月10日收到上年12月2日售给W公司的一批商品,企业开出红字增值税发票,其货款25 000元,增值税3 250元。该批商品的成本为20 000元。此销售退回属于资产负债表日后事项。

借:以前年度损益调整 25 000
　应交税费——应交增值税(销项税额) 3 250
　贷:应收账款(银行存款) 28 250
借:产成品(库存商品) 20 000
　贷:以前年度损益调整 20 000

其他会计分录和报表调整略。

三、劳务收入的会计处理

提供一项劳务的总收入，一般按照企业与接受劳务方签订的合同或协议的金额来确定。如果有现金折扣的，应在实际发生时计入财务费用。提供劳务的内容不同，完成劳务的时间也不一样，有的劳务一次就能完成，且一般均为现金交易，如理发、饮食、照相等；有的劳务则需要花较长一段时间才能完成，如安装、旅游、培训等。对于一次完成的劳务收入，在劳务完成时确认收入；对于需要较长时间才能完成的劳务收入，企业在资产负债表日如能对提供劳务的交易结果可靠地计量，应按完工百分比法确认相关的劳务收入。

【例 14-13】W 运输公司为客户运送一批货物，其不含税合同收入为 200 000 元，合同期限 2 个月，该运输劳务开始至完成在同一会计年度，共发生劳务成本120 000 元，发生增值税进项税额 11 500 元，增值税销项税税率为 9%。

(1)发生费用。

借：劳务成本	120 000	
应交税费——应交增值税(进项税额)	11 500	
贷：银行存款(应付职工薪酬、材料、累计折旧等)		131 500

(2)预收款项。

借：银行存款	218 000	
贷：预收账款		218 000

(3)确认收入。

借：预收账款	218 000	
贷：主营业务收入		200 000
应交税费——应交增值税(销项税额)		18 000

(4)确认费用。

借：主营业务成本	120 000	
贷：劳务成本		120 000

【例 14-14】某计算机软件开发公司 10 月 2 日为一客户开发一项软件，合同期限 6 个月，不含税合同总收入 150 000 元，至 12 月 31 日已发生成本 60 000 元，预收账款 100 000 元。预计开发完成全部软件还需发生成本 40 000 元。由专业人士测量，其软件已完成 55%。发生增值税进项税额 2 000 元，增值税销项税税率为 6%。

当年确认劳务收入 = 劳务总收入×劳务完成程度-以前年度已确认的收入

= 150 000×55%-0 = 82 500(元)

当年确认劳务费用 = 预计劳务总成本×劳务完成程度-以前年度已确认的费用

= 100 000×55%-0 = 55 000(元)

有关会计分录如下：

(1)发生成本。

借：劳务成本	60 000	
应交税费——应交增值税(进项税额)	2 000	
贷：银行存款		62 000

(2)预收款项。

借：银行存款	100 000	
贷：预收账款		100 000

（3）确认收入。

借：预收账款	87 450	
贷：主营业务收入		82 500
应交税费——应交增值税（销项税额）		4 950

（4）确认费用。

借：主营业务成本	55 000	
贷：劳务成本		55 000

四、让渡资产使用权收入的会计处理

让渡资产使用权收入主要指金融企业存、贷款形成的利息收入及同业之间发生往来形成的利息收入等；因他人使用本企业无形资产而形成的使用费收入；他人使用本企业的固定资产取得的租金收入虽不属于《企业会计准则》规范的范围，但属于收入会计核算的内容。

【例 14-15】某银行于 1 月 1 日向 A 企业贷款 100 万元，贷款期限为 2 年，年利率为 10%（含税收入），每季度计算利息一次。增值税销项税税率为 6%。

（1）贷出款项。

借：中长期贷款	1 000 000	
贷：活期存款		1 000 000

（2）第一季度确认利息收入。

借：应收利息	25 000	
贷：利息收入		23 585
应交税费——应交增值税（销项税额）		1 415

【例 14-16】A 企业转让其商标使用权给 W 公司，合同规定按商品销售收入的 5%（不含税）收取商标使用费。W 公司本月商品销售收入 5 000 000 元，收到 W 公司的商标使用费 250 000 元存入银行。增值税销项税税率为 6%。

借：银行存款	265 000	
贷：其他业务收入		250 000
应交税费——应交增值税（销项税额）		15 000

【例 14-17】A 企业将其闲置不用的设备 1 台出租给 W 公司，租期 2 年，每年收取（不含税）租金 12 000 元，房屋一层出租给 N 公司，每年（不含税）租金 60 000 元，租期 5 年。租金已经预收，确认本月租金收入并入账。

增值税销项税额 = 1 000×13% + 5 000×9% = 580（元）

借：预收账款	6 580	
贷：其他业务收入		6 000
应交税费——应交增值税（销项税额）		580

五、建造合同收入的会计处理

建筑单位在进行会计核算时，应根据所发生的经济业务，及时登记建造合同发生的实际成本、已办理结算的工程价款和实际已收取的工程价款，并根据工程施工进展情况，准确地确定工程完工进度，计量和确认当年的合同收入和费用，并在会计报表中披露与合同有关的会计信息。建造合同收入的核算与一般收入的核算不完全相同，需要设置“工程施工”“工程结算”“合同预计损失”“预计损失准备”等会计科目。

“工程施工”科目借方记录工程施工过程中发生的各种成本费用及分期确认的建造合同毛利;贷方于工程完工时与“工程结算”账户对冲;余额在借方,表示工程累计发生的成本与累计确认的毛利合计。“工程施工”科目需设置“工程成本”和“工程毛利”等明细科目。

如果合同预计总成本超过合同预计总收入,应通过“合同预计损失”和“预计损失准备”科目核算,将预计损失立即确认为当期费用。

【例 14-18】某建筑公司签订了一项总金额为 1 000 万元(不含税)的建造合同,承建一座桥梁。工程已于 2018 年 3 月开工,预计于 2020 年 12 月完工。假设 3 年发生的增值税进项税额分别为 20 万元、25 万元和 25 万元。增值税销项税税率为 9%,建造该项工程的有关资料如下:

年份	2018 年	2019 年	2020 年
各年实际发生的成本(万元)	200	300	280
完成合同尚需发生成本(万元)	600	300	
各年已结算工程价款(万元)	272.5	381.5	436
各年实际收到价款(万元)	239.8	337.9	512.3

(1)2018 年的会计处理如下:

①登记实际发生合同成本。

借:工程施工——工程成本　　2 000 000
　应交税费——应交增值税(进项税额)　　200 000
　贷:应付职工薪酬、材料、银行存款等　　2 200 000

②登记已结算的工程价款。

借:应收账款　　2 725 000
　贷:工程结算　　2 725 000

③登记实际收到的款额。

借:银行存款　　2 398 000
　贷:应收账款　　2 398 000

④确认 2018 年的收入、费用与毛利。

2018 年完工进度=200÷(200+600)=25%

2018 年确认收入=1 000×25%=250(万元)

2018 年确认毛利=(1 000-800)×25%=50(万元)

2018 年确认费用=250-50=200(万元)

借:工程施工——工程毛利　　500 000
　　　　——销项税款　　225 000
　主营业务成本　　2 000 000
　贷:主营业务收入　　2 500 000
　　应交税费——应交增值税(销项税额)　　225 000

2018 年年末,如果“工程施工”科目余额大于“工程结算”科目余额,作为存货列入资产负债表的“存货”项目,反之列入“负债”项目。

(2)2019 年的会计处理如下:

①实际发生成本。

借:工程施工——工程成本　3 000 000
　应交税费——应交增值税(进项税额)　250 000
　贷:应付职工薪酬、材料、银行存款等　3 250 000

②已结算的工程价款。

借:应收账款　3 815 000
　贷:工程结算　3 815 000

③实际收到价款。

借:银行存款　3 379 000
　贷:应收账款　3 379 000

④确认 2019 年的收入、费用与毛利。

2019 年工程累计完工程度 $=\dfrac{200+300}{200+300+300}\times 100\%=62.5\%$

2019 年确认收入 $=1\ 000\times 62.5\%-250=375$(万元)

2019 年确认毛利 $=(1\ 000-800)\times 62.5\%-50=75$(万元)

2019 年确认费用 $=375-75=300$(万元)

借:工程施工——工程毛利　750 000
　　　　　——销项税款　337 500
　主营业务成本　3 000 000
　贷:主营业务收入　3 750 000
　　应交税费——应交增值税(销项税额)　337 500

2019 年年末,如果“工程施工”科目余额大于“工程结算”科目余额,作为存货列入资产负债表的“存货”项目,反之列入“负债”项目。

(3)2020 年的会计处理如下:

①实际发生成本。

借:工程施工——工程成本　2 800 000
　应交税费——应交增值税(进项税额)　250 000
　贷:应付工资、原材料、银行存款等　3 050 000

②已结算的工程价款。

借:应收账款　4 360 000
　贷:工程结算　4 360 000

③实际收到工程款项。

借:银行存款　5 123 000
　贷:应收账款　5 123 000

④确认 2020 年的收入、费用与毛利。

2020 年确认收入 $=1\ 000-250-375=375$(万元)

2020 年确认毛利 $=1\ 000-780-50-75=95$(万元)

2020 年确认费用 $=375-95=280$(万元)

借:工程施工——工程毛利　950 000
　　　　　——销项税款　337 500
　主营业务成本　2 800 000
　贷:主营业务收入　3 750 000
　　应交税费——应交增值税(销项税额)　337 500

⑤工程完工,将“工程施工”科目的余额与“工程结算”科目的余额对冲。

借:工程结算　　11 100 000

　贷:工程施工　　11 100 000

【例 14-19】某建筑签订一项总金额为 200 万元的建造合同,合同规定两年完成。第一年实际发生成本 84 万元,年末预计完成全部工程尚需发生成本 126 万元。该合同的结果能够可靠地估计。增值税销项税税率为 9%。

第一年的合同完工进度 = 84÷(84+126) = 40%

第一年确认合同收入 = 200×40% = 80(万元)

第一年确认合同毛利 = (200-210)×40% = -4(万元)

第一年确认合同费用 = 80-(-4) = 84(万元)

第一年预计的合同损失 = (210-200)×(1-40%) = 6(万元)

借:主营业务成本　　840 000

　　工程施工——销项税额　　72 000

　贷:主营业务收入　　800 000

　　　应交税费——应交增值税(销项税额)　　72 000

　　　工程施工——工程毛利　　40 000

借:合同预计损失　　60 000

　贷:预计损失准备　　60 000

“合同预计损失”科目发生额于年末转入“本年利润”科目;“预计损失准备”的余额于下年有毛利时作为确认下年费用的抵减数冲销。

六、关于特定交易的会计处理

(一)附有销售退回条款的销售

对于附有销售退回条款的销售,企业应当在客户取得相关商品控制权时,按照因向客户转让商品而预期有权收取的对价金额(不包含预期因销售退回将退还的金额)确认收入,按照预期因销售退回将退还的金额确认负债;同时,按照预期将退回商品转让时的账面价值,扣除收回该商品预计发生的成本(包括退回商品的价值减损)后的余额,确认为一项资产,按照所转让商品转让时的账面价值,扣除上述资产成本的净额结转成本。

每一资产负债表日,企业应当重新估计未来销售退回情况,如有变化,应当作为会计估计变更进行会计处理。

(二)附有质量保证条款的销售

对于附有质量保证条款的销售,企业应当评估该质量保证是否在向客户保证所销售商品符合既定标准之外提供了一项单独的服务。企业提供额外服务的,应当作为单项履约义务,按照《收入》准则规定进行会计处理;否则,质量保证责任应当按照《企业会计准则第 13 号——或有事项》的规定进行会计处理。

在评估质量保证是否在向客户保证所销售商品符合既定标准之外提供了一项单独的服务时,企业应当考虑该质量保证是否为法定要求、质量保证期限以及企业承诺履行任务的性质等因素。客户能够选择单独购买质量保证的,该质量保证构成单项履约义务。

(三)主要责任人和代理人

企业应当根据其在向客户转让商品前是否拥有对该商品的控制权,来判断其从事交易时的身份是主要责任人还是代理人。企业在向客户转让商品前能够控制该商品的,该企业为主要责任人,应当按照已收或应收对价总额确认收入;否则,该企业为代理人,应当按照预期有权收取的佣金或手续费的金额确认收入，该金额应当按照已收或应收对价总额扣除应支付给其他相关方的价款后的净额，或者按照既定的佣金金额或比例等确定。

企业向客户转让商品前能够控制该商品的情形包括：

(1)企业自第三方取得商品或其他资产控制权后，再转让给客户。

(2)企业能够主导第三方代表本企业向客户提供服务。

(3)企业自第三方取得商品控制权后，通过提供重大的服务将该商品与其他商品整合成某组合产出转让给客户。

在具体判断向客户转让商品前是否拥有对该商品的控制权时，企业不应仅局限于合同的法律形式，而应当综合考虑所有相关事实和情况。这些事实和情况包括：

(1)企业承担向客户转让商品的主要责任。

(2)企业在转让商品之前或之后承担了该商品的存货风险。

(3)企业有权自主决定所交易商品的价格。

(4)其他相关事实和情况。

(四)附有客户额外购买选择权的销售

对于附有客户额外购买选择权的销售，企业应当评估该选择权是否向客户提供了一项重大权利。企业提供重大权利的，应当作为单项履约义务，按照规定将交易价格分摊至该履约义务，在客户未来行使购买选择权取得相关商品控制权时，或者该选择权失效时，确认相应的收入。客户额外购买选择权的单独售价无法直接观察的，企业应当综合考虑客户行使和不行使该选择权所能获得的折扣的差异、客户行使该选择权的可能性等全部相关信息后，予以合理估计。

客户虽然有额外购买商品选择权，但客户行使该选择权购买商品时的价格反映了这些商品单独售价的，不应被视为企业向该客户提供了一项重大权利。

(五)授予知识产权许可

企业向客户授予知识产权许可的，应当按照规定评估该知识产权许可是否构成单项履约义务，构成单项履约义务的，应当进一步确定其是在某一时段内履行还是在某一时点履行。

企业向客户授予知识产权许可，同时满足下列条件时，应当作为在某一时段内履行的履约义务确认相关收入；否则，应当作为在某一时点履行的履约义务确认相关收入：

(1)合同要求或客户能够合理预期企业将从事对该项知识产权有重大影响的活动。

(2)该活动对客户将产生有利或不利影响。

(3)该活动不会导致向客户转让某项商品。

企业向客户授予知识产权许可，并约定按客户实际销售或使用情况收取特许权使用费的，应当在下列两项孰晚的时点确认收入：一是客户后续销售或使用行为实际发生，二是企业履行相关履约义务。

【例 14-20】甲公司与客户订立一项针对两项知识产权许可证(许可证 A 和 B)的合同。合同针对许可证 A 规定的价格为固定金额 600 元，而针对许可证 B 规定的对价则是客户销售使用了许可证 B 的产品的未来销售额的 5%，其可变对价为 3 000 元。许可证 A 和 B 的单独售价分别为 1 600 元和 2 000 元。许可证 B 在合同开始时转让给客户，而许可证 A 在 3 个月后转让。

合同开始时，甲公司应将分摊至许可证 B 的 333 元(2 000÷3 600×600)确认为收入。在转让许可证 A 时，甲公司应将分摊至许可证 A 的 267 元(1 600÷3 600×600)确认为收入。

在第一个月，由客户的首月销售产生的特许权使用费为 400 元。

甲公司应将分摊至许可证 B 的 222 元(2 000÷3 600×400)确认为收入。甲公司应将分摊至许可证 A 的 178 元(1 600÷3 600×400)确认为一项合同负债。

客户虽已发生后续销售,但分摊特许权使用费的履约义务尚未得到履行。

(六)售后回购

对于售后回购交易,企业应当区分下列两种情形分别进行会计处理:

(1)企业因存在与客户的远期安排而负有回购义务或企业享有回购权利的,表明客户在销售时点并未取得相关商品控制权,企业应当作为租赁交易或融资交易进行相应的会计处理。其中,回购价格低于原售价的,应当视为租赁交易进行会计处理;回购价格不低于原售价的,应当视为融资交易,在收到客户款项时确认金融负债,并将该款项和回购价格的差额在回购期间内确认为利息费用等。企业到期未行使回购权利的,应当在该回购权利到期时终止确认金融负债,同时确认收入。

(2)企业负有应客户要求回购商品义务的,应当在合同开始日评估客户是否具有行使该要求权的重大经济动因,客户具有行使该要求权重大经济动因的,企业应当将售后回购作为租赁交易或融资交易,按照上述第(1)种情形进行会计处理;否则,企业应当将其作为附有销售退回条款的销售交易进行会计处理。在判断客户是否具有行权的重大经济动因时,企业应当综合考虑各种相关因素,包括回购价格与预计回购时市场价格之间的比较以及权利的到期日等。例如,如果回购价格明显高于该资产回购时的市场价值,则表明客户有行权的重大经济动因。

(七)客户未行使的权利

企业向客户预收销售商品款项的,应当首先将该款项确认为负债,待履行了相关履约义务时再转为收入。当企业预收款项无须退回,且客户可能会放弃其全部或部分合同权利时,企业预期将有权获得与客户所放弃的合同权利相关的金额的,应当按照客户行使合同权利的模式按比例将上述金额确认为收入;否则,企业只有在客户要求其履行剩余履约义务的可能性极低时,才能将上述负债的相关余额转为收入。

(八)无须退回的初始费

企业在合同开始(或接近合同开始)日向客户收取的无须退回的初始费(如俱乐部的入会费等)应当计入交易价格。企业应当评估该初始费是否与向客户转让已承诺的商品相关。该初始费与向客户转让已承诺的商品相关,并且该商品构成单项履约义务的,企业应当在转让该商品时,按照分摊至该商品的交易价格确认收入;该初始费与向客户转让已承诺的商品相关,但该商品不构成单项履约义务的,企业应当在包含该商品的单项履约义务履行时,按照分摊至该单项履约义务的交易价格确认收入;该初始费与向客户转让已承诺的商品不相关的,该初始费应当作为未来将转让商品的预收款,在未来转让该商品时确认为收入。

企业收取了无须退回的初始费且为履行合同应开展初始活动,但这些活动本身并没有向客户转让已承诺的商品的,例如,企业为履行会员健身合同开展了一些行政管理性质的准备工作,该初始费与未来将转让的已承诺商品相关,应当在未来转让该商品时确认为收入,企业在确定履约进度时不应考虑这些初始活动;企业为该初始活动发生的支出应当按照本节合同成本部分的要求确认为一项资产或计入当期损益。

第五节 政府补助

为了体现一个国家的经济政策,鼓励或扶持特定行业、地区或领域的发展,政府通常会对有关企业给予经济支持,如无偿拨款、贷款、担保、注入资金提供货物或者服务、购买货物、放弃或者不收缴应收收入等。为了规范政府补助的确认、计量和信息披露，我国制定并发布了《企业会计准则第 16 号——政府补助》。

一、政府补助的概念和内容

《企业会计准则第 16 号——政府补助》规定，政府补助是指企业从政府无偿取得的货币性资产或非货币性资产，但不包括政府作为企业所有者投入的资本。政府补助的特征有无偿性和直接取得资产。

无偿性是指政府并不因此享有企业所有权，企业将来也不需要偿还。这是政府补助的基本特征。

直接取得资产是指政府补助是企业从政府直接取得的资产，包括货币性和非货币性资产，形成企业收益。例如，企业取得政府拨付的补助，先征后退、即征即退等办法返还的税款，行政划拨的土地使用权等。不涉及资产直接转移的经济支持不属于政府补助，如政府与企业间债务豁免，除税收返还以外的税收优惠，包括直接减征、免征、增加计税抵扣额、抵免部分税额等都不属于政府补助。增值税出口退税也不属于政府补助。

政府补助的主要形式有财政拨款、财政贴息、税收返还和无偿划拨非货币性资产等。企业不论通过何种形式取得的政府补助，准则规定分为两类：一类是与收益相关的政府补助；另一类是与资产相关的政府补助。

二、政府补助的会计处理

政府补助有两种会计处理方法：一种是收益法，将政府补助计入当期收益或递延收益；另一种是资本法，将政府补助计入所有者权益。收益法又分为总额法和净额法。总额法是将全额确认为收益，而不是作为相关资产账面余额或者费用的扣减；净额法是将政府补助确认为对相关资产账面余额或者所补偿费用的扣减。会计准则规定采用收益法中的总额法，以便更真实、完整地反映政府补助的相关信息，并在《企业会计准则应用指南》中要求通过“其他应收款”“其他收益”“营业外收入”“递延收益”科目核算。“递延收益”科目是专门为核算不能一次而应分期计入当期损益的政府补助而设置的。

（一）与收益相关的政府补助

企业收到与日常活动密切相关的政府补助，应当按照应收金额计量，确认为其他收益。企业收到与日常活动不相关的政府补助，按实际收到的金额计量，确认为营业外收入。企业收到政府补助是补助已经发生的费用或损失，后期收到时，直接确认为收到时的当期收益，一般不通过预提处理。企业收到或确认政府补助为补偿未来将发生的费用或损失，确认或收到时作为递延收益，然后分期摊销确认各期的收益。

【例 14-21】W 公司于 6 月 30 日收到与日常活动密切相关的政府对前半年的补助 500 000 元存入银行。

借：银行存款	500 000	
贷：其他收益		500 000

【例 14-22】W 公司于 6 月 30 日收到与日常活动相关的政府对下半年的补助 600 000 元存入银行，每月补助 100 000 元。

（1）收到政府补助。

借：银行存款	600 000	
贷：递延收益		600 000

（2）每月摊销。

借:递延收益　　100 000
　贷:其他收益　　100 000

(二)与资产相关的政府补助

与资产相关的政府补助一般是指用于购置固定资产和无形资产。企业收到资产时,按实际金额计量确认资产和递延收益。自长期资产可供使用起,按照长期资产的预计使用年限,将递延收益平均分摊计入各期的当期收益。如果该项资产提前处置,要将未摊销完的递延收益,一次转入当期损益。

【例 14-23】W 公司收到与日常活动不相关的政府补助 480 万元购置一台设备,企业自己支付了安装费 5 万元,后交付使用。该项资产预计可使用 5 年。

(1)取得政府的资产补助。

借:固定资产　　4 850 000
　贷:递延收益　　4 800 000
　　银行存款　　50 000

(2)分月摊销递延收益=4 800 000÷5÷12=80 000(元)

借:递延收益　　800 000
　贷:营业外收入　　800 000

三、收入的披露

为了对企业会计信息使用者提供有用的会计信息,企业应在财务会计报告中披露相关的信息。

根据《企业会计准则第 14 号——收入》的规定,企业应在财务报告中披露如下的信息内容:

(1)收入确认所采用的会计政策,包括确定劳务的完成程度所采用的方法。

(2)本期确认的销售商品收入、提供劳务收入、利息收入、使用费用收入的金额。

根据《企业会计准则第 15 号——建造合同》的规定,企业需要披露的内容主要有:

(1)根据合同总金额以及确定合同完工进度的方法。

(2)各项合同累计已发生成本、累计已确认毛利。

(3)各项合同已办理结算的价款金额。

(4)当期预计损失的原因和金额。

根据《企业会计准则第 16 号——政府补助》的规定,企业需要披露的内容有:

(1)政府补助的种类及金额。

(2)计入当期损益的政府补助金额。

(3)本期返还的政府补助金额及原因。

思考题

1. 收入的概念和特征是什么?
2. 收入的内容有哪些?
3. 确认收入的基本条件是什么?
4. 怎样区分现金折扣、商业折扣?
5. 现金折扣、销售折让、销售退回的会计处理有何不同?
6. 如何采用合同完工百分比法确认与计量劳务收入和合同收入?
7. 确定完工百分比的方法有哪几种? 如何运用?

8. 如何披露收入的信息？

9. 特殊销售业务有哪些？其收入如何确认？

10. 代销有哪两种？其会计处理有何区别？

练习题

1. A 企业于 5 月 2 以托收承付方式向 B 企业销售一批商品，成本为90 000 元，增值税发票上注明：售价 150 000 元，增值税税率为 13%。该批商品已经发出，并已向银行办妥托收手续。编制会计分录。

2. A 企业以支付手续费用形式代销，A 企业委托 B 商场销售甲商品 1 000 件，代销的协议价为 180 元/件，该商品成本 100 元/件，增值税税率为 13%。手续费按收入的 8%支付。分别编制委托方和受托方的会计分录。手续费收入的销项税税率为 6%。

3. A 企业采用分期收款方式向 W 公司销售产品 50 件，每件售价 4 000 元。合同约定首次支付 50%，其余 50%分两平均支付。该批产品的成本为 120 000 元，增值税税率为 13%。期间较短，不折现，分别编制三个时点的会计分录。

4. A 企业 5 月 1 日销售一批货 300 件给 N 公司，单位价格 400 元，增值税税率为 13% 付款条件为“2/15，n/30”。假设 N 公司于 5 月 8 日付款或 5 月 20 日付款。分别编制三个时点的会计分录。

5. A 企业 11 月 8 日收到当月的销售退回一批，价款 20 000 元；收到以前月份销售退回一批，货款 70 000 元，成本按 45 000 元计算，增值税税率为 13%。编制两批退货的会计分录。

6. A 企业于 11 月 2 日为 M 公司提供一项安装劳务，安装期 5 个月，合同总收入 500 000 元，至年底已预收款 200 000 元，实际发生成本 150 000 元，估计完成全部劳务还需发生成本 180 000 元。假设已发生增值税进项税额 10 000 元，增值税销项税税率为 9%。编制预收账款、发生费用、年末确认收入、结转成本的会计分录。

7. A 企业向 B 公司转让其商标使用权，合同规定 B 企业每年年末按年收入的 8%支付给 A 企业使用费用（不含税），使用期为 5 年。假设 B 企业第一年收入总额 150 万元，并按规定已支付了使用费。假设商标使用费的增值税税率为 6%。编制 A、B 双方的会计分录。

8. 假定某建筑公司签订了一项总金额为 10 000 000 元（不含税）的建造合同，承建一座桥梁，工程已于 2018 年 7 月开工，预计 2020 年 12 月完工。最初，预计工程总成本为 8 000 000 元，到 2019 年年底，预计工程总成本为 8 100 000 元。假设三年发生的增值税进项税额分别为 20 万元、30 万元、30 万元，建造该项工程的其他有关资料如表 14-2 所示。

表 14-2　工程有关资料　单位：元

项目＼年份	2018	2019	2020
到目前为止累计已发生的成本	2 000 000	5 000 000	8 100 000
完成合同尚需发生成本	6 000 000	3 100 000	
已结算工程价款	1 887 000	4 995 000	4 218 000
实际收到价款	1 776 000	4 662 000	4 662 000

要求：

（1）确定各年的合同完工进度。

（2）计量确认各年的收入、费用和毛利，工程施工的增值税销项税税率为 9%。

（3）编制有关会计分录，并在会计报表中披露有关信息。

第十五章

费　用

费用是相对于收入而存在的,费用代表企业为获取一定的收入而发生的耗费。正确地确认收入与费用的目的是为准确地确定收益或利润,以便为会计信息使用者提供企业经营业绩的资料,也有利于评估经营管理者的受托责任完成情况。本章将介绍费用的概念、特征、内容、确认、计量及会计处理。

第一节　费用的概念和特征

一、费用的定义

究竟什么是费用(Expense),各国会计准则和会计学者对费用的定义仍有不同的认识。具有代表性的观点有如下几种:

(1)佩顿和利特尔顿在1940年合著的《公司会计准则介绍》中指出,收益是企业的努力和成绩之间的差额,所谓努力也就是企业所耗的成本。成本可分为已耗成本(Expired Cost)和未耗成本(Unexpired Cost)。已耗成本限于与本期的经营成绩(收入)有关,应在当期转作费用与收入相配比;未耗成本可以和未来期间的成绩相关,应作为资产成本递延。因此,费用是为获取收入而已消耗的资产或付出的代价。

(2)美国会计学家亨德里克森教授在其所著的《会计理论》中指出,费用是获取收入过程中所使用或耗用的货品或劳务。它们是与企业产品的生产和销售直接或间接有关的各项要素劳务(Factor Service)的已耗数额。

(3)美国会计原则委员会(APB)在1970年发布的第4号报告中指出,费用是从一个企业改变其所有者权益的那些盈利活动中所产生的资产减少或负债增加的总额,并且,其确认与计量遵循公认会计原则(GAAP)。

(4)美国财务会计准则委员会(FASB)在第6号概念公告(1980年)中,将费用定义为一个主体在某一期间由于销售或生产货物,或从事构成该主体不断进行的主要经营活动的其他业务而发生的现金流出或其他资产的耗用,或债务的承担,或两者兼而有之。

(5)国际会计准则委员会(IASC)在《编报财务报表的框架》(1989年)中对费用的表述是,费用是指会计期间经济利益的减少,其表现形式为资产流出、资产折耗或负债的承担引起业主权益的减少,但不包括与所有者分配有关的类似事项。

(6)我国《企业会计准则——基本准则》将费用定义为,费用是企业在日常活动中发生的、会导致所有者权益减少的、与向所有者分配利润无关的经济利益的总流出。

从上述几个对费用的定义可以看出,费用的本质是为获取一定的收入而发生的耗费,它表现为企业资产的减少,或企业负债的增加,或两者兼而有之。费用的实质是已耗成本。佩顿和利特尔顿对费用的定义说得很清楚,已耗成本限于与本期的经营成绩有关,应在当期转作费用与收入相配比。美国注册会计师协会(AICPA)会计名词委员会于1957年发表的第4号会计名词公告中指出,费用是指应从收入中扣除的已耗用成本。

二、费用的特征

从上述关于费用定义的讨论可将费用的基本特征归纳如下:

(一)费用是为创造收入所付的代价

费用与损失是有区别的。一般来说,费用的发生是可能产生一定的收入的,凡是不产生收入的资产耗费,如自然灾害损失,从其性质来看并不是费用,而是损失(Loss)。正确地区分费用与损失可以使会计报表使用者获得更为有用的会计信息。美国财务会计准则委员会(FASB)在1985的第6号《财务会计概念公告》中指出,损失同样导致企业资产的减少,但其原因是出于偶然事件,不是企业所能控制的;损失并不会产生收入,因而在性质上不同于费用。

(二)费用可能导致企业资产的减少或债务的增加或两者兼而有之

费用最终导致企业资源的减少,这种减少具体表现为企业的现金支出或非现金资产的耗费。从这个意义上说,费用本质上是一种资源流出企业,它与资源流入企业所形成的收入相反。例如,支付工资、消耗材料、发生现金付费、固定资产和无形资产的折旧和摊销等,最终都将会使企业资产耗费、资源减少。如果企业发生一笔费用而没有引起企业资产的减少,则必然会形成一笔负债,如预提各种费用,计算各种费用性税金。

(三)费用最终将会减少企业所有者权益

由于企业收入的实现会引起企业所有者权益的增加,而费用是为取得收入而付的代价,因此费用的发生会减少企业的所有者权益。同样我们可以从动态会计要素的平衡公式中得到印证。动态要素的会计等式为"收入-费用=利润",利润的增加为企业所有者权益的增加。如果该等式中没有费用时,收入的实现,即利润等于收入为企业所有者权益的增加是不容置疑的。当发生费用时,这一抵减项目使得利润小于收入,其差额就是费用导致企业所有者权益减少。

这里需要注意两个方面:一方面是企业偿还债务会引起企业的经济资源,即资产的减少,它会减少企业的债务,并不会导致企业所有者权益的减少,因而不属于企业费用;另一方面是企业向所有者分配现金股利,同样会引起企业经济资源,即资产的减少,它虽然会减少企业的所有者权益,但属于所有者权益的返还或分回,不是经营活动的耗费用,同样不能作为企业费用。

第二节　费用的内容

一、支出、费用和成本

(一)支出

支出(Expenditure)指一定期间内企业的资源消耗或偿付等原因而流出企业,从而导致企业经济资源总量的减少。企业支出包括经营性支出、非经营性支出和偿付性支出。

经营性支出是指企业为了日常经营活动的开展而发生的各种支出。经营性支出又可分为收益性支出和资本性支出。资本性支出是指其支出的效益及于多个会计年度(或多个营业周期),如购买固定资产、无形资产等的支出。由于资本性支出为多个会计期间受益,因而发生支出时并不能全部转作费用,只能在整个受益期内分期转入费用。收益性支出是指其支出的效益仅及于本年度(或一个营业周期),如支付的工资、耗用的各种材料和燃料等。收益性支出于支付时全部转作费用。收入性支出并不完全等同于费用,因为有些费用并未发生支出,如发生费用后形成了负债,这也可以从费用定义与支出定义的差别中发现。

非经营性支出是指企业发生的与生产经营无关的事项所引起的各种支出,如支付的各种罚款、赔款等。

偿付性支出是指企业为了偿还债务而发生的支出,包括偿还投资者的债务(支付股利)和其他债权人的债务。

从范围来看,支出大于费用,但费用并不完全包含在支出之内,有些费用并不一定要发生支出。

(二)费用

费用(Expenses)是指企业在一定期间内为生产经营活动所发生的各种耗费,包括物化劳动的耗费和活劳动的耗费。费用强调的是企业一定期间内的资源的耗费,不强调是否真正有支出。费用一般指的是生产经营费用,不包括非生产经营费用,如为在建工程所发生的费用(支出包含此内容),也不包括偶然性损失。生产经营费用包括生产费用和经营管理费用。生产费用指企业为生产产品所发生的各种消耗或耗费;经营管理费用指企业为管理和组织生产经营活动而发生的管理费用,为销售企业产品而发生的销售费用,为筹措生产经营必需资金而发生的财务费用等。成本一般指产品的生产成本,它与生产费密切相关,与经营管理费用无关。

从范围来看,费用大于成本,但本期的成本并不一定包含在本期的费用之中,本期的成本可能是上期的费用,本期的费用也不一定都构成本期的产品生产成本。

(三)成本

成本(Cost)是指企业产品的制造成本(Manufacturing Cost),是为生产一定种类和数量的产品所发生的各种生产耗费。成本是生产费用在其对象(Objects)之间分配(Distribute)的结果。成本计算就是将生产费用分配于各对象的过程。也就是说,成本强调的是生产对象,而费用强调的是期间。产品的生产过程也就是产品成本的形成过程。产品的生产成本,即产品的制造成本,由直接制造成本和间接制造成本构成。直接制造成本或直接制造费用包括直接材料和直接人工。直接材料是指直接用于产品生产、构成产品实体的各种主要材料和有助于产品形成的辅助材料及燃料。直接人工指直接从事产品生产人员的工资及福利。间接制造成本指直接用于产品生产,但不便于直接计入产品成本以及间接用于产品生产的各种费用。

费用与成本既有联系,又有区别。生产费用的发生过程,同时又是产品成本的形成过程,这是费用与成本之间的联系。生产费用指某一期间为进行生产而发生的费用,它与一定的时期相联系,而与生产哪一种产品无关;产品成本指为生产某一种类产品而消耗的费用,它与一定种类和数量的产品相联系,而不论费用发生在哪一时期,这是费用与成本之间的区别。成本是对象化了的费用,本期的产品生产成本可能既包含有上期的生产费用,也包含本期的生产费用。随着产品的销售,该产品的制造成本将转化为产品的销售成本,按照配比原则从当期的销售收入中扣除。不仅如此,某些期间费用,如管理费用、销售费用、财务费用也要从当期的收入中扣除,确定其补偿价值。其实财务主要关注的是按配比原则的要求正确确认与当期收入配比的销售产品的销售成本,和各种相关的期间费用,以便正确地确定当期利润或收益。至于如何合理归集与分配产品生产费用,正确计算产品的生产成本,则属于管理会计的范畴。

二、费用的具体内容

从上述费用的定义和费用与成本、支出的关系中可以看出,费用的内容只包括那些在获取收入的过程中所发生的不利变动。反过来说,凡是同销售商品、提供劳务的过程无关的资产耗费或资源减少应归类为损失,而不是费用。虽然损失和费用都是企业计算净收益的相关因素,但依照收益或利润的机制性论点计算"营业净收益",只有费用才能和当期的收入相配比。

企业在一定会计期间发生的所有费用分为产品的生产费用和期间费用。生产费用核算的目的是通过计算产品制造成本,以便确定产品销售成本。因此,产品制造成本的核算至关重要。产品制造成本包括直接费用(Direct Expenses)和间接费用(Overhead Expenses)。直接费用是指与产品生产有直接关系,可以直接计入产品的制造成本的费用;间接费用是指不能直接计入产品制造成本,或与产品生产只有间接关系,需采用一定的方法和程序分配计入产品制造成本的费用。

(一)制造成本

产品的制造成本包括直接制造成本或费用和间接制造成本或费用。

1. 直接费用

直接费用是指企业直接为生产商品(产品)或提供劳务等发生的直接材料、直接人工和其他直接费用。

直接材料(Direct Material Cost)是企业生产商品或提供劳务所消耗的、构成产品实体的各种原材料、辅助材料、备品配件、外购半成品、燃料、动力,包装物以及其他直接材料。直接材料耗费按照成本计算对象进行归集,直接计入产品的制造成本。

直接人工(Direct Labor)包括企业直接从事产品生产人员的工资、奖金、津贴和补贴以及福利,它也按成本计算对象进行归集,直接计入产品的制造成本。其他直接费用是指企业发生的与产品生产有着直接关系的各种费用。

其他直接费用也应当按照实际发生的数额,分别按不同的成本计算对象进行归集和核算。

2. 间接费用

间接费用是指企业为生产商品或提供劳务而发生的应当由产品或劳务负担的,但又不能直接计入各产品或劳务的有关费用。在工业企业中,间接费用称为制造费用。间接费用包括各个生产单位(分厂或车间)为组织管理生产所发生的生产单位管理人员工资、福利费、折旧费、修理费、物料消耗、低值易耗品摊销、水电费、办公费、差旅费、保险费、各种存货的盘亏损失等费用。间接费用应当按照一定的方法和程序,分配计入各有关产品的制造成本。

(二)期间费用

期间费用(Period Expenses)是指与产品生产没有直接关系,属于某一时期耗费的,必须从当期营业收入中得到补偿的费用。期间费用包括管理费用、财务费用和销售费用等。

管理费用(Administrative Expenses)是指企业行政管理部门为管理和组织经营活动而发生的各项费用。管理费用包括企业董事会和企业行政部门发生的办公费用、工会经费、行业保险费、职工教育经费、聘请注册会计师和律师经费、支付的咨询费、诉讼费、业务招待费、技术转让费、无形资产摊销、研究开发费、排污费、绿化费、存货盘亏、毁损和报废损失以及其他管理费用。

财务费用(Financial Expenses)是指企业为筹集资金而发生的各项费用。财务费用包括企业生产经营期间发生的利息支出、外币汇兑损失、金融机构手续费以及其他因理财活动而发生的费用等。

销售费用(Operating Expenses)是指企业为了销售产品和提供劳务发生的各项费用以及专设销售机构的各项经费。销售费用包括应由企业负担的运输费、装卸费、包装费、保险费、委托代销手续费、广告费、展览费、租赁费、销售服务费用、销售人员的工资、福利费、差旅费、办公费、折旧费、修理费、业务费、物料消耗、低值易耗品摊销以及其他经费。

除此之外,期间费用还应包括与收入配比的税金及附加。这是企业在经营活动中,按照有关法令(税法)和规定计算缴纳给税务部门的税款和其他款项,它与费用的性质完全相同。

第三节　费用的确认与计量

一、费用的确认原则

费用确认总的原则是权责发生制原则。按照权责发生制原则,凡应属于本期的收入和费用,不论其款项是否已经收到或付出,均作为本期收入和费用处理;凡不属于本期的收入和费用,即使其款项已在本期收到或付出,也不应作为本期的收入或费用。

在复杂的实践中,还必须有更具体的规则来鉴别究竟哪些成本已经耗用,应计列为本期费用,相应地列入损益表;哪些成本尚未耗用,应作为资产而列入资产负债表。尽管费用的确认是企业会计的一个日常会计程序,但费用的确认是一项相当困难的工作。因为费用的牵涉面太大,处理不当就会影响利润表和资产负债表的真实性,即会计信息的真实性。

由于费用是产生收入所付出的代价,所以费用的确认与收入的确认有着密切的联系。一般情况下,费用的确认包括因果关系确认费用、合理分配费用以及发生时立即确认费用三项确认规则。

(一)因果关系确认费用

费用确认的最理想方法是找到收入与费用的相互关系,即费用的发生是与产生某一会计期间的收入相关联。与某一笔收入相关的费用是销售该批商品的销售成本及其他相关费用。如果不确认此笔收入,也就不要确认此批商品的销售成本。建筑企业在确认合同收入时,不论是采用完工合同法,还是采用完工百分比法,在确认合同收入之前,并不确认费用,只是将建造过程中发生的成本先暂记于资产账户,待确认收入时才按相应的方法计量,将资产账户的累计成本转移为当期的费用,并与收入配比。

(二)合理分配费用

在会计实务中,有些费用并不能以因果关系来确认,这时需要采用其他方法来确认费用。将成本合理分配为不同会计期间的费用,是早已为会计人员所熟知的一项会计程序。这种费用确认规则的理论依据是一项资产在企业长期使用,各会计期均会收到它所提供的收益,因而各会计期也应承担它的一部分成本。固定资产折旧费用和无形资产摊销费是费用分配过程的一个典型例子。美国在1970年第4号《会计原则委员会公告——企业会计报表所依据的基础概念和会计原则》中指出,在各会计期分配费用,应做到无偏见和合理及系统地分配。以分配作为费用确认原则,必然会导致许多不同的会计程序和方法的同时存在,从而会增大不同企业会计实务的差异。

(三)成本发生时立即确认费用

当企业不能采用前两个规则确认费用时,才采用成本发生时立即确认规则。广告费和研究开发费是采用立即确认的典型例子。广告费可以为企业未来取得长期的收益,但很难确定哪个会计期获得多少收益。某顾客从本企业购买商品,可能是若干年前受企业广告的影响。所以广告成本不得不在发生时立即确认为费用。美国财务会计准则委员会(FASB)对于研究和开发成本所规定的会计处理程序,也是依据立即确认规则确认为费用的。因为每个研究和开发项目所能带来的未来经济利益,存在很大程度的不确定性。实践证明,研究和开发成本与企业未来经济利益之间不存在紧密的因果关系。

以上确认费用的三个规则是以第一个规则为主,在无法使用第一个规则的情况下,选用第二个规则,在无法采用第一、二个规则的情况下,选用第三个规则。这三个规则是有主次之分的。现在对第二个规则的批评意见越来越多。主要是这一规则的使用有很大的主观性,如将存货列为销售成本的过程中,企业究竟采用先进先出法(FIFO)还是后进先出法(LIFO)更与收入配比,固定资产折旧是采用直线折旧法还是加速折旧法更与收入配比,则完全是凭会计人员的主观判断行事。

二、费用的计量

企业生产经营过程中所消耗的各种商品或劳务的计量还没有一个简易的解决办法。这是因为,这种计量的目的尚未明确地予以限定,并且人们可以接受的计量,大部分要按所应用的收益概念来确定。依照费用为企业净资产减少的观点,合理的计量是指企业在生产经营过程中耗费的商品或劳务价值。这些耗费是企业为获取收入而付出的代价或牺牲。尽管价值有不同的含义,就费用的计量而言,它通常表示企业所耗商品或劳务的交换价格。对于强调企业现金流量的观点来说,费用应该从企业为其当事人一方的经济业务的角度,按过去的、现在的或未来的现金支出额来计量。最通常的费用计量有三种属性,即历史成本、现行成本、现行售价。

(一)历史成本

计量费用的传统方法是按照企业资源的历史成本属性来计量。坚持历史成本(History Cost)的主要理由是,历史成本代表企业的现金支出,并被认为是可以验证的(Verifiability)。历史成本也代表企业获得资源或劳务的交换价格。支付或同意支付的现金表示根据市价或根据买卖双方同意所确定的交换价值,也就是买方所放弃的经济资产权利要求的货币价值。对于资本性支出在后期分摊转作费用的计量,用历史成本可能存在缺陷。因为分期分摊资产的价值可能经常变动,经过一定期间之后,其历史成本就同企业的决策和报表使用者对企业资产的评估价值脱节。如果再按历史成本分摊确认和计量费用,其确认的补偿价值是不足够的。

(二)现行成本

由于收入通常是根据产品交换所取得的现行价格计量的,与收入相配比的费用也应该根据耗用或消耗的商品或劳务的现行购入价格或现行重置成本来计量。现行成本

(Current Cost)计量费用的主要优点是现时的重置成本为现时的投入价值,能使现时的投入价值与现时的收入相配比,便于衡量现时的经营成果;资产的现行重置成本与其历史成本的差额为资产持有利得,现行重置成本与现时收入的差额为企业经营成果,因此使用现行重置成本计量费用有利于区分资产持有利得和企业经营成果,可以较好地反映经营管理者的努力与经济环境变化对企业的影响。现行重置成本计量费用的缺陷是其含义不明确,由于各种因素影响,事实上难以存在与原持有资产完全吻合的重置成本;另外,现行重置成本的确定较为困难,在计算中心上缺乏足够的可信证据,影响会计信息的可靠性。

(三)现行售价

现行售价(Current Price)也称为变现价值,被许多会计学者们认为是计量费用的比较恰当的方法,因为它表示企业在耗用特定资产时的机会成本,而且这种费用计量不需要就重置的未来可能性加以推测,只要资产具有可在较少损失情况下进行交易的市场,其变现价格属性是较为恰当的。

第四节　费用的会计处理

对制造企业来说,其费用的核算应从产品生产开始到生产产品完工且验收入库,然后通过销售,发生各种销售费用并结转产品销售成本,还包括计算各种税金及附加和管理费用、财务费用等内容。对生产过程的核算如以下例题所示。

【例 15-1】A 企业本月生产甲产品领用材料 250 000 元,以银行存款支付电费 18 000 元、增值税进项税额 2 340 元。

借:生产成本——基本生产成本	268 000	
应交税费——应交增值税(进项税额)	2 340	
贷:原材料		250 000
银行存款		20 340

【例 15-2】A 企业计算本月应付生产工人工资 20 000 元,车间管理人员工资 8 000 元。并按工资总额的 14%提取福利费。

借:生产成本——基本生产成本	22 800	
制造费用	9 120	
贷:应付职工薪酬——工资		28 000
——福利		3 920

【例 15-3】A 企业本月应提折旧 50 000 元,其中生产车间应提折旧 40 000 元,管理部门应提折旧 10 000 元。

借:制造费用	40 000	
管理费用	10 000	
贷:累计折旧		50 000

【例 15-4】A 企业本月发生其他制造费用 15 000 元,其增值税进项税额为 1 000 元,以银行存款支付。

借:制造费用	15 000	
应交税费——应交增值税(进项税额)	1 000	
贷:银行存款		16 000

【例 15-5】A 企业月末结转制造费用 64 120 元。

借:生产成本——基本生产成本　64 120

　贷:制造费用　64 120

【例 15-6】A 企业本月完工产品 100 台,总成本 300 000 元,完工产品已验收入库。

借:产成品(或库存商品)　300 000

　贷:生产成本——基本生产成本　300 000

【例 15-7】A 企业本月销售甲产品 95 台,月末采用加权平均法计算并结转其销售成本 280 000 元;结转上月发出,已记入“发出商品”科目,本月实现销售的发出商品成本 50 000 元;结转本月实现的分期收款发出商品成本 70 000 元;收到代销方的代销清单后结转视同买断方式的委托代销商品成本 60 000 元。

借:主营业务成本　460 000

　贷:库存商品　280 000

　　发出商品　50 000

　　分期收款发出商品　70 000

　　委托代销商品　60 000

【例 15-8】A 企业月末计算应交城市维护建设税 35 000 元,教育费附加 15 000 元。

借:税金及附加　50 000

　贷:应交税费——应交城市维护建设税　35 000

　　　　　　——应交教育费附加　15 000

【例 15-9】A 企业本月发生各种管理费用,其中管理人员的工资 50 000 元,应提福利费 7 000 元,以银行存款支付其他办公费、保险费、应酬费、差旅费等 40 000 元及增值税进项税额 2 500 元。

借:管理费用　97 000

　应交税费——应交增值税(进项税额)　2 500

　贷:应付职工薪酬——工资　50 000

　　　　　　　　——福利　7 000

　　银行存款　42 500

【例 15-10】A 企业本月支付应付银行的经营流动资金借款利息 20 000 元。

借:财务费用　18 867.92

　应交税费——应交增值税(进项税额)　1 132.08

　贷:银行存款　20 000

思考题

1. 什么是费用?费用的特征有哪些?
2. 如何对费用进行分类?
3. 确认费用的原则是什么?
4. 支出、费用与产品成本之间的联系和区别是什么?
5. 期间费用包括哪些内容?如何进行会计处理?
6. 费用与损失有何不同?

7. 什么是配比原则?

8. 计量费用的属性有哪些?如何运用?

练习题

1. 甲企业 2019 年 5 月发生如下经济业务:

(1)以银行存款支付管理费用 100 000 元及增值税进项税额 6 000 元。

(2)行政管理部门固定资产计提折旧 50 000 元。

(3)支付咨询费 30 000 元,审计费 80 000 元及增值税进项税额 6 600 元。

(4)计提无形资产摊销 70 000 元。

(5)以银行存款支付总经理办公室和董事长办公室购买办公用品各6 000 元及增值税进项税额 360 元。

(6)分配行政管理人员的工资 150 000 元,销售人员工资100 000 元,计提应付福利费比例为 14%。

(7)从应收账款中抵扣委托代销业务的手续费 80 000 元及增值税进项税额 4 800 元。

(8)报销销售人员的差旅费 3 000 元及增值税进项税额 250 元,以现金支付。

(9)行政管理部门本月领用低值易耗品 3 000 元,采用五五摊销法。

(10)以现金支付全年保险费 12 000 元及增值税进项税额 720 元。

(11)以银行存款支付广告费用 80 000 元及增值税进项税额 4 800 元。

(12)库存产品 1 000 台,单位成本 500 元,本月完工入库产品 29 000 台,入库产品总成本 14 740 000 元。结转本期销售成本,其中结转分期收款销售产品 500 台、委托代销 1 000 台、一般销售 20 000 台。采用加权平均法计算结转销售产品成本。

(13)以银行存款支付销售商品的运输费用 12 000 元及增值税进项税额 1 080 元。

根据资料编制相关会计分录。

2. 企业期初“产成品”余额为 210 000 元,产品数量 3 000 件。本月生产入库产品 17 000 件,单位产品成本为 65 元。本月销售产品 17 500 件。分别采用先进先出法、后进先出法、加权平均法计算本月销售产品成本,并编制相应的会计分录。

3. 某企业本月应交增值税 150 000 元,应交消费税 100 000 元,城市维护建设税税率为 5%,教育费附加征收率为 3%,计算应交城市维护建设税和教育费附加,并编制会计分录。

第十六章
利润及利润分配

利润是企业在一定期间内生产经营活动的最终成果，也就是企业收入与成本费用相抵后的差额。如果收入大于其成本费用，则形成企业利润或盈利，如果收入小于其成本费用，则表明企业亏损。本章将介绍企业利润的概念、内容、所得税以及利润分配的会计处理。

第一节　利润的概念及内容

一、利润的概念和意义

《中华人民共和国公司法》对公司所下的定义是：公司是依照《中华人民共和国公司法》组建并登记的以营利为目的的企业法人。公司的特征包括：公司必须是依照《中华人民共和国公司法》的规定设立的社会经济组织；公司必须是以营利为目的的法人团体；公司必须是企业法人。以营利为目的是公司的重要特征之一。因此，企业生产经营活动的主要目的就是不断提高企业的盈利水平，增强企业获利能力。企业只有最大限度地获取利润，才能为社会创造财富，为企业扩大再生产提供充足的资金，为企业投资者的投资增值。企业利润水平的高低不仅反映企业的盈利水平高低，而且反映企业为社会做出贡献的大小。

利润（Profit）或收益（Income）是企业在一定期间内生产经营的最终财务成果（Financial Result），也就是企业实现的收入与其费用相抵后的差额。《企业会计准则——基本准则》将利润定义为企业在一定会计期间的经营成果。

二、利润的内容

对于利润的内容，或者说，哪些应在利润表中加以反映，会计理论上存在两种截然不同的观点，即本期营业观（Current Operating Concept）和损益满计观（All Inclusive Concept）。本期营业观认为，本期的收益或利润仅包括本期由营业活动所产生的各项成果，即仅反映本期经营性的业务成果，前期的损益调整项目以及不属于本期经营活动的收支项目不属于企业本期的利润或收益，不列入利润表中。损益满计观认为，本期利润应包括本期确认的经营性活动、非经营性活动及前期调整的利润等全部利润项目。我国会计实务大多采用折中的态度，将营业外项目和非常损益纳入利润范围列入利润表，将前期利润调整不作为本期利润，而列入利润分配表。

因此，企业的利润就其构成来看，既有通过生产经营活动而获得的，也有通过投资活动而获得的，还包括那些与生产经营活动无直接关系的事项所引起的盈亏。根据我国《企业会计准则——基本准则》的规定，企业的利润总额一般包括收入减去费用后的净利润

(包括营业净利润和投资收益)、直接计入当期利润的利得和损失等。

(一)营业利润

营业利润(Operating Income or Profit)是企业利润的主要来源。营业利润是指企业日常经营活动产生的收入减去相关的成本费用后的利润额。营业利润这一指标能够比较恰当地代表企业管理者的经营业绩。

(二)投资净收益

投资净收益(Investment Income)是企业对外投资所获得的净收益。投资净收益是投资收益减去投资损失后的差额。投资收益一般包括企业对外投资所分得的利润、股利和债券利息,投资到期收回或者中途转让取得的款项高于账面价值的差额,股权投资在被投资单位增加的净资产中所拥有的数额等。投资损失是指投资到期收回或中途转让取得的价款低于账面价值的差额,股权投资在被投资企业减少的净资产中所分担的数额等。

(三)直接计入当期利润的利得和损失

直接计入当期利润的利得和损失是指应当计入当期损益、会导致所有者权益发生增减变动的、与所有者投入资本或者向所有者分配利润无关的利得和损失,如公允价值变动损益、非流动资产处置损益、债务重组损益以及与企业日常经营活动无关形成的损益。

(四)所得税费用

所得税(Income Tax)是企业按税法规定根据企业应纳税所得额计算的所得税。企业在计算应交所得税时,一方面形成了一笔应交税费负债,另一方面也形成了一笔与收入配比的费用——所得税费用。

第二节 利润的确定及会计处理

作为企业,必须以支付费用为代价,取得经营收入,并设法使取得的收入超过其支付的费用,从而获得利润或收益。利润或收益确定涉及的面相当广,既包括收入与利得的确认,也包括费用与损失的确认。也就是说,利润的确定完全取决于构成利润的各种收入、利得与费用、损失要素的确认。

一、营业利润的确认与计量

会计理论界对于如何确定企业利润或收益,存在两种观点:一种观点,即“资本保全观”(Capital Maintenance Approach)认为,比较某一会计期的期末与期初的净资产(所有者新增投入资本除外),其差额为该会计期间的利润或收益。另一种观点,即“交易观”(Transaction Approach)认为,根据企业某一会计期间的交易,确定各收入、费用、利得与损失,进而计算出企业的利润或收益。

根据资本保全观,只有企业资本得到保全或成本得到补偿以后,才能确定利润或收益。原有的资本必须保全完整,超过原投入资本的部分才是利润。因此,要确定某一期间的利润,只要比较期末与期初的净资产,其差额就是该企业的利润。利润计算公式如下:

利润=期末净资产-期初净资产

当然,在计算过程中,应排除本会计期间所有者新投资的部分和分配给所有者方面的因素。资本保全观中又有两种概念,即货币资本保全概念与实物资本保全概念。货币资本保全主张所应保全的是货币资本,它以历史成本来计量企业的资产价值。实物资本保全主张所应保全的是实物资本,即企业的实际生产能力,它要求企业的费用必须用现行重置成本而不是历史成本来计量,在企业已经消耗的实物资产未得到重置之前不确认利润或收益。

经济学家的收益概念是资本保全观,因此以资本保全观确定的利润或收益称为经济收益(Economic Income)。

在交易观下,企业必须在发生实际交易时才确认收入、费用,以确定营业利润或收益。这依据的是收入实现原则和配比原则。本期利润等于本期营业收入减去费用后的差额。各国会计界普遍采用交易观,因此这种收益概念又称为会计收益(Accounting Income),现代企业会计一般采用会计收益。利润的计算公式又可以写成如下公式:

利润=收入-费用

会计离不开计量,会计工作过程很大程度上是一个计量的过程。会计报告就是用一定的格式向会计信息使用者提供日常计量、定期概括的结果。会计计量的两个中心内容是资产计价与收益确定。虽然资产计价的主要目的是确定企业资产和权益的变化,收益确定的主要目的是反映企业经营成果,但两者有着密切的联系,且是相辅相成的。因为收益的确定是营业收入与成本费用相配比的过程,营业收入表现为资产的增加或负债的减少。在收益的确定过程中,需将成本费用划分为已消失与未消失两部分。其中成本费用的已消失部分与当期的收入相配比,而成本费用的未消失部分确认为资产的存量价值。从这个意义上讲,收益确定、成本费用分配以及资产计价过程是殊途同归的,如实地反映企业财务状况和经营成果。

二、利得与损失的确认与计量

在企业的活动中,有时可能产生一些与企业主要经营活动无关的资产增减变动,它们虽然不是经营收益的组成部分,但会影响本期收益总额。在财务中,这些引起企业资产变动的要素被概括为利得(Gains)或损失(Loss)。

利得与损失的主要来源和内容有如下四类:

(1)偶发或非经营活动的收益或损失,如非流动资产处置损益等。

(2)企业与其他会计主体的非交换性资源转移,如对外捐赠,接受捐赠和罚、没、赔款等。

(3)长期资产价值减值损失,如固定资产、无形资产、在建工程减值损失以及长期投资减值损失等。

(4)企业发生非常损失,如自然灾害及非常事故给企业造成的损失。

一般来说,利得与收入相类似,损失与费用相类似。但是,收入和费用是由于企业主要经营活动形成的,利得与损失是企业非主要经营活动或偶发事件形成的。收入和费用反映总资产流入和流出,而利得与损失反映净资产流入和流出。

一般认为,利得与损失应按实际增加或减少的资产或负债来计量。但是,不同的利得或损失项目可能采用不同的计价基础。通常利得的计量类似于收入的计量,即按收到或增加的资产或减少的负债的现行价值计量。损失的计量类似于费用的计量,在历史成本原则下,应按所耗用的或流出的商品或劳务的原始取得成本的现有账面价值计量,因此损失又被视为与任何期间无关的成本转销。

由于损失不能与收入配比,对未来收入也没有任何联系,因此损失通常是在实际发生期间确认,而不能递延结转到以后期间。也就是说,应在资产产生效益已明显低于其入账价值所表明可提供效益的时期确认损失。

企业利润总额的形成及会计处理由下列公式计算:

利润总额=营业利润+利得-损失

利得和损失包括营业外收入,营业外支出等。

营业利润=营业收入-营业成本-税金及附加-销售费用-管理费用-财务费用-资产减值损失±公允价值变动损益+投资收益

净利润=利润总额-所得税费用

所得税费用=应纳税所得额×所得税税率

企业实现的利润(或亏损)总额,一律通过"本年利润"科目核算。期末将各损益类科目的余额转入"本年利润"科目,其中将收入和利得科目的余额从其借方转入"利润总额"科目的贷方,将成本、费用、损失科目的余额转入"本年利润"科目的借方,结平各损益类科目。结转后,"本年利润"科目如为贷方余额即为本期净利润,"本年利润"科目如为借方余额为本期亏损。

计算本月利润总额和本年累计利润,可以采用"账结"的办法,也可以采用"表结"的办法。采用"账结"办法的,应于每月终了将损益类科目余额转入"本年利润"科目,通过"本年利润"科目结出本月份利润或亏损总额以及本年累计损益。采用"表结"办法的,每月结账时,损益类各科目的余额不需要结转到"本年利润"科目,只有到年度终了进行年度决算时,才用"账结"办法将损益类各科目的全年累计余额转入"本年利润"科目。在"本年利润"科目中集中反映本年的全年利润及其构成情况。因此,每月结账时,只要结出各损益类科目的本年累计余额,就可以根据这些余额,逐项填入损益表,通过损益表计算出从年初至本月月末的本年累计利润,然后减去上月月末本表中的本年累计利润,就是本月份的利润或亏损。企业在"表结"利润的情况下,每月编制资产负债表时,如果平时不进行利润分配,表内"未分配利润"项目应填列损益表中的"净利润";如果平时进行部分利润分配,应根据损益表中的"净利润"项目与"利润分配"科目余额的差额,填列资产负债表中的"未分配利润"项目。

采用"表结"办法计算利润,"本年利润"科目平时不用,年终使用;采用"账结"办法,每月使用"本年利润"科目。无论企业采用哪种办法,年度终了时都必须将"本年利润"科目结平,转入"利润分配——未分配利润"科目,结转后,"本年利润"科目应无余额。

【例 16-1】某企业对外长期股权投资采用成本法,从被投资方分回现金股利 20 万元,股票股利 10 万元(股票股利不入账,只需要在备查账簿中进行登记股份数量)。

借:银行存款	200 000	
贷:投资收益		200 000

【例 16-2】某企业对外出售交易性金融资产(股票或债券),其账面价值 40 万元,现以 35 万元出售。

借:银行存款	350 000	
投资收益	50 000	
贷:交易性金融资产		400 000

【例 16-3】某企业以银行存款 100 000 元对外捐赠。

借:营业外支出	100 000	
贷:银行存款		100 000

【例 16-4】某企业出现意外事故报废锅炉一台,原账面价值 50 万元,累计已提折旧 20

万元,从保险公司获得赔款 25 万元。

借:固定资产清理　　300 000
　　累计折旧　　200 000
　贷:固定资产　　500 000
借:其他应收款——保险公司　　250 000
　　资产处置损益　　50 000
　贷:固定资产清理　　300 000

【例 16-5】某公司的一桩官司已由法院宣判,获得赔款 100 000 元。

借:银行存款　　100 000
　贷:营业外收入　　100 000

【例 16-6】某企业年末损益类科目的本期发生额如表 16-1 所示。

表 16-1　**某企业年末损益类科目的本期发生额表**　单位:元

会计科目	借方发生额	贷方发生额
主营业务收入		5 000 000
其他业务收入		300 000
投资收益		650 000
营业外收入		600 000
公允价值变动损益		250 000
其他收益		100 000
资产处置损益		150 000
主营业务成本	3 500 000	
其他业务成本	200 000	
税金及附加	40 000	
销售费用	250 000	
管理费用	500 000	
财务费用	360 000	
营业外支出	300 000	
资产减值损失	150 000	
合计	5 300 000	7 050 000

(1)将各收入科目本期发生额转入"本年利润"科目。

借:主营业务收入　　5 000 000
　　其他业务收入　　300 000
　　投资收益　　650 000
　　营业外收入　　600 000
　　公允价值变动损益　　250 000
　　其他收益　　100 000
　　资产处置损益　　150 000
　贷:本年利润　　7 050 000

(2)将各成本费用科目余额转入“本年利润”科目。

借:本年利润 5 300 000

  贷:主营业务成本 3 500 000

    其他业务成本 200 000

    税金及附加 40 000

    销售费用 250 000

    管理费用 500 000

    财务费用 360 000

    营业外支出 300 000

    资产减值损失 150 000

(3)计算所得税费用,假设没有纳税调整项目。

应交所得税=(7 050 000-5 300 000)×25%=437 500(元)

借:所得税费用 437 500

  贷:应交税费——应交所得税 437 500

(4)将“所得税费用”发生额转入“本年利润”。

借:本年利润 437 500

  贷:所得税费用 437 500

(5)结转全年利润 1 312 500 元。

借:本年利润 1 312 500

  贷:利润分配——未分配利润 1 312 500

如果是亏损,则无需计算缴纳所得税,编制相反的会计分录,结转全年亏损。

第三节 所得税费用

一、财务会计与税法的关系

财务会计和税法(Tax Law)体现着不同的经济关系,分别遵循不同的原则,服务于不同的目的。财务会计核算必须遵循一般会计原则,符合会计的有关概念框架以及会计准则对实务的要求,其目的是向企业会计信息使用者提供决策有用的会计信息。从所得税角度考虑,主要确定企业的应纳税所得额,以对企业的经营所得以及其他所得进行征税。

财务会计原则与税收法规的本质差别在于确认收入实现和费用扣减的时间以及费用的可扣减性。财务会计是以会计法规和会计准则为依据确认企业收入、费用并确定利润,即会计利润。而计算所得税是依据税收法规确认企业收入、费用并确定应纳税所得额。因此,按照财务会计方法确定的会计利润与按照税法规定确定的应纳税所得额不一定相同。

从 20 世纪 50 年代企业所得税会计处理就已经是争议较大的课题,争论主要围绕所得税的分摊问题。有关会计人士提出,为了更好地反映各项收益,所得税能否像其他费用一样在整个会计期间进行分摊?分摊的理论基础是什么?如何进行分摊?

在美国,1944 年美国会计师协会中的会计程序委员会发布的第 23 号公告是第一个建议对实际发生的应付所得税进行期内和跨期分摊的权威性会计公告。多年来进行过数次修改,1991 年 6 月美国财务会计准则委员会又发布了《所得税会计征求意见稿》,规定以资产和负债法核算和报告所得税,形成了 109 号公告。

国际会计准则委员会于 1979 年 7 月发布了第 12 号公告《所得税会计》,要求采用纳税影响会计法进行所得税会计处理。后经几次修改,1996 年国际会计准则委员会正式发布了修订后的《国际会计准则第 12 号——所得税》,所采用的方法和原则与美国财务会计准则委员会发布的 109 号公告基本相同。

在我国,1994 年以前,会计准则和税法在对收入、费用等会计要素的确认方面是一致的。1994 年税制改革以后,会计准则与税法中对有关收入、费用等的确认方法产生了差异。为真实反映企业的财务状况和经营成果,财政部于 1994 年发布了《企业所得税会计处理暂行规定》,该规定对所得税会计处理进行了如下几点调整:

(1)明确了企业可以选择采用"应付税款法"或"纳税影响会计法"进行所得税会计处理。采用"纳税影响会计法"核算的企业,可以在"递延法"和"债务法"两种方法中选择。

(2)确认所得税为一项费用,在损益表净利润前扣除。

(3)采用纳税影响会计法核算时,确认暂时性差异对未来所得税的影响,并将其金额反映在资产负债表的递延借项(Deferred Debit)或递延贷项(Deferred Credit)项目内。

财政部于 2006 年 2 月 15 日发布的《企业会计准则第 18 号——所得税》又进行了进一步的规范。

企业在取得资产负债时,应当确定其计税基础。资产、负债的账面价值与其计税基础存在差异的,应当按准则确认所产生的递延所得税资产和递延所得税负债。

资产的计税基础是指企业收回资产账面价值的过程中,计算应纳税所得额时按税法规定可以自应税经济利益中抵扣的金额。

负债的计税基础是指负债的账面价值减去未来期间计算应纳税所得额按税法规定可以抵扣的金额。

二、永久性差异和暂时性差异

会计准则和税法两者的目的不同,对收入、费用的确认时间和范围不同,导致产生两种差异,即永久性差异和暂时性差异。

(一)永久性差异

永久性差异(Permanent Difference)是指某一会计期间,由于会计准则和税法在计算收入、费用或损失时的口径不同,所产生的税前会计利润与应纳税所得额之间的差异。这种差异在本期发生,不会在以后各期转回。永久性差异有以下几种类型:

(1)按会计准则规定核算时作为收入计入会计报表,在计算应纳税所得额时不确认为收入。例如,《中华人民共和国企业所得税法》规定,企业购买的国债利息收入不计入应纳税所得额,不计算缴纳所得税,但按照会计准则规定,企业购买国债所产生的利息收入计入损益。

(2)按会计准则规定核算时不作为收益计入会计报表,在计算应纳税所得额时作为收益,需要缴纳所得税。例如,企业以自己生产的产品用于在建工程项目,税法上规定按该产品的售价与成本的差额计入应纳税所得额,但按会计准则规定则按成本转账,不产生利润,不计入当期损益。

(3)按会计准则规定核算时确认为费用或损失计入会计报表,在计算应纳税所得额时则不允许扣减。例如,各种赞助费,按会计准则规定计入当期损益表,减少当期利润,但在计算应纳税所得额时则不允许扣减。

(4)按会计准则规定核算时不确认为费用或损失,在计算应纳税所得额时则允许抵扣。目前这方面的实际例子很少出现。

(二)暂时性差异

暂时性差异(Temporary Difference)是指资产或负债的账面价值与其计税基础之间的差额。未作为资产和负债确认的项目,按税法规定可以确定其计税基础的,该计税基础与其账面价值之间的差额也属于暂时性差异。

按照暂时性差异对未来期间应税金额的影响,分为应纳税暂时性差异和可抵扣暂时性差异。

应纳税暂时性差异是指在确定未来收回资产或清偿负债期间的应纳税所得额时,将导致产生应税金额的暂时性差异。

可抵扣暂时性差异是指在确定未来收回资产或清偿负债期间的应纳税所得额时,将导致产生可抵扣金额的暂时性差异。

《企业会计准则第18号——所得税》主要是对暂时性差异进行了规范,不涉及永久性差异。暂时性差异主要有以下几种类型:

(1)企业取得的某项收益,在会计报表上确认为当期收益,但按照税法规定需待以后期间确认应纳税所得额。如按照会计准则规定,对长期投资采用权益法核算的企业应在期末根据被投资企业实现的净利润以及其投资比例确认投资收益;但按照税法规定,如果投资企业的所得税税率大于被投资企业的所得税税率,投资企业从被投资企业分得的利润要补交所得税,这部分投资收益补交的所得税应于被投资企业实际分得利润或于被投资企业宣告分派利润时,才计入应纳税所得额,从而产生应纳税暂时性差异。

(2)企业发生的某项费用或损失,在会计报表上确认为当期费用或损失,但按照税法规定待以后期间从应纳税所得额中扣减。例如,固定资产折旧,按照税法规定应该采用直线折旧方法计提折旧费;会计选用加速折旧法计提折旧费。这样,在固定资产使用初期,从应纳税所得额中扣减的折旧金额会小于计入当期损益表的折旧金额,从而产生可抵减暂时性差异。企业取得的某项收益,在会计报表上于以后期间确认收益,但按照税法规定需计入当期应纳税所得额。

(3)企业取得的某项收益,在会计报表上于以后期间确认收益,但税法规定需于当期扣减应纳税所得额,与(1)相反。

(4)企业发生的某项费用或损失,在会计报表上于以后期间确认为费用或损失,但按照税法规定可以从当期应纳税所得额中扣减,与(2)相反。

暂时性差异的基本特征是某项收益或费用和损失均可计入税前会计利润和应纳税所得额,但计入税前会计利润和应纳税所得额的时间不同。

上述差异是由于会计准则确认损益的时间与税法规定确认损益的时间不同所造成的,所以称其为暂时性差异。

三、会计处理方法

会计准则与税法在收益、费用或损失的确认和计量原则方面的不同,导致按照会计准则计算的税前会计利润与按照税法规定计算的应纳税所得额之间的差异,在会计核算中可以采用两种不同的方法进行处理,即应付税款法和纳税影响会计法。

（一）科目设置

在进行所得税会计核算时，需要设置以下会计科目：

(1)“所得税费用”科目核算企业从本期损益中扣除的所得税费用。其借方发生额反映企业计入本期损益的所得税费用；贷方发生额反映结转“本年利润”科目的所得税费用；期末结转本年利润后，“所得税费用”科目应无余额。

(2)“递延所得税资产”科目核算企业确认的可抵扣暂时性差异产生的递延所得税资产。其借方核算可抵暂时性差异按规定税率计算的递延所得税资产；其贷方核算企业本期转回或抵扣的递延所得税资产；期末借方余额，反映已确认但尚未转回或抵扣的递延所得税资产。

(3)“递延所得税负债”科目核算企业确认的应纳税暂时性差异产生的递延所得税负债。其贷方核算应纳税暂时性差异按规定税率计算的递延所得税负债；其借方核算企业本期转回或缴纳的递延所得税负债；期末贷方余额，反映已确认但尚未转回或缴纳的递延所得税负债。

在选择采用应付税款法进行所得税会计处理时，由于不核算暂时性差异对未来所得税的影响金额，只需要设置“所得税费用”科目，不需要设置“递延所得税资产”和“递延所得税负债”科目。在选择采用纳税影响会计法进行所得税会计处理时，由于需要核算暂时性差异对未来所得税的影响金额，因而需要设置“所得税费用”“递延所得税资产”和“递延所得税负债”等科目。

（二）应付税款法（当期计列法）

应付税款法是将本期税前会计利润与应纳税所得额之间产生的差异均在当期确认所得税费用。在这种方法下，本期所得税费用等于本期应交所得税，即本期所得税费用等于本期应纳税所得额与现行税率的乘积。暂时性差异产生的影响所得税的金额，在会计报表中不反映为一项负债或一项资产，仅在会计报表附注中说明其影响的程度。例如，按照我国税法规定，企业实际支付给职工的工资可以全部计入成本费用，但同时又给企业核定一个计税工资总额。按计税工资总额计算的应纳税所得额和按实际发放的工资总额计算的税前会计利润之间必然产生一个差额（实发工资与计税工资之差额，即永久性差异）。又如，企业采用的会计折旧方法如与税法规定不一致，可能产生税前会计利润与应纳税所得额不一致（两种方法计算的折旧费差额，即暂时性差异）。在采用应付税款法进行处理时，应按税法规定，对本期税前会计利润进行调整，调整为应纳税所得额，按照应纳税所得额计算的本期应交所得税，作为本期的所得税费用。

【例 16-7】企业当年获得国库券利息收入 10 万元。税法规定不允许抵扣的营业外支出（对外捐赠）30 万元。该企业折旧方法采用双倍余额递减法，本年折旧额为 250 万元，按照税法规定采用直线法，本年折旧额为 200 万元。该企业当年损益表上反映的税前会计利润为 850 万元，所得税税率为 25%。

应交所得税 =（会计利润±税法规定调整项目）×所得税税率

=（850+30−10+50）×25% = 230（万元）

会计分录为：

借：所得税费用　　　　2 300 000

　贷：应交税费——应交所得税　　　　2 300 000

以上的三种差异应在会计报表附注中加以说明。

由以上实例说明，在应付税款法下，本期发生的暂时性差异不单独核算，与本期发生的永久性差异同样处理。也就是说，不管税前会计利润多少，在计算缴纳所得税时均应按税法规定对税前会计利润进行调整，调整为应纳税所得额，再按应纳税所得额计算出应交的所得税，作为本期所得税费用，即本期所得税费用等于本期应交所得税。

（三）纳税影响会计法

纳税影响会计法也叫跨期所得税分摊（Deferred Tax Allocation），是将本期暂时性差异的所得税影响金额，递延和分配到以后各期，即将本期产生的暂时性差异对所得税的影响采取跨期分摊的办法。采用纳税影响会计法，所得税被视为企业在获得收益时发生的一种费用，并应随同有关的收入和费用计入同一期内，以达到收入和费用的配比。暂时性差异影响的所得税金额包括在损益表的所得税费用项目内以及资产负债表中的递延所得税资产余额里。在具体运用纳税影响会计法时，如果税率发生变动或开征了新税，通常可以采用以下两种方法：

1. 递延法

递延法（Deferred Method）是将本期暂时性差异产生的影响所得税的金额，递延和分配到以后各期，并同时转回原已确认的暂时性差异对本期所得税的影响金额。递延法的特点在于：

（1）在递延法下，在资产负债表上反映的递延所得税资产余额，并不代表收款的权利或付款的义务。

（2）采用递延法进行会计处理时，递延所得税资产的账面余额是按照产生暂时性差异的当期所适用的所得税率计算确认的。在税率变动或开征新税时，对递延所得税资产的账面余额不做调整，即递延所得税资产账面余额不符合负债和资产的定义，不能完全反映为企业的一项负债或一项资产，只能视其为资产负债表上的借项或贷项。

（3）本期发生的暂时性差异影响所得税的金额，用现行税率计算，以前发生而在本期转回的各项暂时性差异影响所得税的金额，一般用当初的原有税率计算（相当于存货中的先进先出法）。采用递延法不设“递延所得税资产”和“递延所得税负债”科目，而是以“递延所得税款”科目代替。

当会计利润小于应纳税所得税额形成的暂时性差异时，所得税费用、递延所得税款、应交所得税的计算及会计分录为：

借：所得税费用	会计利润×所得税税率
递延所得税款	可抵扣暂时性差异×所得税税率
贷：应交税费——应交所得税	应纳税所得额×所得税税率

如果税率变动了，用变动后的新税率计算。

后期暂时性差异转回或抵扣时，应交所得税用现行税率计算，转回的递延所得税款用先进先出法确定应转回或抵扣的暂时性差异与该差异发生时的税率（原税率）计算，所得税费用为应交所得税与递延所得税资产之和。

借：所得税费用	应交所得税+递延所得税资产
贷：应交税费——应交所得税	应纳税所得额×现行所得税税率
递延所得税款	原暂时性差异转回额×原所得税税率

【例16-8】某企业使用一台原值为100万元的设备，预计可使用4年，预计净残值为0，会计采用加速折旧计提折旧，4年的折旧额分别为40万元、30万元、15万元、15万元；税法规定采用直线法计提折旧，各年的折旧额均为25万元。假设这4年的税前会计利润均为500万元。第一年的所得税税率为30%，第二年起所得税税率为25%。

以资产负债表法计算暂时性差异,见表 16-2。

表 16-2 某企业以资产负债表法计算暂时性差异表 单位:万元

项目 \ 年份	第一年年初	第一年	第二年	第三年	第四年
会计计税基础	100	60	30	15	0
税法计税基础	100	75	50	25	0
差额	0	15	20	10	0

以每年的年末差异减去年初差异,得出各年产生的暂时性差异如下:

第一年的暂时性差异=15-0=15(万元)

第二年的暂时性差异=20-15=5(万元)

第三年的暂时性差异=10-20=-10(万元)

第四年的暂时性差异=0-10=-10(万元)

(1)第一年的会计处理。

第一年的所得税费用=500×30%=165(万元)

第一年的递延所得税款=15×30%=4.5(万元)

第一年的应交所得税=(500+15)×30%=154.5(万元)

借:所得税费用 1 500 000

递延所得税款 45 000

贷:应交税费——应交所得税 1 545 000

(2)第二年的会计处理。

第二年所得税费用=500×25%=125(万元)

第二年的递延所得税资产=5×25%=1.25(万元)

第二年的应交所得税=(500+5)×25%=126.25(万元)

借:所得税费用 1 250 000

递延所得税款 12 500

贷:应交税费——应交所得税 1 262 500

(3)第三年开始转回的会计处理(先形成的递延所得税款按原税率转回)。

第三年的递延所得税款=10×30%=3(万元)

第三年的应交所得税=(500-10)×25%=122.5(万元)

第三年的所得税费用=122.5+3=125.5(万元)

借:所得税费用 1 255 000

贷:应交税费——应交所得税 1 225 000

递延所得税款 30 000

(4)第四年的会计处理。

第四年的递延所得税资产=5×30%+5×25%=2.75(万元)

第四年的应交所得税=(500-10)×25%=122.5(万元)

第四年的所得税费用=122.5+2.75=125.25(万元)

借:所得税费用 1 252 500

贷:应交税费——应交所得税 1 225 000

递延所得税款 27 500

四年的所得税费用合计=150+125+125.5+125.25=525.75(万元)

四年的应交所得税合计=154.5+126.25+122.5+122.5=525.75(万元)

四年后“递延所得税款”科目账面余额为0,暂时性差异全部转回。

2. 债务法

债务法(Liability Method)是将本期由于暂时性差异产生的影响所得税的金额,递延和分配到以后各期,并同时转回已确认的暂时性差异的所得税影响金额,在税率变更或开征新税时,需要调整递延所得税资产的账面余额。债务法的特点在于:

(1)本期的暂时性差异预计对未来所得税的影响金额在资产负债表上作为将来应付税款的债务,或者作为代表预付未来税款的资产。采用债务法进行会计处理时,需要分别设置“递延所得税资产”科目和“递延所得税负债”科目。“递延所得税资产”或“递延所得税负债”的账面余额按照现行所得税税率计算,而不是按照产生暂时性差异的当期所适用的所得税税率计算,因此,在税率变更或开征新税时,“递延所得税资产”或“递延所得税负债”的账面余额要进行相应的调整,使得“递延所得税资产”或“递延所得税负债”的账面余额为累计暂时性差异与现行税率之积。如果税率变动不按变动后的税率调整(递延法)“递延所得税资产”或“递延所得税负债”账面余额,则“递延所得税资产”或“递延所得税负债”账面余额不能真正反映未来应付的所得税或未来可抵减的所得税。因此,从理论上讲,债务法比递延法更科学。也就是说,按照债务法计算的“递延所得税资产”或“递延所得税负债”账面余额,在资产负债表上反映为一项负债或一项资产。

(2)在采用债务法时,本期发生或转回的暂时性差异的所得税影响均应用现行税率计算确定。

《企业会计准则第18号——所得税》规定,资产负债表日,对于递延所得税资产和递延所得税负债,应当根据税法规定,按照预期收回该资产或清偿负债期间的适用税率计量。适用税率发生变化的,应当对已确认的递延所得税资产和递延所得税负债进行重新计量,除直接在所有者权益中确认的交易或者事项产生的递延所得税资产和递延所得税负债以外,应当将其影响数额计入变化当期的所得税费用。也就是说,我国《企业会计准则第18号——所得税》规定,采用资产负债表法的债务法进行所得税会计处理。

当会计利润小于应纳税所得税额形成的暂时性差异时,所得税费用、递延所得税资产、应交所得税的计算及会计分录为:

借:所得税费用　　会计利润×所得税税率

　递延所得税资产　　暂时性差异×所得税税率

　贷:应交税费——应交所得税　　应纳税所得额×所得税税率

如果税率变动,应调整税率变动期之前递延所得税资产额,这时的所得税费用由应交所得税加或减调整递延所得税资产额确定。

递延所得税资产调整额=税率变动前期累计暂时性差异×调增或减税率

税率调整期的会计分录为:

借:所得税费用　　应交所得税-递延所得税资产

　递延所得税资产　　暂时性差异×现行所得税税率±递延所得税资产调整额

　贷:应交税费——应交所得税　　应纳税所得额×现行所得税税率

【例16-9】假设税率变动前的税率为30%,原累计暂时性差异为30万元,则原递延所得税资产余额为借方9万元。本期税率调整为25%,本期应纳税所得额为500万元,会计利润为480万元。

递延所得税资产调整额＝30×(25%－30%)＝－1.5(万元)

借:所得税费用(125－3.5)	1 215 000
递延所得税资产(20×25%－1.5)	35 000
贷:应交税费——应交所得税(500×25%)	1 250 000

会计处理的结果是“递延所得税资产”期末余额应为累计暂时性差异(30+20)×新税率(25%)＝12.5(万元),即上期余额9万元与本期发生递延所得税资产3.5万元之和。

后期暂时性差异转回时,应交所得税、所得税费用、递延所得税资产均用现行税率计算。

借:所得税费用	会计利润×现行税率
贷:应交税费——应交所得税	应纳税所得额×现行税率
递延所得税资产	转回的暂时性差异×现行税率

【例16-10】利用例16-8的资料,采用债务法进行会计处理。

(1)第一年的会计处理。

借:所得税费用	1 500 000
递延所得税资产	45 000
贷:应交税费——应交所得税	1 545 000

(2)第二年的会计处理。

递延所得税资产调整额＝15×(－5%)＝－0.75(万元)

第二年的递延所得税资产＝5×25%－0.75＝0.5(万元)

第二年的应交所得税＝(500+5)×25%＝126.25(万元)

第二年的所得税费用＝126.25－0.5＝125.75(万元)

借:所得税费用	1 257 500
递延所得税资产	5 000
贷:应交税费——应交所得税	1 262 500

此时“递延所得税资产”账面余额应为(15+5)×25%＝5(万元),上期余额4.5万元与本期发生额0.5万元之和。

(3)第三年暂时性差异开始转回的会计处理。

第三年的所得税费用、递延所得税资产、应交所得税均按现行税率计算(按新税率25%转回)。

借:所得税费用(500×25%)	1 250 000
贷:应交税费——应交所得税[(500－10)×25%]	1 225 000
递延所得税资产(10×25%)	25 000

(4)第四年的会计处理与第三年的相同。

四年的所得税合计＝150+125.75+125+125＝525.75(万元)

四年的应交所得税合计＝154.5+126.25+122.5+122.5＝525.75(万元)

四年后“递延所得税资产”账面余额为0,暂时性差异全部转回。

如果用表格计算递延所得税资产,则不需要调整,直接计算出各年递延所得税资产的发生额,这个方法比较简单。计算结果见表16-3。

表 16-3　　计算递延所得税资产表　　单位:万元

项目＼年份	第一年年初	第一年年末	第二年年末	第三年年末	第四年年末
会计计税基础	100	60	30	15	0
税法计税基础	100	75	50	25	0
暂时性差额	0	15	20	10	0
所得税税率(%)	30	30	25	25	25
递延所得税资产	0	4.5	5	2.5	0

第一年的递延所得税资产=4.5-0=4.5(万元)

第二年的递延所得税资产=5-4.5=0.5(万元)

第三年的递延所得税资产=2.5-5=-2.5(万元)

第四年的递延所得税资产=0-2.5=-2.5(万元)

【例 16-11】某企业在 2016—2019 年每年应税收益分别为-200 万元、80 万元、40 万元、100 万元,适用税率始终为 25%,假设无其他暂时性差异。

(1)原来的会计处理。

①2016 年、2017 年和 2018 年无所得税相关会计分录。

②2019 年的会计分录如下:

借:所得税费用　　50 000

　贷:应交税费——应交所得税　　50 000

(2)新准则要求采用当期确认法。

2016 年的会计分录如下:

借:递延所得税资产　　500 000

　贷:所得税费用——补亏减税　　500 000

2017 年的会计分录如下:

借:所得税费用　　200 000

　贷:递延所得税资产　　200 000

2018 年的会计分录如下:

借:所得税费用　　100 000

　贷:递延所得税资产　　100 000

2019 年的会计分录如下:

借:所得税费用　　250 000

　贷:递延所得税资产　　200 000

　　应交税费——应交所得税　　50 000

【例 16-12】某企业一项交易性金融资产的账面价值为 500 万元,期末公允价值为 550 万元,为此企业已按期末公允价值调整了其账面金额并确认了公允价值变动损益。此时计税基础与其账面价值的差额为 50 万元。这 50 万元为应纳税暂时性差异。所得税税率为 25%。

借:所得税费用　　125 000

　贷:递延所得税负债　　125 000

【例 16-13】某企业有关资料如表 16-4 所示。

表 16-4　　某企业有关财务数据表　　单位:万元

序号	项目	账面价值	计税基础	暂时性差异	
				应纳税	可抵减
1	交易性金融资产	1 500	1 000	500	
2	负债	100	0		100
	合计			500	100

假设除上述项目外,该企业其他资产、负债的账面价值与其计税基础一样,也不存在可抵扣亏损和税款抵减;该企业当期会计利润为 3 000 万元;该企业预计在未来期间能够产生足够的应纳税所得额用以抵扣可抵扣暂时性差异。计算该企业的递延所得税负债、递延所得税资产、所得税费用和应交所得税。

递延所得税负债 = 500×25% = 125(万元)

递延所得税资产 = 100×25% = 25(万元)

递延所得税费用 = 125-25 = 100(万元)

当期所得税费用 = 3 000×25% = 750(万元)

列入利润表的所得税费用 = 750+100 = 850(万元)

(四)递延所得税的特殊情况

(1)直接计入所有者权益的交易或事项产生的递延所得税。根据准则规定,直接计入所有者权益的交易或事项,如可供出售金融资产公允价值的变动,相关资产负债的账面价值与计税基础之间形成暂时性差异的,应当按照准则规定确认递延所得税资产或递延所得税负债,计入资本公积(其他资本公积)。

(2)企业合并中产生的递延所得税。由于企业合并会计准则规定与税法规定对企业合并处理不同,可能会造成企业合并中取得资产、负债的入账价值与其计税基础的差异。例如,非同一控制下企业合并产生的应纳税暂时性差异或可抵扣暂时性差异,在确认递延所得税负债或递延所得税资产的同时,相关的递延所得税费用(或收益),通常应调整合并中确认的商誉。

(3)按税法规定允许用以后年度所得弥补的可抵扣亏损以及可结转以后年度的税款抵减,比照可抵扣暂时性差异的原则处理。

第四节　利润分配的会计处理

一、利润分配的程序

利润分配(Income Distributions)是指企业根据董事会的建议和股东大会的决议,对企业已实现的净利润按法定及相关规定部分留给企业,部分向投资者分配的过程。留归企业的部分,为留存收益(Earnings Retained);分给投资者的部分为应付股利(Dividend Payable)。

根据 2018 年 10 月 26 日修改的《中华人民共和国公司法》等有关法规的规定,企业当年实现的净利润,一般应当按照如下顺序进行分配:

（一）提取法定公积金

法定公积金按照税后利润的10%的比例提取。公司法规定公积金累计额为公司注册资本的50%以上的，可以不再提取。公司的法定公积金不足以弥补以前年度公司亏损的，在提取法定公积金之前，应当先用当年利润弥补亏损。

（二）提取任意公积金

公司在提取法定公积金后，经股东大会决议，可以提取任意公积金。

（三）向投资者分配利润或股利

公司弥补亏损和提取公积金、法定公益金后的剩余利润，有限责任公司按照股东的出资比例向股东分配利润；股份有限公司按照股东持有股份比例分配股利。公司持有的本公司股份不得分配股利。

二、利润分配的核算

（一）利润分配的处理

为对企业利润进行分配，需设置"利润分配"总账科目，并设置"未分配利润""提取法定盈余公积""提取任意盈余公积""应付普通股股利""应付优先股股利""盈余公积补亏"等明细科目。"利润分配"的这些明细科目在年末除"未分配利润"明细科目的余额外，其他明细科目都会转平，无余额。

企业当期发生的各种经济业务所发生的收入和费用，通过日常核算归集整理为当期收入和成本与费用，在期末将本期实现收入和发生的成本与费用全额结转到"本年利润"科目，通过"本年利润"科目计算当期的财务成果，即当期的财务成果全部体现在"本年利润"科目中。年度终了进行利润分配时，首先将当年实现的利润，自"本年利润"科目转入"利润分配——未分配利润"明细科目。如企业当年实现盈利，则借记"本年利润"科目，贷记"利润分配——未分配利润"科目；如果企业亏损，则借记"利润分配——未分配利润"科目，贷记"本年利润"科目。进行利润分配时，借记"利润分配"各明细科目，贷记相关会计科目。年终将"利润分配"科目下的其他明细科目的余额，转入"未分配利润"明细科目。结转后，"未分配利润"明细科目的贷方余额，就是未分配利润的数额。如出现借方余额，则表示未弥补亏损的数额。"利润分配"的其他明细科目无余额。

【例16-14】某企业本年实现净利润3 000 000元，即"本年利润"年末贷方余额3 000 000元，董事会决议提出的利润分配方案为：提取法定盈余公积300 000元，任意盈余公积金350 000元，应付股利1 800 000元。

（1）结转全年利润。

借：本年利润	3 000 000	
贷：利润分配——未分配利润率		3 000 000

（2）进行利润分配。

借：利润分配——提取法定盈余公积	300 000	
——提取任意盈余公积	350 000	
——应付普通股股利	1 800 000	
贷：盈余公积——法定盈余公积		300 000
——任意盈余公积		350 000
应付股利		1 800 000

（3）年终将"利润分配"的其他明细科目已分配的利润额转入"未分配利润"明细科目。

借:利润分配——未分配利润　　2 450 000

　贷:利润分配——提取法定盈余公积　　300 000

　　　　——提取任意盈余公积　　350 000

　　　　——应付普通股股利　　1 800 000

(二)利润分配的调整

根据《中华人民共和国公司法》的规定,利润分配方案由公司董事会提出,最终由公司股东大会批准,按照股东大会批准的利润分配方案进行利润分配。为了使年度会计报表反映当年利润分配情况,企业应当按董事会决议提请股东大会批准的报告年度利润分配方案,作为当年利润分配的会计处理,并将其列入当期的利润分配表。

如果股东大会最终批准的利润分配方案与董事会原先提请批准的利润分配方案不一致,则应当按照股东大会最终批准的利润分配方案对原入账的利润分配进行调整。按照有关规定,对于该差异采取调整当期利润分配项目年初数的方法进行处理。

【例 16-15】利用例 16-14 的资料,假设股东大会批准通过的利润分配方案与董事会提请批准的利润分配方案不一致,批准的方案与原方案相比,应付股利增加 200 000 元,任意盈余公积增提150 000元。

此时,该公司应在股东大会批准通过上年度利润分配方案后,编制如下会计分录:

借:利润分配——未分配利润　　350 000

　贷:盈余公积——一般盈余公积　　150 000

　　应付股利　　200 000

(三)股票股利(Stock Dividends)的处理

在公司董事会决议提请股东大会批准的年度利润分配方案中涉及分配股票股利时,对于其中的股票股利,在董事会确定利润分配方案时不需要进行账务处理,但应当在其对外报出的会计报表中予以披露。公司应在股东大会批准董事会提请批准的年度利润分配方案并且办理了增资手续后,按照实际发放的股票股利的金额,借记“利润分配”科目,按照实际发放股票的票面金额,贷记“股本”科目,按照股票股利的金额与实际发放股票的票面金额之间的差额,贷记“资本公积”科目。

【例 16-16】利用例 16-14 的资料,假设董事会决议提出的利润分配方案中除分配现金股利 1 800 000 元外,还分配股票股利 300 000 元。

因分配股票股利暂时无需进行会计处理,其利润分配的会计分录与例 16-14 完全相同。但该公司在对外披露会计报表时,还必须在其披露的会计报表的附注中,说明董事会提请股东大会批准的利润分配方案中包括发放股票股利300 000 元。

该公司上述利润分配方案经股东大会批准通过后,在实际发放股票股利时(下一年),应当编制如下会计分录:

借:利润分配——应付普通股股票股利　　300 000

　贷:股本　　300 000

借:利润分配——未分配利润　　300 000

　贷:利润分配——应付普通股股票股利　　300 000

在此必须注意,对于利润分配方案中现金股利和股票股利,其处理方法是不同的。

(1)对于现金股利(Cash Dividends),在董事会确定利润分配方案后,必须进行账务处理;而股票股利在董事会提出利润分配方案时不需要进行账务处理,只需要在当期会计报表中披露。

(2)对于现金股利,在股东大会批准的利润分配方案与董事会提请批准的利润分配方案之间发生差异时,必须调整会计报表相关项目的年初数或上年数;而股票股利在股东大会批准利润分配方案并实际发放时,直接进行账务处理,不存在有关项目调整的问题。

由此,现金股利是作为实现净利润当年的利润分配处理,在实现净利润当年的利润分配表中反映;而股票股利则是作为发放股票股利当年的利润分配处理,在实际发放股票股利当年的利润分配表中反映,虽然股票股利与现金股利在同一利润分配方案中提出并批准。即使股东大会批准通过的利润分配方案中现金股利与董事会提请批准的利润分配方案中现金股利之间的差额,也是作为实现净利润当年的利润分配处理,虽然没有反映在实现净利润当年的利润分配表中。

分配股票股利只引起企业所有者权益结构发生变动,并不对负债与权益比例产生影响。按照现行规定,企业增加资本时必须经工商行政管理部门批准变更注册资本。一般情况下,应当是在股东大会正式批准股票股利分配方案后,才正式申请变更注册资本的注册登记。

思考题

1. 企业的利润总额是怎样构成的?
2. 如何区分经营利润、利得和损失?
3. 如何进行利润总额的核算?
4. 什么是会计利润?什么是应纳税所得额?两者为什么不同?
5. 什么是永久性差异?举例说明有哪些永久性差异?
6. 什么是暂时性差异?举例说明有哪些暂时性差异?
7. 应付税款法有何特点?如何进行会计处理?
8. 纳税影响会计法有何特点?如何进行会计处理?
9. 递延法与债务法有何不同?如何进行会计处理?
10. 利润分配的程序是怎样的?

练习题

1. 某企业经批准,注销无法支付给 W 公司的应付款 30 000 元作为营业外收入。

2. 某企业接到税务部门的通知,处以 50 000 元税款滞纳金罚款,立即以银行存款支付。

3. 某企业接到法院判决通知,本企业应支付给 N 公司违约赔款 100 000 元,该赔款上年已确认为“预计负债”80 000 元,现已以银行存款支付。

4. 某企业 2019 年年末损益类账户期末余额如表 16-5 所示。

表 16-5　**某企业 2019 年年末损益类账户本期发生额**　单位:元

科目	借方发生额	贷方发生额
主营业务收入		5 000 000
其他业务收入		200 000
投资收益		400 000
公允价值变动损益		150 000

表16-5(续)

科目	借方发生额	贷方发生额
营业外收入		250 000
主营业务成本	3 000 000	
其他业务成本	100 000	
税金及附加	40 000	
销售费用	560 000	
管理费用	700 000	
财务费用	100 000	
资产减值损失	250 000	
营业外支出	50 000	
合计	4 800 000	6 000 000

(1)根据资料编制结转各收入、成本费用的会计分录。

(2)假设所得税率税为25%,企业营业外支出中有罚款支出50 000元,投资收益中有国库券利息收入100 000元。采用应付税款法编制计算所得税费用和结转所得税费用的会计分录。

(3)结转全年净利润。

5. 某上市公司2019年实现净利润5 000 000元。

公司董事会于2019年12月31日提出公司当年利润分配方案,拟对当年实现的利润进行分配。其分配方案如下:

提取法定盈余公积	500 000元
提取任意盈余公积	550 000元
分配股利	3 500 000元
其中:股票股利	2 000 000元
现金股利	1 500 000元
合计	4 550 000元

(1)年末对董事会提请批准的利润分配方案进行账务处理时。

(2)假如股东大会批准的方案与董事会的不一致,股东大会批准的方案与董事会的方案相比,现金股利调减200 000元,任意盈余公积调增100 000元。编制调整会计分录并说明需调整会计报表的哪些项目?如何调整?

(3)假设第二年股东大会同意了分配股票股利的方案,并发放2 000 000元面值的股票。编制发放股票股利的会计分录。

6. 某企业使用一台原值为50万元的设备,预计使用5年,预计净残值为0,企业采用年限总和法计提折旧,税法规定采用直线法计提折旧,这5年每年的会计利润均为400万元。企业所得税税率第一年为33%,第二年至第五年企业所得税税率均为25%。采用债务法核算所得税,编制5年的会计分录。

第十七章 资产负债表

在《初级财务会计》中就已经介绍了会计报告,包括会计报表、会计报表附注和其他应当在财务会计报告中披露的相关信息和资料。本章将详细地论述资产负债表的概念、作用、编制原理、基本结构、报表格式和编制方法,同时介绍资产负债的有关附表的编制。

第一节 资产负债表的概念和作用

《企业会计准则——基本准则》第十章财务会计报告指出,财务会计报告是指企业对外提供的反映企业某一特定日期的财务状况和某一会计期间的经营成果、现金流量等会计信息的文件。

财务会计报告包括会计报表及其附注和其他应当在财务会计报告中披露的相关信息和资料。会计报表至少应当包括资产负债表、利润表、现金流量表等报表。小企业编制会计报表可以不包括现金流量表。附注是指对在会计报表中列示项目所做的进一步说明以及对未能在这些报表中列示项目的说明等。

一、资产负债表的概念和编制原理

资产负债表的起名主要来自它的编制惯例。由于资产负债表主要是利用会计账户在特定时日的余额编制的,并要求在资产、负债和业主权益这三个静态会计要素之间保持平衡关系,即表现为一种对应的平衡表 (Balance Sheet)。资产负债表因而得名,并相继沿用至今。

从理论上来说,将资产负债表称为财务状况表(Statement of Financial Positions)更确切。根据美国会计原则委员会(APB)在 1970 年第 4 号报告中的解释:企业在特定时日的财务状况包括它的资产、负债和业主权益以及它们之间的相互关系,再加上在当时与企业相关的或有事项、承诺和其他财务事项,并且必须遵循公认会计原则加以显示。企业的财务状况是以资产负债表和财务报表附表予以表述的。尤其是近些年来,以“财务状况表”代替“资产负债表”的趋势已有所增加。因此,美国财务会计准则委员会(FASB)在其概念框架研究中,不再使用“资产负债表”,而规定为“财务状况表”,并认为该表描述企业的资源结构——资产的主要类别和数额以及企业的财务结构——负债和业主权益的主要类别和数额。当然在实务中,这两个术语还是同时并用,而且仍以“资产负债表”为主。

因此,资产负债表,即财务状况表是反映企业某一特定日期(月末、季末、半年末、年末)资产、负债、权益分布情况及其相互关系的财务状况表。

资产负债表是依据“资产=负债+所有者权益”这一平衡式为基础,按照一定的分类标准和一定的排列次序,把企业某一时日的资产、负债和所有者权益分项目编制而成的。该表向会计信息使用者全面揭示了企业在某一特定日期所拥有的或控制的经济资源,所应承担的经济义务以及所有者对企业净资产的要求权。站在企业的角度,资产负债表从两个相互对应的方面提供了反映企业在某一特定日期财务状况的时点情况。一方面突出了企业独立的法人地位，反映企业在某一特定日期持有的不同形态资产的价值总额，即企业所拥有或控制的、预期能为企业带来经济利益的资源；另一方面则反映了企业在某一特定日期所应承担的对不同债权人的偿债义务和偿债后归属于所有者的净资产总额。由于在任何时点上（月末、季末、年末）企业资产等于负债与所有者权益之和，并且仅反映该时点上的财务状况，所以资产负债表又称为静态报表或静态要素报表。

二、资产负债表的作用及缺陷

编制资产负债表的主要目的是将企业财务状况信息提供给财务报告信息使用者，尤其是企业债权人，以供他们作为经营决策的依据和参考。

（一）资产负债表的作用

1. 资产负债表可以提供企业某一日期资产总额及其分布状况

企业要进行生产经营，必然要掌握相当数量的经济资源——资产。企业在某一日期究竟拥有或控制了多少资产，这些资产的占用形态和分布状况如何，各类资产的结构是否合理等都可以通过资产负债表详细地反映出来。因此，资产负债表能为会计信息使用者提供企业资产全貌的情况，便于会计信息使用者分析企业的生产经营能力，并做出有效的经营决策。

2. 资产负债表可以提供企业短期偿债能力信息

偿债能力指企业以其资产偿付到期债务的能力。短期偿债能力主要体现为企业资产和负债的流动性上。企业资产和负债的流动性指企业资产转换成现金的速度或负债离到期清偿日的时间。在资产项目中，除现金以外，资产转换成现金的时间越短、速度越快，表明其资产的流动性越强或资产的变现能力越强。负债到期日越短，其流动性越强，表明越早要动用现金来偿还其短期债务。

短期债权人关注的是企业有否足够的现金或是否有足够的资产可及时转换成现金，以清偿短期内即将到期的债务。长期债权人及企业所有者也要评价企业的短期偿债能力。企业短期偿债能力越弱，企业越有可能破产。资产负债表分门别类、详细地列示了企业流动资产和流动负债，它虽未直接反映出企业短期偿债能力，但通过将流动资产与流动负债进行比较，并借助于报表附注，即可了解企业的短期偿债能力。

3. 资产负债表可以提供企业长期偿债能力及资本结构的信息

企业长期偿债能力主要指企业以全部资产清偿全部债务的能力。一般认为企业资产越多、负债越少，其长期偿债能力越强，反之越弱。若企业资不抵债，则缺乏长期偿债能力。资不抵债往往由企业长期亏损、蚀耗资产引起；也可能因为企业举债过多，即资本结构不合理所致。资本结构一般指企业负债总额、所有者权益总额的比例关系。负债与所有者权益的数额表明企业所能支配的资产中有多少是债权人提供，有多少是所有者提供。这两者的比例关系，既影响债权人和所有者的利益分配，又牵涉到债权人和所有者的相对风险以及企业长期偿债能力。资产负债表按资产、负债、所有者权益三大要素分类列示了有关重要项目，可以为债权人做出信贷决策和经营管理者保持合理资本结构提供依据。

4. 资产负债表可以提供企业财务弹性的信息

财务弹性（Financial Flexibility）指企业应付各种环境变化，抓住各种经营机遇的能力。企业的财务弹性主要取决于：

（1）资产的流动性或变现能力。

（2）企业经营活动产生现金流入的能力。

（3）向债权人和投资者筹措资金的能力。

（4）在不影响正常经营的前提下变卖部分现有资产取得现金流入的能力。

财务弹性较强的企业,不仅能从有利可图的经营活动中获取现金流入,而且可以向债权人举债或向投资者筹资,抓住新的、有利可图的投资机遇。即使遇到经营不利时,也能随机应变、及时筹集资金、分散经营风险、避免陷入财务困境。资产负债表虽未直接提供企业财务弹性的信息,但该表所列示的资产分布和负债比例、资本结构等资料,可以帮助管理当局了解企业的财务弹性、增强应变能力。

(二)资产负债表的缺陷

资产负债表的作用是肯定的,但资产负债表也有其缺陷,主要表现在以下几个方面:

1. 资产负债表是以历史成本为基础的,不能反映企业资产、负债及权益的现时价值

虽然历史成本有客观性、可核实性之优点,但在通货膨胀率较高的情况下,账面上的历史成本与编报日的市场价值有一定的差距。因而资产负债表存在不能真实地反映企业资产、负债及权益的现时价值的缺陷。为了使企业会计信息对财务报告使用者的决策有用,在通货膨胀情况下,需采用重置成本、可变现净值或清算价值等计量属性取代历史成本,或通过调整的方法编制资产负债表。

2. 资产负债表不能提供关于非货币性的信息

这是因为会计是采用货币为主要计量单位这一特点决定的。随着经济的发展,投资者、债权人等企业会计信息使用者不仅仅要了解企业以货币反映的综合会计信息,还要求企业披露一些非货币性的信息,如人力资源、管理人员素质、社会责任等类信息均对会计信息使用者的决策具有影响力。目前这类非货币信息量难以在资产负债表中直接反映,可在其附表或附注中加以详细说明。

资产负债表除存在以上两点突出的缺陷以外,还存在所反映的信息含有许多估计数,这难免受管理人员或会计人员主观判断之影响。

第二节 资产负债表的格式及编制

一、资产负债表的项目排列

在编制资产负债表时,应按照一定的标准对企业资产、负债和所有者权益项目进行合理的分类,以便充分披露企业必须披露的重要信息,便于会计信息使用者理解和比较和使用企业会计信息。资产负债表项目的分类方法是按流动性(Current)与非流动性(Noncurrent)分类。

《企业会计准则第30号——财务报表列报》规定,资产负债表应当分别按流动资产和非流动资产、流动负债和非流动负债列示。

按流动性与非流动性分类是将资产负债表的项目按照其流动性质划分为流动性项目和非流动性项目两大类。

通常按流动性大小来排列和分类资产,分为流动资产和非流动资产。资产负债表中的资产项目一般是按其流动性从强到弱的顺序依次列报的。所谓流动性指的是周转、变现的能力。流动资产项目的变现能力的强弱先后排列为:货币资金、交易性金融资产、应收票据、应收股利、应收利息、应收账款、预付账款、其他应收款、存货、一年内到期的非流动资产及其他流动资产等项目。

非流动资产并非不流动,而是相对于流动资产来说,流动性没有那么强,即在一个营业周期或自资产负债表日起一年(两者较长)以上的时间里转变成现金,或被出售、被耗用的资产。非流动资产分为可供出售金融资产、持有至到期投资、长期应收款、长期股权投资、投资

性房地产、固定资产、工程物资、在建工程、无形资产及其他资产、递延所得税资产等项目。

负债按流动性大小、偿还期的短(快)长(慢)分为流动负债和非流动负债两大类。流动负债的偿还期一般不超过一年或一个营业周期(两者较短),再分为短期借款、应付票据、应付账款、预收账款、应付职工薪酬、应付股利、应交税费、其他应付款、一年内到期的非流动负债及其他流动负债等项目。

非流动负债或长期负债,是指不需要在下一年或下一个营业周期内动用流动资产或承担新的流动负债加以清偿的债务,分为长期借款、应付债券、长期应付款、专项应付款、预计负债、递延所得税负债及其他非流动负债等项目。

所有者权益是企业所有者对企业的剩余财产的要求权,是企业总资产减去负债总额的差额。所有者权益一般按永久程度排列,留在企业的时间越长,排列在先;留在企业的时间越短,排列在后。按这个原则,所有者权益类分为实收资本(股本)、资本公积、其他综合收益、盈余公积和未分配利润等项目。

资产负债表项目按流动性与非流动性分类的最大优点是会计信息使用者能够较直接地获得企业偿债能力的信息,尤其是短期偿债能力的信息。长期以来,人们认为,资产负债表最主要是为债权人编制的,而债权人最关心的就是企业的偿债能力信息。

需要注意的是,资产负债表的这些分类项目与账户名称,即会计科目不完全相同,不要把资产负债表内的项目与账户名称混淆了。例如,资产负债表内有“货币资金”“存货”“一年内到期的长期债权投资”“一年内到期的长期债务”等项目,而账户中却没有这些会计科目。

二、资产负债表的结构与格式

(一)资产负债表的结构

资产负债表的结构是指资产负债表的构成部分以及构成项目的排列规则。从结构上看,资产负债表包括表头、基本内容和补充资料三大部分。其中表头又包括报表的名称、企业的名称、报表所反映的日期(不是填列日期)、报表的计量单位。

因资产负债表是反映企业在某一特定日期(时点)的财务状况,是静态报表,因此应注明报表所反映企业财务状况的年、月、日的具体时间,即资产负债表的编报日期。

资产负债表的表身是该表的主体部分,具体反映资产负债表要素各项目内容。为了反映企业偿债能力,特别是偿还短期债务能力以及企业财务弹性,一般来说,资产部分各项目按流动性(变现能力)的强弱先后排序——流动性强的资产排在前面,流动性弱的资产排在后面。负债与所有者权益按债权人和投资者对企业资产要求权的先后排列。债权人的要求权通常优于所有者,因此负债一般排在所有者权益之前。负债中各项目又按需清偿债务时间的先后排序,流动负债排在前面,长期负债排在之后。

补充资料主要揭示一些重要的、但在资产负债表中又不便于或不能反映的资料,也称为报表附注。这些补充资料有助于会计报告使用者全面、正确地理解企业会计信息。

(二)资产负债表的格式

资产负债表各类项目在表中的排列结构,就形成了各种各样的资产负债表格式。资产负债表一般有两种格式:账户式(Account Form)和报告式(Report Form)。

1. 账户式资产负债表

账户式资产负债表又称为横式资产负债表,是依据“资产=负债+所有者权益”的会计平衡式,利用账户形式(左右对照式)来编制的。由于资产负债表是反映企业某一时点上的资产、负债及所有者权益分布状况的静态情况的,而账户的期末余额提供的就是各会计要素的静态指标,所以账户式资产负债表的格式类似于账户的格式,并且是根据账户的期末余额填列的。因为资产账户的期末余额一般在账户的借方（左方），资产负债表的左方填列资产类的全部项目；负债和所有者权益账户的余额一般在账户的贷方（右方），资产负债表右方填列负债和所有者权益的全部项目。资产负债表中资产、负债均按其流动性强弱先后排列，流动性强的排在前面，流动性弱的排在后面。负债偿还期短的排在前面，偿还期长的排在后面。所有者权益按形成来源分类后，按其留在企业的永久程度先后排列。账户式资产负债表的格式如表 17-1 所示。

表 17-1 **资产负债表**

会企 01 表

编制单位： ______年__月__日 单位：元

资　产	期末余额	年初余额	负债和所有者权益（或股东权益）	期末余额	年初余额
流动资产：			流动负债：		
货币资金			短期借款		
交易性金融资产			交易性金融负债		
应收票据及应收账款			衍生金融负债		
衍生金融资产			应付票据及应付账款		
预付款项			预收款项		
其他应收款			合同负债		
存货			应付职工薪酬		
合同资产			应交税费		
持有待售资产			其他应付款		
一年内到期的非流动资产			持有待售负债		
其他流动资产			一年内到期的非流动负债		
流动资产合计			其他流动负债		
非流动资产：			流动负债合计		
其他权益工具投资			非流动负债：		
其他债权投资			长期借款		
债权投资			应付债券		
长期应收款			长期应付款		
长期股权投资			长期应付职工薪酬		
投资性房地产			预计负债		
固定资产			递延收益		
在建工程			递延所得税负债		
工程物资			其他非流动负债		
固定资产清理			非流动负债合计		
生产性生物资产			负债合计		
油气资产			所有者权益（或股东权益）：		
无形资产			实收资本（或股本）		
开发支出			资本公积		
商誉			减：库存股		
长期待摊费用			其他综合收益		
递延所得税资产			盈余公积		
其他非流动资产			未分配利润		
非流动资产合计			所有者权益（或股东权益）合计		
资产总计			负债和所有者权益（或股东权益）总计		

2. 报告式资产负债表

报告式或直列式资产负债表也是根据“资产=负债+权益”这一平衡原理编制的。报告式资产负债表将资产、负债和所有者权益三大要素的项目上下排列，即先列资产，后列负债，最后列权益。报告式资产负债便于编制比较资产负债，可在一张表中平行列示若干期资产负债表数字。但是，报告式资产负债表的不足是资产、负债及权益之间的平衡关系不够一目了然，并且因资产负债及权益的项目太多，使报表上下太长不便于编制，也不便于报表的使用。

账户式资产负债表能使资产、负债及权益的平衡关系一目了然，尤其易于比较流动资产和流动负债的数额和关系，但不便于编制几年的比较资产负债表。

三、资产负债表的编制

（一）表内各项目的填列方法

资产负债表反映企业一定日期全部资产、负债和所有者权益的情况。该表“年初数”栏内各项数字，应根据上年年末资产负债表“期末数”栏内所列数字填列。如果本年度资产负债表规定的各个项目的名称和内容同上年度不相一致，应对上年年末资产负债表各项目的名称和数字按照本年度的规定进行调整，填入“年初数”栏内。资产负债表“期末数”各项目的内容和填列方法归纳如下：

1. 根据总账科目余额填列

（1）根据总账科目的余额直接填列。“交易性金融资产”“其他债权投资”“其他权益工具投资”“递延所得税资产”“长期待摊费用”“短期借款”“应付票据”“应付利息”“应付股利”“持有待售负债”“预计负债”“递延收益”“递延所得税负债”“实收资本（或股本）”“库存股”“资本公积”“其他综合收益”“专项储备”“盈余公积”等项目，应根据有关总账科目的余额填列。

（2）根据几个总账科目的期末余额计算填列。例如，“货币资金”项目需根据“库存现金”“银行存款”“其他货币资金”三个总账科目余额的合计数填列，即货币资金=库存现金+银行存款+其他货币资金。

2. 根据明细账科目余额计算填列

（1）应付票据及应付账款=应付票据及应付账款所属明细科目贷方余额+预付账款所属明细科目贷方余额。

（2）预付款项=应付账款所属明细科目借方余额+预付账款所属明细科目借方余额-与预付账款有关的坏账准备贷方余额。

（3）应收票据及应收账款=应收票据及应收账款所属明细科目借方余额+预收账款所属明细科目借方余额-与应收账款有关的坏账准备贷方余额。

（4）预收款项=应收账款所属明细科目贷方余额+预收账款所属明细科目贷方余额。

（5）“应付职工薪酬”项目应根据“应付职工薪酬”科目的明细科目期末余额分析填列。

3. 根据总账科目和明细账科目余额分析计算填列

（1）“长期借款”项目应根据“长期借款”总账科目余额扣除“长期借款”科目所属的明细科目中将在资产负债表日起一年内到期且企业不能自主地将清偿义务展期的长期借款后的金额计算填列。

（2）“长期应收款”项目应根据“长期应收款”总账科目的期末余额，减去相应的“未实现融资收益”科目和“坏账准备”科目所属相关明细科目期末余额后的金额,再减去所属相关明细科目中将于一年内到期的部分后的金额进行填列。

(3)“长期应付款”项目应根据“长期应付款”总账科目余额,减去“未确认融资费用”总账科目余额,再减去所属相关明细科目中将于一年内到期的部分后的金额进行填列。

4. 根据有关科目余额减去其备抵科目余额后的净额填列

资产负债表中的“长期股权投资”等项目应根据“长期股权投资”科目的期末余额减去“长期股权投资减值准备”科目余额后的净额填列;“固定资产”项目应根据“固定资产”“固定资产清理”科目期末余额减去“累计折旧”“固定资产减值准备”科目余额后的净额填列;“无形资产”项目应根据“无形资产”科目期末余额减去“累计摊销”“无形资产减值准备”科目余额后的净额填列。

5. 综合运用上述填列方法分析填列

企业应根据上年末资产负债表“期末余额”栏有关项目填列本年度资产负债表“年初余额”栏。如果企业发生了会计政策变更、前期差错更正,应对“年初余额”栏中的有关项目进行相应调整;如果企业上年度资产负债表规定的项目名称和内容与本年度不一致,应对上年年末资产负债表相关项目的名称和金额按照本年度的规定进行调整,填入“年初余额”栏。

资产负债表各项目的具体填列方法如下:

(1)“货币资金”项目,反映企业库存现金、银行结算户存款、外埠存款、银行汇票存款、银行本票存款、信用卡存款、信用证保证金存款等的合计数。“货币资金”项目应根据“库存现金”“银行存款”“其他货币资金”科目的期末余额合计填列。

(2)“交易性金融资产”项目,反映企业购入的各种以公允价值计量,且其变动计入当期损益的金融资产。该项目应根据“交易性金融资产”科目的期末余额填列。

(3)“应收票据及应收账款”项目,反映企业收到的未到期收款,也未向银行贴现的应收票据(包括商业承兑汇票和银行承兑汇票)及企业因销售商品、产品和提供劳务等而应向购买单位收取的各种款项,减去已计提的坏账准备后的净额。该项目应根据应收票据和应收账款合并填列。“应收票据”科目的期末余额应注意已向银行贴现和已背书转让的应收票据不包括在“应收票据”项目内,其中已贴现的商业承兑汇票应在会计报表附注中单独披露。“应收账款”项目应根据“应收账款”科目和“预收账款”科目所属各明细科目的期末借方余额合计,减去“坏账准备”科目中有关应收账款计提的坏账准备期末余额后的金额填列。如“应收账款”科目所属明细科目期末有贷方余额,应在资产负债表“预收款项”项目内填列。

(4)“预付款项”项目,反映企业预付给供应单位的款项。“预付款项”项目应根据“预付账款”科目所属各明细科目的期末借方余额合计填列。如“预付账款”科目所属有关明细科目期末有贷方余额的,应在资产负债表“应付账款”项目内填列。如“应付账款”科目所属明细科目有借方余额的,也应包括在“预付款项”项目内。

(5)“其他应收款”项目,反映企业对其他单位和个人的应收和暂付的款项,减去已计提的坏账准备后的净额与应收股利、应收利息合并填列。

(6)“存货”项目,反映企业期末在库、在途和在加工中的各项存货的可变现净值,包括各种材料、商品、在产品、半成品、包装物、低值易耗品、分期收款发出商品、委托代销商品、受托代销商品等。“存货”项目应根据“材料采购”“原材料”“周转材料——低值易耗品”“自制半成品”“库存商品”“周转材料——包装物”“分期收款发出商品”“委托加工物资”“委托代销商品”“生产成本”等科目的期末余额合计，减去“存货跌价准备”科目期末余额后的金额填列。材料采用计划成本核算以及库存商品采用计划成本或售价核算的企业还应按加或减材料成本差异、商品进销差价后的金额填列。

（7）“持有待售资产”项目，根据“持有待售资产”科目余额填列。

（8）“一年内到期的非流动资产”项目，反映企业一年内即将到期的债券投资，如一年内到期的持有至到期投资。

（9）“其他流动资产”项目，反映企业除以上流动资产项目外的其他流动资产，“其他流动资产”项目应根据有关科目的期末余额填列。如果其他流动资产价值较大的，应在会计报表附注中披露其内容和金额。

（10）“其他权益工具投资”项目，根据“其他权益工具投资”科目余额填列。

（11）“其他债权投资”项目，根据“其他债权投资”科目余额填列。

（12）“债权投资”项目反映企业购入的准备持有至到期的债券投资减去一年内到期的债券投资净额。“债权投资”项目根据“债权投资”中再扣除一年内就将到期的部分，扣除“债权投资减值准备”科目期末余额计算填列。

（13）“长期应收款”项目，根据“长期应收款”科目余额填列。

（14）“长期股权投资”项目，反映企业不准备在1年内（含1年）变现的各种股权性质的投资的可收回金额。“长期股权投资”项目应根据“长期股权投资”科目的期末余额，减去“长期投资减值准备”科目中有关股权投资减值准备期末余额后的金额填列。

（15）“投资性房地产”项目，反映企业持有的准备出租或增值后转让的各种房地产投资的账面净额。“投资性房地产”项目根据“投资性房地产”科目的期末余额减去“投资性房地产减值准备”科目期末余额和“投资性房地产累计折旧”及“固定资产清理”期末余额计算填列。

（16）“固定资产”项目，反映企业的各种固定资产账面净额。“固定资产”项目根据“固定资产”科目的期末余额减去“固定资产减值准备”科目期末余额和固定资产“累计折旧”及“固定资产清理”期末余额计算填列。

（17）“在建工程”项目，反映企业在建工程的账面净额，包括交付安装的设备价值、未完建筑安装工程已经耗用的材料、工资和费用支出、预付出包工程的价款、已经建筑安装完毕但尚未交付使用的工程等的可收回金额。“在建工程”项目根据“在建工程”科目的期末余额减去“在建工程减值准备”科目期末余额及“工程物质”计算填列。

（18）“无形资产”项目，反映企业各项无形资产的期末可收回金额。“无形资产”项目应根据“无形资产”科目的期末余额，减去“累计摊销”“无形资产减值准备”科目期末余额后的金额填列。

（19）“长期待摊费用”项目，反映企业尚未摊销的摊销期限在1年以上（不含1年）的各种费用，如租入固定资产改良支出、大修理支出以及摊销期限在1年以上（不含1年）的其他待摊费用。“长期待摊费用”项目应根据“长期待摊费用”科目的期末余额减去1年内（含1年）摊销的数额后的金额填列。

（20）“其他长期资产”项目，反映企业除以上资产以外的其他长期资产。“其他长期资产”项目应根据有关科目的期末余额填列。如果其他长期资产价值较大的，应在会计报表附注中披露其内容和金额。

（21）“递延所得税资产”项目，反映企业期末尚未转销的递延税款的借方余额。“递延所得税资产”项目应根据“递延所得税资产”科目的期末借方余额填列。

(22)“短期借款”项目,反映企业借入尚未归还的1年期以下(含1年)的借款。“短期借款”项目应根据“短期借款”科目的期末余额填列。

(23)“交易性金融负债”项目,反映企业各种交易性金融负债的账面余额。“交易性金融负债”项目应根据“交易性金融负债”科目的期末余额填列。

(24)“应付票据及应付账款”项目,反映企业为了抵付货款等而开出、承兑的尚未到期付款的应付票据,包括银行承兑汇票和商业承兑汇票和企业购买原材料、商品和接受劳务供应等而应付给供应单位的款项。该项目应根据“应付票据”科目和“应付账款”科目的期末余额合并填列。“应付账款”项目应根据“应付账款”科目、“预付账款”科目所属各有关明细科目的期末贷方余额合计填列;如果“应付账款”科目所属各明细科目期末有借方余额,应在资产负债表“预付账款”科目内填列。

(25)“预收款项”项目,反映企业预收购买单位的账款。“预收款项”项目应根据“预收账款”科目和“应收账款”所属各有关明细科目的期末贷方余额合计填列。如果“预收账款”科目所属有关明细科目有借方余额的,应在资产负债表“应收账款”项目内填列;如果“应收账款”科目所属明细科目有贷方余额的,也应包括在“预收款项”项目内。

(26)“应付职工薪酬”项目,反映企业应付未付的职工薪酬。“应付职工薪酬”项目应根据“应付职工薪酬”科目期末贷方余额填列。如“应付职工薪酬”科目期末为借方余额,以“-”号填列。

(27)“应交税费”项目,反映企业期末未交、多交或未抵扣的各种税金。“应交税费”项目应根据“应交税费”科目的期末贷方余额填列;如果“应交税费”科目期末为借方余额,以“-”号填列。

(28)“一年内到期的非流动负债”项目,反映企业长期负债中一年内就要到期的各种长期负债。“一年内到期的非流动负债”项目应根据长期负债中一年内到期的负债填列。

(29)“其他应付款”项目,反映企业所有应付和暂收其他单位和个人的款项,还包括应付股利和应付利息。“其他应付款”项目应根据“其他应付款”“应付股利”“应付利息”科目的期末余额合并填列。

(30)“其他流动负债”项目,反映企业除以上流动负债以外的其他流动负债。“其他流动负债”项目应根据有关科目的期末余额填列,如“待转资产价值”科目的期末余额可在“其他流动负债”项目内反映。如果其他流动负债价值较大的,应在会计报表附注中披露其内容及金额。

(31)“预计负债”项目,反映企业预计负债的期末余额。“预计负债”项目应根据“预计负债”科目的期末余额填列。

(32)“长期借款”项目,反映企业借入尚未归还的1年期以上(不含1年)的借款本息。“长期借款”项目应根据“长期借款”科目的期末余额填列。

(33)“应付债券”项目,反映企业发行的尚未偿还的各种长期债券的本息。“应付债券”项目应根据“应付债券”科目的期末余额填列。

(34)“长期应付款”项目,反映企业除长期借款和应付债券以外的其他各种长期应付款和专项应付款。“长期应付款”项目应根据“长期应付款”科目的期末余额,减去“未确认融资费用”科目期末余额后的金额加上“专项应付款”科目期末余额合并填列。

(35)“其他非流动负债”项目,反映企业除以上长期负债项目以外的其他长期负债。“其他非流动负债”项目应根据有关科目的期末余额填列。如果其他长期负债价值较大的,应在会计报表附注中披露其内容和金额。

（36）“递延所得税负债”项目，反映企业期末尚未转销的递延所得税余额。“递延所得税负债”项目应根据“递延所得税负债”科目的期末贷方余额填列。

（37）“实收资本（或股本）”项目，反映企业各投资者实际投入的资本（或股本）总额。“实收资本”项目应根据“实收资本”（或股本）科目的期末余额填列。

（38）“其他综合收益”项目，反映企业以后不能重新分类进行损益的其他综合收益和以后将重新分类进行损益的其他综合收入。“其他综合收益”项目根据“其他综合收益”科目期末余额填列。

（39）“资本公积”项目，反映企业资本公积的期末余额。“资本公积”项目应根据“资本公积”科目的期末余额填列。

（40）“盈余公积”项目，反映企业盈余公积的期末余额。“盈余公积”项目应根据“盈余公积”科目的期末余额填列。

（41）“未分配利润”项目，反映企业尚未分配的利润。“未分配利润”项目应根据“本年利润”科目和“利润分配”科目的余额计算填列。未弥补的亏损，在“未分配利润”项目内以“-”号填列。

（二）资产负债表编制示例

1. W 公司期初资料

W 股份有限公司为一般纳税人，增值税税率为 13%，所得税税率为 25%，2019 年年初资产负债表资料如表 17-2 所示。

表 17-2　资产负债表

编制单位：W 公司　　2019 年 1 月 1 日　　单位：元

资产	金额	负债及所有者权益	金额
流动资产：		流动负债：	
货币资金	1 406 300	短期借款	300 000
交易性金融资产	15 000	应付票据及应付账款	1 153 800
应收票据及应收账款	545 100	其他应付款	57 600
存货	2 580 000	应付职工薪酬	110 000
预付款项	100 000	应交税费	30 000
其他应收款	105 000	一年内到期的非流动负债	1 000 000
流动资产合计	4 751 400	流动负债合计	2 651 400
长期投资：		长期负债：	
长期股权投资	250 000	长期借款	600 000
固定资产：		负债合计	3 251 400
固定资产净值	1 300 000	所有者权益：	
在建工程	1 500 000	实收资本	5 000 000
固定资产合计	2 600 000	资本公积	0
无形资产及其他资产：		盈余公积	100 000
无形资产	600 000	未分配利润	50 000
无形资产及其他资产合计	800 000	所有者权益合计	5 150 000
资产总计	8 401 400	负债及权益总计	8 401 400

表 17-2 中"货币资金"1 406 300 元，其中"库存现金"为 2 000 元，"银行存款"为 1 280 000 元，"其他货币资金"为 124 300 元；"应收账款净额"299 100 元，其中"应收账款"借方余额为 300 000 元。"坏账准备"贷方余额为 900 元；表内"存货"2 580 000 元，其中"材料采购"借方余额 225 000 元，"原材料"借方余额 550 000 元，"周转材料——低值易耗品"借方余额 88 050 元，"产成品"借方余额 1 680 000 元，"材料成本差异"借方余额 36 950 元；应交税费余额均为未交所得税，其他应交税费无余额；"一年内到期的非流动负债"1 000 000 元为"长期借款"。

2. 编制账户本期发生额和余额试算平衡表

根据编制的会计分录登记"丁"字账(略)，根据"丁"字账的期末余额编制"账户本期发生额和余额试算平衡表"如表 17-3 所示。

表 17-3 **账户本期发生额和余额试算平衡表** 单位：元

会计科目	期初余额		本期发生额		期末余额	
	借方	贷方	借方	贷方	借方	贷方
库存现金	2 000		550 000	550 000	2 000	
银行存款	1 280 000		3 140 534	2 907 289	1 513 245	
其他货币资金	124 300			117 000	7 300	
交易性金融资产	15 000			15 000	0	
应收票据	246 000		292 500	492 500	46 000	
应收账款	300 000		351 000	51 000	600 000	
坏账准备		900		900		1 800
预付账款	100 000		0	0	100 000	
其他应收款	105 000		0	0	105 000	
材料采购	225 000		249 800	199 800	275 000	
原材料	550 000		195 000	700 000	45 000	
周转材料	88 050		0	50 000	38 050	
生产成本			1 282 400	1 282 400		
制造费用			233 900	233 900		
库存商品	1 680 000		1 282 400	750 000	2 212 400	
材料成本差异	36 950		5 000	37 700	4 250	
长期股权投资	250 000				250 000	
固定资产	1 700 000		1 500 000	600 000	2 600 000	
累计折旧		400 000	330 000	100 000		170 000
工程物资			200 000		200 000	
在建工程	1 500 000		378 000	1 400 000	478 000	
固定资产清理			320 000	320 000		
无形资产	600 000				600 000	
累计摊销				60 000		60 000
短期借款		300 000	250 000			50 000
应付票据		200 000	100 000			100 000
应付账款		953 800	100 000			853 800
其他应付款		57 600				57 600

表17-3(续)

会计科目	期初余额		本期发生额		期末余额	
	借方	贷方	借方	贷方	借方	贷方
应付职工薪酬		110 000	540 000	570 000		140 000
应交税费		30 000	302 755	343 075		70 320
应付股利				150 000		150 000
长期借款		1 600 000	1 000 000	560 000		1 160 000
应付债券				1 000 000		1 000 000
实收资本		5 000 000				5 000 000
盈余公积		100 000		40 000		140 000
未分配利润		50 000	190 000	262 725		122 725
主营业务收入			1 250 000	1 250 000		
主营业务成本			750 000	750 000		
税金及附加			2 000	2 000		
销售费用			20 000	20 000		
管理费用			157 100	157 100		
财务费用			41 500	41 500		
投资收益			31 500	31 500		
营业外收入			50 000	50 000		
营业外支出			19 700	19 700		
资产减值损失			900	900		
所得税费用			77 575	77 575		
本年利润			1 331 500	1 331 500		
合计	8 802 300	8 802 300	16 525 064	16 525 064	9 076 245	9 076 245

3. 编制资产负债表

根据“账户余额试算平衡表”编制“资产负债表”如表 17-4 所示。

表 17-4　　**资产负债表**

会企 01 表

编制单位:W 公司　　2019 年 12 月 31 日　　单位:元

资产	年初数	年末数	负债及权益	年初数	年末数
流动资产:			流动负债:		
货币资金	1 406 300	1 522 545	短期借款	300 000	50 000
交易性金融资产	15 000	0	应付票据及应付账款	1 153 800	953 800
应收票据及应收账款	545 100	644 200	其他应付款	57 600	207 600
预付款项	100 000	100 000	应付职工薪酬	110 000	140 000
其他应收款	105 000	105 000	应交税费	30 000	70 320
存货	2 580 000	2 574 700	一年内到期的非流动负债	1 000 000	0
流动资产合计	4 751 400	4 946 445	流动负债合计	2 651 400	1 421 720
长期投资:			长期负债:		
长期股权投资	250 000	250 000	长期借款	600 000	1 160 000

表17-4(续)

资产	年初数	年末数	负债及权益	年初数	年末数
固定资产:			应付债券		1 000 000
固定资产净值	1 300 000	2 430 000	负债合计	3 251 400	3 581 720
在建工程	1 500 000	678 000	所有者权益:		
无形及其他资产:			实收资本	5 000 000	5 000 000
无形资产	600 000	540 000	资本公积	0	0
			盈余公积	100 000	140 000
			未分配利润	50 000	122 725
			所有者权益合计	5 150 000	5 262 725
资产总计	8 401 400	8 844 445	负债及权益总计	8 401 400	8 844 445

第三节　所有者权益变动表

一、所有者权益变动表概述

(一)所有者权益变动表的意义

所有者权益变动表是反映构成所有者权益的各组成部分当期的增减变动情况的报表。所有者权益变动表应当全面反映一定时期所有者权益变动的情况,不仅包括所有者权益总量的增减变动,还包括所有者权益增减变动的重要结构性信息,特别是要反映直接计入所有者权益的利得和损失,让报表使用者准确理解所有者权益增减变动的根源。

(二)所有者权益变动表在一定程度上体现了企业综合收益

综合收益是指企业在某一期间与所有者之外的其他方面进行交易或发生其他事项所引起的净资产变动。综合收益的构成包括两部分:净利润和直接计入所有者权益的利得和损失。其中,前者是企业已实现并已确认的收益,后者是企业未实现但根据会计准则的规定已确认的收益。用公式表示如下:

综合收益=净利润+直接计入所有者权益的利得和损失

其中,净利润=收入-费用+直接计入当期损益的利得和损失

在所有者权益变动表中,净利润和直接计入所有者权益的利得和损失均单列项目反映,体现了企业综合收益的构成。

综合收益和所有者的资本交易导致的所有者权益的变动,应当分别列示。与所有者的资本交易是指与所有者以其所有者身份进行的、导致企业所有者权益变动的交易。

二、一般企业所有者权益变动表的列报格式和列报方法

(一)一般企业所有者权益变动表的列报格式

1. 以矩阵的形式列报

为了清楚地表明构成所有者权益的各组成部分当期的增减变动情况,反映企业所有者权益各组成部分的期初和期末余额及其调节情况。因此,所有者权益变动表应当以矩阵的形式列示。一方面,列示导致所有者权益变动的交易或事项,改变了以往仅仅按照所有者权益的各组成部分反映所有者权益变动情况,而是按所有者权益变动的来源对一定时期所有者权益变动情况进行全面反映;另一方面,按照所有者权益各组成部分(包括实

收资本、资本公积、其他综合收益、盈余公积、未分配利润和库存股）及其总额列示交易或事项对所有者权益的影响。

2. 列示所有者权益变动表的比较信息

根据财务报表列报准则的规定，企业需要提供比较所有者权益变动表，因此，所有者权益变动表还就各项目再分为“本年金额”和“上年金额”两栏分别填列。所有者权益变动表的具体格式参见《〈企业会计准则第 30 号——财务报表列报〉应用指南》。

（二）一般企业所有者权益变动表的列报方法

1. 所有者权益变动表各项目的列报说明（见表 17-5）

（1）“上年年末余额”项目，反映企业上年资产负债表中实收资本（或股本）、资本公积、盈余公积、未分配利润的年末余额。

（2）“会计政策变更”和“前期差错更正”项目，分别反映企业采用追溯调整法处理的会计政策变更的累积影响金额和采用追溯重述法处理的会计差错更正的累积影响金额。

为了体现会计政策变更和前期差错更正的影响，企业应当在上期期末所有者权益余额的基础上进行调整得出本期期初所有者权益，根据“盈余公积”“利润分配”“以前年度损益调整”等科目的发生额分析填列。

（3）“本年增减变动额”项目分别反映如下内容：

①“综合收益总额”项目，反映企业当年实现的净利润和其他综合收益。净利润为当年实现的净利润（或净亏损）金额，并对应列在“未分配利润”栏。“其他综合收益”反映企业当年根据企业会计准则规定未在损益中确认的各项所得和损失扣除所得税影响后的净额，并对应列在“其他综合收益”栏。

②“所有者投入和减少资本”项目，反映企业当年所有者投入的资本和减少的资本。

“所有者投入资本”项目，反映企业接受投资者投入形成的实收资本（或股本）和资本溢价或股本溢价，并对应列在“实收资本”和“资本公积”栏。

“股份支付计入所有者权益的金额”项目，反映企业处于等待期中的权益结算的股份支付当年计入资本公积的金额，并对应列在“资本公积”栏。

③“利润分配”下各项目，反映当年对所有者（或股东）分配的利润（或股利）金额和按照规定提取的盈余公积金额，并对应列在“未分配利润”和“盈余公积”栏。

“提取盈余公积”项目，反映企业按照规定提取的盈余公积。

“对所有者（或股东）的分配”项目，反映对所有者（或股东）分配的利润（或股利）金额。

④“所有者权益内部结转”下各项目，反映不影响当年所有者权益总额的所有者权益各组成部分之间当年的增减变动，包括资本公积转增资本（或股本）、盈余公积转增资本（或股本）、盈余公积弥补亏损等项目金额。为了全面反映所有者权益各组成部分的增减变动情况，所有者权益内部结转也是所有者权益变动表的重要组成部分，主要指不影响所有者权益总额、所有者权益的各组成部分当期的增减变动。其中：

“资本公积转增资本（或股本）”项目，反映企业以资本公积转增资本或股本的金额。

“盈余公积转增资本（或股本）”项目，反映企业以盈余公积转增资本或股本的金额。

“盈余公积弥补亏损”项目，反映企业以盈余公积弥补亏损的金额。

2. 上年金额栏的列报方法

所有者权益变动表“上年金额”栏内各项数字，应根据上年度所有者权益变动表“本年金额”栏内所列数字填列。如果上年度所有者权益变动表规定的各个项目的名称和内容同本年度不相一致，应对上年度所有者权益变动表各项目的名称和数字按本年度的规定进行调整，填入所有者权益变动表“上年金额”栏内。

表 17-5

股东权益变动表

编制单位：

单位:元

项目	本年金额											
	股本	其他权益工具			资本公积	减：库存股	其他综合收益	专项储备	盈余公积	一般风险准备	未分配利润	股东权益合计
		优先股	永续债	其他								
一、上年年末余额												
加：会计政策变更												
前期差错更正												
其他												
二、本年年初余额												
三、本期增减变动金额（减少以“-”号填列）												
（一）综合收益总额												
（二）股东投入和减少资本												
1. 股东投入的普通股												
2. 其他权益工具持有者投入资本												
3. 股份支付计入股东权益的金额												
4. 其他												
（三）利润分配												
1. 提取盈余公积												
2. 提取一般风险准备												
3. 对股东的分配												
4. 其他												
（四）股东权益内部结转												
1. 资本公积转增资本（或股本）												
2. 盈余公积转增资本（或股本）												
3. 盈余公积弥补亏损												
4. 设定受益计划变动额结转留存收益												
5. 其他综合收益结转留存收益												
6. 其他												
（五）专项储备												
1. 本期提取												
2. 本期使用												
（六）其他												
四、本年年末余额												

3. 本年金额栏的列报方法

所有者权益变动表"本年金额"栏内各项数字一般应根据"实收资本(或股本)""资本公积""盈余公积""利润分配""库存股""以前年度损益调整"等科目的发生额分析填列。

企业的净利润及其分配情况作为所有者权益变动的组成部分,不需要单独设置利润分配表列示。

思考题

1. 资产负债表的概念是什么?
2. 资产负债表的作用是什么?
3. 资产负债表的结构是怎样的?
5. 资产负债表的项目排列顺序是怎样的?
6. 资产负债表是以什么为依据编制的?
7. 一年内到期的长期负债和一年内到期的长期债券投资是依据什么原则列示的?

练习题

1. 某企业期末有关科目余额如下:

有借方余额的:现金 20 000 元、银行存款 250 000 元、其他货币资金 100 000 元、应收账款 450 000 元,原材料 600 000 元、燃料 200 000 元、低值易耗品 40 000 元、包装物 120 000 元、生产成本 400 000 元、产成品 800 000 元、分期收款发出商品 300 000 元、委托代销商品 150 000 元、长期股权投资 580 000 元、持有至到期投资 360 000 元(其中 80 000 元已于一年内到期)、固定资产 1 000 000 元、在建工程 220 000 元、无形资产 440 000 元。

有贷方余额的:短期借款 500 000 元、应付账款 420 000 元、应付票据 100 000 元、应交税费 250 000 元、应付职工薪酬 200 000 元、坏账准备 9 000 元、累计折旧 350 000 元、长期借款 400 000 元(其中 100 000 元已于一年内到期)。

计算所有者权益为多少?假设所有者权益中,股本、资本公积、盈余公积和未分配利润分别为所有者权益的 50%、30%、12%、8%,计算各权益项目的数额,根据资料和计算结果编制资产负债表。

2. 甲公司 2018 年 12 月 31 日的资产负债表(年初余额略)及 2019 年 12 月 31 日的科目余额表分别如表 17-6 和表 17-7 所示。假定公司适用的所得税税率为 25%,不考虑其他因素。

表 17-6 **资产负债表**

会企 01 表

编制单位:甲公司 2018 年 12 月 31 日 单位:元

资　产	期末余额	年初余额	负债和所有者权益(或股东权益)	期末余额	年初余额
流动资产:			流动负债:		
货币资金	1 161 300		短期借款	302 500	
交易性金融资产	15 000		应付票据及应付账款	1 153 800	
应收票据及应收账款	545 100		应付职工薪酬	110 000	
预付款项	100 000		应交税费	36 600	
其他应收款	5 000		其他应付款	51 000	
存货	2 580 000		一年内到期的非流动负债	1 000 000	
其他流动资产	100 000		流动负债合计	2 653 900	

表17-6(续)

资　　产	期末余额	年初余额	负债和所有者权益(或股东权益)	期末余额	年初余额
流动资产合计	4 506 400		非流动负债:		
非流动资产:			长期借款	600 000	
其他权益工具投资	55 000		递延所得税负债	2 500	
债权投资	200 000		非流动负债合计	602 500	
长期股权投资	424 000		负债合计	3 256 400	
固定资产	1 100 000		所有者权益(或股东权益):		
在建工程	1 500 000		实收资本(或股本)	5 000 000	
无形资产	600 000		其他综合收益	31 500	
其他非流动资产	202 500		盈余公积	100 000	
非流动资产合计	40 815 000		未分配利润	200 000	
			所有者权益(或股东权益)合计	5 331 500	
资产总计	8 587 900		负债和所有者权益(或股东权益)总计	8 587 900	

表 17-7　　**科目余额表**　　单位:元

科目名称	借方余额	科目名称	贷方余额
库存现金	2 000	短期借款	105 150
银行存款	529 831	应付票据	100 000
其他货币资金	7 300	应付账款	953 800
交易性金融资产	0	其他应付款	50 000
应收票据	66 000	应付职工薪酬	180 000
应收账款	600 000	应交税费	226 731
坏账准备	−1 800	应付利息	0
预付账款	100 000	应付股利	20 026. 25
其他应收款	5 000	递延所得税负债	0
材料采购	275 000	长期借款	1 160 000
原材料	45 000	股本	5 000 000
周转材料	38 050	资本公积	0
库存商品	2 122 400	其他综合收益	64 500
材料成本差异	4 250	盈余公积	136 960
其他流动资产	100 000	利润分配(未分配利润)	512 613. 75
其他权益工具投资	286 000		
债权投资	0		
长期股权投资	652 000		
固定资产	2 401 000		
累计折旧	−170 000		
固定资产减值准备	−30 000		
工程物资	300 000		
在建工程	428 000		
无形资产	600 000		
累计摊销	−60 000		
递延所得税资产	9 750		
其他长期资产	200 000		
合计	8 509 781	合计	8 509 781

根据上述资料,编制甲公司 2019 年 12 月 31 日的资产负债表。

第十八章
利润表

利润表是反映企业一定期间收入的实现、费用的发生、利润的形成及分配情况的报表。利润表是一个动态报表，是反映企业盈利能力水平的报表。利润表所提供的是投资者非常关注的信息。本章将论述利润表的概念、作用、编制原理和编制方法。

第一节　利润表的概念和作用

一、利润表的概念

利润表（Profits Statement）也称为损益表（Statement of Profits and Losses）或收益表（Income Statement），产生于企业独立计算其经营盈亏的需要。在复式簿记形成过程中，长期注重资产负债表。这主要是反映当时的银行家和短期债权人的观点，这些人最关心贷款的安全性。他们在决定贷款时，需要通过贷款对象资产负债表，了解贷款对象拥有的资产情况及已承担的债务情况，以便他们做出正确的贷款决策。虽然在早期的复式簿记形成阶段，只有资产负债表，没有损益表，但很早就出现了损益计算账户。由于损益表侧重于企业经营数据，直到20世纪30年代才正式成为对外的报表。

《企业会计准则——基本准则》第十章对利润表定义为：利润表是反映企业一定期间经营成果的会计报表。利润表根据权责发生制和配比原则，把企业一定期间的收入与同一期间相关的费用配比，计算出企业一定期间的利润。利润表是一个动态报表。

二、利润表的作用

利润表之所以变得越来越被人们所重视，甚至超过资产负债表，主要是因为利润表所发挥的作用越来越重要，利润表所提供的信息越来越为广大投资者所关心。利润表的作用具体表现在以下几个方面：

（一）利润表提供了评价企业经营成果与获利能力信息

经营成果通常以企业各种收入扣除相关的成本费用及税金等差额表示的一个绝对数指标，它是反映企业资本增值的数额。盈利能力是一个相对数指标，它反映企业运用一定的经济资源所取得经营成果的能力。通过利润表提供的经营成果信息，便于企业投资者、债权人以及经营管理者了解、评价、预测企业的获利能力，并据此做出各自的投资、信贷和经营管理决策。

（二）利润表提供了评价企业经营管理者工作业绩的信息

比较企业前后期利润表上各收入、费用、成本及净收益的增减变动情况，并考查其增减变动原因，可以较为客观地评价企业及企业内部各职能部门，各生产经营单位以及这些部门和人员的绩效与整个企业经营成果的关系，以便评判各部门管理人员的功过得失，及时做出有关方面的调整，使各项活动趋于合理性；同时根据各部门或个人职责和业绩的完成情况，进行合理的评价及相应的物质利益的奖罚。

（三）利润表提供了解释、评价和预测企业偿债能力的信息

偿债能力指企业以其资产清偿其债务的能力。利润表本身并不提供偿债能力的信息，然而企业偿债能力不仅仅取决于资产的流动性和资本结构，也取决于企业的获利能力。企业在个别月份获利能力不足，不一定影响其偿债能力，但若一家企业长期没有盈利，则资产的流动性必然不会太好，资本结构也会较差，可能陷入资不抵债的困难境地，显然，其偿债能力肯定较弱。

企业债权人和企业管理部门，通过阅读利润表，可以间接地解释、评价和预测企业的偿债能力，并揭示偿债能力的变化趋势，进而做出各种信贷决策；企业管理部门可据此找出偿债能力不强之原因，努力提高企业的偿债能力，改善企业的形象。

第二节 利润表的格式及编制

一、利润的构成

利润，即收益是按照应计制（权责发生制）为基础和会计准则要求而计量的净收益。这意味着企业每一笔交易发生时，均必须在账上加以记录。由于每项收入、费用、成本以及其他收入及损失发生时，均予以确认入账，这种确定收益的方法也称为交易法或交易观法。按照此种方法确定的收益称会计收益（Accounting Income）。会计收益具有三个基本特征：

（1）会计收益基于企业实际发生的交易确定收入，即坚持收入实现原则，主要是通过销售产品或提供劳务所实现的收入扣减实现这些收入所需的成本以确定利润。

（2）会计收益必须按照企业的历史成本来计量费用。

（3）会计收益要求期间收入和费用正确的配比，即坚持配比原则，讲求合理的因果关系。

另一种收益通常称之为经济收益（Economic Income），即用"真实的财富"的增量表示企业的收益。真实的财富指一个会计个体在期末保持了期初同等财富的前提下的增加额。这一定义采用的是实物资本保全观（Physical Capital Maintenance）。真实的财富是用购买力衡量的，因而经济收益概念的应用需要用经币值变动影响调整的市场价值做计量属性。

现代会计计算的是会计收益，编制列示收入、费用、成本、其他收支等项目的利润表体现了交易观的要求。因为经济收益所用的计量属性难以客观地取得，而会计需要向会计信息使用者提供可靠的信息，会计计量要求客观性、可核实性。在这方面，交易观能够为收益提供恰当的会计方法。

营业利润＝营业收入－营业成本－税金及附加－销售费用－管理费用－财务费用－资产减值损失±公允价值变动损益＋投资收益

利润总额＝营业利润＋利得（营业外收入）－损失（营业外支出）

净利润＝利润总额－所得税费用

二、利润表的格式

利润表是根据企业某一会计期间所实现的收入、发生的费用等账户的期末结账前余额，即本期发生额编制的。利润表由表头和表体两部分构成。表头部分列明利润表的名

称、编制单位、编制期间(×月份或×年度,无需表明具体日期)和货币计量单位等。表体部分列示利润表的具体项目和内容。

利润表的项目列示是依据"收入-费用=利润"这一会计平衡式的内容来排列的。

《企业会计准则第30号——财务报表列报》规定,利润表至少应当单独反映下列信息:营业收入、营业成本、税金及附加、管理费用、销售费用、财务费用、投资收益、公允价值变动损益、资产减值损失、非流动资产处置损益、所得税费用、净利润等项目。费用应当按照功能分类,分为从事经营业务发生的成本、管理费用、销售费用和财务费用。

利润表是通过一定表格来反映企业经营成果的,其编制方法有单步式和多步式两种。

(一)多步式利润表

多步式(Multiples-Step Form)利润表是指将利润表的内容作多项分类,并产生一些中间性收益信息的损益表。由于从营业收入到净收益,要进行多步的计算,可以得出几种收益信息,故称多步式。多步式利润表可以更全面反映企业关于收益及其构成项目的形成情况,提供更多的信息,有助于对管理业绩的评估或提高对未来收益预测的准确性。但是多步式利润表的计算形式相对复杂一些。

我国《企业会计准则——应用指南》规定,采用多步式编制利润表。多步式利润表包括三部分内容:一是营业利润,主要指企业日常经营活动所获得的收入减去成本及相关税费的差额;二是利润总额,指营业利润、投资收益、利得和损失;三是净利润,即所得税费用后的净利润。多步式利润表具体格式如表18-1所示。

(二)单步式利润表

单步式(Single-Step Form)利润表是指利润数据只需根据全部收入和全部费用的关系简单计算,不提供诸如主营业务利润、营业利润、利润总额等中间性收益指标及其构成项目,用所有收入减去所有成本费用及损失项目之和得出净利润指标。采用单步式的理由是,这些中间性的利润信息对信息使用者没有多大的实用价值,反而可能会引起误解。采用单步式能直接计算和报告本期内实现的净收益,以表明经营者在一定时期内的经营业绩和资产增值情况。根据这一特点,单步式利润表的格式相对简单。单步式利润表的优点是所提供信息如何剖析、解释,可任用户视其需要灵活掌握;其不足之处是一些有实际意义的中间性信息不能直接反映出来,难免会降低该表的有用性。目前,除个别业务简单的小型企业外,一般都不用单步式利润表。

三、利润表的编制方法

利润表的资料来源与资产负债表不完全相同。利润表是动态报表,是反映企业财务动态信息的报表。由于账户的本期发生额是提供动态指标的,所以利润表的资料来源主要是各损益类账户的本期发生额。一般来说,各收入类项目应根据相应的收入类会计科目的贷方发生额填列,各费用类项目则应根据相应原费用类会计科目的借方发生额填列。有些项目尚需计算、分析填列。

多步式利润表反映企业在一定期间内利润(亏损)的实际情况。该表"本月数"栏反映各项目的本月实际发生数;在编报中期财务会计报告时,填列上年同期累计实际发生数;在编报年度财务会计报告时,填列上年全年累计实际发生数。如果上年度利润表与本年度利润表的项目名称和内容不相一致,应对上年度利润表项目的名称和数字按本年度的规定进行调整,填入本年度利润表"上年数"栏。在编报中期和年度财务会计报告时,应将"本月数"栏改成"上年数"栏。本年度利润表"本年累计数"栏反映各项目自年初起至报告期末止的累计实际发生数。

表 18-1 利润表

编制单位： ______年___月 单位:元

项　　目	本期金额	上期金额
一、营业收入		
减：营业成本		
税金及附加		
销售费用		
管理费用		
研发费用		
财务费用		
其中：利息费用		
利息收入		
资产减值损失		
加：其他收益		
投资收益（损失以“-”号填列）		
其中：对联营企业和合营企业的投资收益		
公允价值变动收益（损失以“-”号填列）		
资产处置收益（损失以“-”号填列）		
二、营业利润（亏损以“-”号填列）		
加：营业外收入		
减：营业外支出		
三、利润总额（亏损总额以“-”号填列）		
减：所得税费用		
四、净利润（净亏损“-”号填列）		
（一）持续经营净利润（净亏损“-”号填列）		
（二）终止经营净利润（净亏损“-”号填列）		
五、其他综合收益的税后净额		
（一）不能重分类进损益的其他综合收益		
1. 重新计量设定受益计划变动额		
2. 权益法下不能重分类转损益的其他综合收益		
3. 其他权益工具投资公允价值变动		
4. 企业自身信用风险公允价值变动		
（二）将重分类进损益的其他综合收益		
1. 权益法下可转损益的其他综合收益		
2. 其他债权投资公允价值变动损益		
3. 金融资产重分类计入其他综合收益的金额		
4. 现金流量套期损益的有效部分		
5. 外币财务报表折算差额		
6. 其他		
六、综合收益总额		
七、每股收益：		
（一）基本每股收益		
（二）稀释每股收益		

利润表各项目的内容及其填列方法如下：

（1）“营业收入”项目，反映企业日常经营业务所取得的收入总额。该项目应根据“营业收入”科目的发生额分析填列。

（2）“营业成本”项目，反映企业日常经营业务发生的实际成本。该项目应根据“营业成本”科目的发生额分析填列。

（3）“税金及附加”项目，反映企业日常经营业务应负担的消费税、城市维护建设税、资源税、土地增值税和教育费附加等。该项目应根据“税金及附加”科目的发生额分析填列。

（4）“销售费用”或“经营费用”项目，反映企业在销售商品和商品流通企业在购入、销售商品过程中发生的费用。该项目应根据“销售费用”科目的发生额分析填列。

（5）“管理费用”项目，反映企业管理企业生产经营活动所发生的各种费用。该项目应根据“管理费用”项目的发生额分析填列。

（6）“研发费用”项目，反映企业投入到企业产品研究与开发方面的支出。该项目应根据“研发费用”科目本期发生额填列。

（7）“财务费用”项目，反映企业为生产经营活动借入资金而发生的利息、手续费用等财务费用。该项目应根据“财务费用”科目的发生额分析填列。另外在下面分别列明利息费用和利息收入。

（8）“资产减值损失”项目，反映企业本期计提的长期资产减值损失。该项目应根据“资产减值损失”科目发生额分析填列。

（9）“其他收益”项目，反映企业取得的与日常活动相关的政府补助。该项目应根据“其他收益”科目本期发生额填列。

（10）“投资收益”项目，反映企业以各种方式对外投资所取得的收益。该项目应根据“投资收益”科目的发生额分析填列。如为投资损失，用“-”号填列。

（11）“公允价值变动损益”项目，反映企业进行债务重组、非货币性资产交换、对外投资等形成的企业资产的公允价值变动损益。该项目应根据“公允价值变动损益”科目的发生额分析填列。如为损失，用“-”号填列。

（12）“资产处置损益”项目，反映企业处置固定资产、无形资产等非流动资产形成的损益。该项目应根据“资产处置损益”科目的本期发生额分析填列。如为损失，用“-”号填列。

（13）“营业利润”项目，反映企业实现的营业利润。如为亏损，以“-”号填列。

（14）“营业外收入”项目，反映企业发生的与其生产经营无直接关系的各项收入和支出。该项目应根据“营业外收入”科目本期发生额填列。

（15）“营业外支出”项目，反映企业发生的与其生产经营无直接关系的各项支出。该项目应根据“营业外支出”科目的本期发生额填列。

（16）“利润总额”项目，反映企业实现的利润总额。如为亏损总额，以“-”号填列。

（17）“所得税费用”项目，反映企业按规定从本期损益中减去的所得税费用。该项目应根据“所得税费用”项目的发生额分析填列。

（18）“净利润”项目，反映企业实现的净利润。如为净亏损，以“-”号填列。

（19）“其他综合收益的税后净额”项目，反映企业不计入当期损益，属于所有者权益的综合收益。该项目根据“其他综合收益”科目本期发生额填列。

（20）“综合收益总额”项目，反映企业在某一期间除与所有者以其所有者身份进行的交易之外的其他交易或事项引起的所有者权益变动。该项目为净利润与其他综合收益扣除所得税影响后的净额相加后的合计金额。

（21）“每股收益”项目反映企业计算的每股收益，包括基本每股收益和稀释每股收益。

四、利润表编制举例

【例 18-1】利用第十七章资产负债表编制的资料，将 W 企业损益类科目的本期发生额归纳为表 18-2。

表 18-2 W 企业损益类科目发生额表

（结转利润之前）

单位：元

会计科目	借方发生额	贷方发生额
主营业务收入		1 250 000
投资收益		31 500
资产处置损益		30 300
主营业务成本	750 000	
税金及附加	2 000	
销售费用	20 000	
管理费用	107 100	
研发费用	50 000	
财务费用	41 500	
资产减值损失	900	
所得税费用	77 575	

假设本公司发行在外的普通股为 100 万股，去年发行的可转换债券 50 万元，利率为 8%，预计可以转换 20 万股普通股股票。

根据上述资料编制利润表如表 18-3 所示。

表 18-3 利润表

会企 02 表

编制单位：W 企业 2019 年度 单位：元

项目	本月数	本年累计
一、营业收入		1 250 000
减：营业成本		750 000
税金及附加		2 000
销售费用		20 000
管理费用		107 100
研发费用		50 000
财务费用		41 500
资产减值损失		900
加：投资收益（损失以“-”号填列）		31 500
公允价值变动损益（损失以“-”号填列）		0
资产处置损益		30 300
二、营业利润（亏损以“-”号填列）		340 300
加：营业外收入		0
减：营业外支出		0
三、利润总额（亏损以“-”号填列）		340 300

表18-3(续)

项目	本月数	本年累计
减：所得税费用		77 575
四、净利润		262 725
五、每股收益		
（一）基本每股收益		0. 26
（二）稀释每股收益		0. 22

五、每股收益

普通股或潜在普通股已公开交易的企业以及处于公开发行普通股或潜在普通股过程中的企业,应当在利润表中分别列示基本每股收益和稀释每股收益,并在附注中披露下列相关信息:

一是基本每股收益和稀释每股收益分子、分母的计算过程;

二是列报期间不具有稀释性但以后期间很可能具有稀释性的潜在普通股;

三是在资产负债表日至财务报告批准报出日之间,企业发行在外普通股或潜在普通股数发生重大变化的情况。

(一)基本每股收益

基本每股收益仅考虑当期实际发行在外的普通股股份,按照归属于普通股股东的当期净利润以当期实际发行在外普通股的加权平均数计算确定。

基本每股收益=(当期净利润-优先股股利)÷发行在外普通股加权平均数

发行在外普通股加权平均数=期初发行在外普通股股数+当期新发行普通股股数×已发行时间÷报告期时间-当期回购普通股股数×已回购时间÷报告期时间

已发行时间、报告期时间、已回购时间一般按天数计算,在不影响计算结果合理性的前提下,也可采用简化的计算方法,如按月、按季或按年计算。

以合并财务报表为基础计算的每股收益,分子应当是归属于母公司普通股股东的合并利润,即扣除少数股东收益后的余额。如果企业发生亏损,每股收益应以负数列示。

【例 18-2】W 公司 2019 年年初发行在外的普通股为 10 000 万股;4 月 1 日新发行普通股 5 000 万股,10 月 1 日回购 2 000 万股,以备将来奖励职工之用。W 公司当年实现净利润 2 650 万元,无优先股。

基本每股收益=2 650÷(10 000+5 000×9÷12-2 000×3÷12)= 0. 2(元)

(二)稀释每股收益

企业存在稀释性潜在普通股的,应当根据其影响分别调整归属于普通股股东的当期净利润以及发行在外普通股的加权平均数,并据以计算稀释每股收益。计算稀释每股收益时,假设潜在普通股在当期期初已经全部转换为普通股;如果潜在普通股为当期发行的,则假设在发行日就全部转换为普通股,据此计算稀释每股收益。潜在普通股主要有可转换公司债券、认股权证、股份期权等。

【例 18-3】W 公司 2020 年归属于普通股股东的净利润为 2 000 万元,期初发行在外普通股股数 5 000 万股,年内普通股股数未发生变化。2019 年 4 月 1 日,W 公司按面值发行了 1 000 万元的可转换公司债券,票面利率为 5%,每 100 元债券可转换 80 股面值1 元的普通股股票(所得税税率为 25%)。

2020 年基本每股收益=2 000÷5 000=0. 4(元)

增加的净利润＝1 000×5%×(1－25%)＝37.5(万元)

增加的普通股股数＝1 000×80÷100＝800(万股)

2020 年稀释每股收益＝(2 000+37.5)÷(5 000+800)＝0.35(元)

【例 18-4】W 公司 2019 年归属于普通股股东的净利润为 2 000 万元,期初发行在外普通股股数 5 000 万元,年内普通股股数未发生变化。2019 年 4 月 1 日,W 公司按面值发行了 1 000 万元的可转换公司债券,票面利率为 5%,每 100 元债券可转换 80 股面值1 元的普通股股票(所得税税率为 25%)。

2019 年基本每股收益＝2 000÷5 000＝0.4(元)

增加的净利润＝1 000×5%×9÷12×(1－25%)＝28.125(万元)

增加的普通股股数＝1 000×80÷100×9÷12＝600(万股)

2019 年稀释每股收益＝(2 000+28.125)÷(5 000+600)＝0.36(元)

对于稀释的认股权证、股份期权,计算稀释每股收益时,一般无需调整作为分子的净利润金额,只需要按下列步骤对分母的普通股加权平均数进行调整:

(1)假设这些认股权证、股份期权在当期期初(或晚于期初的发行日)已经行权,计算按约定行权价格发行普通股将取得的股款金额。

(2)假设按照当期普通股平均市场价格发行普通股,计算需要发行多少普通股才能够带来弥补上述相同的股款金额。

(3)比较行使股份期权、认股权证将发行的普通股股数与按照平均市场价格发行的普通股股数,差额部分相当于无对价发行的普通股,作为发行在外的普通股股数的净增加。

增加的普通股股数＝拟行权时转换和普通股股数－行权价格×拟行权时转换和普通股股数÷当期普通股平均市场价格

【例 18-5】W 公司 2019 年 4 月对外发行 100 万份认股权证,行权日为 2020 年 4 月,该种已发行的股票的市场价格为 4 元,每份认股权证可以在行权日以 3.5 元的价格认购本公司 1 股新发行的股份。

2019 年增加的普通股股数＝(100－100×3.5÷4)×9÷12＝9.375(万股)

2020 年增加的普通股股数＝(100－100×3.5÷4)×1＝12.5(万股)

第三节 分部报表

一、分部报表的概述

《企业会计准则第 35 号——分部报告》第二条规定,企业存在多种经营或跨地区经营的,应当根据准则规定披露分部信息。企业应当以对外提供的财务报表为基础披露分部信息。对外提供合并财务报表的企业,应当以合并财务报表为基础披露分部信息。

分部报表是反映企业各行业、各地区经营业务的收入、成本、费用、营业利润、资产总额及负债总额等情况的报表。

提供分部信息的主要目的,在于评估不同因素对企业的影响,以便更好地理解企业以往的经营业绩,并对其未来的发展趋势做出合理的预测和判断。分部报表的作用主要表现在以下方面:

(一)通过分部报表,可以更好地理解企业以往的业绩

企业生产经营的业绩是企业各项经营活动的综合结果,是由企业生产的各种(或各

类)产品,或提供的各种(或各类)劳务的盈亏综合而成的。企业各种(或各类)产品在其整体的经营活动中所占的比重各不相同,其营业收入、成本以及其所产生的利润也不尽相同,要把握企业的经营业绩,不仅要分析企业的整体情况,而且也有必要分析每一种(或每一类)产品的生产经营情况,从而才能更全面地理解企业取得的经营业绩。从企业生产经营的地区来说,企业整体的生产经营业绩是由各生产经营地的经营业绩所组成的,要了解和把握企业取得的经营业绩,则需要分析各生产经营地的经营业绩,分析各生产经营地的资产占用情况、销售情况等,从而才能准确把握企业的经营业绩。

(二)通过分部报表,可以更好地评估企业的风险和回报

在市场经济条件下,准确地评估企业的经营风险和回报,对于企业经营管理者、投资者、债权人以及社会有关方面进行决策具有重要的意义。企业的整体风险由企业生产经营部分、各生产经营地区的风险和回报所构成。企业生产的各种产品所具有风险和回报的程度和性质是不相同的,在不同地区的生产经营也有着不同性质的、不同程度的风险和回报。要具体了解企业的经营风险和具体的回报情况,则必须借助分部报表按不同业务部门或不同的地区提供的收入、费用、经营成果以及资产占用等较为详细的分部信息。通过分部报表提供信息的分析,可了解各种产品或业务所处的发展阶段、风险的大小、回报率的高低等。

综上所述,通过分部报表所提供的会计信息,可以更好地把握企业的经营业绩,可以更好地对企业的风险和回报进行评估,因此通过分部报表可以为企业的经营管理者、投资者、债权人提供更为有用的、更为具体的会计信息,以便于其从整体上对企业做出更有根据的、更为准确的判断,为其进行决策提供依据。

二、分部的确定

在披露分部报表时,首先必须确定报表主体的分部。所谓分部,是指企业内部可区分的,专门用于向外部提供信息的一部分。分部包括业务分部和地区分部两类。

(一)业务分部的确定

业务分部是指企业内部提供单项产品或劳务,或者提供一组相关产品或劳务,并且承担不同于其他业务部门所承担的风险和回报的部门。

企业的组织结构和内部报告系统应作为确定分部的基础。在确定业务分部时,应当考虑以下主要因素:

(1)产品或劳务的性质。对于生产的产品和提供的劳务的性质相同者,通常其风险、回报率及其成长率可能较为接近,一般情况下可以将其划分到同一业务分部之内。而对于其性质完全不同的产品或劳务,则不能将其划分到同一业务分部之内。

(2)生产过程的性质。对于其生产过程相似者,可以将其划分为一个业务分部,如按资本密集型和劳动力密集型划分业务部门。

(3)购买产品或接受劳务的客户的类型或类别。购买产品或接受劳务的客户的类型或类别可以按不同的标准进行划分,对于不同的企业也有着不同的分类。

(4)销售产品或提供劳务所使用的方法。销售产品的方式不同,其承受的风险和回报不相同。

(5)生产产品或提供劳务所处的法律环境。企业生产产品或提供劳务总是处于一定的经济法律环境之下,其所处的环境必然对其产生影响,特别是其所处的法律环境对企业经营状况影响极大。对相同或相似法律环境下的产品生产或劳务进行归类,提供其经营活动所生成的信息,有利于明晰地反映该类产品生产和劳务提供的会计信息。

(二)地区分部的确定

地区分部是指企业内部在特定的经济环境下提供产品或劳务,并且承担不同于在其他经济环境下经营的组成部门所承担的风险和回报的组成部门。地区分部可以按资产所在地为基础确定,也可以按客户所在地为基础确定。在确定地区分部时应当考虑以下主要因素:

(1)经济和政治情况的相似性。生产经营所在地经济和政治情况的差异,则意味其生产经营活动所面临经济和政治风险不同。对不同者不能将其归并为一地区分部,对相同者可将其归并为一个地区分部。

(2)在不同地区的经营之间的关系。在不同地区的经营之间存在着紧密的联系,则意味着这些不同的地区的经营具有相同的风险和回报,应当将不同地区的子公司合并作为一个地区分部处理。反之,当两个地区的经营之间没有直接的联系,则不应将其作为一地区分部处理。

(3)生产经营的相似性。生产经营具有相似性的地区,表明其在生产经营方面面临着基本相同的风险和回报,在确定地区分部应当将在生产经营上具有相似性的地区,作为一个地区分部处理。

(4)与某一特定地区经营相关的特定风险。如果某一地区在生产经营上存在着特定的风险,则不能将其与其他地区分部合并作为一个地区分部处理。

(5)外汇管制的规定。外汇管制的规定直接影响着企业内部资金的调度和转移,从而影响着企业经营风险。不能将外汇管制国家和地区与外汇自由流动的国家和地区作为一个地区分部处理;对于外汇管制的地区,也不能一概而论将其作为一个地区分部处理。

(三)报表分部的确定

报表分部是指按确定的业务分部或地区分部,对其相关信息予以披露的业务分部或地区分部。划定分部后,还必须按照一定的标准对业务分部或地区分部进行测试,在符合规定的测试标准后,才能作为报表分部,在其财务会计报表中披露会计信息。符合下列标准的业务分部或地区分部,方可纳入分部报表的编制范围披露其相关的会计信息。

满足下列三个条件之一的,应当纳入分部报表编制的范围:

(1)分部营业收入占所有分部营业收入合计的10%或以上(这里的营业收入包括主营业务收入和其他业务收入,下同);

(2)分部营业利润占所有盈利分部的营业利润合计的10%或以上,或者分部营业亏损占所有亏损部分的营业亏损合计的10%或以上;

(3)分部资产总额占所有分部资产总额合计的10%或以上。

如果按上述条件纳入分部报表范围的各个分部对外营业收入总额低于企业全部营业收入总额75%的,应将更多的分部纳入分部报表编制范围(即使未满足上述条件),以至少达到编制的分部报表各个分部对外营业收入总额占企业全部营业收入总额的75%及以上。

纳入分部报表的各个分部最多为10个,如果超过,应将相关的分部予以合并反映;如果某一分部的对外营业收入总额占企业全部营业收入总额90%及以上的,则不需编制分部报表。

如果前期某一分部未满足上述三个条件之一而未纳入分部报表编制范围,本期因经营状况改变等原因达到上述条件而应纳入分部报表编制范围的,为可比起见,应对上年度的数字进行调整后填入当年分部报表的“上年数”栏。

三、分部报表的格式和编制

业务分部报表和地区分部报表的基本格式如表18-4和表18-5所示。

表 18-4

分部报表（业务分部）

会企 02 表附表 2

编制单位：

____年度

单位：元

项目	××业务		××业务		××业务		……	其他业务		抵　销		未分配项目		合　计	
	本年	上年	本年	上年	本年	上年		本年	上年	本年	上年	本年	上年	本年	上年
一、营业收入合计															
其中：对外营业收入															
分部间营业收入															
二、销售成本合计															
其中：对外销售成本															
分部间销售成本															
三、期间费用合计															
四、营业利润合计															
五、资产总额															
六、负债总额															

表 18-5

分部报表（地区分部）

会企 02 表附表 3

编制单位：

____年度

单位：元

项目	××地区		××地区		××地区		……	其他地区		抵　销		未分配项目		合　计	
	本年	上年	本年	上年	本年	上年		本年	上年	本年	上年	本年	上年	本年	上年
一、营业收入合计															
其中：对外营业收入															
分部间营业收入															
二、销售成本合计															
其中：对外销售成本															
分部间销售成本															
三、期间费用合计															
四、营业利润合计															
五、资产总额															
六、负债总额															

该表各项目的的内容及填列方法说明如下：

（一）“分部营业收入”项目

分部营业收入指在企业利润表中报告的、可以直接归属于某一分部的收入以及企业收入中能按合理的基础分配给某一分部的相关部分收入。分部营业收入分为对外部客户的营业收入，即“对外营业收入”和与其他分部交易的收入，即“分部间营业收入”。分部收入不包括非常项目取得的收入、利息收入和股利收益，投资的出售形成的利得等。

在披露分部会计信息时，应当将分部“对外营业收入”“分部间营业收入”分别列示，分部收入应按企业集团内部交易抵销前的数额确定。

（二）“分部销售成本”项目

分部销售成本指某一分部营业收入相对的销售成本，是企业利润表中直接归属于某一分部的销售成本以及能按合理的方法分配给该分部的费用。

在披露分部会计信息时，同样应将分部“对外销售成本”“分部间销售成本”分别列示。分部销售成本数额的确定与分部营业收入的确定相同，应按集团内部交易抵销之前的数额确定。

（三）“分部期间费用”项目

分部期间费用是指某一分部在经营活动中发生的，并可以直接归属于该分部的期间费用以及能按合理的方法分配给该分部的期间费用。分部期间费用包括归属于某一分部的销售费用、管理费用和财务费用。分部期间费用不包括所得税费用以及其他与整个企业相关的费用等。分部期间费用，应按集团内部交易抵销之前的数额确定。对于不归属于某一分部的期间费用，应当作为未分配项目在分部报表中列示。

（四）分部营业利润

分部营业利润，指某一分部的经营成果，是指某一分部营业收入，减去该分部销售成本及分部期间费用后的余额。对于企业营业利润中不归属于任何一个分部的营业利润，应当作为未分配项目在分部报表中列示。

（五）“分部资产”项目

分部资产指分部在其经营活动中使用的、并可直接归属于该分部的经营资产。分部资产包括用于分部经营活动的流动资产、固定资产（包括融资租入的固定资产）以及无形资产等。分部资产不包括用于企业总部一般用途的资产。分部资产不包括递延税款资产。分部资产按集团内部交易抵销前的数额确定。对于企业资产总额中不归属于任何一个分部的资产，应当作为未分配项目在分部报表中列示。

（六）“分部负债”项目

分部负债指分部的经营活动形成的以及可直接归属于该分部的经营负债。分部负债包括应付账款、其他应付款、应计负债、预收货款、产品担保准备等。分部负债不包括借款、与融资租入资产相关的负债以及其他为非经营目的而承担的负债，也不包括递延税款负债。分部负债按集团内部交易抵销前的数额确定。对于企业负债总额中不归属于任何一个分部的负债，应当作为未分配项目在分部报表中列示

如果母公司的会计报表和合并会计报表一并提供时，分部报表只需在合并会计报表的基础上编制。

思考题

1. 利润表的概念和作用是什么？
2. 利润表的格式有哪两种？各有何优缺点？
3. 利润表是以什么为依据填列的？
4. 利润分配表的概念和作用是什么？
5. 什么是分部报表？分部报表的主要作用是什么？

练习题

某企业年末有关损益类科目的本期发生额如表 18-6 所示。

表 18-6　　某企业年末有关损益类科目的本期发生额　　单位:元

会计科目	借方发生额	贷方发生额
主营业务收入		1 350 000
投资收益		300 000
营业外收入		50 000
公允价值变动损益		100 000
资产处置损益		80 000
其他收益		120 000
主营业务成本	870 000	
税金及附加	20 000	
销售费用	60 000	
管理费用	50 000	
研发费用	140 000	
财务费用	70 000	
营业外支出	40 000	
资产减值损失	150 000	
所得税费用		
合计		

财务费用中利息支出 800 000 元,其他支出 20 000 元,利息收入 30 000 元,所得税税率为 25%,无其他纳税调整项目。

要求:(1)计算所得税费用,并编制利润表。

(2)按净利润的 10%提取法定盈余公积,8%提取任意盈余公积,60%发放现金股利。

第十九章
现金流量表

财务状况变动表或现金流量表是企业三大主要报表之一。资产负债是反映企业一定日期财务状况的报表;利润表是反映企业一定时期经营成果的报表;财务状况变动表或现金流量表是反映企业一定时期现金流入、流出及结余情况的报表。本章将着重介绍现金流量表的基本概念、作用、基本格式和编制方法。

第一节　现金流量表的产生和作用

一、现金流量表的产生

在现实经济生活中,经常会出现这类情形:一家企业营业兴旺,订单猛增,获利颇丰,但却陷入财务困境,甚至不得不中止营业。有些企业在某一年度出现了巨额亏损,却有能力购建大量的固定资产,进行扩大规模之投资。前者获利颇丰,但却陷入财务困境,原因何在?后者出现巨额亏损,却有大量资金进行投资,其资金从何而来?像这些莫名其妙的问题,投资者、债权人在企业资产负债表和利润表提供的信息中难以找到答案,而财务状况变动表或现金流量表却能提供解决此类问题的答案。因此,财务状况变动表或现金流量表作为第三张主要报表就应运而生了。

最早的财务状况变动表(Statement of Changes in Financial Position)叫资金流量表,它于1862年出现在英国,1863年在美国开始出现。可见,财务状况变动表的历史远远晚于资产负债表和损益表。早期的资金流量表主要用于记录银行存款、现金及邮票的变动情况。到21世纪初,资金流量表已发展成四种不同的基础,分别用来揭示流动资产、营运资金、现金及某一期间全部财务活动的资金流量。

1963年,美国会计原则委员会(APB)发表了第3号意见书,建议企业在编制资产负债表和利润表的同时,编制资金流量表并说明资金来源和运用的有关内容。

1971年,美国会计原则委员会又发表了第19号意见书,明确要求企业编制能概括反映利润表编报期间财务状况变动的报表,并将资金流量表正式命名为财务状况变动表。

1987年,美国财务会计准则委员会(FASB)公布了95号财务会计准则公告,发表了现金流量表准则,正式取代了会计原则委员会第19号意见书。现金流量表(Statement of Cash Flows)已于1988年起开始生效。之后许多国家纷纷采取措施,要求企业编制现金流量表。

1992年,我国财政部颁布了《企业会计准则》,规定企业必须编制以营运资金为基础的财务状况变动表。1998年,财政部制定并颁布了《企业会计准则第31号——现金流量表》,从1998年1月1日起正式生效执行。2006年2月15日财政部修订发布的《企业会计准则第31号——现金流量表》,于2007年1月1日起在上市公司执行。2006年2月15

日财政部修订发布的《企业会计准则——基本会计准则》规定，小企业编制会计报表时，可以不编制现金流量表。

现金流量表是以现金为基础编制的，反映企业一定期间内现金流入、流出情况的会计报表。编制现金流量表的目的是为会计报表使用者提供企业一定会计期间内现金流量信息，以便报表使用者了解和评估企业获取现金的能力、支付现金的能力，并据以预测企业未来的现金流量。

二、现金流量表的作用

在市场经济条件下，企业的现金流转情况在很大程度上影响着企业的生存和发展。企业现金充裕，就可以在必要时购入必需的材料物资和固定资产、及时支付工资、支付股利和偿还债务；反之，企业现金短缺，轻则影响企业的正常生产经营活动，重则危及企业的生存。现金流量表是提供企业现金流入、流出及净增情况的报表，其主要作用表现在以下几个方面：

（一）可以提供企业的现金流量信息

在市场经济条件下，竞争异常激烈，企业要求生存和发展，在市场上占有一席之地，不但要想方设法把自身的产品销售出去，更重要的是要及时地收回其销货款，以便维持其简单再生产和扩大再生产。除了经营以外，企业还可能要从事投资和筹资活动，这些活动同样会影响到企业的现金流量，从而影响企业财务状况。如果企业在投资大量现金后没有得到相应的现金回报，就会引起企业财务困境。通过企业现金流量信息，可为投资者、债权人提供企业经营周转能力及现金流量状况的信息，便于他们做出有效的投资和经营决策。

（二）可以提供企业现金流量变动及变动原因的信息

现金流量表把现金流量划分为经营活动、投资活动和筹资活动所产生的现金流量，按照流入现金和流出现金项目分别反映。现金流量表能反映企业现金流入和流出的原因，即现金从何而来，用在何处。这些信息是资产负债表和利润表不能提供的，只有现金流量表才能提供此种信息。现金流量表以现金制为基础，弥补了由于会计核算采用的应计制只提供企业盈利能力信息，而不能提供企业现金支付能力信息的不足。会计信息使用者通过阅读企业现金流量表，能够了解企业现金流入的构成，分析企业偿债和支付能力，增强投资者、债权人对企业的信心。

（三）能够分析企业未来获取现金的能力

现金流量表中经营活动产生的现金流量，代表企业运用其资产创造现金流量的能力，便于分析企业一定期间内形成的净利润与经营活动产生现金流量的差异，判断企业收回货款的能力强弱。投资活动产生的现金流量，代表企业在投资方面资金的调度情况。筹资活动产生的现金流量，代表企业筹资获取现金流量的能力。通过现金流量表以及其他财务信息，可以分析企业未来获取或支付现金的能力。

（四）便于与国际会计惯例相协调

目前世界上许多国家都要求企业编制现金流量表，如英国、美国、澳大利亚、加拿大等。我国企业编制现金流量表，便于国外投资者、债权人等与企业利益有关的会计信息使用者了解企业的财务会计信息，对开展跨国经营、境外筹资、加强国际经济合作起到积极的作用。

第二节　现金流量表的基本概念

一、现金流量表的编制基础

《企业会计准则第31号——现金流量表》对现金流量表的定义是,现金流量表是反映企业在一定会计期间现金和现金等价物流入、流出情况的会计报表。

现金流量表中所称的现金,与日常财务会计工作中所讲的现金(Cash)有所不同。现金流量表所称的现金是指:库存现金以及可以随时用于支付的存款。

(1)库存现金(Cash on Hand)。存放在企业金库,以备随时用于各种支付的现金。支付给企业内部各部门的备用金,只要已拨付领用部门,即使尚未支用,或未支用完,都不算是企业的库存现金(在会计上通过"其他应收款"或单设"备用金"科目核算)。因为这些钱在财务部门拨出后便不可能收回用于其他各种支付,不具备企业持有现金的性质。

(2)银行存款(Cash in Bank)。企业存放在银行符合上述现金概念的,可随时用于各种支付的现金存款(存在银行的现金)。不符合上述现金概念的,有限制提款条件的存款,应另立账户存储,以便与随时可用于各种支付的现金区别开来。

会计制度中为什么要将外埠存款、银行本票存款、银行汇票存款、信用证存款、在途现金等单独设立"其他货币资金"科目核算呢?这也是由于这些现金存款已被局限在某一方面(如购买材料等)使用,或在途现金尚未收到还不能随时用于各种支付,不符合上述现金的概念。按理说,编制现金流量表时是不应将"其他货币资金"并入现金和存款中的,特别是当企业"其他货币资金"数目较大,则需要将其扣除作为非现金流动资产反映,以防表中反映的现金失实。不能随时支取的定期存款或专用存款也不能作为现金,而应列入投资。提前通知金融企业便可支取的定期存款,则应包括在现金范围之内。

(3)现金等价物。现金等价物(Cash Equivalents)是指企业持有的期限短、流动性强,易于转换为已知金额现金、价值变动风险很小的投资。现金等价物虽然不是现金,但其支付能力与现金的差别不大,可视为现金。如企业为保证支付能力,手持必要的现金,为了不使现金闲置,可以购买短期债券,在需要现金时,随时可以变现。

一项投资被确认为现金等价物必须同时具备四个条件:期限短、流动性强、易于转换为已知金额现金、价值变动风险很小。其中,期限短,一般是指从购买日起,三个月内到期。因此现金等价物一般指购买日至到期日短于三个月的短期债券投资。需要注意的是,短期股票投资不属于现金等价物,因为短期股票投资既无固定的到期日,也没有转换为现金的已知金额;购买日至到期日长于三个月的短期债券投资也不属于现金等价物,如某年9月1日购于A公司12月31日到期的债券投资;短于三个月将到期的长期债券投资不属于现金等价物,如编报日前三年购入A公司债券在未来2个月就要到期了,编报日不能将此债券投资作为现金等价物,因为购买日至到期日为三年。由于现金流量表为年度报表,因此应包括在期末现金及现金等价物内的现金等价物只可能是最早于当年10月1日以后购入,最晚于次年3月31日之前到期短期债券投资。除非同时提及现金及现金等价物,一般情况下所讲的现金均是指现金及现金等价物。

二、现金流量的分类

(一)现金流量

现金流量是企业某一时期内现金流入(Inflow)和流出(Outflow)的数量,如企业销售商品、提供劳务、出售固定资产、向银行借款等取得现金,形成企业的现金流入;购买原材料和商品、接受劳务、购建固定资产、对外投资、偿还债务等支付的现金,形成企业的现金流出。现金净流量是指企业现金流入与流出的差额。现金净流量可能是正数,也可能是负数。如果是正数,则为净流入;如果是负数,则为净流出。现金净流量反映了企业各类活动形成的现金流量的最终结果,即企业一定时期内,现金流入大于现金流出,还是现金流出大于现金流入。一般来说,流入大于流出反映了企业现金流量的积极现象和趋势。现金净流量也是现金流量表所要反映的一个重要指标。

应该注意的是,企业现金及现金等价物的内部转换不会产生现金的流入和流出,因而不属于现金流量。如企业从银行提取现金,将现金存入银行,以现金或银行存款购入三个月内即将到期的债券投资,到期收回这种投资的现金等都不属于现金流量,与编制现金流量表无关。

非现金各项目之间的增减变动,也不影响现金流量,如用固定资产清偿债务,以非现金资产对外投资等均不涉及现金的收支,不会影响现金流量的增减变动。

现金各项目与非现金各项目之间的增减变动,才是影响现金流量净额的内容,也是现金流量表需要反映的内容。非现金各项目之间的增减变动虽然不影响现金流量净额,但属于企业重要的投资和筹资活动,需在现金流量表的补充资料中单独反映。

(二)现金流量的分类

企业现金有不同的收入来源,不同的支出用途。对企业现金流量进行合理的分类,有助于会计信息使用者深入地分析企业财务状况变动,预测企业现金流量未来前景。

美国、澳大利亚和国际会计准则委员会等都将现金流量分为经营活动产生的现金流量、投资活动产生的现金流量和筹资活动产生的现金流量三大类。英国的情况比较特殊,将现金流量划分为经营活动、投资收益和融资成本、纳税、资本性支出和金融投资、购买和处置、支付的权益性股利、流动资源管理、筹资活动形成的现金流量八大类。我国香港特别行政区则是综合了国际会计准则和英国的做法,将现金流量分为五大类:经营活动、投资报酬和融资成本、税项、投资活动、筹资活动产生的现金流量。我国内地根据实际情况,借鉴国际上多数国家和国际会计准则的处理方法,我国《企业会计准则第31号——现金流量表》规定现金流量划分为经营活动产生的现金流量、投资活动产生的现金流量、筹资活动产生的现金流量三大类。

1. 经营活动的现金流量

经营活动(Operating Activities)是指企业投资活动和筹资活动以外的所有交易和事项。就工商企业来说,经营活动产生的现金流入量主要包括:销售商品、提供劳务、经营租赁等活动产生的现金流入;经营活动产生的现金流出主要有:购买商品、接受劳务、支付工资、广告宣传、推销产品、缴纳税款等活动产生的现金流出。各类企业由于行业特点不同,对经营活动的认定存在一定差异,在编制现金流量表时,应根据企业的实际情况,对现金流量进行合理的归类。

由于金融保险业比较特殊,《企业会计准则第31号——现金流量表》对其做了详细说明。金融保险企业经营活动的性质和内容都与工商企业不同,从而直接影响现金流量的分类。例如，利息支出在工商企业应作为筹资活动，而在金融企业，利息支出是其经营活动的主要支出，应列为经营活动现金流量。再如，银行等金融企业吸收的存款是其主要经营业务，应作为经营活动的现金流量反映。因此，为了满足金融保险企业的特殊要求，对金融保险企业特有项目现金流量以及归类单独做了规定。《企业会计准则第 31 号——现金流量表》列举了金融企业中属于经营活动现金流量的项目包括：对外发放的贷款和收回的贷款本金；吸收的存款和支付的存款本金；同业存款和存放同业款项；向其他金融企业拆借的资金；利息收入和利息支出；收回的已于前期核销的贷款；经营证券业务的企业，买卖证券所收到或支出的现金；融资租赁所收到的现金。

保险企业的与保险金、保险索赔、年金退款和其他保险利益条款有关的现金收入和现金支出项目，应作为经营活动的现金流量。通过现金流量表反映企业经营活动中产生的现金流入和流出，说明企业经营活动对现金流入和流出净额的影响程度。

2. 投资活动的现金流量

投资活动(Investing Activities)是指企业长期资产的购建和不包括在现金等价物范围内的投资及其处置活动。其中的长期资产是指固定资产、在建工程、无形资产、其他资产等持有期限在一年或一个营业周期以上的资产。短期投资中除已将包括在现金等价物范围内的投资视同现金应扣除之外，也属于投资活动。投资活动主要包括：取得和收回投资，分回投资股利和利息，购建和处置固定资产、无形资产和其他长期资产等形成的现金流入和流出。通过现金流量表中反映的投资活动产生的现金流量，可以分析企业通过投资获取现金流量的能力以及投资产生的现金流量对企业现金流量净额的影响程度。

3. 筹资活动的现金流量

筹资活动(Financing Activities)是指导致企业资本及债务规模和构成发生变化的活动。其中的资本包括实收资本（股本）和资本溢价（股本溢价）。企业发生与资本有关的现金流入和流出项目，一般包括吸收投资、发行股票、分配并支付股利。其中，债务是指企业对外举债所借入的款项，如发行债券、向金融企业借入款项、偿还债务及支付债务利息等。

第三节　现金流量表的格式及编制

一、现金流量表的格式

现金流量表的基本结构分为三个部分：一是表头，即报表名称、编制单位、年度及计量单位。二是主表内容，以直接法反映企业经营活动、投资活动、筹资活动及汇率变动等对现金流量净额的影响。三是附表或补充资料，反映不涉及现金收支的投资和筹资活动，将净利润调节为经营活动产生的现金净流量等。现金流量表的具体格式如表 19-1 所示。

二、现金流量表的编制方法

编制现金流量表时，列报经营活动产生现金流量的方法有两种：一种是直接法，另一种是间接法。这两种方法通常也称为编制现金流量表的方法。

我国《企业会计准则第 31 号——现金流量表》规定的现金流量表的主表中，经营活动产生的现金流量净额是采用直接法列报的，补充资料中经营活动产生的现金流量是采用间接法列报的。

（一）直接法

直接法（Direct Approach）是指通过现金收入和支出的主要类别反映来自企业经营活动的现金流量。直接法下列报经营活动产生现金流入的类别主要包括：销售商品、提供劳务收到的现金（包括收到的增值税销项税额）；收到的税费返还；收到的其他与经营活动有关的现金等。

经营活动产生现金流出类别主要包括：购买商品、接受劳务支付的现金（包括能够抵扣增值税销项税额的进项税额）；支付给职工以及为职工支付的现金；支付的各项税费；支付的其他与经营活动有关的现金。

在实务中，企业采用直接法报告经营活动的现金流量时，有关现金流量的信息可从会计记录中直接获得，也可以在利润表中的营业收入、营业成本等数据的基础上，通过调整存货和经营性应收应付项目的变动以及固定资产折旧、无形资产摊销等项目后获得。

直接法的主要优点是显示了经营活动现金流量的各项流入流出的具体内容。相对间接法而言，直接法更能体现现金流量的目的。在现金流量表中列示各项现金流入的来源和现金流出的用途，有助于预测企业未来的经营活动现金流量，更能揭示企业从经营活动中产生足够的现金来偿付其债务的能力、进行再投资的能力和支付股利的能力。

（二）间接法

间接法（Indirect Approach ）是指以本期净利润为起算点，调整不属于经营活动的收益和费用，调整属于经营活动但不涉及现金的收入、费用、营业外收支以及应收应付等项目的增减变动，据此计算并列示经营活动的现金流量。

利润表中反映的净利润是按权责发生制确定的，其中有些收入、费用不属于经营活动的收入和费用（投资收益、财务费用等），属于经营活动的有些项目并没有实际发生现金流入和流出，通过对这些项目的调整，即可将净利润调节为经营活动现金流量。间接法的原理就在于此——将权责发生制的净利润调整为现金制的经营活动的净现金流量。

采用间接法将净利润调节为经营活动的现金流量时，需要调整的项目有：资产减值准备、固定资产折旧、无形资产和长期待摊费用摊销、处置固定资产、无形资产和其他资产损溢、固定资产报废损失、固定资产盘亏损失、盘盈收益、公允价值变动损益、财务费用、投资收益、递延所得税资产和递延所得税负债、存货、经营性应收项目、经营性应付项目等。

上述这些项目可分为如下四大类：

（1）不属于经营活动的损益，如财务费用、投资损益、资产处置损益、长期资产减值损失等。

（2）实际没有支付现金的费用，如流动资产的减值准备（包括存货和坏账）、固定资产折旧、无形资产和长期待费用摊销等。

（3）经营性资产的增减变动，如应收账款、应收票据、预付账款、存货的增减变动等。

（4）经营性负债的增减变动，如应付账款、应付票据、预收账款等。

间接法是在净利润的基础上，调整不涉及现金收支的收入、费用、营业外收支和应收应付等项目，据以确定并列示经营活动现金流量的，从而有利于会计信息使用者对企业净利润和现金净流量进行对比，分析两者产生差异的原因以及从现金流量角度分析企业净利润的质量。

由于直接法和间接法各有其优点，我国《企业会计准则第 31 号——现金流量表》规定企业既要按直接法编制现金流量表的主表，又要在附表（补充资料）中提供按间接法将净利润调节为经营活动现金流量的信息，从而兼顾了两种方法的优点。

三、现金流量表各项目的具体填列方法

(一)经营活动产生的现金流量

(1)“销售商品、提供劳务收到的现金”项目,反映企业销售商品、提供劳务实际收到的现金(含销售收入和应向购买者收取的增值税销项税额),包括:本期销售商品、提供劳务收到的现金;前期销售商品、提供劳务本期收到的现金;本期预收的账款。本期退回本期销售的商品和前期销售本期退回的商品支付的现金应从该项目中减去。企业销售材料和代购代销业务收到的现金,也在该项目反映。该项目可以根据“库存现金”“银行存款”“应收账款”“应收票据”“预收账款”“营业收入”等科目的记录分析填列。

因增加或减少固定资产、无形资产所引起的增值税进项税额和销项税额应放在经营活动中,不能放在投资活动中,原因是缴纳增值税是属于经营活动。

可以用下列计算公式求得应填的数额:

从客户收到的现金=营业收入+销项税额+应收账款期初数-应收账款期末数+应收票据期初数-应收票据期末数+预收账款期末数-预收账款期初数+收回前期已注销的坏账-本期注销的坏账-非现金结算应收账项-已贴现的应收票据贴现息

公式中的营业收入可从年度利润表中获取。应收账款、应收票据等,这些数据指其账户的余额,不是资产负债表项目的金额。

需要注意的是,如果用年末资产负债表中“应收票据及应收账款”项目的数字,则上述公式应有变动,因为“资产负债表”中的该项目是“应收票据”和“应收账款的净额”,是已减去了“坏账准备”后的净额。这样的话,应将上述公式中不应考虑“收回前期已注销的坏账”“本期注销的坏账”这两个项目,并应减“本期计提的坏账准备”。其计算公式为:

从客户收到的现金=营业收入+销项税额+应收票据及应收账款期初数-应收票据及应收账款期末数+预收账款期末数-预收账款期初数-本期计提的坏账准备-非现金结算应收账项-已贴现的应收票据贴现息

为了说明这一道理,现举例加以说明:

【例 19-1】假设某企业本期注销坏账 5 万元,收回前期已注销的坏账 4 万元,应收账款实际收现金 25 万元,从“库存现金”账户可发现,由于应收账款使本期增加现金 29 万元,如图 19-1 所示。

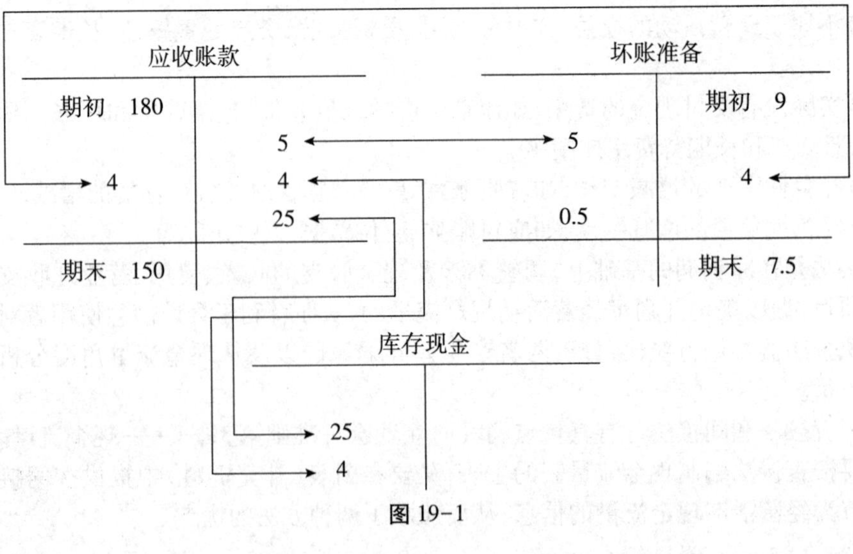

图 19-1

采用上述两种方法计算应收账款期末、期初变动影响现金流量：

按应收账款账户余额计算＝180－150+4－5＝29(万元)

按应收账款净额计算＝(180－9)－(150－7.5)－(－0.5)＝29(万元)

【例 19－2】企业本期营业收入净额 500 万元，本期销项税额 65 万元，应收账款期初余额为 180 万元，期末余额为 150 万元，应付票据期初余额为 35 万元，期末余额为 20 万元，预收账款期初余额为 100 万元，期末余额为 80 万元，年度内核销的坏账损失为 5 万元，收回前期已注销的坏账 4 万元，收到 A 单位以存货抵应收账款 20 万元，本期计提坏账准备－0.5 万元(冲销多计提坏账准备)，“坏账准备”的期初为 9 万元，期末为 7.5 万元。

销售商品、提供劳务收到现金＝500+65+180－150+35－20+80－100+4－5－20＝569(万元)

或：

销售商品、提供劳务收到现金＝500+65+(35+180－9)－(20+150－7.5)+80－100－(－0.5)－20＝569(万元)

(2)“收到的税费返还”项目，反映企业收到返还的各种税费，如收到的增值税、消费税、所得税、教育费附加返还等。该项目可以根据“库存现金”“银行存款”“税金及附加”“补贴收入”“应收补贴款”等科目的记录分析填列。

(3)“收到的其他与经营活动有关的现金”项目，反映企业除了上述各项目外，收到的其他与经营活动有关的现金流入，如罚款收入、流动资产损失中由个人赔偿的现金收入等。其他现金流入如价值较大的，应单列项目反映。该项目可以根据“库存现金”“银行存款”“营业外收入”等科目的记录分析填列。

(4)“购买商品、接受劳务支付的现金”项目。反映企业购买材料、商品、接受劳务实际支付的现金，包括：本期购入材料、商品、接受劳务支付的现金(包括增值税进项税额)；本期支付前期购入商品接受劳务的未付款项；本期预付款项。本期发生的购货退回收到的现金应从本项目内减去。该项目可以根据“库存现金”“银行存款”“应付账款”“应付票据”“主营业务成本”等科目的记录分析填列。

可以用下列计算公式求得应填的数额：

向供货方支付的现金＝营业成本+进项税额+存货期末数－存货期初数+应付票据及应付账项期初数－应付票据及应付账项期末数+预付账款期末数－预付账款期初数－非付现收到的存货

此公式适用于商品流通企业，公式中的营业成本包括主营业务成本和其他业务成本；应付账项包括应付账款、应付票据；非付现收到的存货指应收账款收到的存货、接受投资收到的存货等。

如果是加工制造企业，其公式应做适当调整，因为制造企业的营业成本的口径与购入材料成本的口径是不一致的。调整内容有两个：一个是构成产品成本的生产工人和生产管理人员的工资及福利。此工资及福利不管是否支付了现金，均应从该项目中扣除，因为支付职工工资需单独列示。另一个是构成产品成本的非付现费用，如计入制造费用的折旧费用和前期的摊销费用等。

向供货方支付的现金＝营业成本+进项税额+存货期末数－存货期初数+应付票据及应付账项期初数－应付票据及应付账项期末数+预付账款期末数－预付账款期初数－非付现收到的存货－计入成本的生产工人工资及福利－计入成本的非付现折旧－计入成本的非付现待摊费用减少数(+增加数)

【例 19-3】某制造企业本月销售成本 180 万元，应付账款期初余额为 60 万元，期末余额为 50 万元，应付票据期初余额为 40 万元，期末余额为 30 万元，存货期初余额为 300 万元，期末余额为 250 万元，预付账款期初余额为 15 万元，期末余额为 18 万元，本月进项税额为 17 万元，本期接受投资收到存货 5 万元，本月生产工人的工资和车间管理人员的工资分别为 20 万元和 4 万元，分别提取生产工人和车间管理人员的福利费 2.8 万元和 0.56 万元。

购买商品支付现金 = 180+17+250−300+(60+40)−(50+30)+18−15−5×(1+13%)−20−4−2.8−0.56 = 136.99(万元)

(5)"支付给职工以及为职工支付的现金"项目，反映企业实际支付给职工以及为职工支付的现金，包括本期实际支付给职工的工资、奖金、各种津贴和补贴等以及为职工支付的其他费用(包括福利费)，不包括支付的离退休人员的各项费用(不属于工资)和支付给在建工程人员的工资(属于投资活动)等。企业支付给离退休人员的各项费用，包括支付的统筹退休金以及未参加统筹的退休人员的费用在"支付的其他与经营活动有关的现金"项目反映；支付的在建工程人员的工资，在"购建固定资产、无形资产和其他长期资产所支付的现金"项目反映。"支付给职工以及为职工支付的现金"项目可以根据"应付职工薪酬""库存现金""银行存款"等科目的记录分析填列。

企业为职工支付的养老、失业等社会保险基金、补充养老保险、住房公积金、支付给职工的住房困难补助以及企业支付给职工或为职工支付的其他福利费用等，应按职工的工作性质和服务对象，分别在本项目和在"购建固定资产、无形资产和其他长期资产所支付的现金"项目反映。

(6)"支付的各项税费"项目，反映企业按规定支付的各种税费，包括本期发生并支付的税费以及本期支付以前各期发生的税费和预交的税金，如支付的教育费附加、矿产资源补偿费、印花税、房产税、土地增值税、车船使用税等，不包括计入固定资产价值，实际支付的耕地占用税等，也不包括本期退回的增值税、所得税，本期退回的增值税、所得税在"收到的税费返还"项目反映。"支付的各项税费"项目可以根据"应交税费""库存现金""银行存款"等科目的记录分析填列。

(7)"支付的其他与经营活动有关的现金"项目，反映企业除上述各项目外，支付的其他与经营活动有关的现金流出，如罚款支出、支付的差旅费、业务招待费现金支出、支付的保险费等。其他现金流出，如果价值较大的，应单列项目反映。"支付的其他与经营活动有关的现金"项目可以根据"管理费用""销售费用""营业外支出"等有关科目的记录分析填列。

(二)投资活动产生的现金流量

(1)"收回投资所收到的现金"项目，反映企业出售、转让或到期收回除现金等价物以外的短期投资、长期股权投资而收到的现金以及收回长期债权投资本金而收到的现金，不包括长期债权投资收回的利息以及收回的非现金资产。该项目可以根据"交易性金融资产""其他权益工具投资""其他债权投资""债权投资""长期股权投资""库存现金""银行存款"等科目的记录分析填列。

(2)"取得投资收益所收到的现金"项目，反映企业因股权性投资和债权性投资而取得的现金股利、利息以及从子公司、联营企业和合营企业分回利润收到的现金，不包括股票股利。该项目可以根据"库存现金""银行存款""投资收益"等科目的记录分析填列。

(3)“处置固定资产、无形资产和其他长期资产所收回的现金净额”项目，反映企业处置固定资产、无形资产和其他长期资产所取得的现金，减去为处置这些资产而支付的有关费用后的净额。由于自然灾害所造成的固定资产等长期资产损失而收到的保险赔偿收入，也在该项目反映。该项目可以根据“固定资产清理”“库存现金”“银行存款”等科目的记录分析填列。

(4)“收到的其他与投资活动有关的现金”项目，反映企业除了上述各项以外，收到的其他与投资活动有关的现金流入。其他现金流入如价值较大的，应单列项目反映。该项目可以根据有关科目的记录分析填列。

(5)“购建固定资产、无形资产和其他长期资产所支付的现金”项目，反映企业购买、建造固定资产，取得无形资产和其他长期资产所支付的现金，不包括为购建固定资产而发生的借款利息资本化的部分以及融资租入固定资产支付的租赁费，借款利息和融资租入固定资产支付的租赁费，在筹资活动产生的现金流量中反映。该项目可以根据“固定资产”“在建工程”“无形资产”“库存现金”“银行存款”等科目的记录分析填列。

(6)“投资所支付的现金”项目，反映企业进行权益性投资和债权性投资支付的现金，包括企业取得的除现金等价物以外的交易性金融资产投资(购买日至到期日短于3个月的为现金等价物除外)、长期股权投资、长期债权投资支付的现金以及支付的佣金、手续费等附加费用。该项目可以根据“长期股权投资”“债权投资”“其他权益工具投资”“其他债权投资”“交易性金融资产”“库存现金”“银行存款”等科目的记录分析填列。

企业购买股票和债券时，实际支付的价款中包含的已宣告但尚未领取的现金股利或已到付息期但尚未领取的债券的利息，应在投资活动的“支付的其他与投资活动有关的现金”项目反映；收回购买股票和债券时支付的已宣告但尚未领取的现金股利或已到付息期但尚未领取的债券的利息，在投资活动的“收到的其他与投资活动有关的现金”项目反映。

(7)“支付的其他与投资活动有关的现金”项目，反映企业除了上述各项以外，支付的其他与投资活动有关的现金流出。其他现金流出如价值较大的，应单列项目反映。该项目可以根据有关科目的记录分析填列。

(三)筹资活动产生的现金流量

(1)“吸收投资所收到的现金”项目，反映企业收到的投资者投入的现金，包括以发行股票、债券等方式筹集的资金实际收到款项净额(发行收入减去支付的佣金等发行费用后的净额)。以发行股票、债券等方式筹集资金而由企业直接支付的审计、咨询等费用，在“支付的其他与筹资活动有关的现金”项目反映，不从该项目内减去。该项目可以根据“实收资本(或股本)”“库存现金”“银行存款”等科目的记录分析填列。

(2)“借款所收到的现金”项目，反映企业举借各种短期、长期借款所收到的现金。该项目可以根据“短期借款”“长期借款”“库存现金”“银行存款”等科目的记录分析填列。

(3)“收到的其他与筹资活动有关的现金”项目。反映企业除上述各项目外，收到的其他与筹资活动有关的现金流入。如接受现金捐赠其他现金流入如价值较大的，应单列项目反映。该项目可以根据有关科目的记录分析填列。

(4)“偿还债务所支付的现金”项目，反映企业以现金偿还债务的本金，包括偿还金融企业的借款本金、偿还债券本金等。企业偿还的借款利息、债券利息，在“分配股利、利润或偿付利息所支付的现金”项目反映，不包括在该项目内。该项目可以根据“短期借款”“长期借款”“库存现金”“银行存款”等科目的记录分析填列。

(5)“分配股利、利润或偿付利息所支付的现金”项目，反映企业实际支付的现金股利，支付给其他投资单位的利润以及支付的借款利息、债券利息等。该项目可以根据“应付股利”“财务费用”“长期借款”“库存现金”“银行存款”等科目的记录分析填列。

(6)“支付的其他与筹资活动有关的现金”项目，反映企业除了上述各项外，支付的其他与筹资活动有关的现金流出，如捐赠现金支出、融资租入固定资产支付的租赁费等。其他现金流出如价值较大的，应单列项目反映。该项目可以根据有关科目的记录分析填列。

(四)汇率变动对现金的影响

“汇率变动对现金的影响”项目，反映企业外币现金流量及境外子公司的现金流量折算为人民币时，所采用的现金流量发生日的汇率或平均汇率折算的人民币金额与“现金及现金等价物净增加额”中外币现金净增加额按期末汇率折算的人民币金额之间的差额。

【例 19-4】某企业当期出口商品一批，售价 120 万美元，收汇当日美元对人民币汇率为 1 : 6.25，当期进口货物一批，价值 80 万美元，结汇当日美元对人民币汇率为 1 : 6.30，资产负债表日美元对人民币汇率为 1 : 6.31。假如当期没有发生其他业务，美元银行存款期初余额为 0。

银行存款——美元

期初余额:0			
120×6.25	750	80×6.30	504
期末余额:			
40	246		
	6.4		
40×6.31	252.4		

期末应编制外汇银行存款的调整分录：

借:银行存款　　64 000

　贷:汇兑损益　　64 000

汇率变动对现金的影响=120×(6.31-6.25)-80×(6.31-6.30)=6.4(万元)

报表中：

经营活动流入的现金	120×6.25	750 万元
经营活动流出的现金	80×6.30	-504 万元
经营活动产生现金流量净额		246 万元
汇率变动对现金的影响		+6.4 万元
现金及现金等价物净增加额	252.4-0	=252.4 万元

(五)补充资料项目的内容及填列

“将净利润调节为经营活动的现金流量”各项目的填列方法如下：

(1)“资产减值损失”项目，反映企业计提的各项资产的减值损失准备。该项目可以根据“资产减值损失”科目的记录分析填列。这项内容部分属于非付现的经营费用，部分属于非付现的非经营费用，应作为加项反映。

(2)“固定资产折旧”项目，反映企业本期累计提取的折旧。该项目可以根据“累计折旧”科目的贷方发生额分析填列。这项内容属于非付现的经营费用，应作为加项反映。

(3)“无形资产摊销”和“长期待摊费用摊销”两个项目，分别反映企业本期累计摊入成本费用的无形资产的价值及长期待摊费用。这两个项目可以根据“无形资产”“长期待摊费用”科目的贷方发生额分析填列。这项内容属于非付现的经营费用，应作为加项反映。

(4)“资产处置损益(加损失减收益)”项目，反映企业本期由于处置固定资产、无形资产和其他长期资产而发生的净损失。该项目可以根据“资产处置损益”科目的记录分析填列，如为净收益，以“-”号填列。该项目属于非付现的非经营性收益与损失，应加填损失，减填收益。

(5)“公允价值变动损益”项目，反映企业本期因债务重组、非货币性资产交换所形成的资产公允价值变动损益，如为损失用“+”号填列，如为收益用“-”号填列。该项目可以根据“公允价值变动损益”科目填列。该项目属于非付现的非经营性收益与损失，应加填损失，减填收益。

(6)“财务费用”项目，反映企业本期发生的应属于筹资活动的财务费用。该项目可以根据“财务费用”科目的本期借方发生额分析填列，如为收益，以“-”号填列。该项目也可依据年度利润表的“财务费用”项目(扣除本期的贴现息)填列。

(7)“投资损失(减:收益)”项目，反映企业本期投资所发生的损失减去收益后的净损失，属于投资活动的内容。该项目可以根据利润表“投资收益”项目的数字填列，如为投资收益，以“-”号填列。

(8)“递延所得税资产的减少(减:增加)”项目，反映企业本期递延所得税资产的净增加或净减少。该项目可以根据资产负债表“递延税所得税资产”项目的期初、期末余额的差额填列。

(9)“递延所得税负债的增加(加:减少)”项目，反映企业本期递延所得税负债的净增加或净减少。该项目可以根据资产负债表“递延税所得税负债”项目的期初、期末余额的差额填列。

(10)“存货的减少(减:增加)”项目，反映企业本期存货的减少(减:增加)。该项目可以根据资产负债表“存货”项目的期初、期末余额的差额填列，期末数大于期初数的差额，以“-”号填列。该项目是用来调整计算净利润的“主营业务成本”的。

(11)“经营性应收项目的减少(减:增加)”项目，反映企业本期经营性应收项目(包括应收账款、应收票据和其他应收款中与经营活动有关的部分及应收的增值税销项税额等)的减少(减:增加)。该项目可以根据“应收账款”“应收票据”“其他应收款”等科目(不是资产负债表项目)的期初、期末余额的差额填列，期末数大于期初数的差额，以“-”号填列。该项目是用来调整计算净利润的“主营业务收入”和调整未计入净利润的、企业收取前期已实现收入款和企业预收账款数。此处的“应收账款”是根据“应收账款”的账户余额计算填列。

(12)“经营性应付项目的增加(减:减少)”项目，反映企业本期经营性应付项目(包括应付账款、应付票据、应付职工薪酬、应交税费、其他应付款中与经营活动有关的部分以及应付的增值税进项税额等)的增加(减:减少)。该项目可以根据资产负债表“应付账款”“应付票据”“其他应付款”“应付职工薪酬”“应交税费”等项目的期初、期末余额的差额填列，期末数大于期初数的差额，以“-”号填列。该项目是用来调整“存货”和未计入净利润的、企业支付的前期所欠购货款、预付账款、企业发生的应付职工薪酬支付及企业缴纳的应交税款。需要注意的是，企业因投资和筹资活动应交的税款通过“应交税费”核算而未交部分，如销售固定资产等应交未交部分应该扣除。

补充资料中的“现金及现金等价物净增加额”与现金流量表中的“五、现金及现金等价物净增加额”的金额相等。

“不涉及现金收支的投资和筹资活动”反映企业一定期间内影响资产或负债但不形成该期现金收支的所有投资和筹资活动的信息。不涉及现金收支的投资和筹资活动各项目的填列方法如下：

“债务转为资本”项目，反映企业本期转为资本的债务金额。

“一年内到期的可转换公司债券”项目，反映企业一年内到期的可转公司债券的本息。

“融资租入固定资产”项目，反映企业本期融资租入固定资产计入“长期应付款”科目的金额。

四、现金流量表编制示例

（一）资料

第十七章的经济业务及编制的资产负债表和第十八章编制的利润表等资料。

有关资料说明如下：

（1）本期增值税销项税额 26.35 万元。

（2）本期应收票据贴现息计入财务费用 2 万元。

（3）本期增值税进项税额为 10.366 万元。

（4）本期计入产品成本的工资及福利 32.49 万元，其中，生产工人工资 27.5 万元，福利 3.85 万元，车间管理人员工资 1 万元，福利 0.14 万元。实际支付工资 28.5 万元。支付职工福利 4 万元。

（5）本期行政管理人员工资 1.5 万元，福利 0.21 万元。

（6）本期车间计提折旧 8 万元。

（7）本期支付应交增值税 10 万元，支付所得税 9.708 9 万元，支付其他税费 2 万元。

（8）本期支付管理费用 5 万元，销售费用 2 万元，管理部门本期计提折旧 2 万元。

（9）本期销售交易性金融资产取得现金 1.65 万元。

（10）本期收到现金股利或利息 3 万元。

（11）本期处置长期资产收取银行存款 30.03 万元。

（12）本期购置固定生产等支付银行存款 50 万元。

（13）本期吸收投资收到银行存款 100 万元。

（14）本期借款取得现金 40 万元。

（15）本期还借款 125 万元。

（16）本期支付利息 1.15 万元。

（17）本期计提资产减值损失 900 元，固定生产折旧 10 万元，无形资产摊销 6 万元。

（18）处置固定资产净收益 3.03 万元。

（19）财务费用 4.15 万元中有 2 万元为贴现息。

（20）本期投资收益 3.15 万元。应付职工薪酬期末 14 万元中有 2.8 万元为在建工程人员的福利。不属于经营性应付项目，应扣除。

（二）根据资料编制现金流量表（见表 19－1）

表 19－1　　**现金流量表**

会企 03 表

编制单位：W 公司　　2019 年度　　单位：元

项目	行次	金额
一、经营活动产生的现金流量：		
销售商品、提供劳务收到的现金	1	1 393 500
收到的税费返还	3	
收到的其他与经营活动有关的现金	8	
现金流入小计	9	1 393 500
购买商品、接受劳务支付的现金	10	643 460
支付职工工资以及为职工支付的现金	12	340 000
支付的各项税费	13	199 089
支付的其他与经营活动有关的现金	18	80 000
现金流出小计	20	1 262 555
经营活动产生的现金流量净额	21	130 945
二、投资活动产生的现金流量：		
收回投资所收到的现金	22	16 500
股利或利息分配所收到的现金	23	30 000
处置固定资产、无形资产和其他长期资产收回的现金净额	25	300 300
收到的其他与投资活动有关的现金	28	
现金流入小计	29	346 800
购置固定资产、无形资产和其他长期资产所支付的现金	30	500 000
投资所支付的现金	31	
支付的其他与投资活动有关的现金	35	
现金流出小计	36	500 000
投资活动产生的现金流量净额	37	－153 200
三、筹资活动产生的现金流量：		
吸收投资所收到的现金	38	1 000 000
借款所收到的现金	40	400 000
收到的其他与筹资活动有关的现金	43	
现金流入小计	44	1 400 000
偿还债务所支付的现金	45	1 250 000
分配股利、利润或偿付利息所支付的现金	46	11 500
支付的其他与筹资活动有关的现金	52	
现金流出小计	53	1 261 500
筹资活动产生的现金流量净额	54	138 500
四、汇率变动对现金的影响	55	
五、现金及现金等价物净增加额	56	116 245

表19-1(续)

补充资料	行次	金额
1. 将净利润调节为经营活动现金流量：		
净利润	57	262 725
加：资产减值损失	58	900
固定资产折旧	59	100 000
无形资产摊销	60	60 000
长期待摊费用摊销	61	
资产处置损益（减收益）	66	-30 300
财务费用（减：贴现息）	68	21 500
投资损失（减：收益）	69	-31 500
递延所得税资产减少（减：增加）	70	
递延所得税负债增加（减：减少）	71	
递延税款贷项（减：借项）	72	
存货的减少（减：增加）	73	5 300
经营性应收项目的减少（减：增加）	74	-100 000
经营性应付项目的增加（减：减少）	75	-157 680
其他	76	
经营活动产生的现金流量净额	77	130 945
2. 不涉及现金收支的投资和筹资活动：		
债务转为资本	78	
一年内到期的可转换公司债券	79	
融资租入固定资产	80	
3. 现金及现金等价物净增加情况：		
现金的期末余额	81	1 522 545
减：现金的期初余额	82	1 406 300
加：现金等价物的期末余额	83	
减：现金等价物的期初余额	84	
现金及现金等价物净增加额	85	116 245

1. 主表有关项目的数字计算说明

(1)经营活动产生的现金流量净额。

①销售商品、提供劳务收到的现金=主营业务收入+增值税销项税额+应收票据期初与期末差额+应收账款期初与期末差额-应收票据贴现息=1 250 000+263 500+246 000-46 000+300 000-600 000-20 000=1 393 500(元)

或，销售商品、提供劳务收到的现金=主营业务收入+增值税销项税额+应收票据期初与期末差额+应收账款净额期初与期末差额-应收票据贴现息-本期计提的坏账准备=1 250 000+263 500+545 100-644 200-20 000-900=1 393 500(元)

②购买商品接受劳务支付的现金=主营业务成本+本期进项税额(含投资活动产生和其他费用的增值税进项税额)+存货期末与期初差额+应付票据期初与期末差额+应付账款期初与期末差额-需单独列示计入的工资-计入成本的非付现折旧=750 000+103 660+

2 574 700−2 580 000+1 153 800−953 800−(275 000+10 000+38 500+1 400)−80 000=643 460(元)

③支付给职工的工资=支付给除在建工程人员以外人员的工资+支付的应付福利费=500 000−200 000+40 000=340 000(元)

④支付的各种税金=支付的增值税+支付的所得税+支付的其他税=100 000+97 089+2 000=199 089(元)

⑤支付的其他与经营活动有关的现金=计入管理费用、销售费用、营业外支出等各种非投资、筹资性支出的现金=60 000+10 000+10 000=80 000(元)

(2)投资活动产生的现金流量。

①收回投资收到的现金=16 500(元)

②股利或利息分配收到的现金=30 000(元)

③处置非流动资产收到的现金=300 300(元)

④购置固定资产所支付的现金=500 000(元)

⑤投资活动产生的现金流量净额=16 500+300 300+30 000−500 000=−153 200(元)

(3)筹资活动产生的现金流量。

①吸收投资所收到的现金=1 000 000(元)

②借款所收到的现金=400 000(元)

③偿还债务所付的现金=1 250 000(元)

④支付利息所付的现金=11 500(元)

⑤筹资活动产生的现金流量净额=1 000 000+400 000−1 250 000−11 500=138 500(元)

2. 补充资料有关项目的数字计算说明

(1)计提的资产减值准备=本期计提的坏账准备=900(元)

(2)固定资产折旧=计入管理费用和制造费用的折旧=20 000+80 000=100 000(元)

(3)无形资产摊销=60 000(元)

(4)处置固定资产等的收益=50 000(元)

(5)报废固定资产损失=19 700(元)

(6)财务费用=财务费用−应减少经营活动现金流量的票据贴现息=41 500−20 000=21 500(元)

(7)投资收益=31 500(元)

(8)存货=2 574 700−2 580 000=−5 300(元)(减少)

(9)经营性应收项目=应收项目期末−应收项目期初+本期计提坏账准备或应收科目期末余额−应收科目期初余额=646 000−546 000 或 545 100−644 200+900=100 000(元)(增加)

(10)经营性应付项目=953 800−1 153 800+(140 000−28 000)−110 000+70 320−30 000=−157 680(元)(增加)

上式中 28 000 元为在建人员的福利,应扣除。应付股利不属于经营性应付项目,不予考虑。

思考题

1. 现金流量表与财务状况变动表的关系如何?
2. 现金流量表的作用是什么?
3. 现金流量表中的现金与一般的现金有何不同?
4. 什么是现金等价物?现金等价物有什么特点?

5. 什么是现金流量？现金流量分为哪几类？
6. 什么是编制现金流量表的直接法和间接法？两者有何不同？
7. 现金流量表中投资活动的“投资”与《企业会计准则——投资》中的“投资”有何不同？
8. 现金流量表与资产负债表和利润表有何关系？

练习题

(一)资料

1. 某商品流通企业 2019 年 12 月 31 日简化的比较资产负债表如表 19-2 所示。

表 19-2　**某商品流通企业 2019 年 12 月 31 日简化的比较资产负债表**　单位:元

项目	年初数	年末数
资产:		
货币资金	37 000	54 000
应收账款	26 000	68 000
存货	100 000	154 000
固定资产	338 000	438 000
减:累计折旧	21 000	39 000
无形资产	50 000	40 000
长期待摊费用	12 000	10 000
资产合计	542 000	725 000
负债及权益:		
短期借款	150 000	150 000
应付账款	46 000	39 000
应付债券	150 000	110 000
股本	60 000	220 000
留存收益	136 000	206 000
负债与权益合计	542 000	725 000

2. 简化的利润表如表 19-3 所示。

表 19-3　**简化的利润表**　单位：元

项目	金额
一、营业收入	890 000
减：营业成本	465 000
税金及附加	10 000
销售费用	211 000
财务费用	12 000
二、营业利润	192 000
减：营业外支出	2 000
三、利润总额	190 000
减：所得税费用	65 000
四、净利润	125 000

3. 其他资料如下：

（1）本年度支付了55 000元的现金股利。

（2）本期销售费用中有折旧费23 000元、无形资产摊销10 000元、长期待摊费用摊销2 000元、以现金支付职工工资160 000元、以现金支付其他管理费用16 000元。

（3）以现金购买固定资产166 000元。

（4）出售固定资产一项，其账面价值66 000元，已提折旧5 000元，获得现金59 000元。

（5）按账面价值购回应付公司债券40 000元，以现金支付。

（6）以平价发行股票160 000元，收取现金。

（7）以现金支付利息费用12 000元。

（二）要求

1. 根据资料采用直接法编制现金流量表主表。

2. 采用间接法填列现金流量表的补充资料。

第二十章 会计报表附注

会计报表中所规定的内容具有一定的固定性和规定性。会计报表只能提供定量的财务会计信息；同时，列入会计报表的各项目信息都必须符合会计要素的定义和确认标准。因此，会计报表本身所反映的财务会计信息受到了一定的限制，会计报表附注是对会计报表中不能披露的内容，或者披露不详尽的内容做进一步的解释和补充说明。本章将详细介绍会计报表附注的具体内容和编制方法。

第一节 会计报表附注概述

一、会计报表附注的概念及作用

《企业会计准则第 30 号——财务报表列报》对附注的定义是，附注是对在资产负债表、利润表、现金流量表和所有者权益变动表等列示的项目的文字描述或明细说明以及对未能在这些报表中列示项目的说明。

附注应当披露财务报表的编制基础，相关信息应当与资产负债表、利润表、现金流量表和所有者权益变动表等报表中列示的项目相互参照。

由于会计报表本身的局限性，使会计报表所提供的信息受到一定的限制。对于会计信息使用者来说，希望能够了解企业更多的信息，既要有定量的信息，又要有定性（非定量）的信息，以便他们进行投资、经营决策。定量的会计信息大都可通过会计报表及其附表提供，但还有许多非定量的会计信息会计报表是无法提供的，于是会计报表附注由此而产生了。会计报表附注是为了便于会计报表使用者更好地理解会计报表的内容，而对会计报表的编制基础、编制依据、编制原则和编制方法及其主要项目等所做的进一步解释和说明。编制和提供会计报表附注的主要作用是有利于会计报表使用者全面、正确地理解会计报表。

二、会计报表附注的内容

《企业会计报表第 30 号——财务报表列报》规定，附注一般应当按照下列顺序披露：

（1）财务报表的编制基础。

（2）遵循企业会计准则的声明。

（3）重要会计政策说明，包括财务报表项目的计量基础和会计政策的确定依据。

（4）重要会计估计的说明，包括下一会计期内很可能导致资产、负债账面价值重大调整的会计估计的确定依据等。

（5）会计政策和会计估计变更以及差错更正的说明。

（6）对已在资产负债表、利润表、现金流量表和所有者权益变动表中列示的重要项目的进一步说明，包括终止经营税后利润的金额及其构成情况等。

（7）或有承诺事项、资产负债表日后非调整事项、关联方关系及其交易等需要说明的事项。

企业应当在附注中披露在资产负债表日后、财务报告批准报出日前提议或宣布发放的股利总额和每股股利金额（或向投资者分配的利润总额）。

下列各项未在财务报表一起公布的其他信息中披露的，企业应当在附注中披露：

（1）企业注册地、组织形式和总部地址。

（2）企业的业务性质和主要经营活动。

（3）母公司以及集团最终母公司的名称。

第二节　会计政策、会计估计变更和差错更正

当企业发生会计政策变更、会计估计变更和会计差错更正时，为了最大限度地保证会计信息的可比性和有用性，便于财务报表使用者更好地理解企业财务状况、经营成果和现金流量等会计信息，我国财政部于 2006 年 2 月 15 日修订发布了《企业会计准则第 28 号——会计政策、会计估计变更和差错更正》，并定于 2007 年 1 月 1 日起暂在上市公司执行。

一、会计政策变更

（一）会计政策

会计政策（Accounting Policy）指企业会计确认、计量和报告中所采用的原则、基础和会计处理方法。具体原则指企业按照《企业会计准则——基本准则》和统一会计制度规定所采用的会计原则（Accounting Principle）。具体会计处理方法指企业在会计核算中对于诸多可选择的会计处理方法中所选择的、适合本企业的会计处理方法，如企业如何运用谨慎性原则处理短期投资或存货。具体原则和具体会计处理方法也是指导企业进行会计核算的基础。

企业在会计核算中所采用的会计政策，通常应在会计报表附注中加以披露，其需要披露的项目主要有如下几项：

（1）合并政策，即编制合并会计报表所采纳的原则，如母子公司会计年度、会计政策是否一致、合并范围如何规定等。

（2）外币折算，即外币折算所采用的方法以及汇兑损益的处理。

（3）收入的确认，如建造合同是按完成合同法确认收入，还是按完工百分比法或其他方法确认收入。

（4）所得税的核算，即企业所得税的会计处理方法，如递延法、债务法等。

（5）存货计价，即企业存货计价方法，如先进先出法、后进先出法、加权平均法、个别计价法或其他计价方法。

（6）长期投资的核算，即长期投资的具体会计处理方法，如成本法、权益法等。

（7）坏账损失核算，即坏账损失的具体会计处理方法，如备抵法、直接冲销法等。

（8）借款费用的处理，即借款利息是资本化，还是费用化。

（9）其他如无形资产计价和摊销方法、财产损益的处理、研究与开发费的处理等。

（二）会计政策变更的内容

会计政策变更（Change in Accounting Policy）是指企业对相同的交易或事项由原来采用的会计政策改用另一种会计政策的行为。为了保证会计信息的可比性，便于会计报表使用者在比较企业一个以上期间的会计报表时，能够正确判断企业的财务状况、经营成果和现金流量的趋势，一般情况下企业应在每期采用相同的会计政策，不应也不能随意变更会计政策，否则势必削弱会计信息的可比性，使会计报表使用者在比较企业的经营业绩时发生困难。但是，这并不是说会计政策就不能变更了。我国《企业会计准则第28号——会计政策、会计估计变更和会计差错更正》规定：符合下列条件之一者，应改变原采用的会计政策：

（1）法律或会计准则等行政法规、规章的要求。

（2）这种变更能够提供有关企业财务状况、经营成果和现金流量等更可靠、更相关的会计信息。

下列情况不属于会计政策变更：

（1）本期发生的交易或事项与以前相比具有本质差别而采用新的会计政策。

（2）对初次发生的或不重要的交易或事项采用新的会计政策。

（三）会计政策变更的会计处理方法

会计政策变更的会计处理方法有两种：追溯调整法和未来适用法。

1. 追溯调整法

追溯调整法（Retroactive Approach）是指对某项交易或事项变更会计政策时，如同该交易或事项初次发生时就开始采用新的会计政策，并以此对相关项目进行调整的方法。在追溯调整法下，应计算会计政策变更的累积影响（Cumulative Effect）数，并调整期初留存收益，会计报表其他相关项目也应一并调整，但不需要重编以前年度的会计报表。追溯调整法的运用通常由以下几步构成：

（1）第一步，计算会计政策变更的累积影响数。

（2）第二步，相关的账务处理。

（3）第三步，调整会计报表相关项目。

（4）第四步，附注说明。

2. 未来适用法

未来适用法（Prospective Approach）是指对某项交易或事项变更会计政策时，新的会计政策适用于变更当期及未来期间发生的交易或事项的方法。在此法下，不需计算会计政策变更产生的累积影响数，也无须进行调整账务处理，无须重编以前年度的会计报表。企业会计账簿记录及会计报表上反映的金额，变更之日仍保留原有的金额，不因会计政策变更而改变以前年度的既定结果，并在现有金额的基础上再按新的会计政策进行核算。

（四）会计政策变更在会计报表附注中的披露

企业应按《企业会计准则第28号——会计政策、会计估计变更和差错更正》的规定，在会计报表附注中披露如下会计政策变更的有关事项：

（1）会计政策变更的性质、内容和理由，包括对会计政策变更的简要阐述、变更日期、变更前采用的会计政策和变更后所采用的新会计政策及会计政策变更的原因。

（2）当期和前期财务报表中受影响的项目名称和调整金额。会计政策变更的影响金额包括：采用追溯调整法时，计算出的会计政策变更的累积影响金额；会计政策变更对本期以及比较会计报表所列其他各期净损益的影响金额；比较会计报表最早期间期初留存收益的调整金额。

（3）无法进行追溯调整的，说明该事实和原因以及开始应用变更后有会计政策的时点、具体应用情况。

（五）会计政策变更举例

【例 20-1】A 公司按照会计制度规定，对建造合同的收入确认由完成合同法改为从 2022 年起按完工百分比法确认收入。企业所得税税率为 25%，企业所得税按应付税款法处理。该公司按规定提取 10%的法定盈余公积。两种方法计算的税前会计利润如表 20-1 所示。

表 20-1　　两种方法计算的税前会计利润表　　单位：万元

年份	完工百分比法	完成合同法	税前差异
2019	200	160	40
2020	180	210	-30
2021	250	230	20
合计	630	600	30
2022	190	205	-15

（1）计算会计政策变更的累积影响如下：

累积影响税前利润 = 40-30+20 = 30（万元）

累积影响所得税额 = 30×25% = 7.5（万元）

累积影响税后利润 = 30×75% = 22.5（万元）

（2）账务处理如下：

①调整会计政策变更的累积影响。

借：工程施工——毛利　　300 000

　贷：利润分配——未分配利润　　225 000

　　　应交税费——应交所得税　　75 000

②调整利润分配。

借：利润分配——未分配利润　　22 500

　贷：盈余公积——法定盈余公积　　22 500

（3）报表调整如下：

A 公司在编制 2022 年的会计报表时，应调整资产负债表的年初数。就本例来说，“存货”项目的年初数应调增 30 万元，“应交税费”项目应调增 7.5 万元，“盈余公积”项目应调增 2.25 万元，“未分配利润”项目应调增 20.25 万元。

A 公司还应调整 2022 年利润表的上年数，即 2021 年的利润表有关项目。就本例来说，假设 2021 年“主营业务收入”项目调增 50 万元，“主营业务成本”调增 30 万元，使 2021 年税前利润调增 20 万元，2021 年“所得税费用”项目调增 = 20×25% = 5（万元），2021 年所有者权益表中会计政策变更中的“盈余公积”2.25 万元，“未分配利润”20.25 万元。本年期初余额“盈余公积”202.25 万元，“未分配利润”120.25 万元。

（4）附注说明如下：

2022 年 A 公司按照新会计准则规定，对建造合同的收入确认由完成合同法改为完工百分比法。此项会计政策的变更采用追溯调整法，计算出会计政策变更累积影响数为

22.5万元，其中，调增盈余公积2.25万元，调增未分配利润20.25万元。会计政策变更对2022年损益的影响为减少净利润=15×(1-25%)=11.25(万元)。

二、会计估计变更

(一)会计估计

会计估计(Accounting Estimate)是指企业对其结果不确定的交易或事项以最近可利用的信息为基础所做的判断。企业为了定期、及时提供有用的会计信息，将企业延续不断的营业活动人为地划分为各个阶段，如年度、季度、月度，并在权责发生制的基础上对企业的财务状况和经营成果进行定期确认和计量。在确认和计量过程中，当记入的交易或事项涉及未来事项不确定性时，必须予以估计入账。属于常见的需要进行估计的项目有：坏账；存货遭受毁损、全部或部分陈旧过时；固定资产的耐用年限与净残值；无形资产的受益期；长期待摊费用的分摊期间；或有损失；收入确认中的估计；等等。

(二)会计估计变更的内容

会计估计变更(Change in Accounting Estimate)是指由于资产和负债的当前状况及预期经济利益和义务发生了变化，从而对资产或负债的账面价值或者资产的定期消耗金额进行调整。企业经营活动中内在的不确定因素，许多会计报表项目不能准确地计量，只能加以估计，估计过程涉及以最近可以得到的信息为基础所做的判断。在进行会计处理时，估计是不可或缺的。运用合理的估计是会计核算中必不可少的部分，并不会削弱会计核算的可靠性。但是估计毕竟是就现有资料对未来所做的判断。随着时间的推移，如果赖以进行估计的基础发生了变化，或者由于取得了新的信息，积累了更多的经验或后来的发展可能不得不对估计进行修订。对会计估计进行修订并不表明原来的估计方法有问题或不是最适当的，只表明会计估计已经不能适应目前的实际情况，在目前已经失去了继续沿用的依据。

(三)会计估计变更的会计处理方法

会计估计变更应采用未来适用法，即在企业发生会计估计变更时，不需要计算变更产生的累积影响，也不需要调整当期会计报表的期初数或上年数，但应当对变更当期和未来期间发生的交易或事项采用新的会计估计进行处理。其处理方法为：

(1)如果会计估计的变更仅影响变更当期，有关估计变更的影响应于当期确认。如某笔应收账款的坏账提取比率由原2%提高到5%，其他应收账款坏账提取率不变，应于变更当期确认。

(2)如果会计估计的变更既影响当期又影响未来期间，有关估计变更的影响在当期及以后各期确认。如无形资产的摊销期限的估计发生变更，既影响当期的摊销费又影响未来期间的摊销费。这类会计估计变更应于变更当期及以后各期确认。

注意，如果会计政策变更和会计估计变更很难区分时，应当按照会计估计变更的处理方法进行处理。

(四)会计估计变更在会计报表附注中的披露

《企业会计准则第28号——会计政策、会计估计变更和差错更正》规定，在会计报表附注中披露如下会计估计变更事项：

(1)会计估计变更的内容和原因，包括变更的内容、变更日期以及为什么要对会计估计进行变更。

(2)会计估计变更对当期和未来期间的影响数，包括会计估计变更对当期损益的影响金额以及对其他各项目的影响金额。

(3)会计估计变更的影响数不易确定的,披露这一事实的原因。

(五)会计估计变更举例

【例 20-2】A 企业投入生产使用的设备一台,价值 200 000 元,估计使用年限为 10 年,预计净残值为 8 000 元,已使用了 3 年,由于新技术的出现等原因,需要对原估计使用年限和净残值做出修改,修改后的预计使用年限为 8 年,预计净残值为 5 000 元。

A 公司对上述估计变更的处理如下:

(1)采用未来适用法不调整以前 3 年的折旧,也不计算累积影响数。

(2)变更以后发生的业务(折旧)按会计估计变更使用年限计提折旧。

前 3 年已提折旧=(200 000-8 000)÷10×3=57 600(元)

改变估计后年折旧额=(200 000-57 600-5 000)÷(8-3)=27 480(元)

(3)附注说明:该企业一台生产用设备,原值为 200 000 元,原估计使用年限为 10 年,预计残值为 8 000 元,按直线法计提折旧。由于新技术的发展,该企业于第 4 年年初变更该设备的使用年限为 8 年,预计净残值为 5 000 元。此估计变更影响本年度和以后 4 年各年的净利润减少(27 480-19 200)×(1-25%)=6 210(元)。

三、会计差错更正

(一)会计差错

会计差错(Accounting Error)也称为前期差错,是指由于没有运用或错误运用下列两种信息,而对前期财务报表造成省略或错报:一种信息是编制前期财务报表时预期能够取得并加以考虑的可靠信息;另一种信息是前期财务报告批准报出时能够取得的可靠信息。

前期差错通常包括计算错误、应用会计政策错误、疏忽或曲解事实、舞弊产生的影响以及存货、固定资产盘盈等。

会计差错的产生有诸多原因:采用法律或会计准则等行政法规、规章所不允许的会计政策;账户分类以及计算错误;会计估计错误;在期末应计项目与递延项目未予调账;漏记已完成的交易,如该确认的收入未确认;对事实的忽视和误用;提前确认尚未实现的收入或不确认已实现的收入;资本性支出与收益性支出划分差错。

(二)会计差错更正的会计处理方法

为了保证企业经营活动的正常进行,企业应当建立健全内部稽核制度,保证会计资料的真实、合法和完整。但是,在日常会计核算中也可能由于各种主观和客观原因造成会计差错。企业发现会计差错时,应当根据差错的性质及时纠正(Correct)。《企业会计准则第 28 号——会计政策、会计估计变更和差错更正》中有关会计差错更正的会计处理方法,不包括年度资产负债表日至财务报告批准报出日之间发现的报告年度的会计差错及报告年度前的非重大会计差错,此类会计差错的处理应按《企业会计准则第 29 号——资产负债表日后事项》的规定进行处理。

企业会计差错的更正应按以下规定处理:

(1)本期发现的,与本期相关的会计差错,应当调整本期相关项目。

(2)本期发现的,与前期相关的非重大会计差错,如影响损益,应当直接计入本期净损益,其他相关项目也应当作为本期数一并调整;如不影响损益,应当调整本期相关项目。

(3)本期发现的,与前期相关的重大会计差错,应该采用追溯重述法。

追溯重述法是指在发现前期差错时,视同该项前期差错从未发生过,从而对财务报表相关项目进行更正的方法。

确定前期差错影响数不切实可行的(难以确定的),可以从可追溯重述的最早期间开始调整留存收益的期初余额,财务报表其他相关项目的期初余额也应当一并调整,也可以采用未来适用法。

非重大会计差错是指不足以影响会计报表使用者对企业财务状况、经营成果和现金流量做出正确判断的会计差错。

重大会计差错指企业发现的使公布的会计报表不再具有可靠性的会计差错。重大会计差错一般指金额比较大,通常指占该类交易或事项的金额10%及以上。

(4)年度资产负债表日至财务报告批准报出日之间(2017年2月)发现的报告年度(2013)年的会计差错以及前年度的非重大会计差错,应当按照资产负债表日后事项中的调整事项进行处理。年度资产负债表日至财务会计报告批准报出日之间发现的以前年度的重大会计差错,应当调整以前年度的相关项目,即调整上年利润分配表的"期初未分配利润"项目。

在编制比较会计报表时,对于比较会计报表期间的重大会计差错,应当调整该期间的各净损益和其他相关项目;对于比较会计报表期间以前的重大会计差错,应当调整比较会计报表最早期间的期初留存收益,会计报表其他相关项目的数字一并调整。

(三)重大会计差错的披露

《企业会计准则第28号——会计政策、会计估计变更和差错更正》规定,企业应当在附注中披露与前期差错更正有关的下列信息:

(1)前期差错的性质。

(2)各个列报前期财务报表中受影响的项目名称和更正金额。

(3)无法进行追重述的,说明该事实和原因以及对前期差错开始进行更正的时点、具体更正情况。

(四)会计差错更正举例

【例20-3】W企业2019年发现2018年有一项管理部门的在用固定资产未计提折旧,应提折旧额80 000元,该企业所得税税率为25%,提取法定盈余公积的比例为10%。

(1)编制调整会计分录如下:

借:以前年度损益调整	80 000	
贷:累计折旧		80 000
借:应交税费——应交所得税	20 000	
利润分配——未分配利润	60 000	
贷:以前年度损益调整		80 000
借:盈余公积——法定盈余公积	6 000	
贷:利润分配——未分配利润		6 000

(2)报表调整如下:

W公司2019年资产负债表的年初数的调整:调整"累计折旧"项目增加80 000元,"应交税费"项目减少20 000元,"盈余公积"项目减少6 000元,"未分配利润"项目减少54 000元。

W公司2019年利润及利润分配表的上年初数的调整:调整"管理费用"项目增加80 000元,"所得税费用"项目减少20 000元,"提取法定盈余公积"项目减少6 000元。

(3)附注说明如下:

本年度发现 2018 年漏记固定资产折旧 80 000 元。在编制 2019 年会计报表时,已对该项差错进行了更正,并调整了本年资产负债表相关项目的"年初数"和利润及利润分配表相关项目的"上年数"。由于该项差错的影响,使 2018 年的净利润虚增 60 000 元,引起 2018 年年末未分配利润虚增 54 000 元。

四、滥用会计政策、会计估计及变更

滥用会计政策、会计估计及变更是指企业在具体运用会计准则中所允许选项用的会计政策以及企业在具体运用会计估计时,未按照规定正确运用或随意变更,从而不能恰当地反映企业的财务状况和经营成果的情形。

滥用会计政策、会计估计及变更的主要表现形式有:

(1)对按企业会计准则规定应计提的各种资产减值准备,未按合理方法估计各项资产的可收回金额(或可变现净额),从而多计资产减值准备。这实质上是企业利用会计政策、会计估计及变更设置秘密准备,以达到操纵利润的目的。

(2)企业随意变更其所选择的会计政策。企业对其所选择的固定资产折旧方法、存货发出成本的确定方法等,未按照会计政策变更的条件随意变更会计政策。

(3)企业随意调整费用等的摊销期限。如果当期利润完成得好,多摊费用;如果当期利润完成得不太好,则少摊费用。

(4)属于滥用会计政策、会计估计的其他情形。

企业滥用会计政策、会计估计及变更,应当作为重大会计差错处理。也就是说,当期发现的与前期相关的重大会计差错,如影响损益,应将其对损益影响数调整为发现当期的期初留存收益,会计报表其他相关项目的期初数也应一并调整;如不影响损益,应调整会计报表相关项目期初数。当期发现的与当期相关的重大差错,应调整当期相关项目。这主要是因为,企业滥用会计政策、会计估计及变更的结果,会导致企业的财务状况和经营成果不实,从而使会计信息可靠性下降。

第三节　资产负债表日后事项

一、资产负债表日后事项的概念

在实际工作中,有些交易或事项是在资产负债表日以后,财务报告批准报出之前发生的,且这些交易或事项对企业报告期的财务状况、经营成果可能会产生较大影响。为了使财务报告的使用者能够全面、客观地了解企业的财务信息,就必须确定这些交易或事项是否应调整将要报出的财务报告,或仅仅在附注中进行说明,以便使用者能够获取与公布日最为相关的可以利用的信息。

我国《企业会计准则第 29 号——资产负债表日后事项》将资产负债表日后事项定义为:自年度资产负债表日与财务报告批准报出之间发生的有利或不利(需要调整或说明的)事项。在理解这一定义时需明确如下几点:

(1)年度资产负债表日为 12 月 31 日。

(2)资产负债表日后事项包括自年度资产负债表日至财务报告批准报出日之间发生的所有有利事项和不利事项。

(3)财务报告批准报出日指经董事会批准财务报告报出的日期。上市公司的财务报告是报送给股东大会审议批准的，在股东大会召开之前，财务报告已经报出，因而财务报告批准报出日不是股东大会审议批准的日期，更不是注册会计师出具审计报告的日期，也不是公司财务报告的实际对外公布日，而是公司财务报告经董事会批准报出日(可以对外公布日)。

二、资产负债表日后事项的内容

资产负债表日后事项包括两类：一类是对资产负债表日存在的情况提供进一步证据的事项，即调整事项；另一类是资产负债表日后才发生的事项，即非调整事项。

(一)调整事项

调整事项(Adjusting Events)是对资产负债表日已经存在的情况提供了新的或进一步证据的事项。这类事项所提供的新的或进一步的证据，有助于对资产负债表日后存在状况的有关金额做出重新估计，并据此对资产负债表日所反映的收入、费用、资产、负债以及所有者权益进行调整。因此，此类事项称为调整事项。企业发生的资产负债表日后调整事项，应当调整资产负债表日的财务报表。

调整事项主要包括：

(1)已证实资产发生了减损。这一事项指在年度资产负债表日以前，或在资产负债表日，根据当时资料判断某项资产（应收账款各种投资等)可能发生了损失或永久性减值，但没有最后确定是否会发生，因而按照当时最合理的估计金额反映在会计报表。在年度资产负债表日至财务报告批准报出日之间，取得了新的或进一步的证据能证明该事实成立，即某项资产已经真正发生了损失或永久性减值，则应对资产负债表日所做的估计予以修正，通过编制调整分录对资产负债表进行调整。

(2)资产负债表日进一步确定了资产负债表日前购入资产的成本或售出资产的收入。如销售退回在资产负债表日后至财务报告报出日之间所取得的证据证明上年已确认为销售的物资确实已退回，应作为调整事项，进行相关的账务处理，并调整资产负债表日编制的会计报表有关收入、费用、资产负债、所有者权益等项目数字。

(3)已确定获得或支付的赔偿。这一事项指在资产负债表日的诉讼案件结案，法院判决证实了企业在资产负债表日已经存在现时义务，需要调整原先确认的与诉讼案件相关的预计负债，或确认一项新的负债。资产负债表日已经存在的赔偿事项，资产负债表日至财务报告批准报出日之间提供了新的证据，表明企业需要支付赔偿款。这一新的证据如果对资产负债表日所做的估计需要调整的，应对会计报表进行调整。

(4)资产负债表日发现了财务报表舞弊或差错。

(二)非调整事项

非调整事项是指资产负债表日以后才发生或存在的事项。这类事项不影响资产负债表日存在的状况，但如果不加以说明，将会影响财务报告使用者做出正确估计和决策，因而需要在会计报表附注中予以披露。非调整事项的特点是，资产负债表日并未发生或存在，完全是期后发生的事项，对理解和分析财务报告有重大影响的事项。

非调整事项一般有：

(1)资产负债表日后发生重大诉讼、仲裁、承诺。

(2)资产负债表日后资产价格、税收政策、外汇汇率发生重大变化。

(3)企业在资产负债表日后因自然灾害导致资产发生重大损失。

(4)企业在资产负债表日后发行股票和债券以及其他巨额举债。

(5)企业在资产负债表日后资本公积转增资本。

(6)企业在资产负债表日后发生巨额亏损。

(7)资产负债表日后发生企业合并或处置子公司。

资产负债表日后,企业利润分配方案中拟分配的以及经审议批准宣告发放的股利或利润,不确认为资产负债表日(12 月 31 日)的负债(为宣告日的负债),但应当在附注中单独披露。

三、调整事项举例

【例 20-4】东风公司欠红旗公司一笔货款 200 000 元,按合同规定,东风公司应于 2018 年 12 月偿还此笔债务。由于东风公司出现了暂时的财务困难,没能付清此笔欠款。红旗公司于 2018 年 12 月 31 日编制的年度会计报表时,已为该笔应收账款提取了 15%的坏账准备 30 000 元。红旗公司于 2019 年 3 月 10 日获悉东风公司已进入破产清算,预计可收回应收账款 40%。红旗公司适用的企业所得税税率为 25%,法定盈余公积的提取比例为 10%。

(1)红旗公司 2019 年 3 月 10 日编制调整会计分录。

计算应补提坏账准备额=200 000×60%-30 000=90 000(元)

借:以前年度损益调整	90 000	
贷:坏账准备		90 000
借:递延所得税资产	22 500	
利润分配——未分配利润	67 500	
贷:以前年度损益调整		90 000
借:盈余公积——法定盈余公积	6 750	
贷:利润分配——未分配利润		6 750

(2)调整报表。调整 2018 年的年度会计报表。资产负债表的"坏账准备"项目调增 90 000 元,"递延所得税资产"项目调增 22 500 元,"盈余公积"项目调减 6 750 元,"未分配利润"项目调减 60 750 元。利润及所有者权益变动表的"资产减值损失"项目调增 90 000 元,"所得税费用"项目调减 22 500 元,"提取法定盈余公积"项目调减 6 750 元。2019 年 1 月、2 月份的资产负债表的"年初数"和利润及所有者权益变动表的"上年数"是按"调整前"的数字填列的,无须做调整,但 2019 年 3 月份的会计报表的"年初数"或"上年数"应按调整后的数字填列。

四、资产负债表日后事项的披露

《企业会计准则第 29 号——资产负债表日后事项》规定,企业应当在附注中披露与资产负债表日后事项有关的下列信息:

(1)财务报告的批准报出者和财务报告批准报出日。按照有关法律、行政法规等规定,企业所有者或其他方面有权对报出的财务报表进行修改的,应当披露这种情况。

(2)每项重要的资产负债表日后非调整事项的性质、内容及其对财务状况和经营成果的影响。无法做出估计的,应当说明原因。

企业在资产负债表日后取得了影响资产负债表日存在情况的新的或进一步的证据应当调整与之相关的披露信息。

第四节　关联方披露

《企业会计准则第36号——关联方披露》规定,企业财务报表中应当披露所有关联方关系及其交易的相关信息。对外提供合并财务报表的,对于已经包括在合并范围内各企业之间的交易不予以披露,但应当披露在合并范围外各关联方的关系及其交易。

一、关联方关系

关联方关系是指关联方之间的相互关系。企业在日常的业务中,必然涉及企业内部、外部多方面,在不存在关联方关系的情况下,企业之间发生交易,是在对交易各方互相了解的、自由的、不受各方之间任何关系影响的基础上商定条款而形成的交易,视为公平交易。企业对外提供的财务会计报告是建立在公平交易基础上的,但存在关联方关系时,关联方之间的交易可能不是建立在公平交易的基础之上。即使关联方交易是在公平交易的基础之上进行的,重要关联方交易的披露也是有用的。

我国《企业会计准则第36号——关联方关系及其交易披露》给出了判断关联方关系的标准:一方控制、共同控制另一方或对另一方施加重大影响以及两方或两方以上同受一方控制、共同控制或重大影响的,构成关联方。

根据这一原则,主要的关联方关系存在于:

(1)该企业的母公司。

(2)该企业的子公司。

(3)与该企业受同一母公司控制的其他企业(子公司)。

(4)对该企业实施共同控制的投资方。

(5)对该企业施加重大影响的投资方。

(6)该企业的合营企业。

(7)该企业的联营企业。

(8)该企业的主要投资者个人及与其关系密切的家庭成员。

(9)该企业或其母公司的关键管理人员及与其关系密切的家庭成员。

(10)该企业主要投资者个人、关键管理人员或与其关系密切的家庭成员控制、共同控制或施加重大影响的其他企业。

(一)控制与母子公司

控制是指有权决定一个企业的财务和经营政策,并能据以从该企业的经营活动中获取利益。决定一个企业的财务和经营决策是控制的主要标志,获取经济利益是控制的目的。

控制可以采取不同的途径,主要有:

(1)以所有权方式达到控制的目的是指一方拥有另一方半数以上表决权资本,包括直接控制、间接控制、直接和间接控制。

(2)以所有权和其他方式达到控制的目的是指一方拥有另一方表决权资本的比例虽然不超过半数,但通过其拥有的表决权资本和其他方式达到控制。以所有权和其他方式达到控制的目的主要包括通过与其他投资者的协议,拥有另一方半数以上表决权资本的控制权;根据章程或协议,有权控制另一方的财务和经营决策;有权任免董事会等类似权力机构的多数成员;在董事会或类似权力机构会议上有半数以上投票权。

(3)以法律或协议形式达到控制的目的是指一方虽然不拥有另一方表决权资本的控制权,但通过法律或协议形式实质上能够控制另一方的财务和经营政策。例如,企业承包一家无投资关系,也无其他关联方关系的企业,则承包企业通过协议(承包合同)达到实际上能够控制被承包企业的目的。

如果一方直接、间接拥有另一方半数以上表决权资本,或虽然一方拥有另一方表决权资本的比例不超过半数,但通过其他方式达到控制另一方时,投资企业即为被投资单位的母公司,被投资单位为投资企业的子公司。因此,控制与被控制关系的存在是确定是否存在母子公司关系的关键,而母子公司关系的存在又是以投资与被投资关系作为先决条件的。当一方与另一方具有投资与被投资关系,并且具有控制与被控制关系时,才构成母子公司。

(二)共同控制和合营企业

共同控制是指按合同约定对某项经济活动所共有的控制。共同控制的基本特征如下:

(1)两方或多方共同决定某项经济活动的财务和经营决策,合营中的任何一方都不能单方面做出决定。

(2)共同控制的基本方式是合营各方所持表决权资本的比例相同,并按合同约定共同控制;合营各方虽然所持表决权资本的比例不同,但按合同约定共同控制。

(3)共同控制是以合营合同来约束的。

合营企业是指按合同规定经营活动由投资双方或若干方共同控制的企业。可见,合营企业与共同控制相联系,其特点在于,投资各方均不能对被投资企业的财务和经营决策单独做出决策,必须由投资各方共同做出决策,并且由合同约束投资各方的行为。可见,合营企业是以共同控制为前提的,投资企业通过与其他投资企业一起达到共同控制合营企业的目的。

(三)重大影响和联营企业

重大影响是指对一个企业的财务和经营决策有参与决策的权力,但并不决定这些决策。参与决策的途径主要包括:在董事会或类似的权力机构中派有代表;参与决策的制定过程;互相交换管理人员,或使其他企业依赖于本企业的技术资料等。当一方拥有另一方20%或以上至50%表决权资本,或者一方虽然只拥有另一方20%以下表决权资本,但实际上具有参与财务和经营决策的能力,一般认为对另一方具有重大影响。

联营企业是指投资者对其具有重大影响,但不是投资者的子公司或合营企业的企业。可见,通常情况下,联营企业与重大影响相联系。

关联方关系往往存在于控制或被控制、共同控制或被共同控制、施加重大影响的各方,即建立控制、共同控制和施加重大影响是关联方关系存在的主要特征。但是,在具体运用关联方关系判断标准时,应当遵循实质重于形式的原则。例如,两个企业有一位共同的董事,该董事能同时对两个企业施加重大影响,虽然他们之间不存在其他关联方关系,但是也应当将这两个企业视为关联方。

(四)主要投资者个人、关键管理人员或与其关系密切的家庭成员

(1)主要投资者个人是指直接或间接地控制一个企业10%或以上表决权资本的个人投资者,主要投资者个人包括自然人和法定代表人。

(2)关键管理人员是指有权力并负责进行计划、指挥和控制企业的人员,主要指董

事、总经理、总会计师、财务总监、主管各项事务的副总经理以及行使类似决策职能的人员，不包括董事会秘书、非执行董事、监事等。

(3)关系密切的家庭成员是指在处理与企业交易时有可能影响某人或受其影响的家庭成员，包括父母、配偶、兄弟、姐妹和子女。

由于投资者个人、关键管理人员或与其关系密切的家庭成员在处理与企业的交易时，能影响企业或受其影响，所以会计准则中将其视为关联方。

受主要投资者个人、关键管理人员或与其关系密切的家庭成员直接控制的其他企业也是关联方。

(五)在判断是否存在关联方关系时，应当注意的问题

(1)与该企业发生日常往来的资金提供者、公用事业部门、政府部门和机构不构成企业的关联方。

(2)与企业发生大量交易而存在经济依存关系的单个客户、供应商、特许商、经销商或代理商不构成企业的关联方。

(3)与该企业共同控制合营企业的合营者不构成企业的关联方。

二、关联方交易

关联方交易是指在关联方之间转移资源、劳务或义务的行为，而不论是否收取价款。关联方交易一般有：购买或销售商品；购买或销售商品以外的其他资产；提供或接受劳务；代理；租赁；提供资金(包括以现金或实物形式的贷款或权益性资金)；担保和抵押；管理方面的合同；研究与开发项目的转移；许可协议；关键管理人员报酬。

三、关联方关系及其交易披露的内容

(一)按重要性原则分别视情况处理

(1)零星的关联方交易，如果对企业财务状况和经营成果影响较小的或几乎没有影响的，可以不予以披露。

(2)如果属于重大交易事项(占10%及以上)，对企业财务状况和经营成果有重大影响的，应当按关联方和关联方交易分别披露。

(二)关联方关系及其交易披露内容

当关联方之间存在控制和被控制关系时，无论关联方之间有无交易，均应在会计报表附注中披露与母公司和子公司有关的下列信息：

(1)母公司和子公司的名称。母公司不是该企业最终控制方的，还应当披露最终控制方名称。母公司和最终控制方均不对外提供财务报表的，还应当披露母公司之上与其最相近的对外提供财务报表的母公司名称。

(2)母公司和子公司的经营性质、注册地、注册资本及其变化。

(3)母公司对该企业或者该企业对子公司的持股比例和表决权比例。

在企业与关联方发生交易的，应当在会计报表附注中披露关联方关系的性质，交易类型及其交易要素。这些要素一般包括：

(1)交易的金额和相应的比例。

(2)未结算项目的金额和相应比例。

(3)定价政策。

关联方交易应当分别按关联方以及交易类型予以披露。类型相似的关联方交易，在

不影响财务报表阅读者正确理解关联方交易对财务报表影响的情况下，可以合并披露。

企业只有在提供确凿证据的情况下，才能披露关联方交易是公平交易。

思考题

1. 什么是会计政策？会计政策变更的原因是什么？
2. 会计政策变更的会计处理方法有哪些？
3. 什么是追溯调整法？什么是未来适用法？两者有何不同？
4. 会计政策变更的附注说明包括哪些内容？
5. 什么是会计估计？会计估计变更的原因是什么？
6. 会计估计变更的会计处理方法是什么？
7. 会计估计变更的附注说明包括哪些内容？
8. 什么是会计差错？发生会计差错后如何更正？
9. 会计差错更正的附注说明包括哪些内容？
10. 区别会计政策变更、会计估计变更、会计差错更正的异同？
11. 什么是资产负债表日后事项？其内容有哪些？
12. 区别调整事项与非调整事项？两者的会计处理有何不同？
13. 什么是关联方？什么是关联方关系？
14. 区别控制、共同控制、重大影响的关系？区别母子公司、合营企业、联营企业的关系？
15. 关联方交易有哪些内容？如何披露关联方关系及关联方交易？

练习题

按提供资料分别编制会计分录：

1. W 公司于本年发现上年漏记了一项固定资产折旧费用 200 000 元，在企业费用中占有较大影响。上年企业所得税税率为 25%，该公司按净利润的 10%提取法定盈余公积。

2. 某企业 2019 年度财务报告对外公布日为 2020 年 4 月 30 日前。该企业自 2020 年 1 月 1 日至 4 月 20 日前发生如下资产负债表日后事项。该企业适用的企业所得税税率为 25%。

该企业 1 月 20 日接到通知，某一债务企业于上年 12 月已宣告破产，其所欠的应收账款 800 000 元全部不能偿还。企业按应收账款的 10%计提了坏账准备。

3 月 5 日受台风袭击，企业辅助生产车间毁坏，造成净损失 1 000 000 元。

3 月 20 日企业持有的某一作为短期投资的股票市价下跌，该股票账面价值为 300 000 元，现行市价为 250 000 元。

要求判断上述哪些属于调整事项？哪些属于非调整事项？如为调整事项，计算对留存收益的增加或减少金额并编制调整分录。该公司按净利润的 10%、5%分别提取法定盈余公积和法定公益金。

3. A 公司 2018 年和 2019 年对坏账采用直接转销法核算，从 2020 年 1 月 1 日改用备抵法核算，按应收账款余额的 5%计提坏账准备。2018 年未发生坏账，2018 年 12 月 31 日应收账款余额为 400 万元；2019 年发生坏账 20 万元，2019 年 12 月 31 日应收账款余额为 100 万元。企业所得税税率为 25%，提取法定盈余公积 10%。

附录

营改增应税项目明细及税率对照表

序号	代码	应税项目名称	填报说明	增值税税率(%)
交通运输服务			无运输工具承运业务按照运输业务的实际承运人使用的运输工具划分到对应税目。	
1	010100	铁路运输服务	通过铁路运送货物或者旅客的运输业务活动。	9
2	010201	陆路旅客运输服务	铁路运输以外的陆路旅客运输业务活动,包括公路运输、缆车运输、索道运输、地铁运输、城市轻轨运输等。出租车公司向使用本公司自有出租车的出租车司机收取的管理费用,按照陆路运输服务缴纳增值税。	9
3	010202	陆路货物运输服务	铁路运输以外的陆路货物运输业务活动,包括公路运输、缆车运输、索道运输、地铁运输、城市轻轨运输等。	9
4	010300	水路运输服务	通过江、河、湖、川等天然、人工水道或者海洋航道运送货物或者旅客的运输业务活动。水路运输的程租、期租业务,属于水路运输服务。	9
5	010400	航空运输服务	通过空中航线运送货物或者旅客的运输业务活动。航空运输的湿租业务,属于航空运输服务。航天运输服务,按照航空运输服务缴纳增值税。	9
6	010500	管道运输服务	通过管道设施输送气体、液体、固体物质的运输业务活动。	9
邮政服务				
7	020000	邮政服务	中国邮政集团公司及其所属邮政企业提供邮件寄递、邮政汇兑和机要通信等邮政基本服务的业务活动,包括邮政普遍服务、邮政特殊服务和其他邮政服务。	9
电信服务				
8	030100	基础电信服务	利用固网、移动网、卫星、互联网,提供语音通话服务的业务活动以及出租或者出售带宽、波长等网络元素的业务活动。	9
9	030200	增值电信服务	利用固网、移动网、卫星、互联网、有线电视网络,提供短信和彩信服务、电子数据和信息的传输及应用服务、互联网接入服务等业务活动。卫星电视信号落地转接服务,按照增值电信服务缴纳增值税。	6
建筑服务				
10	040100	工程服务	新建、改建各种建筑物、构筑物的工程作业,包括与建筑物相连的各种设备或者支柱、操作平台的安装或者装设工程作业以及各种窑炉和金属结构工程作业。	9

表(续)

序号	代码	应税项目名称	填报说明	增值税税率(%)
11	040200	安装服务	生产设备、动力设备、起重设备、运输设备、传动设备、医疗实验设备以及其他各种设备、设施的装配、安置工程作业,包括与被安装设备相连的工作台、梯子、栏杆的装设工程作业以及被安装设备的绝缘、防腐、保温、油漆等工程作业。固定电话、有线电视、宽带、水、电、燃气、暖气等经营者向用户收取的安装费、初装费、开户费、扩容费以及类似收费,按照安装服务缴纳增值税。	9
12	040300	修缮服务	对建筑物、构筑物进行修补、加固、养护、改善,使之恢复原来的使用价值或者延长其使用期限的工程作业。	9
13	040400	装饰服务	对建筑物、构筑物进行修饰装修,使之美观或者具有特定用途的工程作业。	9
14	040500	其他建筑服务	其他建筑服务,上列工程作业之外的各种工程作业服务,如钻井(打井)、拆除建筑物或者构筑物、平整土地、园林绿化、疏浚(不包括航道疏浚)、建筑物平移、搭脚手架、爆破、矿山穿孔、表面附着物(包括岩层、土层、沙层等)剥离和清理等工程作业。	9
15	050100	贷款服务	将资金贷与他人使用而取得利息收入的业务活动。各种占用、拆借资金取得的收入,包括金融商品持有期间(含到期)利息(保本收益、报酬、资金占用费、补偿金等)收入、信用卡透支利息收入、买入返售金融商品利息收入、融资融券收取的利息收入以及融资性售后回租、押汇、罚息、票据贴现、转贷等业务取得的利息及利息性质的收入,按照贷款服务缴纳增值税;以货币资金投资收取的固定利润或者保底利润,按照贷款服务缴纳增值税。	6
16	050200	直接收费金融服务	为货币资金融通及其他金融业务提供相关服务并且收取费用的业务活动,包括提供货币兑换、账户管理、电子银行、信用卡、信用证、财务担保、资产管理、信托管理、基金管理、金融交易场所(平台)管理、资金结算、资金清算、金融支付等服务。	6
17	050300	人身保险服务	以人的寿命和身体为保险标的的保险业务活动。	6
18	050400	财产保险服务	以财产及其有关利益为保险标的的保险业务活动。	6
19	050500	金融商品转让	转让外汇、有价证券、非货物期货和其他金融商品所有权的业务活动。其他金融商品转让包括基金、信托、理财产品等各类资产管理产品和各种金融衍生品的转让。	6
	现代服务			
	研发和技术服务			
20	060101	研发服务	就新技术、新产品、新工艺或者新材料及其系统进行研究与试验开发的业务活动。	6
21	060102	合同能源管理服务	节能服务公司与用能单位以契约形式约定节能目标,节能服务公司提供必要的服务,用能单位以节能效果支付节能服务公司投入及其合理报酬的业务活动。	6
22	060103	工程勘察勘探服务	在采矿、工程施工前后,对地形、地质构造、地下资源蕴藏情况进行实地调查的业务活动。	6

表(续)

序号	代码	应税项目名称	填报说明	增值税税率(%)
23	060104	专业技术服务	气象服务、地震服务、海洋服务、测绘服务、城市规划、环境与生态监测服务等专项技术服务。	6
信息技术服务				
24	060201	软件服务	提供软件开发服务、软件维护服务、软件测试服务的业务活动。	6
25	060202	电路设计及测试服务	提供集成电路和电子电路产品设计、测试及相关技术支持服务的业务活动。	6
26	060203	信息系统服务	提供信息系统集成、网络管理、网站内容维护、桌面管理与维护、信息系统应用、基础信息技术管理平台整合、信息技术基础设施管理、数据中心、托管中心、信息安全服务、在线杀毒、虚拟主机等业务活动,包括网站对非自有的网络游戏提供的网络运营服务。	6
27	060204	业务流程管理服务	依托信息技术提供的人力资源管理、财务经济管理、审计管理、税务管理、物流信息管理、经营信息管理和呼叫中心等服务的活动。	6
28	060205	信息系统增值服务	利用信息系统资源为用户附加提供的信息技术服务,包括数据处理、分析和整合、数据库管理、数据备份、数据存储、容灾服务、电子商务平台等。	6
文化创意服务				
29	060301	设计服务	把计划、规划、设想通过文字、语言、图画、声音、视觉等形式传递出来的业务活动,包括工业设计、内部管理设计、业务运作设计、供应链设计、造型设计、服装设计、环境设计、平面设计、包装设计、动漫设计、网游设计、展示设计、网站设计、机械设计、工程设计、广告设计、创意策划、文印晒图等。	6
30	060302	知识产权服务	处理知识产权事务的业务活动,包括对专利、商标、著作权、软件、集成电路布图设计的登记、鉴定、评估、认证、检索服务。	6
31	060303	广告服务	利用图书、报纸、杂志、广播、电视、电影、幻灯、路牌、招贴、橱窗、霓虹灯、灯箱、互联网等各种形式为客户的商品、经营服务项目、文体节目或者通告、声明等委托事项进行宣传和提供相关服务的业务活动,包括广告代理和广告的发布、播映、宣传、展示等。	6
32	060304	会议展览服务	为商品流通、促销、展示、经贸洽谈、民间交流、企业沟通、国际往来等举办或者组织安排的各类展览和会议的业务活动。	6
物流辅助服务				
33	060401	航空服务	包括航空地面服务和通用航空服务。航空地面服务是指航空公司、飞机场、民航管理局、航站等向在境内航行或者在境内机场停留的境内外飞机或者其他飞行器提供的导航等劳务性地面服务的业务活动,包括旅客安全检查服务、停机坪管理服务、机场候机厅管理服务、飞机清洗消毒服务、空中飞行管理服务、飞机起降服务、飞行通信服务、地面信号服务、飞机安全服务、飞机跑道管理服务、空中交通管理服务等。通用航空服务是指为专业工作提供飞行服务的业务活动,包括航空摄影、航空培训、航空测量、航空勘探、航空护林、航空吊挂播洒、航空降雨、航空气象探测、航空海洋监测、航空科学实验等。	6

表(续)

序号	代码	应税项目名称	填报说明	增值税税率(%)
34	060402	港口码头服务	港务船舶调度服务、船舶通信服务、航道管理服务、航道疏浚服务、灯塔管理服务、航标管理服务、船舶引航服务、理货服务、系解缆服务、停泊和移泊服务、海上船舶溢油清除服务、水上交通管理服务、船只专业清洗消毒检测服务和防止船只漏油服务等为船只提供服务的业务活动。港口设施经营人收取的港口设施保安费按照港口码头服务缴纳增值税。	6
35	060403	货运客运场站服务	货运客运场站提供货物配载服务、运输组织服务、中转换乘服务、车辆调度服务、票务服务、货物打包整理、铁路线路使用服务、加挂铁路客车服务、铁路行包专列发送服务、铁路到达和中转服务、铁路车辆编解服务、车辆挂运服务、铁路接触网服务、铁路机车牵引服务等业务活动。	6
36	060404	打捞救助服务	提供船舶人员救助、船舶财产救助、水上救助和沉船沉物打捞服务的业务活动。	6
37	060405	装卸搬运服务	使用装卸搬运工具或者人力、畜力将货物在运输工具之间、装卸现场之间或者运输工具与装卸现场之间进行装卸和搬运的业务活动。	6
38	060406	仓储服务	利用仓库、货场或者其他场所代客贮放、保管货物的业务活动。	6
39	060407	收派服务	接受寄件人委托,在承诺的时限内完成函件和包裹的收件、分拣、派送服务的业务活动。收件服务是指从寄件人收取函件和包裹,并运送到服务提供方同城的集散中心的业务活动。分拣服务是指服务提供方在其集散中心对函件和包裹进行归类、分发的业务活动。派送服务是指服务提供方从其集散中心将函件和包裹送达同城的收件人的业务活动。	6
	租赁服务			
40	060501	不动产融资租赁	标的物为不动产的具有融资性质和所有权转移特点的租赁活动,即出租人根据承租人所要求的规格、型号、性能等条件购入不动产租赁给承租人,合同期内租赁物所有权属于出租人,承租人只拥有使用权,合同期满付清租金后,承租人有权按照残值购入租赁物,以拥有其所有权。不论出租人是否将租赁物销售给承租人,均属于融资租赁。融资性售后回租不按照本税目缴纳增值税。	9
41	060502	不动产经营租赁	在约定时间内将不动产转让他人使用且租赁物所有权不变更的业务活动。将建筑物、构筑物等不动产的广告位出租给其他单位或者个人用于发布广告,按照经营租赁服务缴纳增值税。车辆停放服务、道路通行服务(包括过路费、过桥费、过闸费等)等按照不动产经营租赁服务缴纳增值税。	9

表(续)

序号	代码	应税项目名称	填报说明	增值税税率(%)
42	060503	有形动产融资租赁	标的物为有形动产的具有融资性质和所有权转移特点的租赁活动,即出租人根据承租人所要求的规格、型号、性能等条件购入有形动产租赁给承租人,合同期内租赁物所有权属于出租人,承租人只拥有使用权,合同期满付清租金后,承租人有权按照残值购入租赁物,以拥有其所有权。不论出租人是否将租赁物销售给承租人,均属于融资租赁。融资性售后回租不按照本税目缴纳增值税。	13
43	060504	有形动产经营租赁	在约定时间内将有形动产转让他人使用且租赁物所有权不变更的业务活动。将飞机、车辆等有形动产的广告位出租给其他单位或者个人用于发布广告,按照经营租赁服务缴纳增值税。水路运输的光租业务、航空运输的干租业务,属于经营租赁。	13
鉴证咨询服务				
44	060601	认证服务	具有专业资质的单位利用检测、检验、计量等技术,证明产品、服务、管理体系符合相关技术规范、相关技术规范的强制性要求或者标准的业务活动。	6
45	060602	鉴证服务	具有专业资质的单位受托对相关事项进行鉴证,发表具有证明力的意见的业务活动,包括会计鉴证、税务鉴证、法律鉴证、职业技能鉴定、工程造价鉴证、工程监理、资产评估、环境评估、房地产土地评估、建筑图纸审核、医疗事故鉴定等。	6
46	060603	咨询服务	提供信息、建议、策划、顾问等服务的活动,包括金融、软件、技术、财务、税收、法律、内部管理、业务运作、流程管理、健康等方面的咨询。翻译服务和市场调查服务按照咨询服务缴纳增值税。	6
广播影视服务				
47	060701	广播影视节目(作品)制作服务	进行专题(特别节目)、专栏、综艺、体育、动画片、广播剧、电视剧、电影等广播影视节目和作品制作的服务。具体包括与广播影视节目和作品相关的策划、采编、拍摄、录音、音视频文字图片素材制作、场景布置、后期的剪辑、翻译(编译)、字幕制作、片头、片尾、片花制作、特效制作、影片修复、编目和确权等业务活动。	6
48	060702	广播影视节目(作品)发行服务	以分账、买断、委托等方式,向影院、电台、电视台、网站等单位和个人发行广播影视节目(作品)以及转让体育赛事等活动的报道及播映权的业务活动。	6
49	060703	广播影视节目(作品)播映服务	在影院、剧院、录像厅及其他场所播映广播影视节目(作品)以及通过电台、电视台、卫星通信、互联网、有线电视等无线或者有线装置播映广播影视节目(作品)的业务活动。	6